Mathematica를 활용한

경제수학

Mathematica를 활용한

경제수학

노응원 지음

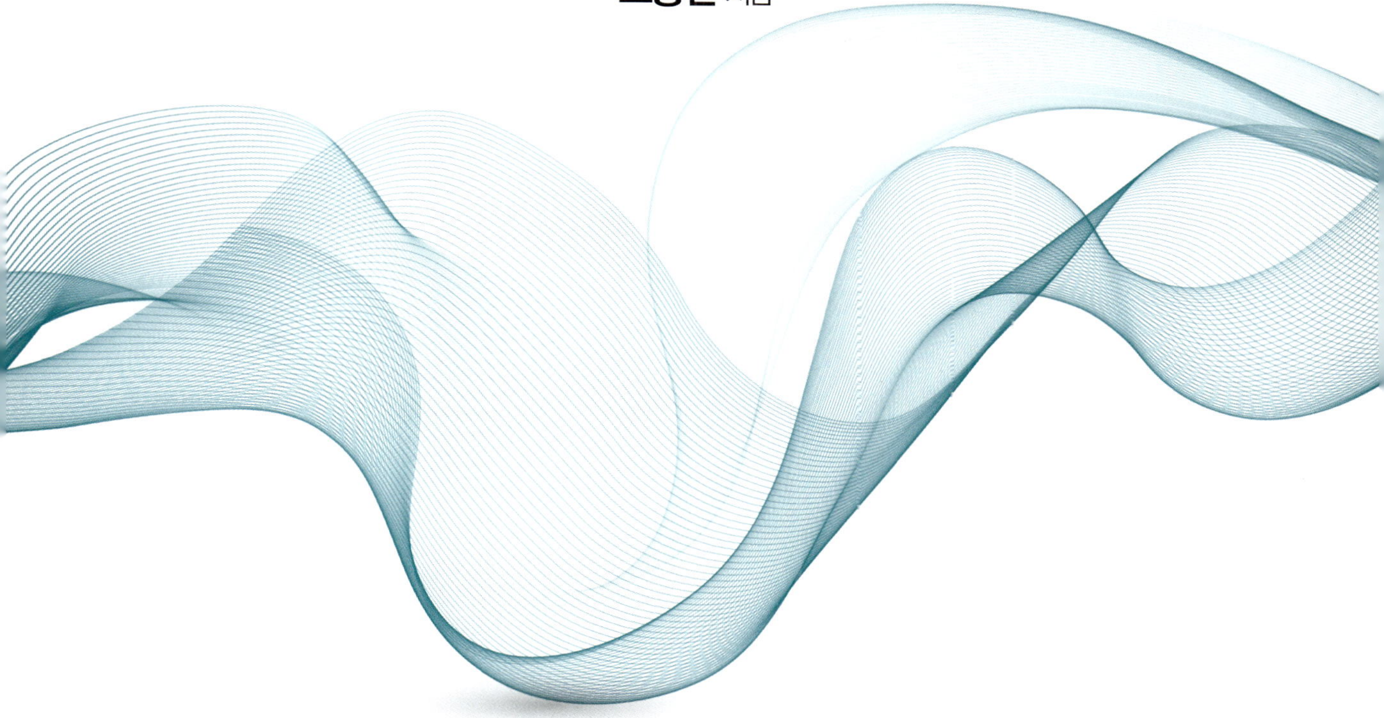

MATHEMATICS *for* ECONOMICS
using Mathematica

MEDIA JIPHIL
(주)지필미디어

Mathematica를 활용한

경제수학

발 행 일 2015년 3월 13일
저 자 노응원
발 행 인 김성남
발 행 처 (주)지필미디어

주 소 서울시 서대문구 충정로6안길 29 (미근동) 101호
전 화 (02) 362-4504
팩 스 (02) 393-4509
이 메 일 book@jiphil.co.kr
홈페이지 www.jiphil.co.kr
등록번호 제 312-1997-000043호(1997년 7월 16일)

I S B N 978-89-97394-90-6 (93320)
편 집 디자인 콤마
가 격 24,000원

머리말

이 책은 수학을 재미있게 공부하지 못한 대학 신입생들에게 학부 경제학의 여러 전공과목들을 무난하게 학습할 수 있는 기초를 제공하고자 집필하였다.

경제학이 대충 어떤 것인지 잘 모른 채 경제학과로 진학한 학생도 적지 않지만, 알든 모르든 인문사회계열 전공인 경제학에서 수학 개념을 이다지도 많이 활용하는 것을 보고 놀라움과 당혹감을 감추지 못한다. 놀라는 이는 학생들만이 아니다. 중등수학 수준이 점차 높아져 왔고 인문계도 수학 I을 이수하게 한다고 해서 좀 기대한 교수들도 실망하기는 마찬가지다. 그리하여 전반적으로는 필수과목을 줄이는 최근의 교육과정 개편 추세 속에서도 경제수학을 필수과목으로 삼는 대학도 적지 않다. 본서는 이러한 학생과 교수에게 조그마한 희망을 심고자 만든 책이다.

많은 학생들이 수학이든 경제수학이든 "어렵다 또는 어려울 것이다'라 지레 짐작한다. 그렇지만 그들은 컴퓨터 게임이나 스마트폰 조작은 제대로 배우지 않고도 잘도 한다. 어른들은 몇 번 배우고도 어려워 제대로 사용하지 못하는데, 젊은이들은 어렵다고 생각하지 않는다. 누구든 필요하거나 유익한 것은 잘 배우기 마련이다. 그들에게 수학은 지금까지 어려운 시험보는 데에만 사용할 뿐, 교실을 떠나면 아무 짝에도 쓸모없는 것이었던 것 같다. 이 책을 통하여 수학이 경제학 공부에 참으로 유익함을 느낄 수 있기를 바란다.

이를 위해 본서에서는 첫째로, 요즘같은 비주얼 시대에 어떤 개념이나 분석이든 되도록 그림으로 보여주고자 노력하였다. 한 페이지 분량의 설명을 단 한 장의 그림으로 일목요연하게 전달할 수 있는 경우도 적지 않다. 좀처럼 보기 어려운 3차원 곡면들도 Mathematica라는 수학전문 소프트웨어를 사용하여 정확하게 그려 보여주고, 그리기 어려운 그래프도 그려 보여줄 것이다.

둘째로, 교양수학처럼 여러 분야에 공통적으로 사용될 수학적 도구들을 차근차근 다루기보다 학생들이 우선 흥미를 갖도록, 관련된 경제문제를 먼저 제시하고 이에 필요한 수학적 도구들을 소개하며 그 적용례를 바로 제시한다. 그리고 수학의 개념이나 정리들도 수학 교과서에서처럼 엄밀하게 다루지 않는다.

셋째로, 관련된 경제문제를 실마리로 제시하면서 이를 분석하는 경제모형을 수립하고 확장하는 경제학 방법을 체계적으로 설명한다. 논의의 순서는 구체적 사례가 먼저 나오고, 그 다음 그것을 약간 확장한 모형으로, 마지막으로 일반적인 경우를 포괄하는 모형으로 나아간다. 이러한 전개방식은 교재내 여러 분야에서 적용되고 있으므로, 이 책을 공부하는 과정에서 자연스럽게 터득하기를 기대한다.

요즘 여러 학문 분야에서 수학은 영어나 컴퓨터(소프트웨어), 그리고 스마트폰처럼 하나의 언어(language)로 생각하면 좋을 듯하다. 영어 모른다고 경제학 배우지 못하지 않듯, 수학 모른다고 경제학 배울 수 없는 것은 물론 아니다. 본서 제3장에서는 널리 알려진 경제문제에 대해 방정식체계를 풀어서 분석하기도 하고 그래프로 도시하며 분석하기도 할 뿐 아니라, 수식이나 그래프 없이 순전히 말(썰: 說)로써만 분석하는 방법을 예시하였다. 여러분은 한글만큼은 능하니 썰분석법이 가장 쉽다고 기대할지 모르지만, 스마트폰 버리고 공중전화로 여러 사람과 통화하며 일해 나가는 것과 비슷하다고 생각하면 될 것이다. 수학은 스마트폰처럼 경제학 공부를 도와주는 하나의 도구이다. 그것은 젊은 세대처럼 이를 잘 쓰는 사람에게 적용되지만.

학부 교재이니만큼, 이 책의 이론 부분에 저자의 독창적인 것이 있지는 않으나, 학생들의 수용태세에 적합한 학습 방법을 고안하기 위해 진력하였다. 이 책은 저자가 학부 2학년 대상의 『수리 경제학』(노응원, 진영사, 1997)에서 기초적인 1학기 분량을 뽑아 학부 신입생 대상의 교재로 전면적으로 개편한 것이다. 이 책은 강의록 형태로 수년간 사용되다가 ㈜지필미디어의 도움으로 출판하게 되었다. ㈜지필미디어의 편집부 직원들의 노고에 감사드린다.

이 책을 교재로 사용하는 교수님께는 강의용 PPT 파일, 연습문제 완전한 해답집 및 연습문제 추가분을 출판사를 통해 제공할 것이다. 이 책에는 홀수번 연습문제의 해답만 수록해 두었다.

이 책에 틀린 부분이나 미흡한 부분이 있다면 전적으로 저자의 능력 부족에 기인할 것이다. 그런 부분들은 학생들이나 교수님들의 조언에 따라 장차 개선해 나가고자 한다. 문의나 조언은 E-mail(주소: nhoew@cnu.ac.kr, eungwon32@gmail)을 이용하면 편리할 것이다.

2015년 3월
노 응 원

차례

CHAPTER

01

경제수학이란?

경제수학은 경제학에서 널리 사용되는 수학 도구들을 다룬다. 대학(학부)에서 배우는 경제학에서는 가급적 어려운 수학 기법을 쓰지 않으려 하지만, 경제학이 본래 경제 변량들 간의 양적 관계를 많이 다루므로 기본적 수학 도구를 익히지 않고서는 이해하기 어려운 개념이 적지 않다.

1.1 경제수학의 주요 내용

경제수학에서 다룰 주요 내용은 다음과 같다.

1. 변수 및 함수 개념

경제수학에서 가장 기초적이면서 가장 중요한 개념은 함수 개념이다. 경제학 개론에서도 수요함수나 공급함수란 말이 많이 나오는데, 그 문맥을 파악하기 위해서는 함수 개념의 이해가 긴요하다. 가장 널리 사용되면서 가장 간단한 선형(1차) 함수, 오목거울의 곡면 같이 생긴 오목함수, 분석 과정에서 새로 만들어지는 합성함수 개념을 잘 알아야 한다.

2. 함수와 그래프

함수는 보통 영문자와 숫자들이 들어가는 수식 형태로 표시하지만, 그것을 수식보다 그림 형태로 나타낸 그래프가 보기 쉽고 알기 쉽다고들 한다. 그런데 "보기 쉽고 알기 쉽다"는 것도 "그래프를 볼 줄 모르는 그래프맹"에게는 해당되지 않는다. 여러 가지 그래프도 그려보고, 수식의 일부분이 달라질 때 그래프의 어떤 부분이 달라지는가를 이해하도록 하자.

3. 벡터와 행렬

세상에서 꼭 한 가지 이유(원인)로 생기는 일은 많지 않다. 이처럼 두 가지 이상의 변량들(다변량)이 작용할 때 이들을 하나로 묶어서 하나의 덩어리로 취급하는 것이 벡터이고, 여러 가지 간단한(선형) 관계들을 분석할 때 행렬을 이용한다. 유아들은 한 손의 손가락을 이용하여 5개까지는 잘 다루는데, 여러분은 몇 개까지 쉽게 다룰 수 있는가?

4. 도함수

어떤 함수가 있을 때 이 원래 함수(원함수)의 순간(1차적) 변화율을 측정하도록 만들어낸 것이 도함수이고, 도함수 계산방법(공식)을 미분법칙이라 한다.

전혀 변동하지 않는 경제 변량들 간에는 어느 것(요인)이 작용하여 어떤 결과가 발생하고 있는지 알 수가 없다. 아무 것도 변화한 것이 없으니까! 그러므로 어떤 경제적 현상이 새로 발생하거나 그 현상이 변화할 때 우리는 비로소 어떤 변량들이 작용하고 있고 그 결과가 어떻게 달라지는가를 말할 수 있다. 함수에서 독립변수(요인을 대변하는 변수)가 한 순간(아주 조금) 증가할 때 이에 따라 종속변수(결과를 나타내는 변수)가 대략 증가하는지, 감소하는지 또는 변화하지 않는지 여부를 도함수는 비교적 간단하게 보여준다. 뿐만 아니라 증가하는 경우에도 체감하는 율로 증가하는지(오목) 체증하는 율로 증가(볼록)하는지도 계산해 준다. 그러므로 도함수는 경제모형의 분석에서 매우 중요한 분석도구이다.

5. 최적화 분석

위와 같은 도함수의 정의를 보면 이 개념이 경제분석에서 많이 사용될 것을 짐작할 것이다. 특히, 경제학에서는 기업이 비용을 극소화하는 생산방법이나, 가계(개인)가 만족(효용)을 극대화하는 구매행동 등 최적화(무엇을 극소하하거나 극대화)하는 행동을 많이 분석하는데, 이러한 극소점이나 극대점을 찾는 데 긴요하게 활용되는 것이 도함수 개념이다.

1.2 기본 경제모형 구경하기

이 과목을 배우고 나면, 여러분은 내년에 미시경제학과 거시경제학을 배우게 되는데, 그런 과목들에 나오는 대표적인 경제모형이 어떻게 생겼는지 그냥 구경만 해보기로 하자(결코 당장 모두 이해하고자 애쓰지 말 일이다). 지금 보면 무척 복잡하고 난해해 보일지 모르지만, 일부는 아래 3장 이후에 배우게 될 것이고 나머지는 경제수학을 배운 후에 읽으면 쉽게 알 수 있을 것이다.

1. 쌀 시장모형

경쟁적인 쌀시장의 균형가격을 계산하는 간단한 모형의 예는 아래 3개의 연립방정식으로 구성된다:

쌀 수요함수 $$x^d = D(p) = 3000 - p \tag{1a}$$

쌀 공급함수 $$x^s = S(p) = -360 + 2p \tag{1b}$$

시장균형 조건 $$x^d = x^s \tag{1c}$$

이 연립방정식 체계를 풀어서 쌀의 시장균형 가격을 구하기는 어렵지 않을 것이다. 이 방정식들을 도시하면(자세한 도시 방법은 다음 제2장 2절에서 설명됨) 다음과 같다.

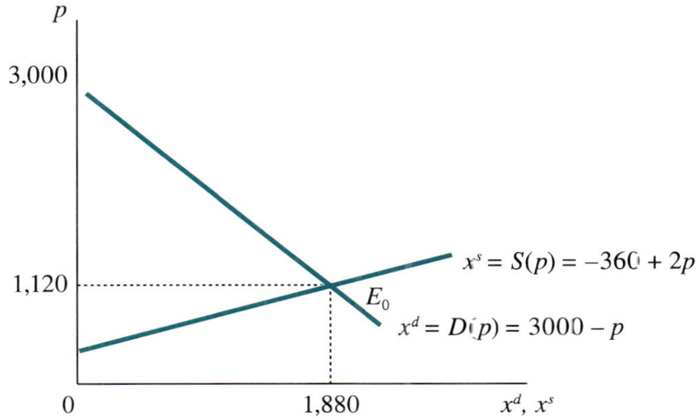

그림 1-1 쌀 시장 균형

2. 단기 거시경제 모형

단기 거시 폐쇄경제 모형(정운찬-김영식, 『거시경제론』, 10판, 2012, 제7장, p244)

재화시장 균형조건(IS) $Y = C + I + G \equiv c(1-t)Y + (\bar{I} - br) + G$ **(2a)**

화폐시장 균형조건(LM) $\dfrac{M^d}{P} = \bar{l} + kY - hr = \dfrac{\overline{M}}{P}$ **(2b)**

이 두 식을 도시하면 각각 [그림 1-2]의 IS_0와 LM_0와 같다.

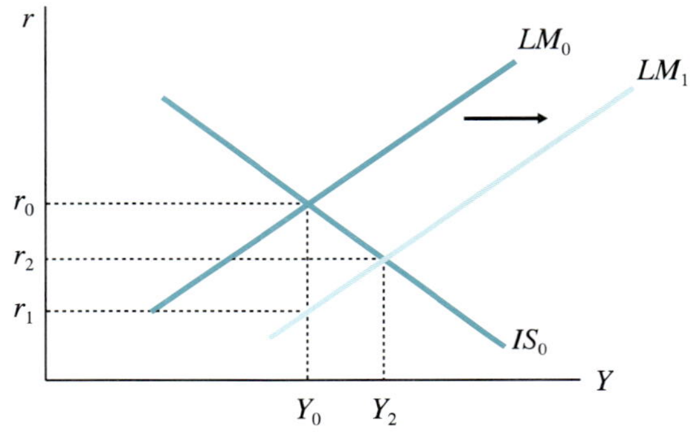

그림 1-2 폐쇄경제하 통화정책 효과

통화정책 효과 도시: 위 모형을 이용하여 통화량($\overline{M}$)의 증가가 국민소득을 증대시키는 통화정책의 효과는 [그림 1-2]에 도시되어 있다. 이 효과의 크기는 경제 여러 부문의 특성에 따라 어떻게 달라지는가 살펴볼 필요가 있다.

그래프는 왜 이렇게 그려지는가? 그리고 왜 LM_0곡선만 오른쪽으로 움직이는가?

3. 단기 거시개방경제모형(정운찬-김영식, 『거시경제론』, 10판, 2012, 제7장, p280)

해외와 수출입을 하는 개방경제에서 단기 거시경제모형은 다음과 같다:

재화시장 균형조건 $Y = C(Y-T) + I(r) + G + (X - Q)$

$$= C(Y-T) + I(r) + G + X(Y^f, \frac{eP^f}{P}) - M(Y, \frac{eP^f}{P}) \qquad \textbf{(3a)}$$

화폐시장 균형조건 $$\frac{M^d(Y,r)}{P} = \frac{M^s(BP)}{P} \quad \textbf{(3b)}$$

국제수지 균형조건 $$BP = X(Y^f, \frac{eP^f}{P}) - M(Y, \frac{eP^f}{P}) + F(r - r^f) = 0 \quad \textbf{(3c)}$$

이 기호들과 식들은 무엇을 의미할까? 변동환율제를 채용하고 있는 경제에서 통화량을 늘이는 통화정책의 효과는 아래 그림과 같이 도시된다. 통화량 증가시 [그림 1-2] 폐쇄경제모형과는 달리 IS곡선과 LM곡선이 같이 이동한다.

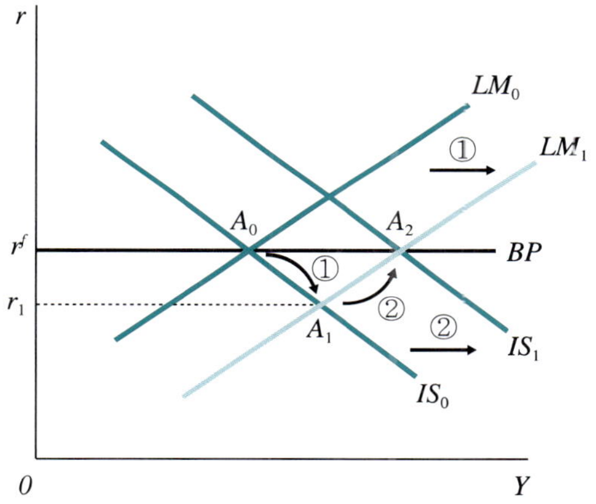

그림 1-3 개방경제하의 통화정책 효과

4. 소비자 문제

어떤 소비자의 특성 및 조건이 다음과 같다고 하자:

> 소비자 효용함수 $U = U(x,y) = \sqrt{xy}$
> 월소득 200만원, $x =$X재(식품) 구매(소비)량, $y =$Y재(의복) 구매(소비)량,
> X재 가격 $p_x = 0.5$만원. Y재 가격 $p_y = 2$만원

이 소비자가 소비로부터 얻는 만족(효용)을 극대화하는 최적 구매량은? 몇 단계 계

산을 거치면 그 답은 "$x^* = 200$, $y^* = 50$"으로 주어진다. 왜 그런가? 이 답을 구하기 위한 그래프들을 그리면 아래와 같다.

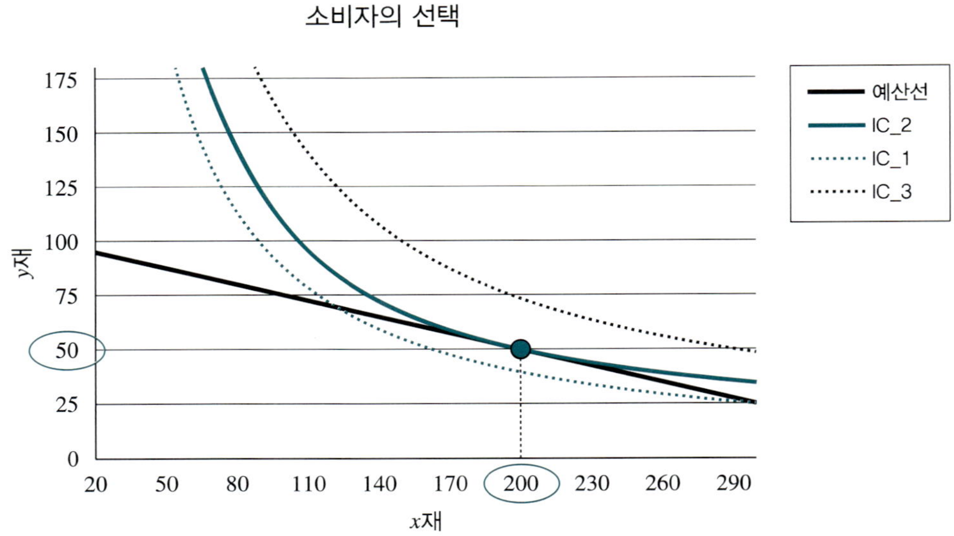

그림 1-4 최적 소비점

1.3 경제모형의 요소와 단계

위 2절에서 몇 가지 경제모형들을 "구경"하였는데, 어느 경제모형이나 몇 개의 방정식들로 구성되어 있음을 알아차렸을 것이다. 각 방정식에는 변수들과 함수들이 들어 있다. 어떤 변수들을 등장시켜야 하는지, 어떤 함수들을 활용할 것인지 등의 문제는 다음 제2장에서부터 하나씩 설명될 것이다.

일단 만들어진 모형을 분석하여 유용한 결론을 얻기 위해서는 복잡한 수식들을 풀어야 하는 경우도 있지만 그보다는 개략적인 그래프를 그려 대략적인 결론을 도출하는 것으로 충분한 경우도 많다. 그래프는 분석과정이나 그 결과를 일목요연하게 보여

주기 때문에, 그릴 수만 있다면 언제든 그래프를 그려 활용하는 것이 좋다. 제2장에서는 그래프를 그리는 기본적인 방법, 활용법 및 경제학에서의 그래프 작성 관례를 소개할 것이다.

제3장에서는 일상생활에서 널리 관찰되는 경제현상 한 가지를 분석할 것이다. 그 사례에서 일견 매우 당연해 보이는 주장이 왜 잘못인가를 간단한 경제모형을 통해 명쾌하게 보여줄 것이다. 어떤 현상을 분석하는 데 가장 간단한 모형은 1차 함수들로 구성되는 모형이다. 그것은 수치 계산을 하더라도 연립 1차 방정식을 풀면 되므로 비교적 용이하며 그래프도 직선으로 나타나므로 그리기 용이하다. 1차 방정식과 직선인 그래프는 초급 중등수학에서 다루므로 여러분은 잘 알고 있을 것이다. 출발은 이처럼 쉬운 단계에서 시작한다. 1차 함수라도 변수들이 많아지면 복잡해지므로 제4장에서 행렬과 벡터를 배워 보완하게 될 것이다.

고도로 난해한 수학 기법을 구사해야 좋은 경제모형이 되는 것은 아니다. 어떤 이들은 수학 기호나 수학 개념을 어려워하기 때문에 순전히 말로만 분석하는 방법이 더 쉽고 편리하다고 생각할는지 모르겠다. 제3장에서는 여러 방식으르 분석하는 방법을 보여주며 그 장단점을 비교할 수 있도록 도와준다. 상술한 1차 함수 모형, 곡선으로 구성되는 비선형모형, 그림으로 풀이하는 기하학적 도해법, 달만 사용하는 연역법 등이 제시될 것이다.

“제비 한 마리가 왔다고 여름이 온 것은 아니다”라는 말이 있다 한두 가지 사례는 구체적 숫자로 제시되어 알기 쉽고 현실감이 높지만, 이에 숙달되면 여러 제비들을 한꺼번에 보는 시야를 함양하지 않으면 안 된다. 이것은 기본적으로는 각 수치를 하나의 매개변수로 설정함으로써 가능하다. 이처럼 경제모형의 적용 영역이 넓어지도록 모형을 확장하고 일반화하는 방법도 공부하여야 한다.

Mathematics *for Economics*

CHAPTER

02

함수와 그래프

2.1 함수와 그래프

예 2-1

금년에 여러분의 나이는 몇 살인가? 금년의 연도 값에서 여러분의 출생 연도를 빼면 나오는가? 세는나이(한국나이)를 계산하기로 한다면, 어느 연도 값을 x로 표기할 때 1990년생인 사람의 그 해 나이 y는

$$y = x - 1990 + 1 \qquad \textbf{(1a)}$$

로 주어진다(단, $x \geq 1990$). 예컨대 1991년에 이 사람의 나이는 1991-1990+1=2세이고, 2010년의 나이는 2010-1990+1=21세이다. 나이를 이렇게 정의하면, 연도 x와 나이 y는 자연수로 한정된다. (1a)식의 그래프는 [그림 2-1a]와 같이 작은 점(원)들로 이루어진다.

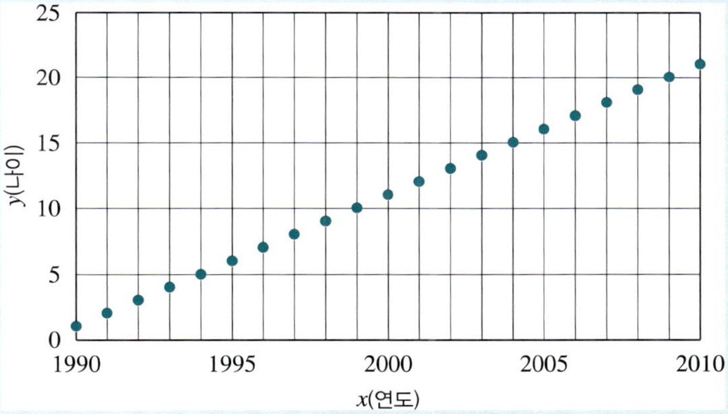

그림 2-1a 1990년생의 나이함수 그래프

이제, 1990년 1월 1일생인 이 사람의 만 나이를 계산해 보자. 만 나이는 일상생활에서는 세밀하게 계산해도 몇 년 몇 개월 단위로 재는 것이지만, 며칠 몇 시간 몇 분 등 아주 정밀하게 측정하고 싶다고 가상해 보자. 그러려면, x(및 y)를 소숫점 아래 몇째 자리이든 허용하는 실수로 설정함으로써 1990년 1월 1일 0시생의 x시점

의 만 나이 y는

$$y = x - 1990.00 \tag{1b}$$

로 주어진다(단, $x \geqq 1990$). 예컨대 1990년 7월 1일 0시($x = 1990.50$)에 이 아이의 만 나이는 0.5살(즉 6개월)이다. 1990년 1월 1일에 세는나이는 1살이지만 만 나이는 0이므로, (1b)의 우변은 (1a)의 그것보다 1 적으며, (1b)의 그래프는 [그림 2-1b]와 같이 1만큼 아래로 이동한 직선 선분으로 주어진다.

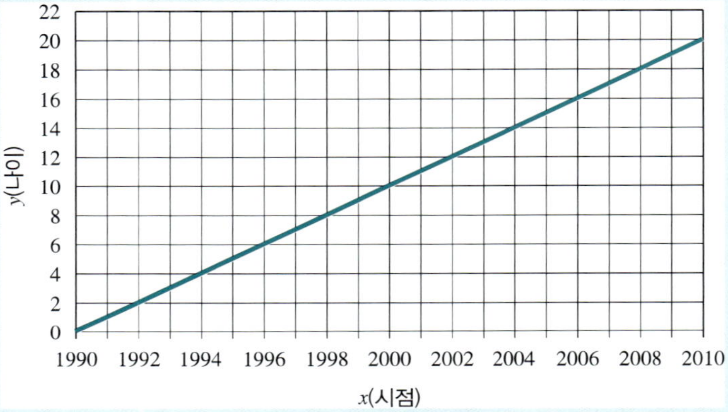

그림 2-1b 1990년 1월1일 0시 생의 만나이 함수 그래프

위 예에서처럼 한 변수 x가 어떤 값을 취하면 이에 따라 다른 변수 y가 어떤 **유일한** 값을 가질 때, 그 관계를 수학에서는 "변수 y는 변수 x의 **함수**(函數: function)"라고 말하며 흔히

$$y = f(x) \tag{2}$$

라는 기호로 표기한다. 여기서 먼저 값을 취하는 x를 **독립변수**(independent variable)라 부르고, x값이 주어지면 그 값이 결정되는 y를 **종속변수**(dependent variable)라 부른다. x의 어떤 값에 대해 유일한 어떤 y**값을 부여(또는 계산)하는 규칙**(rule of assignment)을 **함수**라 하며 "f"는 이 규칙을 추상적으로 표현하는 기호이다.

또한, 독립변수 x가 취하는 값들의 집합 X를 정의역(domain)이라 부르는데, 위의

(1a) 및 (1b) 함수에서의 정의역은 각각 다음과 같다:

$$X = \{1990, 1991, 1992, \cdots\} \text{ 및 } X = \{x : x \geqq 1990\}.$$

일반적으로 널리 사용되는 정의역과 그 기호는 다음과 같다:

$X = \{1, 2, 3, \cdots\} \equiv \mathrm{Z}_{+}$ = 자연수(양정수) 집합
$X = \{x : x \geqq 0\} \equiv \mathrm{R}_{+}$ (양의 실수 집합),
$X = \{x : -\infty < x < \infty\} \equiv \mathrm{R}$ (실수 집합)
$X = \{x : 0 \leqq x \leqq 1\} \equiv [0, 1]$ (0에서 1까지 모든 실수의 집합).

그런데, 경제학에서 다루는 변수들은 대체로 비음의 값을 가지지만 정의역은 문맥에서 파악하도록 하고 별도로 표시하지 않는 것이 관례이다.

(1a)에서는 연도(x)가 독립변수, 1990년생의 세는나이(y)가 종속변수이며 "연도에서 1990을 빼고 1을 더한다"는 계산규칙, 즉 "x-1990+1"이 1990년생의 세는나이 함수이다. (1a)는 수학을 배우지 않더라도 누구나 아는 일상생활 속의 단편적 지식이다.

다음으로, 경제학에서 자주 나오는 함수의 구체적 예를 살펴보자.

예 2-2 **경제학에서 자주 다루는 함수의 예**

(a) $Q^s = S(p) = -4 + 2p$

(b) $Q^d = D(p) = 50/p$

(c) $C = C(Q) = \dfrac{Q^3}{120} - Q^2 + 130Q$

(d) $C = C(Y) = 200 + 0.75Y$

(a)는 어떤 재화(예, 사과)의 **시장가격(market price=p)** p가 주어지면 기업들이 그 가격의 2배에서 4를 뺀 수량만큼 시장에 내다 팔려고 한다는 것, 즉 **시장 공급량** (Quantity supplied= Q^s)으로 결정됨을 나타내는 **시장 공급함수**이다. 이것은 공급함수(Supply function=S)이므로 함수를 나타내는 기호로서 f 대신 흔히 S를 사용한다.

(b)는 어떤 재화(예, 사과)의 시장가격 p가 주어지면, 소비자들이 50을 그 가격으로 나눈 수량만큼 구매하려 한다는 것, 즉 **시장 수요량**(Quantity demanded= Q^d)이 됨을 나타내는 **시장 수요함수(Demand function= D)**이다. (a)와 (b)에서 종속변수는 수량(Quantity)을 나타내는 Q에 "공급된(supplied)" 및 "수요된(demanded)"을 나타내는 "s"와 "d"를 상첨자로 붙여 표기함으로써, Q^s나 Q^d라는 기호만 보고서도 그 의미를 짐작할 수 있게 하였음을 알 수 있다.

(c)는 어떤 재화를 Q단위 생산하는 데 드는 생산비용은 Q^3의 120분의 1에다 Q^2을 빼고 $130Q$를 더한 값으로 주어짐을 나타내는 **비용함수(Cost function)**이다. (d)는 국민의 소득수준 Y가 주어지면 그것의 75%에 200을 더한 수가 국민의 **소비지출(Consumption expenditure= C)**임을 말해 주는 소비함수이다. (c)와 (d)에서는 종속변수 기호 C가 "함수기호"로도 사용되고 있으며, 비용함수인지 소비함수인지는 문맥에 따라 파악한다.

이 함수들의 그래프는 아래와 같다. 가로축과 세로축의 축적이 다르므로, 보이는 곡선(직선)이 그대로 정확한 기울기를 나타내지 않음에 유의하라. 그리고 (a)와 (b)의 그래프는 잠정적으로 도시한 것이며, 자세한 것은 아래 2절에서 다시 설명될 것이다.

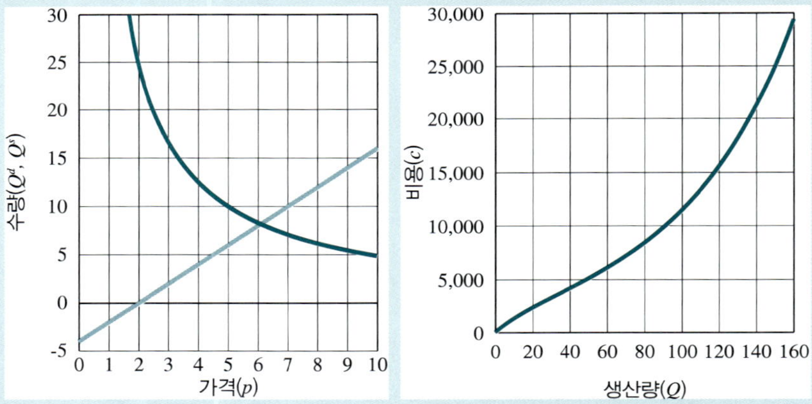

(a) 공급곡선 (b) 수요곡선 (c) 비용함수

그림 2-2 경제학의 여러 함수들

경제학에서도 가장 널리 사용되는 함수는 (1)식이나 [예 2-2]의 (a)나 (d) 같은 선형(또는 1차) 함수로서 여러분들도 잘 알고 있는 함수이다. 일반적인 선형 함수는

$$y = f(x) = a + bx \tag{3}$$

의 형식을 취한다. 여기서 a와 b는 상수이다. 이 함수의 그러프는, [예 2-2](b)나 (c) 같은 비선형 함수와는 달리 독립변수의 수많은 값들에서 함수값을 일일이 계산할 필요 없이, 단 두 개의 x값에서 함수값을 구하거나, 아니면 [그림 2-3](a)에서 보는 바와 같이 y축 절편 a를 지나 기울기가 b인 직선을 그리면 된다.

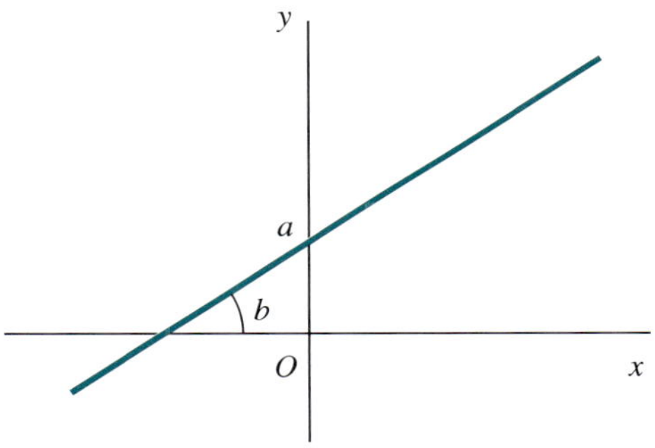

(a) $y = f(x) = a + bx$, $a > 0$, $b > 0$

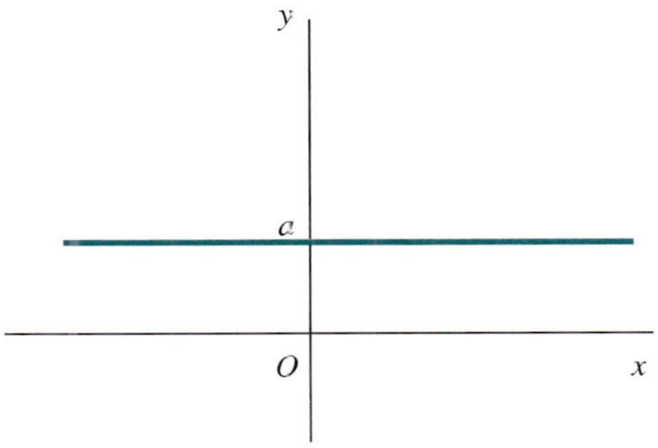

(b) 상수함수 $y = f(x) = a, a > 0$

그림 2-3 선형함수의 그래프

(3)에서 $b = 0$인 특수한 함수는 독립변수 x가 어떤 값을 취하든 종속변수는 일정한 값(상수) a을 갖는다는 것을 나타내므로 상수함수라 불리며, 그 그래프는 [그림 2-3](b)에서 수직 높이가 a인 수평선으로 그려진다.

[예 2-2]를 보면 독립변수가 x일 때, x로 이루어진 수식이면 모두 함수 $f(x)$가 될 수 있는 것처럼 보일지 모르겠다. 그러나 그 값이 1개가 아니라 2개 이상으로 계산될 수도 있는 다음과 같은 수식은 엄밀한 의미에서는 함수라 하지 않는다.

예 2-3

방정식 $(y-5)^2-4+x=0$에서 y가 독립변수이고 x가 종속변수라면, 이 방정식을 x에 관해 풀어서

$$x=g(y)=4-(y-5)^2$$

을 얻는다. 이것은 y의 함수이다. 그러나 x가 독립변수이고 y가 종속변수라면, 이 방정식은 함수가 될 수 없다. 왜냐하면, 이 방정식을 y에 관해 풀면

$$y=f(x)=5\pm\sqrt{4-x}$$

가 되는데, 4 이외의 x값, 이를테면 $x=3$에 대해 $y=4$ 및 $y=6$이라는 2개의 y값이 계산되기 때문이다.

연습문제 | 2.1

1. [예 2-1]의 만 나이함수에서 시각과 만 나이를 월 단위까지 측정할 경우, 1990년 10월생의 나이함수를 서술하고 도시하라(나이가 두 살 때까지간 도시).

2. 만 나이를 실생활에서 시간이나 초단위로 잴 일은 거의 없는데, 만 나이함수에서 x(시점)를 실수로 설정(초단위 나이도 계산 가능)하는 이유는 무엇일까?

3. [예 2-1](a)의 공급함수 $Q^s = S(p) = -4 + 3p$ 에서 $S(10)$을 구하고 그 의미를 설명하라.

4. [예 2-1](d)의 소비지출 함수 $C = C(Y) = 200 + 0.75Y$는 누가 어떻게 만든(또는 발견, 설정) 것인가?

5. 금년도 종합소득세 자료를 구하여, 종합소득 과세표준(Y)의 함수로서 종합소득세(T) 함수를 도표, 방정식(함수) 및 그래프로 표현하라.

6. 현행 주택용 전기요금 체계를 말해보라. 말로 설명하고, 도표와 그래프로도 표시하라. 그리고 방정식으로 표시해 보라.

7. 여러분이 알고 있는 다른 함수를 말하고 그것을 수식으로 표시해 보라.

2.2 경제학에서 그래프 도시 관례

위의 [예 2-2]에서는 모든 그래프를 수학의 일반적 관례를 따라 독립변수를 수평축에 표시한 좌표평면에 도시하였다. 그러나 경제학에서 일부 함수들은 독립변수를 "수직축"에 표시한 좌표평면에 도시하는 것이 관례이다. 예컨대 [예 2-2]의 (a)와 같은 공급함수

$$Q^s = S(p) = -4 + 2p \tag{4a}$$

는 위의 [그림 2-2](a)가 아니라 [그림 2-4]와 같이 독립변수인 가격(p)을 수직축에 배치한 평면에 도시한다.

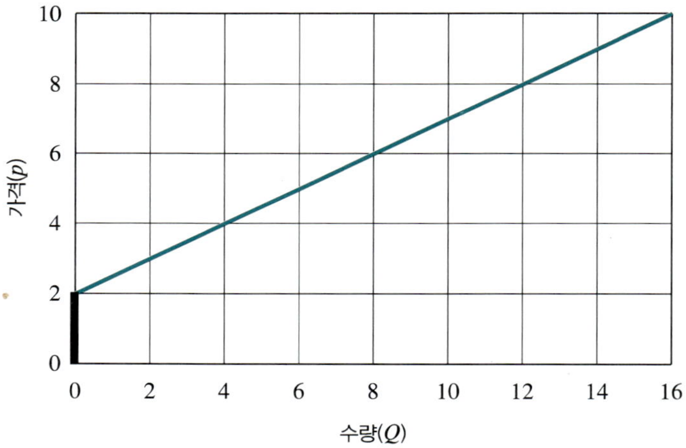

그림 2-4 공급곡선: 경제학 관례에 따른 도시

이 그래프를 그리려면, 수량(수평)축 상에 절편 −4를 잡고(실제로, [그림 2-4]에서는 음의 수량은 무의미하므로 표시조차 하지 않았음) 그 기울기(수직축으로부터 이 직선까지의 기울기)가 2인 직선을 그리면 된다. 그런데, 수학적 관례에 따라 독립변수를 수평축에 잡는 그래프에 익숙한 사람들은 공급함수식 (4a)을 p에 관해 풀어서

$$p = 2 + 0.5Q^s = S^{-1}(Q^s) \qquad \textbf{(4b)}$$

를 도출한 다음, (4b)식을 수학적 관례에 따라 $Q^s p$평면에 도시하면 된다. 즉 수직축 절편 2를 잡고 (수평축과의)기울기를 0.5로 잡아 직선을 그린다.

(4b)식에서는 (4a)식에서와는 정반대로 공급량 Q^s가 독립변수로, 그리고 가격 p가 종속변수로 기능하고 있다. 이처럼 독립변수와 종속변수의 역할을 맞바꾼 함수 (4b)를 원래 함수 (4a)의 **역함수(inverse function)**라 부른다. 10의 역수(inverse)를 10^{-1}로 표시하듯, 함수 f의 역함수는 통상 f^{-1}이라는 기호로 표기하는데, 여기서는 공급함수 기호 S에 상첨자 "-1"을 붙여 S^{-1}로 표시하였다. (4b)에서 종속변수인 p는 시장가격이 아니고, "Q^s번째 수량을 공급하는 공급자가 그 단위를 제공하고 받아야 한다고 생각하는 최소한의 가격"(이를 "공급가격"이라 함)이다. 그리하여 경제학에서 공급함수 (4a)의 역함수 (4b)는 "공급가격함수"라 부르기도 한다. 요약하면, 경제학에서는 공급함수 (4a)나 공급가격함수 (4b)의 그래프를 모두 [그림 2-4]와 같이 가격을 수직축에 표시한 평면에 그린다.

경제학에서 이처럼 독립변수를 수직축에 표시한 좌표평면에 그 그래프를 그리는 경우는 독립변수가 가격변수인 함수들이다. 공급함수와 수요함수가 당연히 이에 속하며, 그 외 이자율이나 환율 등 가격변수가 등장하는 경우에도 그러하다.

두 번째 관례는 수요함수(또는 공급함수)에서 독립변수인 가격은 양수이지만 종속변수인 수요량(또는 공급량)은 음수가 되는 경우의 처리방법과 관련된 것이다. 예컨대 공급함수 (4a)에서

$$Q^s = S(p) = -4 + 2p < 0 \text{인 비음의 가격 구간, 즉 } 0 \leq p < 2$$

인 경우를 생각해 보자. 예컨대 $p = 1$이면

$$Q^s = S(1) = -4 + 2(1) = -2$$

로 계산되지만, 이미 설명한 바와 같이 음의 공급량($Q^s < 0$)은 존재할 수 없으므로

이 경우 공급량이 -2단위라 할 수 없다. 그러면 이 경우 공급량은 얼마란 말인가?

이 상황은 공급자의 입장에서 보면 $p=1$이라는 가격이 원가에도 못미치는 너무 낮은 수준이어서 어떤 수량이든 생산하면 손실이 발생하는 상태로 볼 수 있다. 그리하여 생산하지 않는 것, 즉 생산량을 0으로 결정($Q^s=0$)하는 것이 최선이 된다. 이것은 $p=1$ 이외에도 $0 \leqq p < 2$인 어떤 가격에서도 마찬가지이다. 이러한 내용까지 공급함수 속에 명시적으로 서술하면 공급함수는

$$Q^s = S(p) = \begin{cases} -4+3p, & p \geqq 2 \qquad (5a) \\ 0, & 0 \leqq p < 2 \quad (5b) \end{cases} \tag{5}$$

이 될 것이다. 그런데, 경제학에서는 (5b) 부분을 내용상 당연히 전제하면서도 함수식에서는 통상 표시하지 않고 생략하여 (4a)과 같이 표기한다.

그리고 (5b) 부분을 공급곡선에 명시적으로 그려 넣으면 [그림 2-4]에서 수직축의 **검고 굵은** 선분으로 주어진다. 경제학에서는 이 부분을 통상 그려 넣지는 않지만, 당연히 전제하는 바이므로 필요시 언제나 되살려 논의를 전개한다는 점을 알아둘 필요가 있다.

연습문제 | 2.2

1. 어떤 재화의 수요함수가 $Q^d = D(p) = 10 - 2p$일 대, 본문의 첫 번째 경제적 관례를 고려하고 두 번째 관례와 관계된 부분을 그려 넣어 수요곡선을 도시하라.

2. X재 수요함수가 $Q^d = D(p) = 10 - 2p$일 때, 수요가격함수를 구하라.

3. 위 [1]에서 "$p = 2$이면 $Q^d = 6$"이라는 것은 무엇을 의미하며, 이와 거꾸로 "$Q^d = 6$이면 $p = 2$"라는 것은 어떤 의미를 갖는가?

4. (4a)식의 공급함수 $Q^s = S(p) = -4 + 2p$에서 p의 계수가 2에서 5로 증가한다면, [그림 2-4]에 그려진 공급곡선의 기울기가 더 커지는가(가파르게 되는가)? 상수항 "-4"가 "-10"으로 변하면, 공급곡선은 어떻게 변화하는가?

5. 어떤 경쟁기업의 공급량이 $Q^s = f(p) = 10 + \sqrt{p-5}$ (단, $p \geqq 5$인 경우)로 주어진다고 하자. $0 \leqq p < 5$이면 공급량은 0이다. 여기서 $Q^s =$ "기업의 생산량", $p =$ "시장가격"이다. 그래프(공급곡선)를 그리고, 공급가격함수를 구하라.

6. 여러분이 알바를 해야 한다면, 시간당 임금이 높아짐에 따라 주당 몇 시간 일하겠는가? 이 관계를 노동공급함수라 부르는데, 여러분 각자의 노동공급함수를 그래프로 그려보고, 또한 수식으로 표시해 보라.

7. 평균 소득수준이 낮은 후진국 사람들의 노동공급곡선은 시간당 임금수준이 상승할수록 노동공급시간이 증가하지만, 선진국이 되면 시간당 임금이 일정 수준 이상으로 상승하면 사람들이 노동시간을 줄이고 여가시간을 늘리게 된다. 선진국 노동자의 노동공급 행위를 나타내는 공급곡선을 도시하고, 이를 대략 나타내는 함수를 만들어 보라.

2.3 2변수 함수와 그래프

예 2-4

요즘 비만이 성인병 유발의 주요 요인으로서 주목받고 있다. 비만을 재는 척도로서 체지방 지수(Body Mass Index=BMI)는 어떤 사람의 체중을 kg 단위로 표시하고 신장을 미터 단위로 표시할 때 체중을 신장의 제곱값으로 나눈 수로 정의한다. 이것을 기호로 나타내면,

$$y = x_1/x_2^2 \qquad \textbf{(6)}$$

단, x_1=체중(kg), x_2=신장(m), y=BMI.

참고로 보건복지부 기준 한국인 비만 분류 기준은 다음과 같다:

(보건복지부, "생애전환기 건강진단실시기준", 2007)

분 류	체질량지수 (kg/㎡)	비만관련질환의 위험
저체중	< 18.5	낮음
정상	18.5~22.9	보통
과체중	≥ 23	
위험체중	23.0~24.9	위험 증가
비만 1단계	25.0~29.9	중등도 위험
비만 2단계	≥ 30	고도 위험
비만 3단계	≥ 40	극심한 위험

이 예에서 보는 바와 같이, 비만도를 나타내는 체지방 지수는 체중만으로 판단할 수 없으며 신장까지 고려하여 계산될 수 있다.

(2)식에는 독립변수가 1개뿐이므로 (2)식은 **1변수 함수**라 부른다. (6)과 같이 독립변수가 2개(여기서는 편의상 x_1과 x_2로 표시함)인 경우, 종속변수가 y인 함수는

$$y = f(x_1, x_2) \qquad \textbf{(7)}$$

로 표기되며 2변수 함수라 부른다. 이것은 어떤 변수 y의 값을 결정하는 요인이 x_1과 x_2로서 2개일 때 이 변수들 간의 관계를 서술하는 데 사용된다. 여기서도 엄밀한 의미에서 함수라 함은 한 쌍의 독립변수들의 값 (x_1, x_2)가 주어지면 종속변수 y의 값이 유일하게 결정되는 관계를 말한다. 경제학에서 다루는 대부분의 함수도 2변수 함수 또는 그 이상의 3변수 함수 등이다.

예 2-4 경제학에서 2변수 함수들

(a) 공급함수 $Q^s = S(p, w) = 5 + 3p - 0.2w$, $w =$ 임금률. $p =$ 시장가격

(b) 수요함수 $Q^d = D(p, Y) = Y/(2p)$, $Y =$ 소득.

(c) 콥-더글라스 생산함수 $Q = f(L, K) = \sqrt{LK}$, $L =$ 노동투입량, $K =$ 자본 투입량,

$Q =$ (제품) 생산량

2변수 함수 (6)의 그래프는 어떻게 그리는가? 이를 위해 우선 3차원 공간 개념부터 살펴보자.

1. 3차원 공간의 기초

아주 간단한 2변수 함수의 예로서 상수함수

$$y = f(x_1, x_2) = 20$$

의 그래프를 그려보기로 하자. 이를 위해서는 독립변수 x_1의 값을 나타내는 x_1축, 독립변수 x_2의 값을 나타내는 x_2축, 그리고 종속변수 y의 값을 나타내는 y축이 필요하다. 이 세 축을 [그림 2-5]에서와 같이 밑바닥에 x_1축과 x_2축을 표시하고 이에 수직으로 y축을 세운 3차원 공간(이를 간단히 x_1x_2y 공간이라 함)을 생각해 보자. 이 함수는 독립변수들 x_1과 x_2의 값이 어떠하든 종속변수 y의 값은 20으로 일정하다는 것을 말

해 주므로, 그 그래프는 수직높이가 20인 수평면 A로 표시된다.

이제, 상수함수

$$y = f(x_1, x_2) = 0 \tag{8}$$

의 그래프도 쉽게 그릴 수 있을 것이다. 함수 (8)은 독립변수들 x_1과 x_2의 값이 어떠하든 종속변수 y의 값은 0으로 일정하다는 것을 말해 주는데, 그러한 점들의 집합은

$$\{(x_1,\ x_2,\ y) : x_1 \in R,\ x_2 \in R,\ y = 0\} \tag{9}$$

으로 표시되며, 기하학적으로는 [그림 2-5]의 $x_1 x_2 y$ 공간에서 수직높이가 0인 수평면 B로 표시진다. 수평면 B는 x_1축과 x_2축 위에 널빤지를 깔아 만든 평면의 형상을 취하고 있으므로 $x_1 x_2$ 평면이라 부르기도 한다. 단, [그림 2-5]에서 평면 A와 B는 그 전체를 도시한 것이 아니고, x_1, x_2가 일정한 비음의 값을 갖는 작은 사각형 부분만 그려두었다(왜? 전체를 모두 표시하면 오히려 하나도 구분할 수 없게 되니까).

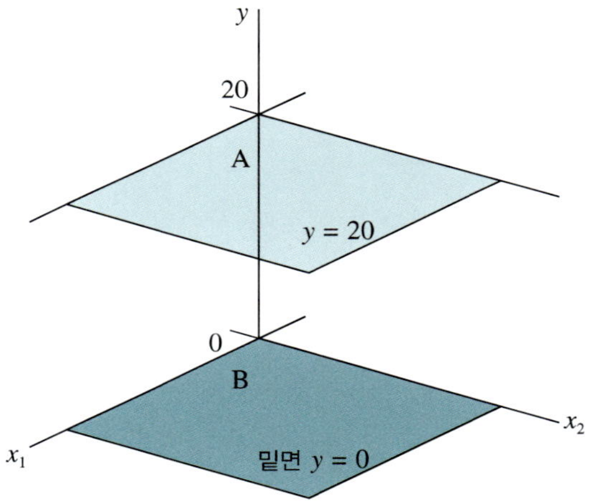

그림 2-5 3차원 공간의 기초 도형: 방정식 $y = 0$ 및 $y = 20$의 그래프

(8)은 독립변수가 x_1과 x_2이고 종속변수가 y인 2변수 함수 중 상수함수 $y = 0$을 말한다. 이제, $y = 0$을 하나의 방정식이라 생각해 보자. 그것도 x_1, x_2, y의 세 변수

들이 등장하는 방정식 중 특수한 경우로서 x_1, x_2는 등장하지 않고 y만 나오는 방정식으로 간주하자. 이를테면 이것은 방정식

$$0 \cdot x_1 + 0 \cdot x_2 + y = 0$$

처럼 x_1과 x_2에는 계수 0이 곱해져 있어서 x_1, x_2는 등장하지 않는다고 볼 수도 있다. x_1과 x_2의 값이 어떠하든 y값이 0이면 그 점은 이 방정식을 만족시키므로, (9)가 바로 이 방정식을 만족시키는 점들의 집합이다. 따라서 이것을 3차원 x_1x_2y 공간에 도시하면, [그림 2-5]의 평면 B가 된다.

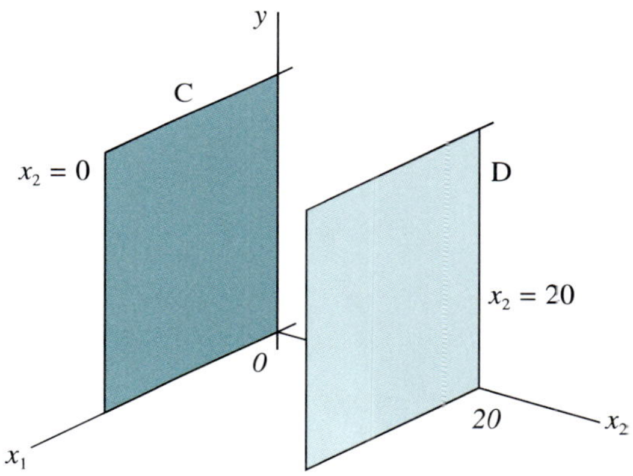

그림 2-6 3차원 공간의 기초 도형: 방정식 $x_2 = 0$ 및 $x_2 = 20$의 그래프

이제, 이처럼 생각하여 방정식 $x_2 = 0$의 그래프를 3차원 x_1x_2y 공간에 그려보자. 그것은 3차원 공간의 점들 중 $x_2 = 0$인 것, 즉 [그림 2-6]에서 수직으로 세워진 x_1y평면 C로 나타난다.(엄밀히 말하자면, 평면 C를 상하좌우로 무한히 늘린 평면임). 그리고 방정식 $x_2 = 20$의 그래프는 3차원 공간의 점들 중 $x_2 = 20$인 것, 즉 수직면 D로 나타나는데, 이것은 평면 C를 x_2축 방향으로 20만큼 평행 이동시킨 것이기도 하다. 마찬가지로, 방정식 $x_1 = 0$의 그래프는 수직으로 선 x_2y평면으로 표현된다(각자 도시해 보자).

2. 2변수 비선형 생산함수의 그래프

[예 2-3](c)에 제시된 2변수 콥-더글라스(Cobb-Douglas) 생산함수

$$Q = f(L, K) = \sqrt{LK} \tag{10}$$

의 그래프를 그려보자. 여기서 L은 노동량이고 K는 자본 서비스량이며 Q는 생산량이다. [그림 2-6]의 LKQ공간에서 이 생산함수는 하나의 (아래로) 오목한 곡면으로 그려지는데, 이를 생산곡면이라 부른다. (수학 전문 소프트웨어인 Mathematica로 그림).

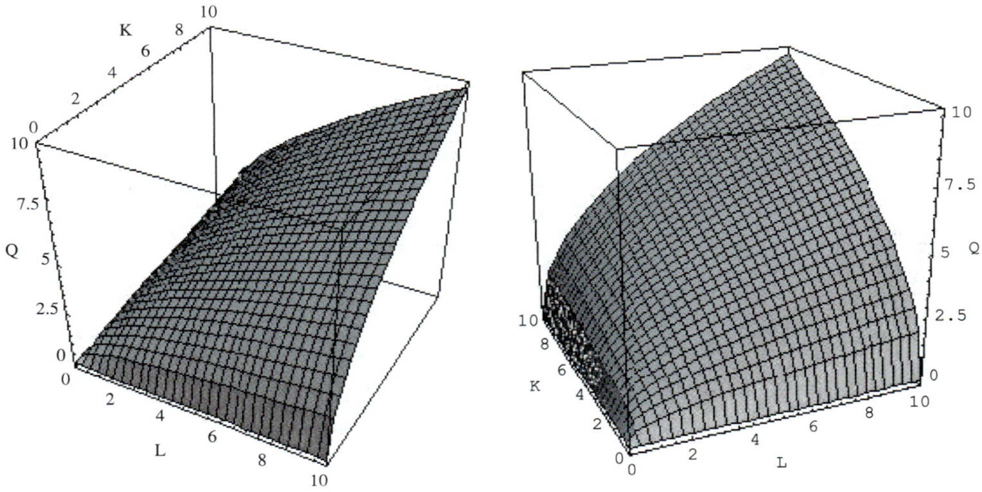

(a) 옆면에서 본 것 (b) 앞면에서 본 것

그림 2-7 3차원 생산곡면 $Q = \sqrt{KL}$

이 생산곡면을 종이(평면) 위에 단번에 그리기란 쉽지 않다. 그러므로 경제분석에서도 3차원 곡면을 직접 다루기보다는 수직면이나 수평면으로 이 3차원 곡면을 절단하여 나오는 단면들을 많이 이용한다. 이 단면들은 2차원 평면 위에 쉽게 그릴 수 있으며, 역으로 이것들을 포개어 3차원 곡면을 재구성하는 데 이용할 수도 있다.

(1) 자본단면: 단기 생산함수

생산함수 (10)에서 자본량이 일정한 값, 예컨대

$$K = 4 \tag{11}$$

에 고정된 경우를 생각해 보자. 이 말은 본래의 생산학수 (10)식도 만족시키고 또한 (11)식도 만족시키는 점들을 보자는 말이다. (10)식과 (11)식이 동시에 성립해야 하므로, (11)을 (10)에 대입하면

$$Q = f(L, 4) = 2\sqrt{L} \tag{12}$$

가 된다. 경제분석에서 단기는 통상 자본량이 고정되어 있는 기간으로 보기 때문에, 이것을 (자본량이 4인) **단기 생산함수**라 한다(자본도 노동처럼 변수를 이루고 있는 (10)은 장기 생산함수라 부른다).

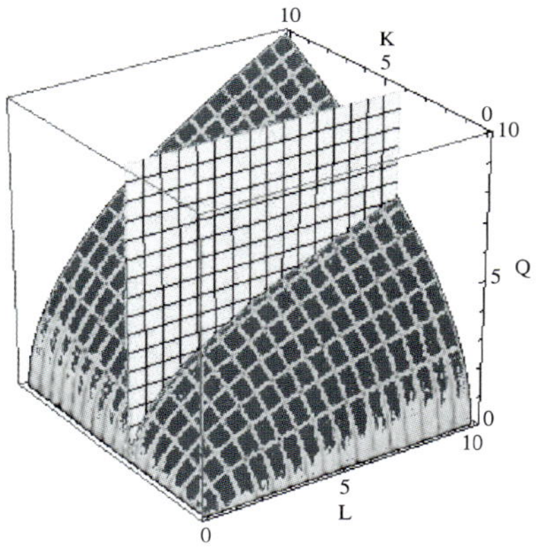

(a) 생산곡면 $Q=\sqrt{KL}$과 자본 수직면 $K=4$의 교선

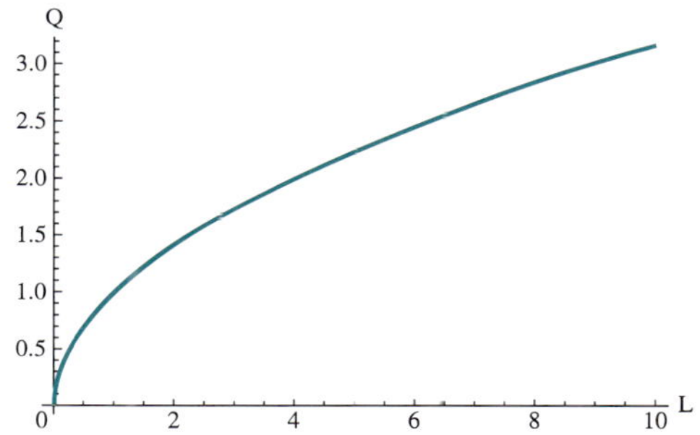

(b) 2차원 노동-산출량(LQ) 평면에 그린 단기상산함수 $Q=f(L,4)=2\sqrt{L}$

그림 2-8 생산곡면과 ($K=4$인) 단기 생산함수

기하학적으로는 (11)식 $K=4$는 [그림 2-8](a)에서 자본 값이 4인 점을 지나는 수직면으로 그려지는데, 이를 "(K가 4인) 자본 수직면"이라 부른다. 그리고 [그림 2-8a]에서 (10)식은 [그림 2-7a]에서와 같은 3차원 생산곡면을 이룬다. 따라서 "(10)식과 (11)

식이 동시에 성립"한다는 것은 기하학적으로는 이 생산곡면과 자본수직면이 서로 만나 이루는 곡선(교선)으로 나타난다. 이 교선을 2차원 노동-산출량(LQ) 평면 위로 사영하면 [그림 2-8](b)도와 같다.

단기에 고정된 자본량이 4단위가 아니라 9단위라면, 그 때의 단기 생산함수는 위에서와 같은 요령으로

$$K = 9 \text{ 이면 } Q = f(L, 9) = \sqrt{9L} = 3\sqrt{L}$$

로 주어지며 [그림 2-9] (a)(b)에 그려져 있다. (b)도의 두 그래프를 비교하면, 자본량이 $K_0 = 4$ 에서 $K_1 = 9$ 로 증가함에 따라 단기 생산곡선이 위쪽으로 "이동한다"(shift)고 말한다.

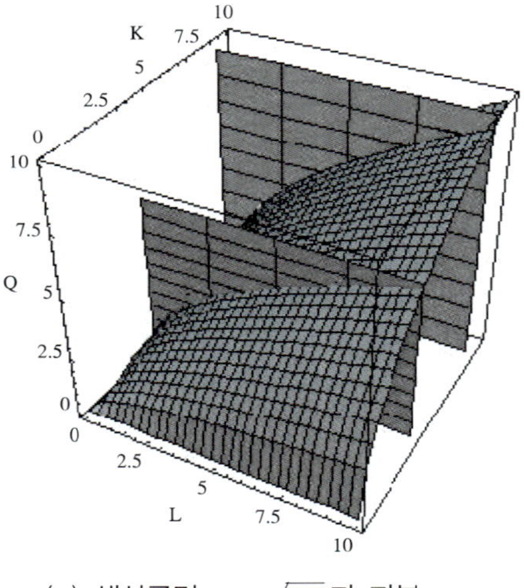

(a) 생산곡면 $Q = \sqrt{KL}$ 과 자본 수직면 $K_0 = 4$ 및 $K_1 = 9$의 교선

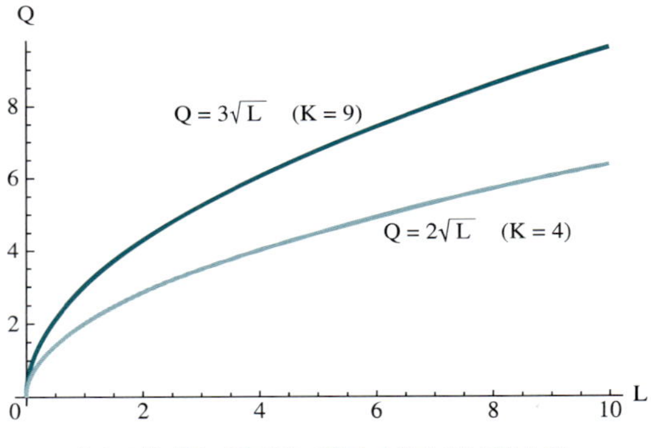

(b) 자본량 증가에 따른 단기생산함수의 이동: $Q = f(L, 4) = 2\sqrt{L}$ 에서 $Q = f(L, 9) = 3\sqrt{L}$ 로.

그림 2-9 자본량의 증가와 단기 생산함수의 이동

지금까지 3차원 생산곡면에 자본 수직면을 삽입하여 단기 생산함수인 자본단면을 구하는 과정을 설명하였다. 그런데, 이와 정반대로, 그리기 용이한 자본단면들은 자본

량이 $K=0,1,2,3,\cdots$ 등 일 때 그려 세워두면 2차원 자본 단면도들로부터 3차원 생산곡면을 얻을 수 있다.

(2) 노동단면

노동량이 $L=4$ 단위에 고정된 경우, 노동 수직면 $L=4$(KQ 평면과 평행함)가 생산곡면과 이루는 교선은 대수적으로

$$Q=f(4,K)=2\sqrt{K}$$

로 표현된다. 이 곡선은 [그림 2-8]에서 노동량과 자본량의 좌표축만 서로 맞바꾸어 놓은 경우의 그래프와 동일하다. 그러나 이 곡선은 경제학에서 거의 사용되지 않으며 따라서 별도의 명칭이 붙여져 있지도 않다.

(3) 생산량 단면: 등량곡선

일반적으로 3차원 공간에서 종속변수의 값이 일정한(즉, 높이 또는 고도가 동일한) 점들의 궤적은 **등위곡선**(level curve: 等位曲線) 또는 **등고선**이라 불린다. 등산할 때 간혹 사용하는 등고선 지도에서 등고선을 생각해 보라. 생산곡면을 LK 평면에 평행한 생산량 수평면 $Q=Q_0$ 로 절단하여 나오는 교선들을 생각해 보자. 이것은 일종의 등위곡선인데, 어디에서나 생산 "수량"의 수준이 동일하므로($Q=Q_0$) **등량**(等量) **곡선** 또는 간략히 **등량선**(iso-quandt)이라 부른다. 수식으로는 생산곡면의 방정식 (10)에 $Q=Q_0$ 를 대입한 것, 즉

$$f(L,K)=\sqrt{LK}=Q_0 \quad \text{또는} \quad K=Q_0^2/L \tag{13}$$

으로 표현된다. [그림 2-10](b)에 Q_0가 2.5 및 7.5인 등량곡선들이 그려져 있다.

Q_0값이 높을수록 [그림 2-10](a)에서 생산량 단면은 더 높아지고 그 결과 교선인 등량곡선은 (b)도에서 우상방으로 옮아간다.

자본단면에서와 마찬가지로, $Q=0,1,2,3\cdots$ 일 때 2차원 등량곡선들을 그려 포개

놓으면 3차원 생산곡면을 얻을 수 있다.

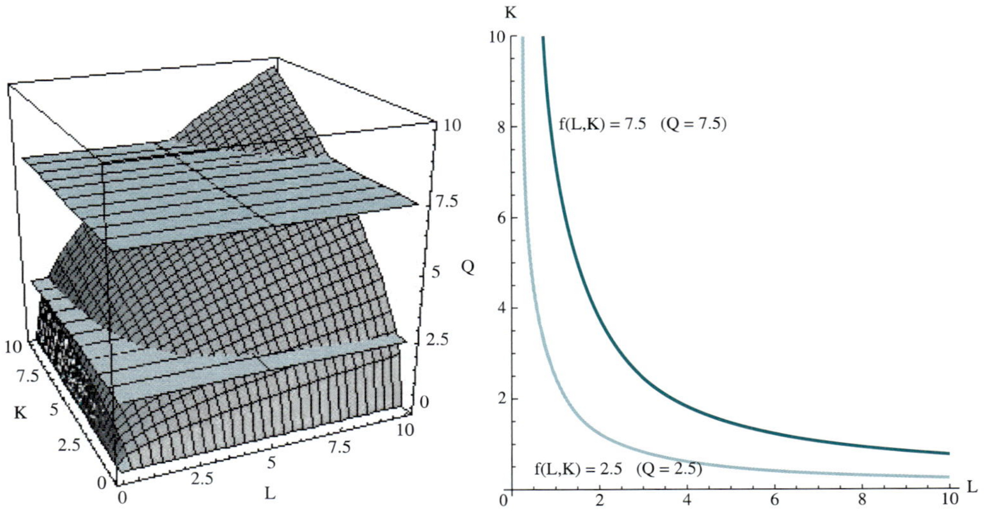

(a) 생산곡면과 생산량 수평면

(b) 등량곡선들 $Q_0 = 2.5$, $Q_1 = 7.5$

그림 2-10 생산곡면과 $Q = 2.5$ 및 $Q = 7.5$인 등량곡선들

예 2-5

어느 개인의 식품 월소비량을 x, 의류 월소비량을 y라 하자. 그가 두 상품 조합 (x, y)를 소비할 때 얻는 만족(효용)은 효용함수 $U = U(x,y)$로 표현된다. 이 효용함수도 (10)과 같은 콥-더글라스 함수라 가정하면 효용함수는 $U = U(x,y) = \sqrt{xy}$로 주어진다. 이 함수의 그래프인 효용곡면은 좌표축의 변수명만 바꾸면 [그림 2-7]과 동일하다. 그런데, 효용곡면의 경우, x단면이나 y단면은 사용되지 않으며 오직 U단면만 활용된다. 이 U단면은 이 U값이 동일한 (x, y)점들을 나타내는 등효용 곡선인 셈이지만 그렇게 부르지 않고, "U(효용)값이 같다"는 것은 "만족수준이 동일함" 또는 "만족에 차이가 없음"을 의미하므로 **"무차별곡선"(indifference curve)**이라 부른다. [그림 2-10](b)의 두 곡선은 좌표축 명칭만 바꾸면 $U = 2.5$ 및 $U = 7.5$인 무차별곡선으로 해석할 수 있다.

3. 2변수 선형 함수의 그래프

일반적인 2변수 선형함수는

$$y = f(x_1, x_2) = a + b_1 x_1 + b_2 x_2 \tag{14}$$

로 쓸 수 있다. 여기서 a, b_1, b_2는 상수이다. 1변수 선형함수처럼 2변수 선형함수도 그 그래프는 그리기가 매우 간단하다. 우선 $a = 0$, $b_1 = 1$, $b_2 = 2$인 다음 선형 함수의 그래프를 그려 보자:

$$y = f(x_1, x_2) = x_1 + 2x_2, \quad x_i \geq 0 \tag{15}$$

먼저, 방정식 $x_2 = 0$의 그래프는 $x_1 y$ 평면을 나타내는데, (15)식의 그래프와 이 평면이 교차하는 교선은 두 방정식

$$y = f(x_1, x_2) = x_1 + 2x_2 \text{ 및 } x_2 = 0$$

이 동시에 성립하는 점들로 구성된다. 이 두 방정식들이 동시에 성립하는 점들은, 후자를 전자에 대입함으로써 합치면, 방정식

$$y = f(x_1, 0) = x_1 \tag{16a}$$

으로 표현된다. 이것은 [그림 2-11](a)의 $x_1 y$ 좌표평면 상에 직선 AB로 그려져 있는데 그 기울기는 $b_1 = 1$이다.

다음으로, 방정식 $x_1 = 0$의 그래프는 $x_2 y$ 평면임을 상기하라. 이 평면과 (15)식의 그래프가 교차하는 교선은, 두 방정식

$$y = f(x_1, x_2) = x_1 + 2x_2 \text{ 및 } x_1 = 0$$

이 동시에 성립하는 점들로 구성된다. 이 두 방정식들이 동시에 성립하는 점들은

$$y = f(0, x_2) = 2x_2 \tag{16b}$$

로 표현된다. 이것은 [그림 2-11](b)의 $x_2 y$ 좌표평면 상에 직선 AC로 그려지는데 그 기울기는 $b_2 = 2$이다.

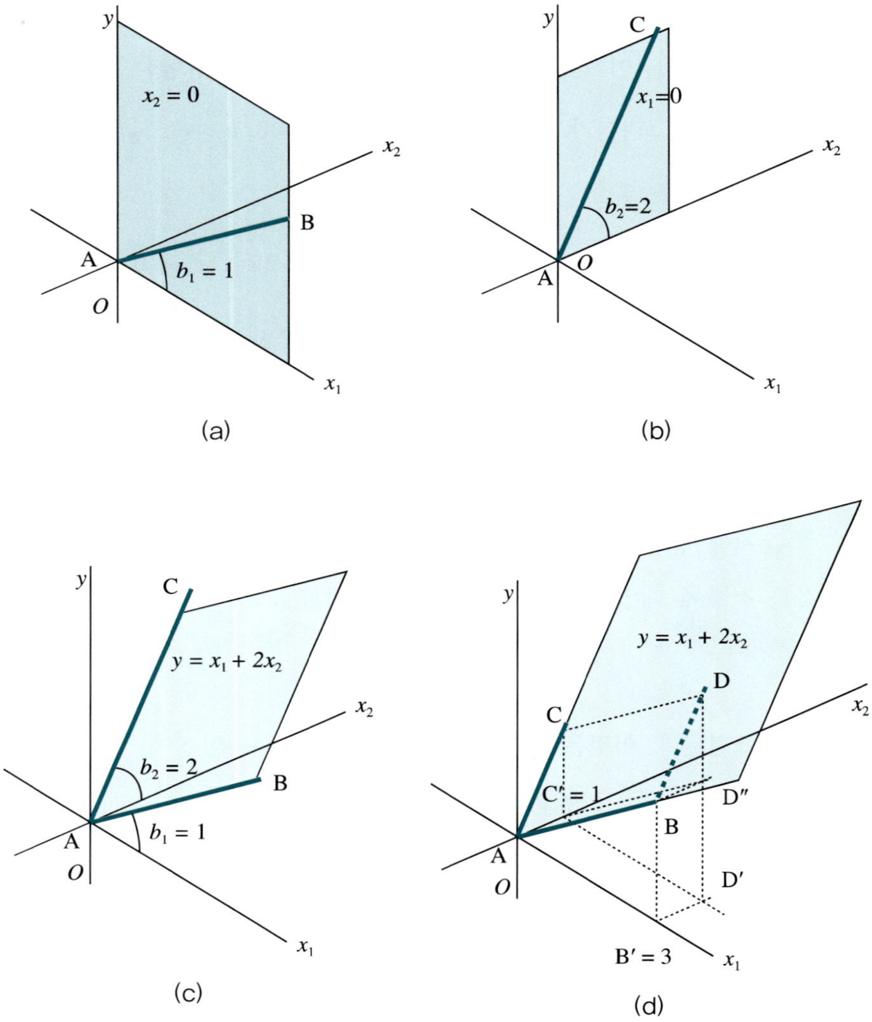

그림 2-11 2변수 선형함수의 그래프

그러면 (15)식의 그래프는 [그림 2-11](c)에서 직선 AB와 AC 위에 판유리를 얹어 형성되는 평면으로 표현된다. 이것은 그림 (d)도에서 알 수 있다. 여기서 점 $D' = (x_1^0, x_2^0) = (3, 1)$에서 계산한 함수값

$$y^0 = f(x_1^0, x_2^0) = x_1^0 + 2x_2^0 = 3 + 2(1) = 5$$

가 선분 DD′으로 표시되어 있다. 이 그림에서 AB′ = BB′ = D′D″ = 3이고 CC′ = 2인데 선분 AC를 BD로 평행 이동시키면 CC′ = DD″이므로 D′D″ + D″D = 3 + 2 = 5 = D′D이다.

역으로, 3차원 공간에 놓여 있는 평면의 방정식을 구해보자. 선형 2변수 함수 (14)식에서 미정계수(매개변수)인 a, b_1, b_2를 구하는 문제와 같다. 미지수가 3개뿐이므로, **3점(단, 한 직선상에 모두 놓여있지 않을 것)의 좌표값만** 주어지면 3차원 공간에 떠 있는 평면의 방정식을 구할 수 있다. 예컨대, [그림 2-11]의 세 점의 좌표

$$A = (0, 0, 0), \quad B = (3, 0, 3), \quad C = (0, 1, 2)$$

가 주어졌다고 하자. 각 점의 좌표값을 (14)에 대입하면 a, b_1, b_2에 관한 3개의 연립방정식이 나오는데, 이것을 풀면 (15)를 얻는다.

예 2-6 **2변수 선형 수요함수**

$$Q^d = D(p, Y) = 10 - p + 0.02\,Y$$

는 $p\,Y\,Q^d$ 공간에서 수직축 상의 점 (0, 0, 10)을 통과하며 가격축 기울기가 −1이고 소득축 기울기가 0.02인 평면이다. 또한 이 평면은 $p\,Q^d$ 평면 상의 직선 $Q^d = D(p, 0) = 10 - p$와 $Y\,Q^d$ 평면 상의 직선 $Q^d = D(0, Y) = 10 + 0.02\,Y$를 지나는 평면이기도 하다.

소득이 $Y = Y_0$일 때, 함수

$$Q^d = D(p, Y_0) = (10 + 0.02\,Y_0) - p$$

는 가격만의 함수로서 2차원 평면 $Q^d p$상의 그래프로 나타나는데, 이것은 "좁은 의미의" 수요곡선이라 부른다. 이와 반대로, 가격이 $p = p_0$로 일정할 때, 함수

$$Q^d = D(p_0, Y) = (10 - p_0) + 0.02\,Y$$

는 소득만의 함수로서 2차원 평면 YQ^d상의 그래프로 나타나는데, 이것은 엥겔(Engel) 곡선이라 부른다.

예 2-7

소비자가 1,000원의 소득으로 경쟁시장에서 3가지 재화를 각각 $p_1 = 2$, $p_2 = 1$ 및 $p_3 = 5$ 원이란 가격으로 구매한다고 하자. i 재 구매량을 x_i로 표기하면, 이 수량들은 방정식

$$2x_1 + x_2 + 5x_3 = 1{,}000\,,\ \text{즉}\ x_3 = 200 - 0.4x_1 - 0.2x_2$$

를 만족시켜야 한다. 이 방정식은 3차원 $x_1 x_2 x_3$ 공간에서 소비자가 주어진 예산으로 구매가능한 점들을 나타내는 평면을 이루므로, 이 평면을 **예산평면(budget plane)**이라 부른다.

연습문제 | 2.3

1. 수요함수가 $Q^d = D(p, Y) = Y/(2p)$일 때, $D(p,10)$, $D(10, Y)$, $D(10,10)$은 무엇인가 설명하고 도시하라.

2. 2변수 수요함수 $Q^d = D(p, Y) = Y/(2p)$의 그래프를 그려라. 우선, 협의의 수요곡선들을 그려 합성함으로써 수요곡면의 전체적인 모양을 구하라. 다음으로 엥겔곡선들을 그려서 수요곡면을 구하라.

3. 생산함수가 콥더글라스 생산함수 $Q = f(L,K) = \sqrt{LK}$일 때, $Q = 0$인 등량곡선을 도출하고 도시하라. 그리고 $Q_0 = 1$, $Q_1 = 2$ 및 $Q_3 = 3$인 경우에 대해 등량곡선들을 그려서 비교하라.

4. 제주도의 자연을 상상하며 해발 1900m인 등고선과 해발 0m인 등고선을 대략 그려 보라. 그리고 절벽처럼 매우 가파른 지역(남벽 등) 부분은 등고선 지도에서 어떻게 찾을 수 있는지 생각해 보라.

5. 3가지 재화의 시장가격이 $p_1 = 200$, $p_2 = 1000$ 및 $p_3 = 5000$원이라 하자. i 재 월간 구매량을 x_i로 표기할 때, (1) 사람들의 월간 지출액 함수를 구하라. (2) 소득 100만원을 모두 지출하는 사람의 예산식과 예산평면을 구하라. (3) 소득이 200만원인 사람의 예산식과 예산평면을 구하여 (2)와 서로 비교하라.

6. 방정식 $x_3 = 200 - 0.4x_1 - 0.2x_2$의 그래프가 x_2x_3평면을 지나는 교선의 방정식을 구하고 도시하라.

7. 함수 $y = f(x_1, x_2) = 10 - x_1 - 2x_2$의 그래프를 그려라.

2.4 그래프의 평행이동

1변수 함수 $y=f(x)$의 그래프를 x축 방향으로 a만큼, 그리고 y축 방향으로 b만큼 이동시킨 그래프의 방정식은

$$y-b=f(x-a) \text{ 또는 } y=f(x-a)+b$$

로 주어진다. 여기서 $a>0$이면 a만큼 우측으로 이동시키고 $a<0$이면 $-a$만큼 좌측으로 이동시킨다. 왜 그런가?

[그림 2-12a]에 어떤 함수 $y=f(x)$가 그림과 같이 그려져 있다(실제로 $f(x)=x^2$임). 이 그래프를 y축 방향으로 $b=-2$만큼 이동시킨 그래프를 함수 $y=g(x)$의 그래프라 하자. $g(x)$는 $f(x)$를 수직 방향으로 $b=-2$만큼 이동시킨 것이므로, 어떤 값 x_0(예컨대, $x_0=1$)에서의 $g(x_0)$값[점 B′의 수직좌표값]은 $f(x_0)$값[점 B의 수직좌표값]을 $b=-2$만큼 변동시킨 것, 즉 $g(x_0)=f(x_0)+b$와 같다. 이를 계산하면 $g(1)=f(1)-2=1-2=-1$. 모든 x값에서 이런 관계가 성립하므로 이동한 후의 그래프는 함수 $y=f(x)+b$로 표현된다.

다음으로, [그림 2-12b]처럼 함수 $y=f(x)$의 그래프를 x축 방향으로 $a=3$만큼 평행 이동시킨 그래프를 함수 $y=g(x)$의 그래프라 하자. 이 경우 어떤 값 x_0(예컨대, $x_0=4$)에서의 $g(x_0)$값[점 B′의 수직좌표값]은 이동 전의 값 $x_0-a(=4-3=1)$에서의 원함수의 값 $f(x_0-a)$[점 B의 수직좌표값]과 같다. 모든 x값에서 이런 관계가 성립하므로 이동한 후의 그래프는 함수 $y=g(x)=f(x-a)$로 표현된다. 이 예에서는 $y=f(x-a)=(x-3)^2$이다.

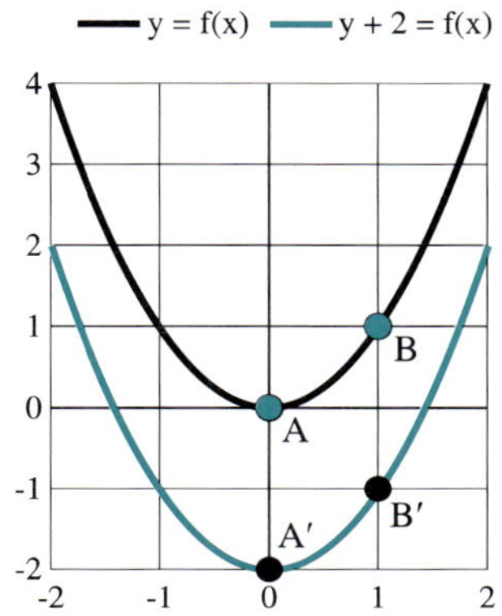

그림 2-12a y축 방향으로 −2 이동

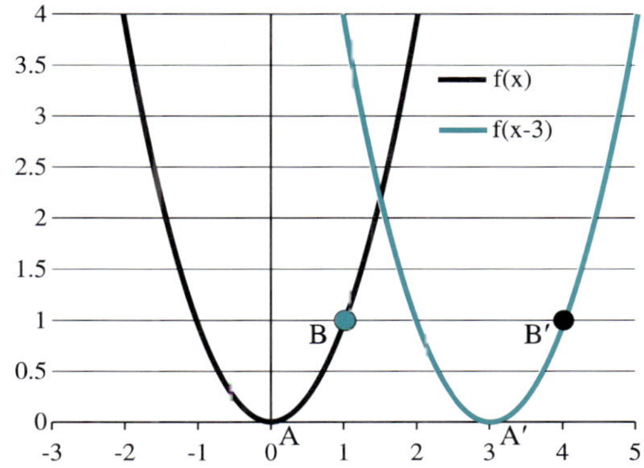

그림 2-11b x축 방향으로 +3 이동

연습문제 | 2.4

1. 판매하는 제품 1단위당 일정한 금액으로 부과되는 세금을 물품세(T)라 하는데, 물품세가 부과될 경우 공급함수는 $x^s = S(p, T) = -4 + 2(p - T)$로 주어진다. $T = 0$이다가 처음으로 $T = 3$원의 물품세가 부과된다고 하자. 물품세 과세 전후의 공급함수의 그래프를 그려 비교하라.

2. 1장 (2b)식

$$\bar{l} + kY - hr = \frac{\overline{M}}{P}$$

에서 $P = 1$, $\bar{l} = 0$, $k = 0.2, h = 1000$이라 하자. 여기서 $r =$이자율, $Y =$국민소득, $\overline{M} =$통화공급량이다. 통화공급량이 최초에 $\overline{M}_0 = 2{,}000$에서 $\overline{M}_1 = 2{,}500$으로 증가한다면 (2b)식의 그래프는 어떻게 변화하는가 도시하라.

부록 | 엑셀을 이용한 그래프 그리기 실습

1. 1변수 함수 $y = f(x) = x^2$ 그리기

1) 엑셀(Excel) 프로그램을 연다.
2) A1셀에 x, B1 셀에 y를 쳐넣는다.
3) A2셀 이하로 정의역의 여러 값들을 삽입한다. 예컨대, A2부터 A10셀까지 0,1,2,3 등을 넣는다.
4) B2셀에 "=a2^2"을 쳐넣고, B2셀 내용을 B3셀 이하 B10셀까지 복사해 넣는다.(B2셀을 마우스 좌측버튼으로 클릭한 후, 커서를 그 셀 우하단 부근으로 가져갈 때 "+"자 표시로 바뀌면 마우스 좌측버튼을 눌러 아래쪽으로 드래그함).
5) A1셀에서 B10셀까지를 지정한 후, 엑셀 상단의 "삽입">"차트">"분산형">"곡선 그래프 도시된 것"을 차례로 선택하면 원하는 챠트가 그려진다.
6) 차트를 클릭한 후, 엑셀 상단의 "챠트도구">"디자인">"챠트요소 추가">"축제목">"기본 가로" 또는 "기본 세로"> 수평축 또는 수직축 변수 이름을 쳐넣는다.

2 2변수 콥-더글라스 생산함수 $Q = \sqrt{LK}$ 그리기

1) 엑셀(Excel) 프로그램을 연다
2) L축과 K축의 값들을 가로 세로에 배치(삽입)한다
3) 각 (L, K) cell에 $\sqrt{LK}$ 값을 계산하여 넣는다.
4) L,K,Q값들을 block으로 지정한 후, 윗줄 메뉴에서 "삽입">"챠트">"기타">"표면형"을 선택한다.
5) 입체 그래프가 그려진다. 그래프를 마우스 우측 클릭하여, "3차원회전"을 누르면 대화상자가 나온다. 보기 쉽게 상하좌우로 돌려본다.

Mathematics *for Economics*

CHAPTER

03

경제모형 맛보기

사례

2008년 3월 10일 정부는 물가안정과 서민생활 안정을 위해 휘발유 1리터당 부과된 세금 약 820원중 10%인 82원을 인하하였다. 그런데, 1주일이 지나도 휘발유 시장가격은 겨우 48원 하락하였을 뿐이다. 당시 많은 사람들은 왜 휘발유 가격이 82원만큼 하락하지 않는지 의아해 하였다. 그 해 10월 국정감사에서 한 의원은 지식경제부의 보고 자료에 입각하여, "유류세 10% 인하에 따른 서민부담 경감 효과 기대치는 연간 1조 6000억원으로 큰 반면, 실제 소비자가격에 반영된 유류세 인하분은 9000억원에 불과해 나머지 7000억원(43%)이 석유유통 과정에서 증발돼 정유사, 석유대리점, 주유소 등이 이익을 챙겼다."고 질타하기까지 하였다.

왜 이런 일이 생길까? 아니, 왜 이렇게 생각할까?(2011.4월 재발-부록1 참조)

개요

제3장에서는 위 사례의 물음에 답하는 형식으로, 간단한 경제모형을 만들어 분석하는 과정을 보여주고자 한다. 이를 위해서는 기본적 경제행태(및 행위)에 관한 가정들을 설정하여 경제모형을 구성하고, 이 가정들로부터 논리적으로 어떤 결론을 연역해내야 한다. 이 장에서는 이 전과정을 단계별로 자세히 설명하고자 한다.

어떤 경제모형이든 다음과 같은 단계 및 내용으로 구성된다:

(a) 분석하려는 경제현상(경제문제)의 설정:
휘발유 세금 인하가 휘발유 시장가격에 미치는 효과

(b) 가정의 설정
① 분석대상 경제현상에 영향을 미치는 주요 요인들의 추출
② 분석대상 경제현상과 이 요인들 간의 행태적 함수관계 설정
③ 분석대상 경제적 변량의 결정조건(또는 결정원리) 설정

(c) 논리적 연역

① 분석대상 경제변량의 수준(값) 결정

② 각 요인의 변화가 분석대상 경제변량의 수준에 미치는 효과 분석.

이들 중 (a)와 (b)는 모형의 수립단계에 속하고 (c)는 분석단계에 속한다.

아래 제1절에서는 이 순서에 따라 휘발유시장 모형을 설정하고, 모형의 내생변수와 외생변수 및 매개변수의 의미를 설명한다. 제2절에서는 간단한 선형모형의 예를 들어 경쟁적 휘발유시장에서 물품세와 같은 조세의 부과가 시장균형에 미치는 효과를 분석한다. 제3절에서는 시장 수요 및 공급함수가 비선형 일반함수인 경우, 기하학적 방법과 논리적 연역법을 통해 비교정학분석을 시도한다.

3.1 휘발유 경쟁시장 모형: 예비적 분석

1. 시장모형의 설정

여기서 휘발유 시장은 휘발유를 제조하는 정유회사가 아니라, 정제된 휘발유를 공급받아 소비자에게 판매하는 소매 단계를 분석하기로 한다. 따라서 이 시장에서 생산자는 주유소 기업으로서 주유 서비스 생산자이지만, "휘발유 주유 서비스 수급량"을 간단히 "휘발유 수급량"이라 부르기로 한다.

이제, 이 휘발유 소매시장이 **경쟁시장**이라 가정하자. 이 가정은 여러 가지 조건들로 구성되지만, 그 핵심은 주유소들과 소비자들이 무수히 많고 또한 시장 전체의 거래량에 비해 각자의 생산량이나 소비량이 아주 작아서, 개별 기업이나 소비자가 시장가격에 영향을 미치지 못한다는 것이다. 그리하여, 이 가정은 각자 자신이 원하는 만큼 얼마든지 주어진 시장가격으로 팔거나 살 수 있다는 소위 **가격수용**(價格受容: price-taking) 행동으로 요약된다. 다음으로, 경쟁시장에서 거래되는 재화의 시장균형 가격과 수량은 시장수요와 시장공급에 의해 결정된다.

우선, 휘발유 시장 수요와 공급이 선형인 단순한 모형을 설정해 보자:

휘발유 수요함수	$x^d = D(p) = 3000 - p$	**(1a)**
휘발유 공급함수	$x^s = S(p) = -360 + 2p$	**(1b)**
시장균형 조건	$x^d = x^s$	**(1c)**

여기서 각 변수는

$x^d =$ 월간 휘발유 수요량(단위=리터), $x^s =$ 월간 휘발유 공급량(단위=리터)
$p =$ 휘발유의 시장가격(단위=원)

이다. (1a)에서 p 의 계수가 음(陰)인 것은 시장가격이 상승함에 따라 휘발유 수요량이 감소한다는 수요함수의 기본적 속성(**수요의 법칙**이라 부름)을 반영한 것이다. (1b)에서 p 의 계수가 양인 것은 시장가격의 상승에 따라 휘발유 공급량이 증가한다는 공급함수의 기본적 속성(**공급의 법칙**이라 부름)을 반영한 것이다. 휘발유의 시장수요와 시장공급에 영향을 미치는 요인들 중 휘발유가격 이외의 모든 다른 요인들을 과감하게 무시하였다.

(1c)는 시장 수요량과 시장 공급량이 일치할 때 시장균형이 달성된다는 것을 나타내는 경쟁시장 균형조건이다. 특정 가격에서 수요자들이 구매하려는 수량을 전부 구매할 수 있고 또한 그 수량이 공급자들이 판매하려는 수량과 꼭 일치한다면, 어떤 수요자나 공급자도 다른 어떤(비균형) 상태로 옮아가기를 원하지 않으며, 그 상태를 유지하려는 유인을 갖는다. 일반적으로, 이와 같이 지속되려는 상태를 **균형**(均衡: equilibrium)이라 한다. 여기서 균형상태는 수요량과 공급량간의 관계로 설정되어 있지만, 그 균형에서 수요가격과 공급가격도 서로 일치한다. 그리하여 그 가격과 수량을 각각 **시장 균형가격** 및 **시장 균형거래량**이라 부른다. 그런데, 균형상태의 수량이 0이라는 것은 수요자와 공급자간에 어떤 거래도 발생하지 않음을 의미하므로, 균형거래량이 양이어야 의미 있는 시장균형이 성립된다.

2. 시장균형의 계산(균형분석)

이 연립방정식 체계를 풀면 다음 해를 얻는다:

$$p^* = 1,120\text{원},\ x^{d*} = x^{s*} = 1,880\text{리터} \qquad \textbf{(2)}$$

여기서 “해”라는 특정한 값임을 강조하기 위해 상첨자 “*”를 붙여 놓았다. 이 해를 도시하기 위해, (1a)와 (1b)를 도시하고 (1c)를 만족하는 시장균형을 표시하면 [그림 3-1]과 같다.

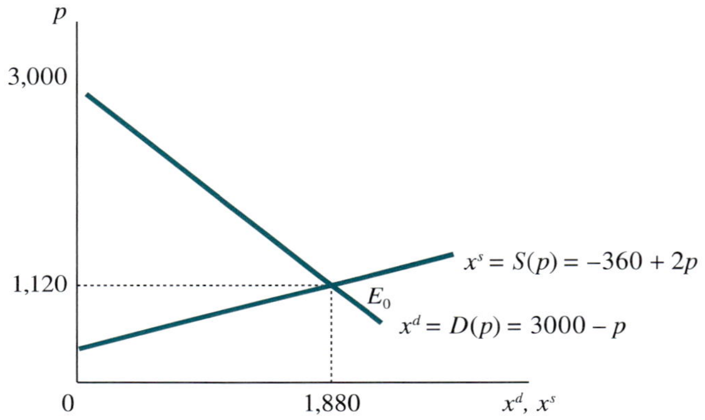

그림 3-1 휘발유시장 균형

이상은 균형분석에 해당한다. 그런데 모형 (1)로는 이 이상 다른 분석을 할 수가 없다. 휘발유 세금의 효과를 분석하려면, 이 세금 변수를 도입하여야 한다.

3.2 조세와 휘발유시장 분석

조세가 휘발유시장에 미치는 영향을 분석하기로 하자. 과세 효과를 수리모형으로 분석하기 위해서는, 과세가 소비자의 수요행위와 공급자의 공급행위에 어떤 영향을 미치는가를 먼저 살펴보아야 한다.

1. 수리모형의 수립

조세의 효과를 분석하기 위해, 휘발유 공급자에게 리터당 일정액의 물품세 T원이 부과된다고 하자. [2014년 3월 현재 리터당 1880원 정도인 휘발유 가격 중에는 교통에너지환경세(529원/리터) 및 이에 대해 부가되는 교육세 15%(79원), 개별소비세(475원/리터), 그리고 부가가치세(10%로서 166원/리터)가 부과되고 있다.] 이 세금은 우리의 시장모형에 어떤 영향을 미치는가?

과세 전에는 소비자가 지불하는 가격(**소비자 가격** 또는 **수요자 가격**)은 그대로 공급자가 자기 몫으로 수취하는 가격(**공급자 가격** 또는 **생산자 가격**)이 되어 양자가 일치하므로 동일한 문자 "p"로 표기하였다. 그러나 물품세는 소비자가 생각(지불)하는 가격과 공급자가 느끼는(받는) 가격이 서로 달라지게 한다. 즉, 과세 후 공급자는 소비자 가격 중 세금을 공제한 금액만 자신의 수입으로 수취하게 되므로, 공급자 가격은 소비자 가격과 세금만큼 달라진다. 서로 다른 개념에는 다른 기호를 부여하여, 이하에서는

$p =$ 소비자 가격(소비자 지불가격), $p_n =$ 공급자 가격(공급자 순수취가격)

으로 쓰기로 하자. 양자간에는 상술한 바와 같이

$$p = p_n + T$$

라는 관계가 성립한다. 따라서 공급자에게 물품세를 부과하더라도, 소비자 가격이 세금포함 가격이 된다.

본래 시장수요는 소비자들이 각 가격(당연히, 소비자가 지불하는)에서 구매하려고 하는 수량을 의미하며 소비자 가격은 이전과 마찬가지로 "p"로 표기되므로, 과세후 시장수요는 (1a) 그대로 변화가 없다. 그러나 시장공급은 공급자들이 각 가격(당연히, 공급자가 순수취하는)에서 판매하려고 하는 수량을 의미하는데, 공급자 가격이 이제 p_n으로 표기되므로 시장공급은 $x^s = S(p_n) = -360 + 2p_n$ 으로 표현된다.

이로써 휘발유 조세 시장모형은 아래와 같이 완성된다:

휘발유 수요함수: $x^d = D(p) = 3{,}000 - p$ **(3a)**

휘발유 공급함수: $x^s = S(p_n) = -360 + 2p_n$ **(3b)**

시장균형 조건: $x^d = x^s$ **(3c)**

물품세: $p = p_n + T$ **(3d)**

여기서

$p =$ 소비자 가격, $p_n =$ 공급자 가격, $T =$(휘발유) 물품세

2. 내생변수와 외생변수

위 (3)의 네 방정식에는 x^d, x^s, p, p_n 및 T 라는 5개의 변수가 등장하는데, 이들의 성질(또는 자격)은 서로 다르다. 우리는 이 모형을 통해 휘발유의 시장균형 가격과 수량을 설명(또는 결정)하고자 하는데, 이와 같이 어떤 모형으로써(즉, 모형 내에서) 설명하고자 하는 변수를 그 모형의 **내생변수**(內生變數: endogenous variable)라 한다. 이 모형에서는 x^d, x^s, p 및 p_n이 내생변수이다. 그런데, 내생변수를 결정하는 데 관여하지만 이 모형 내에서 설명(결정)되지 않고 이 모형의 외부에서 결정되는 변수를 **외생**(外生: exogenous)**변수** 또는 **매개변수**(媒介變數: parameter)라 부른다. 이 모형에서 T가 바로 외생변수이다. 세금은 정부(국회)가 설정하는 것이지 시장에서 그 값이 결정되는 것이 아니기 때문이다.

휘발유 시장모형에서 세금 T는 700원이나 820원 등의 어떤 일정한 값으로 주어진 것으로 간주된다. 그런데, (3d)에서 T에 820원과 같은 수치를 바로 대입하지 않고서 문자기호인 T로 표현해 두었는데, 이러한 변수를 **매개변수**라 부른다.

여러 학생들이 T가 매개변수라는 말의 의미를 이해하는 데 상당한 곤란을 겪는 듯하므로, 이를 좀더 자세히 설명하기로 한다. 모형 (3)에서 x^d, x^s, p p_n은 모형 내에서 결정되어야 하는 "미지수"로서 문자 그대로 "변수"(내생변수)이다. 또한, (3)에 들어있는 -1이나 -360과 같은 상수계수(常數係數: constants)는 바로 그 값으로 언제나 고정되어 있다. 그런데, 매개변수 T는 언제나 하나의 수치에 고정된 상수는 아니며 우리

가 원하는 대로 700원이나 820원 등의 값을 부여할 수 있다. 그러나 700원을 부여하면 700원에 그대로 (다음에 이를 변경할 때까지) 고정되며, 820원을 부여하면 820원에 그대로 고정된다. 이러한 의미에서 T는 "**변동**가능한 **상수**" 또는 "**일정**한 **변수**"라는 양면성 — "일정"하다는 것과 "변동"한다는 것은 반대되는 말이 아닌가? —을 지닌 변수이다. 이러한 변수를 **매개변수** 또는 **파라미터**라 부른다.

3. 모형의 간소화: 내생변수 수의 감축

이 모형에서 (3d)식을 p에 관해 풀어서 (3b)에 대입하면, 이 모형은 내생변수가 x^d, x^s 및 p로서 3개이고 방정식도 3개인 모형으로 간소화된다:

휘발유 수요함수: $x^d = D(p) = 3000 - p$ **(4a)**

휘발유 공급함수: $x^s = S(p-T) = -360 + 2(p-T)$ **(4b)**

시장균형 조건: $x^d = x^s$ **(4c)**

4. 물품세 부과의 균형분석 및 비교

이제, 휘발유 세금이 $T_1 = 0$인 상태에 있다가 $T_1 = 840$원이 도입된다고 하자. $T_1 = 0$인 상태는 모형 (1)과 같으며 시장균형은 (2)로 계산되었다. $T_1 = 840$원이 되면, (4a)와 (4b)를 (4c)에 대입하고 $T_1 = 840$원을 대입하여 풀면, 시장균형 소비자 가격과 시장균형 거래량은 각각

$$3000 - p = -360 + 2(p - 840),\ 즉\ p_1^* = 1{,}680\,원 \tag{5}$$

$$x_1^* = 1{,}320\,리터.$$

이 때 공급자 순수취 균형가격은 $p_{n1}^* = p_1^* - 840 = 840$ 원이다. 이상은 $T_1 = 840$원일 때의 균형분석이다.

이제 $T_1 = 0$일 때의 시장균형인 (2)와 $T_1 = 840$원일 때의 시장균형인 (5)를 서로 비교해 보자. 이 경우 조세는 $\Delta T = 840$만큼 증가하였는데, 그 결과 휘발유 균형 소

비자 가격, 공급자 순수취 가격 및 균형 거래량은 각각 다음과 같이 변화하였다:

$$\Delta p^* = 1{,}680 - 1{,}120 = 560, \ \Delta p_n^* = 840 - 1{,}120 = -280$$

$$\Delta x^* = 1{,}320 - 1{,}880 = -560.$$

여기서 소비자에게는 직접 세금이 부과되지 않았음에도 불구하고, 가격상승으로 인해 결과적으로 소비자도 560원만큼 세금을 부담(tax incidence)하고 있다. 또한 공급자는 리터당 840원의 세금을 납부하지만 자신의 순수취 가격은 약 280원만 하락할 뿐이다.

이 결과는 [그림 3-2]에 도시되어 있다. 시장공급함수 (4b)는 $T=0$인 본래의 공급곡선 AE_0를 p축 방향으로 $T=\Delta T=+840$원만큼 평행이동한 점선 직선 BE_1으로 그려진다. 이제 이 공급곡선의 높이인 공급가격은 공급자의 순수취 가격에 물품세액을 더한 금액임을 알 수 있다. 새 시장균형점 E_1은 균형 소비자 가격을 말해주며, 세금을 뺀 선분 CD는 균형 공급자 순수취 가격을 보여준다.

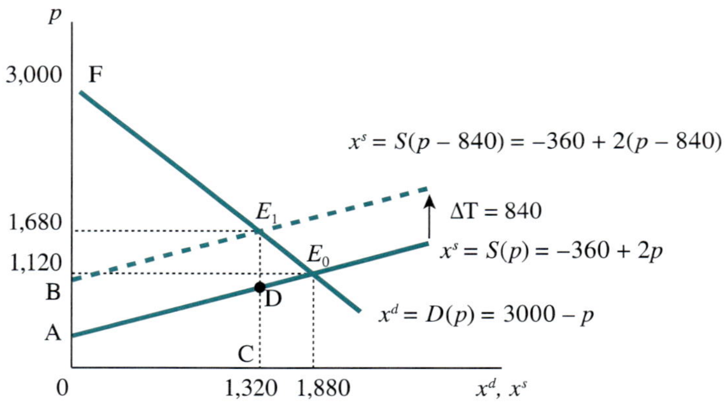

그림 3-2 휘발유 세금 부과의 효과

다음으로, 제3장 첫머리의 사례를 분석해 보자. 현행 휘발유 세금 $T_1 = 840$을 10% 인하하여 $T_2 = 756$으로 조정한 경우, 시장균형 가격은

$$3000 - p = -360 + 2(p - 756), \ 즉 \ p_2^* = 1{,}624원.$$

따라서 조세 인하($\triangle T = -84$) 효과는

$$\triangle p^* = 1,624 - 1,680 = -56$$

으로서 균형 소비자 가격은 56원 하락한다. 이것은 [그림 3-3]에 도시되어 있다. 왜 84원만큼 하락하지 않을까? (이 문제는 연습문제로 남겨둔다).

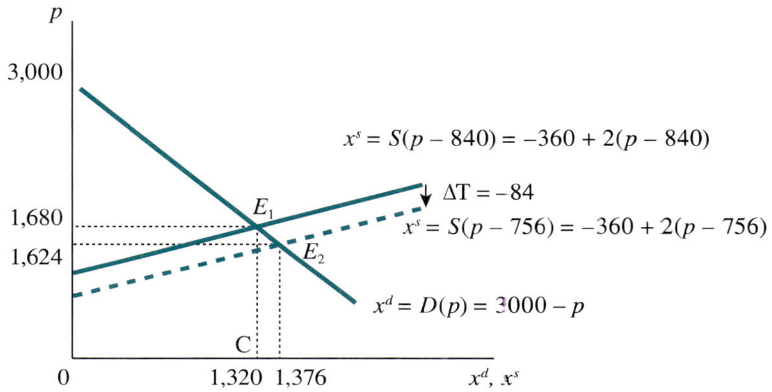

그림 3-3 휘발유세 10% 인하 효과

이상 두 가지 조세효과 분석은 세금변수를 매개변수로 한 보다 일반적인 분석으로 확장할 수 있다. (4a)와 (4b)를 (4c)에 대입하여 풀면, 시장균형 소비자 가격과 거래량은

$$p^* = 1,120 + \frac{2}{3}T = p(T) \tag{6a}$$

$$x^* = 1,880 - \frac{2}{3}T = x(T). \tag{6b}$$

물품세가 T_0에서 T_1으로 $\triangle T$만큼 변화할 때, T_i하의 시장 균형치를 하첨자 $i = 1,2$를 붙여 표기하자. 그러면, 세금변화에 따른 시장균형 소비자 가격과 거래량의 변화량은 각각

$$\triangle p^* = p_1^* - p_0^* = (2/3)\triangle T,\ \triangle x^* = x_1^* - x_0^* = -(2/3)\triangle T.$$

따라서 시장모형이 (4)로 주어질 경우, 물품세가 $\triangle T$만큼 변화하면 시장균형 소비자

가격은 $(2/3)\triangle T$ 만큼 변함을 알 수 있다. $\triangle T = -84$이면 $\triangle p^{*} = (2/3)\triangle T = = (2/3)(-84) = -56$ 이고, $\triangle T = 840$이면 $\triangle p^{*} = (2/3)\triangle T = = (2/3)(840) = 560$으로서 위에서 계산한 결과와 일치함을 알 수 있다.

연습문제 | 3.2

1. 가상적으로 소비자에게 물품세를 부과한다고 가정하여도, 모형 (4)가 그대로 적용될 수 있다. 이 경우에도 $p = p_n + T$가 성립함을 설명하라. (4a)에 $p = p_n + T$을 대입한 후, 도시해 보라.

2. [그림 3-2]에서 수요곡선이 최초의 균형점 E_0를 지나면서 더 가파른 기울기(예컨대, -2)를 갖는 직선으로 변한다면, 840원 과세후 소비자 지불 시장균형 가격은 수요곡선이 변하기 전보다 더 많이 상승하는가 아니면 더 작게 상승하는가?

3. [그림 3-2]에서 공급곡선이 최초의 균형점 E_0를 지나면서 더 가파른 기울기(예, +1)를 갖는 직선으로 변한다면, 840원 과세후 소비자 지불 시장균형 가격은 공급곡선이 변하기 전보다 더 많이 상승하는가 아니면 더 작게 상승하는가?

4. 본문에서 물품세를 공급자에게 "부과"하더라도 그 세금의 일부분은 궁극적으로 소비자가 부담하게 됨을 보았다. 이런 결과는 왜 발생하는가?

5. 제3장 첫머리의 "사례"에서 휘발유 가격이 그 세금 인하폭만큼 하락하지 않아 정유사와 주유소들이 나머지 부분을 "챙겼다"고 고발하고 있다. 이 주장은 타당한가? 본문의 분석을 이용하면, 어떤 경우에 시장가격이 세금 인하폭만큼 하락할 것이라 예상하는가?

6. 부가가치세를 소비자에게 구매가격의 10%만큼 부과하는 경우를 상정해 보자. 이 경우에도 모형 (3)을 그대로 적용할 수 있는가?

7. 모형 (3)에서, 휘발유 세금이 부가가치세처럼 공급자 순수취 가격 p_n 의 $0 < t < 1$ 배인 $T = tp_n$ 만큼 부과되는 경우를 고찰해 보자. 만약 $t = 0.1$ 이라면, 시장균형 가격은 얼마이며, 이 세율이 0.02% 포인트 상승($t = 0.12$ 로 상승)한다면 시장균형 가격은 얼마나 변하겠는가?

8. 위의 문제 **2**에서 기울기가 -2로 변할 경우, 정확한 균형 가격은 얼마인가?

9. 현재 휘발유에 부과되는 제반 세금이 리터당 얼마나 되는지 찾아보라.

3.3 소득과 휘발유시장 분석: 비선형모형의 분석

1. 비선형모형의 예

시장 수요함수와 공급함수가 (1)과 같이 가격에 관해 선형이면, 수요곡선과 공급곡선은 직선을 이루며 시장균형도 용이하게 계산된다. 그러나 수요 또는 공급 곡선이 언제나 가격에 관해 선형인 것은 아니다.

수요 또는 공급함수가 가격에 관해 비선형이면 그것은 xp 평면에서 곡선을 이루며, 그럴 경우 균형 값의 계산은 일반적으로 용이하지 않다. 다음 예를 보자.

$$x^d = D(p, Y) = Y/2p \quad \textbf{(7a)}$$

$$x^s = S(p) = 2\sqrt{p-2} \quad \textbf{(7b)}$$

$$x^d = x^s \quad \textbf{(7c)}$$

이 모형에는 세금(T) 변수는 없고 소득(Y) 변수가 새로 등장한다. 이제 우리는 세금의 효과 문제는 제쳐두고, 소득이 휘발유 시장가격에 미치는 효과를 분석하고자 한다. 이 목적을 위해 매개변수 형태로 소득(Y) 변수를 도입한 것이다.

시장균형조건에 이 수급함수를 대입하여 정돈하면

$$Y/2p = 2\sqrt{p-2}\,,\ \text{즉}\ 16p^3 - 32p^2 - Y = 0 \quad \textbf{(8)}$$

이다. 이 식을 풀면 시장균형 가격이 나오지만 이것은 p에 관한 3차 방정식으로서 일반적으로 풀기가 쉽지 않다. 수학전문 소프트웨어인 Mathematica로 풀면

$$p^* = \frac{2}{3} + \frac{8(2)^{2/3}}{3(256 + 27Y^2 + 3\sqrt{3}\sqrt{512Y^2 + 27Y^4})^{1/3}}$$

$$+ \frac{(256 + 27Y^2 + 3\sqrt{3}\sqrt{512Y^2 + 27Y^4})^{1/3}}{6(2)^{2/3}}$$

로서 매우 복잡하다.

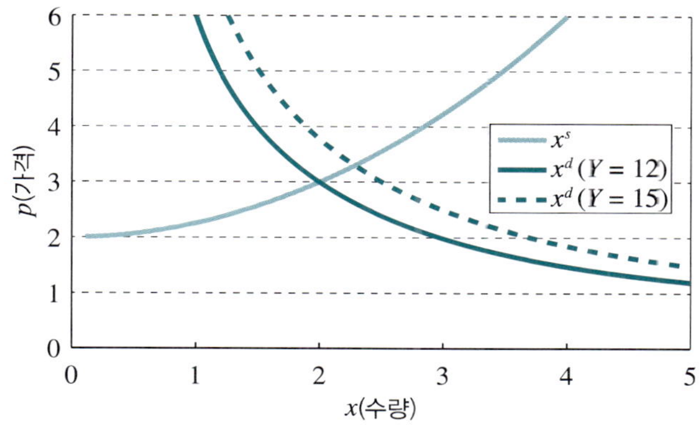

그림 3-4 휘발유시장 비선형모형의 균형: 도해

이제, 소득이 $Y = Y_0 = 12$라면 (8)은

$$p^3 - 2p^2 - 9 = 0$$

이 되며, 균형가격은 $p_0^* = 3$으로서 쉽게 계산된다. 다음으로, 소득이 $Y = Y_1 = 15$로 상승한다면 시장균형가격은

$$16p^3 - 32p^2 - 15^2 = 0$$

을 풀어야 하는데 쉽지 않다. Mathematica로 해를 구하면(엑셀로도 계산해 볼 수 있다. 부록 2 참조)

$$p_1^* = \frac{2}{3} + \frac{(810368 - 5760\sqrt{19761})^{1/3}}{48} + \frac{(6331 + 45\sqrt{19761})^{1/3}}{6(2)^{2/3}} \approx 3.295$$

인데, 따라서 소득변동 $\Delta Y = 3$에 따른 시장균형가격 변동은

$$\Delta p^* = p_1^* - p_0^* \approx 3.295 - 3 = 0.295$$

로 계산된다. 나중에 미분법을 배워 적용하면, Mathematica를 이용하지 않고서도 이에 아주 가까운 근사치를 계산할 수 있게 될 것이다. 소득수준이 12, 15일 때 모형 (7)을 대략 도시하면 [그림 3-4]와 같다.

2. 일반모형의 균형분석(기하학적 방법)

이제, 시장수요 및 시장공급함수를 구체적인 수식으로 설정하지 않고 일반함수형태로 설정한 일반모형을 고찰해 보자:

휘발유 수요함수: $x^d = D(p, Y)$ **(9a)**

휘발유 공급함수: $x^s = S(p)$ **(9b)**

경쟁시장 균형조건: $x^d = x^s$ **(9c)**

여기서 수요함수 $D(p, Y)$는 아래 (A1)과 (A2)를 충족시키는 (p와 Y에 관한) 어떤 함수도 될 수 있으며, 공급함수 $S(p)$는 (A3)를 충족시키는 어떤 함수도 될 수 있다:

〈기본 가정〉

(A1) 가격이 상승함에 따라 시장 수요량은 감소(수요의 법칙을 충족)한다.

(A2) 소득이 상승함에 따라 시장 수요량은 증가한다(휘발유는 정상재라 가정).

(A3) 가격이 상승함에 따라 시장 공급량은 증가(공급의 법칙을 충족)한다.

예컨대, 공급함수는 제2장 [예 2-2](a)와 위 (7b)

$$S(p) = -4 + 2p\,,\ S(p) = 2\sqrt{p-2}$$

는 물론

$$S(p) = 0.5p^2 - 3,\ S(p) = 0.1(p-1)^3,\ S(p) = \sqrt{p-2} + 2p$$

등등 여러 가지로 설정될 수 있다.

이러한 아주 일반적인 경우, 소득 상승이 시장균형 가격을 얼마나 어떻게 변동시킬 것이라 예상할 수 있는가? 도대체 이런 경우에도 어떤 믿을만한(과학적인) 해답을 제시할 수 있는가?

이러한 일반모형을 다루는 주요 목적은 수요곡선과 공급곡선이 여러 가지 다른 형태를 취하더라도 널리 성립되는 일반적인 분석결과를 도출하는 데 있다. 그러나 이 일반모형에서는 수요함수와 공급함수의 구체적 함수형태가 알려져 있지 않기 때문에, 균형가격과 균형거래량을 어떤 수치로 구할 수는 없다. 왜냐하면 균형가격은 방정식

$$D(p, Y) = S(p)$$

를 만족시키는 p 값인데, 현 단계에서 대수적으로 이 방정식을 풀 수가 없기 때문이다. 그렇지만, 현 단계에서도 그림을 이용하여 이 일반모형의 균형을 분석할 수 있다.

[그림 3-5]에 소득이 Y_0 일 때 가정 (A1)을 만족시키는 수요곡선 $x^d = D(p, Y_0)$ 이 그려져 있고 가정 (A3)를 만족시키는 공급곡선 $x^s = S(p)$가 그려져 있다. 이 그림에서는 이들 두 가정이 의미하는 것(수요곡선은 우하향하고 공급곡선은 우상향하는 것)만 의식적으로 표현하였으며, 이 곡선들의 위치나 곡도에 관해서는 규정된 바가 없으므로 임의로 그려놓은 데 지나지 않는다. 이 두 곡선은 점 $E_0 = (x_0^*, p_0^*)$ 에서 교차하는데, 이 점이 균형조건 (9c)를 충족시키므로 소득 Y_0 하의 시장균형점을 이룬다. [수요곡선이 우하향하고 공급곡선이 우상향하더라도 이들 두 곡선이 교차하지 않을 수도 있으나, 여기서는 가격이 낮을 때 수요량이 충분히 많아서 이들 두 곡선이 교차한다고 가정한다].

다음으로, 소득이 $Y_1 (> Y_0)$ 으로 상승하면 새로운 수요곡선 $x^d = D(p, Y_1)$ 은 가정 (A3)에 의해 [그림 3-5]에서 보는 바와 같이 우상방으로 이동하게 되며, 공급곡선은 아무런 영향을 받지 않는다. 그리하여, 새로운 시장균형은 E_0 점의 우상방에 위치하는 점 $E_1 = (x_1^*, p_1^*)$ 에서 달성된다. 따라서 소득의 상승은 시장가격과 시장균형 거래량을 모두 증가시킨다고 결론지을 수 있다. 그러나 시장균형 가격과 거래량이 **정확하게 얼마만큼** 증가하는가는 알 수 없으며, 단지 **증가**한다는 결과만을 얻을 수 있다.

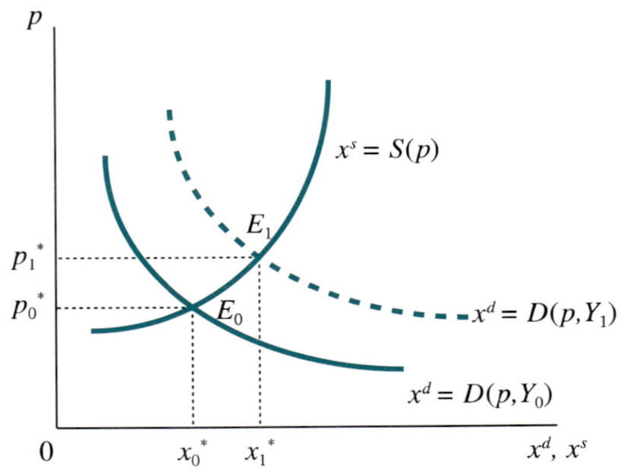

그림 3-5 일반모형에서 소득상승의 효과 분석

외생변수의 변화에 따라 내생변수값이 증가하는가 아니면 감소하는가라는 변화 **방향**만을 말해주는 명제는 **정성적**(定性的) 명제 또는 **질적**(質的: qualitative) 명제라 부르며, 증가(또는 감소)량의 크기까지 말해 주는 것은 **정량적**(定量的) 명제 또는 **양적**(量的: quantitative) 명제라 부른다. 위에서 본 바와 같이, 모형 (9)와 같은 일반모형을 기하학적으로 분석하여 얻을 수 있는 것은 정성적 명제뿐이다. 나중에 미분학을 배워 적용하면, 가정 (A1)-(A3)에 나오는 반응도를 도함수 및 편도함수로 표현함으로써 정량적 명제를 얻을 수 있는데 이것은 후술된다.

3. 일반모형의 균형분석(비수학적 논리적 연역법)

위 2항의 분석은 어려운 수식의 전개를 필요로 하지는 않으나 그래프의 모양과 이동에 관해서는 좀 알아야 이해할 수 있다. 여러분은 2항의 분석이 어렵다고 생각하지 않는가? 그렇다면 다행이지만, 그래프도 쉽지 않다면 이제 그래프도 던져버리고 수식도 던져버리고 오로지 순전히 일상적인 말로써 논리적으로 분석하는 방법을 생각해 보자.

(a) 소득이 초기 수준(Y_0에 해당)일 때, 시장균형 가격 및 거래량을 각각 초기 균형가격 및 초기 균형거래량이라 부르자. 초기 소득수준과 초기 시장균형 가격에서 초기 시장수요량은 시장균형의 정의에 의해 초기 시장공급량과 일치한다.

(b) 소득이 최종 수준(Y_1 에 해당)일 때, 시장균형 가격 및 거래량을 각각 최종 균형 가격 및 최종 거래량이라 부르자. 최종 소득수준과 최종 시장균형 가격에서 최종 시장수요량은 최종 시장공급량과 일치한다.

(c) 가격은 초기 시장균형 가격에 고정된 상태에서 소득만 최종소득으로 상승하면 시장은 어떻게 되는가 살펴보자. 이 경우 가정 (A3)에 의해 시장수요량은 초기 시장수요량보다 커지며, 따라서 (a)에 의해 그것은 초기 시장공급량보다 커진다. 즉, 초기 시장균형 가격에서 초과수요가 발생하며, 그것은 이제 더 이상 균형가격이 아니다.

(d) 그러면 어떻게 하여 시장균형이 회복될 수 있는가? 최초 시장균형 가격수준이 이제 균형이 되지 못하므로, 새로운 시장균형 가격은 이전 균형가격보다 더 낮아지거나 높아져야 할 것이다.

(e) 만약 (c)와 같은 불균형 상태에서 시장가격이 더 하락한다면, 가정 (A1)에 의해 시장수요량은 더욱 커지고 가정 (A2)에 의해 시장공급량은 더욱 적어짐으로써 초과수요가 더욱 확대된다. 즉 새로운 시장균형과는 더욱 거리가 멀어진다.

(f) 이제 (e)의 반대 경우가 정답이 될 것 같은데, 실제로 따져보자. 만약 (c)와 같은 불균형 상태에서 시장가격이 조금 상승한다면, 가정 (A1)에 의해 시장수요량은 적어지고 가정 (A2)에 의해 시장공급량은 많아짐으로써 초과수요가 축소되기 시작한다. 따라서 시장가격이 충분히 상승하면 새로운 시장균형이 성립될 수 있다. 따라서 소득이 상승하면 시장균형가격은 상승한다고 결론지을 수 있다.

위의 (a)~(f)를 [그림 3-5]를 참고로 사용하면서 읽으면 훨씬 알기 쉬울 것이다. 이러한 논리적 연역법은 비교적 단순한 분석에는 쉽게 적용할 수 있으나 모형이 약간 복잡해지면 논리적으로 따지기가 불가능하지는 않겠지만 여간 어렵지 않게 된다. 그러므로 수학의 기하학적 분석이나 수식에 의한 분석법을 활용하기 위해 경제수학을 배우는 것이다.

연습문제 | 3.3

1. 수요가격함수와 공급가격함수가 아래와 같이 x 의 2차 함수일 경우, 시장균형을 계산하라.

$$p^d = f(x) = 25 - 0.5(x+2)^2,\ p^s = g(x) = 0.5(x+2)^2.$$

2. 수요가격함수와 공급가격함수가 아래와 같이 x 에 관해 비선형인 모형을 생각해 보자.

$$p^d = f(x, Y) = Y/2x,\ p^s = g(x) = 0.5(x+2)^2.$$

$Y = 100$ 일 때 시장균형가격을 계산할 수 있겠는가? 그래프를 그려 균형의 대략적인 위치를 보여라.

3. 일반함수모형 (9)에서 소득이 Y_1 에서 Y_2 로 하락할 경우, 시장균형은 어떻게 변화하는가를 기하학적 방법 및 말로 하는 논리적 연역법으로 도출하라.

4. 모형 (9)에서 내생변수와 외생변수(매개변수)는 무엇인지 말하라.

5. 모형 (9)를 생산자에게 단위당 물품세 T 원이 부과되는 경우를 분석하기 위한 모형으로 개조하여, 물품세 인상의 비교정학적 결과를 기하학적 방법 및 말로 하는 논리적 연역법으로 도출하라.

6. 기업의 생산원가를 결정하는 중요한 요인 중의 하나는 임금(wage=w)수준이나 원자재 가격 수준이다. 모형 (9)를 임금수준 급상승의 효과를 분석하기 위한 모형으로 개조하고, 그 비교정학적 결과를 기하학적 방법으로 도출하라.

부록 | 1. 조선일보: 2011.04.20.(김종호 기자)

(정유사 L당 100원 인하)12일이 지났는데… 주유소, 60원 내려

정유업계가 지난 7일 휘발유 공급가격을 리터(L)당 100원씩 인하했으나, 12일이 지난 19일에도 전국 주유소의 평균 판매가격은 약 60원(보통휘발유 기준) 하락하는 데 그쳤다. 정유사의 가격인하가 소비자 판매가격에 제대로 반영되지 않고 있는 것이다. 여기에 최근 국제유가 상승세도 국내 기름값 인하 분위기에 찬물을 끼얹고 있다.

19일 한국석유공사에 따르면 전국 주유소의 보통휘발유 평균가격은 정유업체들이 공급가격을 내리기 전날인 지난 6일 L당 1970.9원에서 19일에는 1911.6원(오후 4시 기준)으로 59.3원 하락했다.

보통휘발유 평균가격은 정유사들이 유가인하를 시작한 지난 7일부터 하락하기 시작해 11일엔 L당 1909.4원으로 최저치를 기록했다. 하지만 이후 7일간 L당 1910원대를 유지하다가 19일엔 1911.6원으로 소폭 상승하는 모습이다. 차량용 경유가격도 지난 11일 최저치(L당 1746.9원)를 찍은 후 다시 상승하고 있다.

국제유가도 주유소의 기름값 인하에 부정적으로 작용하고 있다. 국내 유가산정의 기준이 되는 두바이유 현물가격은 18일 배럴당 1.06달러 상승한 115.88달러를 기록했다.

주유소들은 "지난주부터 정유사가 국제유가 상승분을 반영한 가격으로 주유소에 공급했기 때문에 일선 주유소가 판매가격을 낮출 여력이 줄었다"고 밝혔다. 하지만 소비자들은 "상당수 주유소들이 정유사로부터 싼값에 기름을 공급받고서도 이를 판매가격에 반영하지 않는 방법으로 수익을 챙기고 있다"며 비판하고 있다.

부록 | 2. $16p^3 - 32p^2 - 15^2 = 0$ 의 해 구하기

("경수 ch3.3 f(p)=0 풀기.xlsx" 참조)

함수 $y = f(p) = 16p^3 - 32p^2 - 15^2$ 의 그래프를 그리며 해를 구하기 위해서는 다음 방식으로 진행하면 된다.

(1) p=1,2,3,4,5, 등에 대해 그래프를 그리면 f(3)<0, f(4)>0임을 알 수 있다. 이는 해가 3과 4 사이에 있음을 뜻한다. 그러므로

(2) p=3.1, 3.2,⋯,3.9 등 0.1씩 증가시키며 그린다. f(3.2)<0, f(3.3)>0임을 알 수 있다.

(3) p=3.21, 3.22, 등 0.01씩 증가시키며 그린다. f(3.29)<0, f(3.30)>0

(4) p=3.291, 3.292, 등 0.001씩 증가시키며 그린다. f(3.295)<0, f(3.296)>0

(5) 이러한 방식으로 진행하면 점차 정밀한 값을 구할 수 있다.

CHAPTER

04

벡터와 행렬

경제모형의 분석과정에서 선형 연립방정식 체계를 풀어야 하는 경우가 적지 않다. 이미 제3장에서 계수들이 수치로 주어진 간단한 연립방정식의 해를 대입법이나 등치법을 적용하여 한 변수씩 차례로 구하였으나, 계수들이 매개변수로 주어진 일반모형의 분석에서는 그러한 방식보다 더욱 일반적인 해법을 구사하는 것이 편리하다. 이럴 경우, 행렬을 이용한 선형 연립방정식의 해법이 위력을 발휘한다.

제1절에서는 중등과정에서 배운 가감법을 이용하여 2변수 및 3변수 선형연립방정식의 해를 계산하며, 행렬을 이용한 해법의 기초를 마련한다. 제3절에서는 제1절의 계산과정을 행렬을 이용하여 표현함으로써 제1절에서 이미 구해 놓은 해를 간결하게 도출하는 크래머법칙을 소개한다. 그 전에 이 해법에 필요한 행렬, 벡터 및 행렬식의 개념은 제2절에서 설명된다. 제군들은 적어도 크래머 법칙만큼은 잘 알아두어야 한다. 제4절에서는 역행렬을 설명한 후, 내생변수의 모든 해를 일거에 구하는 동시해법을 설명한다. 부록에는 엑셀을 이용한 행렬 계산법이 소개되어 있다.

4.1 선형 연립방정식 체계의 해법: 가감법

제3장의 휘발유 시장모형 (1)을 다시 한번 생각해 보자:

휘발유 수요함수	$x^d = D(p) = 3{,}000 - p$	**(1a)**
휘발유 공급함수	$x^s = S(p) = -360 + 2p$	**(1b)**
시장균형 조건	$x^d = x^s$	**(1c)**

(1)은 3개의 미지수 x^d, x^s 및 p에 관한 3개의 선형 방정식이다. 이 방정식체계는 아래 2가지 방식으로 풀 수 있다.

첫째로, 제1단계로 (1a)와 (1b)를 (1c)에 대입함으로써 x^d와 x^s를 소거하면 p에 관한 1개의 방정식이 도출된다:

$$3{,}000 - p = -360 + 2p\,.$$

이것을 풀어서 $p^* = 1,120$을 구한 다음(이것은 균형가격이므로 상첨자 "*"를 붙여 표기함), 제2단계로 이 값을 다시 (1a)와 (1b)에 대입하여 균형 수급량 $x^{d^*} = x^{s^*} = 1,880$ 리터 을 구한다.

둘째로, (1c)에 의해 균형에서 수요량과 공급량이 동일하여야 하므로, 그 동일한 값(이것은 이제 균형치가 됨)을

$$x^d = x^s = x$$

로 두자. 그러면, (1)은 x와 p에 관한 2개의 선형 방정식

$$x + p = 3,000 \quad \textbf{(2a)}$$
$$x - 2p = -360 \quad \textbf{(2b)}$$

으로 압축된다. 이에 가감법을 적용하여, (2a)에서 (2b)를 빼면

$$3p = 3,000 + 360,\ \text{즉}\ p^* = 1,120$$

을 얻으며, (2a)에 2를 곱하여 (2b)를 더하면

$$3x = 2 \times 3,000 - 360 = 5,640,\ \text{즉}\ x^* = 1,880$$

이 계산된다.

다음으로 (2)와는 달리 변수가 3개이면 어떻게 푸는가? 이제 상수들이 매개변수로 주어진 일반적인 3변수 선형 연립방정식 체계

$$a_{11}x_1 + a_{12}x_2 + a_{13}x_3 = d_1 \quad \textbf{(3a)}$$
$$a_{21}x_1 + a_{22}x_2 + a_{23}x_3 = d_2 \quad \textbf{(3b)}$$
$$a_{31}x_1 + a_{32}x_2 + a_{33}x_3 = d_3 \quad \textbf{(3c)}$$

의 해를 구해보자. 여기서 a_{ij} 및 d_j는 임의의 상수이다. 가감법을 적용하여 풀면 좀 복잡하기는 하지만 x_1은 다음과 같이 계산된다:

$$x_1 = \frac{d_1 a_{22} a_{33} - d_1 a_{23} a_{32} - d_2 a_{12} a_{33} + d_2 a_{13} a_{32} + d_3 a_{12} a_{23} - d_3 a_{13} a_{22}}{a_{11} a_{22} a_{33} - a_{11} a_{23} a_{32} - a_{21} a_{12} a_{33} + a_{21} a_{13} a_{32} + a_{31} a_{12} a_{23} - a_{31} a_{13} a_{22}} \quad (4)$$

경제분석에서 2변수 및 3변수 선형 연립방정식이 자주 등장하는데, 그 때마다 상술한 가감법으로 그 해를 구한다는 것은 번거롭기 짝이 없다. 따라서 (4)를 암기해 두면 편리한데, 너무 복잡하여 암기하기가 어렵다. 게다가, 상술한 가감법은 일련의 계산과정을 통해 한 변수의 해만을 하나씩 구하는 것이며, 모든 해를 구하려면 변수의 수만큼 유사한 계산을 되풀이해야 한다. 만약 미지수가 100개인 선형 연립방정식체계를 이렇게 푼다면 얼마나 복잡할까? 이런 문제점들을 타개하는 묘안은 없는가?

행렬이란 여러 가지 변량들을 한 덩어리로 표현하는 수학적 개념이며 그 연산은 그것들을 한꺼번에 계산하는 것이다. 행렬을 사용하면, 이 해들을 한꺼번에 계산하고 또한 그 해를 외우기 쉽도록 간결하게 표현할 수 있다.

4.2 행렬과 벡터

1. 행렬과 벡터의 개념

계란은 잘 깨지므로 맨손으로는 한 손에 1개씩 들고 갈 수밖에 없다. 너의 계란 전부를 한 바구니에 담지 말라는 서양 격언도 있지만, 괜바구니에 여럿을 넣으면 깨지기 십상이다. 그러나 한 개씩 운반하면 어느 세월에 다 운반할까?

옛날 시골에서는 계란을 볏짚으로 엮어 만든 꾸러미(보통 10개 묶음)에 넣어 운반하였다.(그림 1.a). 볏짚은 몇 개 포개 놓으면 푹신하므로 요즘의 뽁뽁이같은 충격흡수용 포장재료로서 제격이었다. 계란이 많으면 여러 개의 꾸러미를 한꺼번에 안고 가도 안전하다.

a. 계란 꾸러미

b. 10개 들이 종이상자

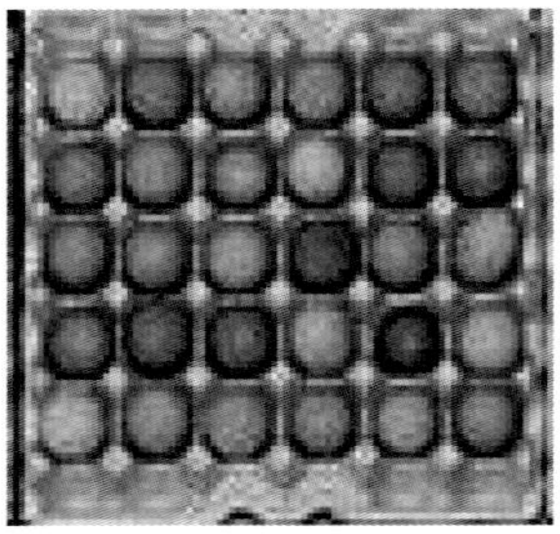

c. 30개 들이 계란판

그림 4-1 계란 포장 용기

요즘에는 꾸러미 대신, 계란 포장 종이 케이스(그림 1.b)가 쓰인다. 여기에는 보통 계란 10개가 5개씩 두 줄로 들어간다. 이 케이스 3개를 나란히 묶어놓은 듯한 계란판은 5개 짜리 6줄로 배열하여 30개를 담는다(그림 1.c). 이 계란판들은 수직으로 쌓아도 안전하므로 큰 상자 안에 여러 판들을 넣어 포장한다.

독자들은 지금 왠 계란 타령인가 하겠지만, 계란 꾸러미와 계란판은 벡터와 행렬을 소개하는 데 적절한 비유가 된다. 수 또는 숫자에 관해서 여러분은 잘 알고 있다. 여러분이 숫자 하나씩, 그 값이 단지 5이든 5조이든, 한 손에 들고 그것들 간에 더하거나 빼거나 곱하거나 나누는 등의 계산을 하는 것은 계란 1개씩 한 손에 들고 가는 것과 같다. 숫자들을 계란 꾸러미처럼 한 줄에 몇 개를 배열해 놓은 것을 벡터라 한다. 우리는 벡터 덩어리채 더하거나 빼거나 하는 계산을 하게 될 것이다. 한발 더 나아가, 계란판처럼 같은 길이의 벡터들을 몇 개 포개 놓은 것을 행렬이라 한다.

달리 보면, 숫자(또는 변수나 수식)들을 직사각형 형태로 **행**(行: 가로줄, row)과 **열**(列: 세로줄, column)을 맞추어 배열해 둔 것을 하나의 대상으로 파악하여 **행렬**(行列: matrix. mother의 라틴어에서 파생된 것으로 womb을 뜻함)이라 부르고, 각 숫자(또는 변수나 수식)를 **원소**라 한다. 행수(行數)가 m이고 열수(列數)가 n인 행렬을 "m×n 행렬"이라 부르며, "m×n"을 이 행렬의 차원(次元: dimension)이라 한다. 제i행과 제j열 자리의 원소가 실수 a_{ij} 인 행렬을 A로 명명하면, 행렬 A는 괄호를 사용하여

$$A=\begin{pmatrix} a_{11} & a_{12} & \cdots & a_{1n} \\ a_{21} & a_{22} & \cdots & a_{2n} \\ \vdots & \vdots & \cdots & \vdots \\ a_{m1} & a_{m2} & \cdots & a_{mn} \end{pmatrix} \text{ 또는 } A=\{a_{ij}\}_{i=1,2,\cdots,m;\ j=1,2,\cdots n} \qquad \textbf{(5)}$$

으로 표기한다. 원소 a_{ij} 의 첫 번째 하첨자 i는 행번호이고 두 번째 하첨자 j는 열번호이다.

행이나 열이 1개뿐인 행렬은 **벡터**(vector)라 부르는데, 행이 1개인(m=1) 행렬은 **행벡터(row vector)**, 열이 1개인(n=1) 행렬은 **열벡터**(column vector)라 부른다. 행과 열이 모두 1개뿐인 경우, 1×1차원 행렬 또는 벡터라 부르지 않고 그 원소와 동일한 실수로 본다. 벡터는 그 원소가 n개이면 n차원 벡터라 한다.

(5)의 m×n 행렬 A는 m개의 n차원 **행**벡터들을 **세로**로 배열한 것 또는 n개의 m차원 **열**벡터들을 **가로**로 배열한 것이라고 볼 수 있다. A의 i번째 행벡터와 j번째 열벡터를 각각

$$A_{i\cdot}=(a_{i1}\, a_{i2} \quad a_{i3} \quad \ldots \quad a_{in}), \qquad i=1,2,\ldots,m$$

$$A_{\cdot j}=\begin{pmatrix} a_{1j} \\ a_{2j} \\ a_{3j} \\ \cdots \\ a_{mj} \end{pmatrix}=(a_{1j} \quad a_{2j} \quad a_{3j} \quad \cdots \quad a_{mj})^T, \qquad j=1,2,\cdots,n$$

으로 표기하자. i번째 행벡터 "$A_{i\cdot}$"에서 "열번호"를 표시하는 두 번째 하첨자가 점(dot)으로 표기된 것은 그 자리에 1부터 n까지의 숫자가 차례로 대입될 것임을 의미한다. j번째 열벡터 $A_{\cdot j}$는 원소를 세로로 배열하면 지면을 많이 소고하므로, 가로로 배열하되 상첨자 T나 프라임 기호(′)를 붙인다. 이것은 본래 세로로 배열된 것을 가로로

재배열(또는 가로로 배열된 것을 세로로 재배열)한다는 것, 즉 배열 양식을 바꾸어 **전치한다**는 것을 의미한다. 보다 일반적으로, 행렬 A가 있을 때 그것의 각 행에 대해 제i **행**을 제i **열**로 바꾸어 배열한 것을 A의 **전치**(轉置) **행렬**(Transpose)이라 부르고 A' 또는 A^T로 표기한다.

이것들을 이용하면, 행렬 A는 그 행벡터들을 세로로 배열한 것 또는 그 열벡터들을 가로로 배열한 형태, 즉

$$A = \begin{pmatrix} A_1 \cdot \\ A_2 \cdot \\ \vdots \\ A_m \cdot \end{pmatrix} \quad \text{또는} \quad A = (A\cdot_1 \; A\cdot_2 \cdots \; A\cdot_n)$$

으로 표기될 수 있다.

예 4-1

연립 방정식체계 (2)에서 변수 x와 p의 **계수**(coefficient)들을 모아 **계수행렬**을 구성해 보자. 먼저, (2a)에서 x와 p의 계수들을 순서대로 배열하면 벡터 $(1,\ 1)$이 되며, (2b)의 그것은 벡터 $(1, -2)$가 된다. 이 벡터들을 세로로 배열한 계수행렬을 A라 부르면, 행렬 A는 다음과 같다:

$$A = \begin{pmatrix} 1 & 1 \\ 1 & -2 \end{pmatrix}$$

예 4-2

기업 1(갑)과 기업 2(을)가 서울, 부산, 광주의 각 지역에서 판매한 수량은 아래 도표와 같다고 하자:

기업 \ 지역	지역1 (서울)	지역2 (부산)	지역3 (광주)
기업 1(갑)	10	20	10
기업 2(을)	0	10	30

두 기업의 지역별 판매량 자료를 행렬로 표기하면

$$R = \begin{pmatrix} 10 & 20 & 10 \\ 0 & 10 & 30 \end{pmatrix}$$

으로 표현된다. 여기서 원소

"$r_{ij} = i$ 기업의 j 지역 판매량"이며, $i = 1,2$,

$j = 1$(서울), 2(부산), 3(대구)

이다. 기업 1의 (지역별) 판매량 벡터는 $R_1 . = (10,20,10)$이며, 지역 2(부산)에서 기업별 판매량 벡터는 $R._2 = \begin{pmatrix} 20 \\ 10 \end{pmatrix}$이다.

행렬 중 행의 개수와 열의 개수가 같은 정사각형 고양의 행렬은 **정방**(正方: square) **행렬**이라 부른다. 행수가 n인 정방행렬 중 우하향하는 주대각선 상의 원소들 (a_{ii}, $i = 1,2,\cdots,n$)은 모두 1이고 그 외 모든 다른 원소들이 0인 특수한 행렬은 **단위**(unit) **행렬 또는 항등행렬**(Identity matrix: I)이라 부르고 I_n 으로 표기하며 통상(그 차원을 명시할 필요가 없을 경우) 단순히 I로 표기한다.

행렬은 기하학적으로 표현할 수 없으나, 실수를 1차원의 수직선 상에서 한 점으로 표현하듯 2차원 및 3차원 벡터는 기하학적으로 표현할 수 있다. [예 4-2]에 나온 광주 지역 기업별 판매량 **벡터** $R._2 = (20, 10)^T$는 [그림 4-2]의 x_1x_2좌표평면에서 "통상 원점 O로부터" 점 B=(20, 10)으로 향하는 **화살표** 또는 "방향을 가진(유향) 선분"으로 표현된다. "방향을 가진 선분" $\overrightarrow{OB}$는 단순히 길이만 갖는 "선분" $\overline{OB}$와는 의미도 기호도 다르다.

벡터의 시발점은 언제나 원점이어야 하는 것은 아니라는 점에 유의할 필요가 있다. 벡터 $R._2 = (20, 10)^T$는 필요에 따라 어느 점에서 출발하든 그 점으로부터 x_1축 방향으로 20만큼, 그리고 x_2축 방향으로 10만큼 떨어진 점까지의 화살표(즉, 원점에서 시발하는 벡터를 임의로 평행이동시킨 것)로 표현할 수도 있다. 또한, 어떤 벡터를 전치한 것도 기하학적으로는 동일한 화살표로 표현된다.

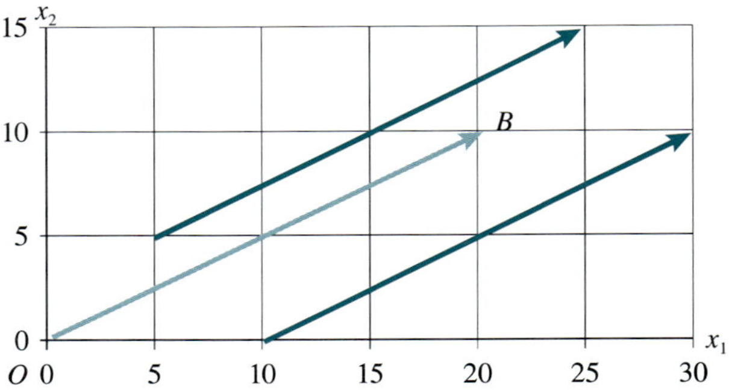

그림 4-2 2차원 벡터 $R_{\cdot 3} = (10, 30)^T$의 기하학적 표현

2. 행렬의 선형연산

실수의 연산은 여러분들도 잘 알고 있다. 가감승제 연산이 그것인데, 두 수를 더하거나(가산: 덧셈) 빼거나(감산: 뺄셈) 곱하거나(승산: 곱셈) 나누는(제산: 나눗셈) 것을 말한다. 이제 이러한 연산을 행렬에서는 어떻게 하는지 알아보자.

벡터는 행렬의 한 특수한 경우이므로, 벡터의 연산은 당연히 행렬의 연산법칙을 따른다. 따라서 이하에서는 행렬의 연산법칙을 중심으로 설명하기로 한다.

선형연산을 설명하기 전에 행렬간의 상동(相同) 개념을 살펴보자. 2개의 $m \times n$차원 행렬 $A = \{a_{ij}\}$와 $B = \{b_{ij}\}$가 서로 **동일**하다는 것은 $A = B$로 표기되며, 이것은 서로 대응하는 행과 열의 원소가 각각 일치함을 의미한다.

$$A = B \Leftrightarrow \text{모든 } i = 1, 2, \ldots, m \text{ 및 } j = 1, 2, \ldots, n \text{에 대해 } a_{ij} = b_{ij}.$$

따라서 1개의 원소라도 같지 않으면 $A \neq B$이며, 두 행렬이 상동이려면 그 차원은 당연히 일치해야 한다.

또한 강(强) 부등호 관계 "$A > B$"는 서로 대응하는 모든 행과 열의 원소끼리 동일한 부등호 관계가 성립하는 것을 의미한다.

$$A > B \Leftrightarrow \text{모든 } i = 1,2,\ldots,m \text{ 및 } j = 1,2,\ldots,n \text{에 대해 } a_{ij} > b_{ij}.$$

약(弱) 부등호 관계 "$A \geqq B$"에 대하여도 마찬가지이다.

예 4-3

2개의 2×2행렬 A와 B가 다음과 같이 주어져 있다고 하자:

$$A = \begin{pmatrix} 8 & 7 \\ 0 & 4 \end{pmatrix}, \quad B = \begin{pmatrix} x-y & a \\ x+y+z & 2y-3z \end{pmatrix}.$$

$A = B$라는 것은 4개의 등식

$$8 = x-y, \ 7 = a, \ 0 = x+y+z, 4 = 2y-3z$$

가 성립함을 의미하며, $A \geqq B$라는 것은 다음 4개의 부등식이 성립함을 의미한다:

$$8 \geqq x-y, \ 7 \geqq a, \ 0 \geqq x+y+z, 4 \geqq 2y-3z$$

2개의 $m \times n$행렬 $A = \{a_{ij}\}$와 $B = \{b_{ij}\}$가 있을 때, 그들 간의 합 $A+B$와 임의의 실수(스칼라) k를 행렬 A에 곱한 kA는 모두 $m \times n$행렬이며 각각 다음과 같이 정의된다.

$$A + B = \{a_{ij} + b_{ij}\} \quad \textbf{(6a)}$$

$$kA = \{ka_{ij}\} \quad \textbf{(6b)}$$

즉, 두 행렬의 합은 동일한 행과 열의 자리에 있는 원소를 각각 합한 것이며, 행렬에 스칼라를 곱한 것은 그 행렬의 각 원소에 그 스칼라를 곱한 것과 같다. 이 두 가지 연산을 합쳐서 **선형연산**(線形演算)이라 부르는데, 동일한 차원의 행렬간에만 정의된다. 따라서 이를테면 2×1행렬(즉, 2차원 열벡터)과 1×2행렬(즉, 2차원 행벡터) 간의 합은 정의되지 않는다. 또한, (6)의 두 가지 연산을 결합하면, 행렬 A에서 행렬 B를 뺀 차가 정의된다. 즉, 그것은 $k = -1$로 두고 A에 kB를 더한 것으로 정의된다.

$$A+kB=A+(-1)B=A-B.$$

예 4-4

2개의 2×3행렬 A와 B가 다음과 같이 주어져 있다고 하자:

$$A=\begin{pmatrix}8&7&1\\0&4&3\end{pmatrix},\quad B=\begin{pmatrix}-20&10&25\\30&50&15\end{pmatrix}.$$

이들 두 벡터의 합과 차를 계산하면, 각각 다음과 같다:

$$A+B=\begin{pmatrix}8&7&1\\0&4&3\end{pmatrix}+\begin{pmatrix}-20&10&25\\30&50&15\end{pmatrix}=\begin{pmatrix}8+(-20)&7+10&1+25\\0+30&4+50&3+15\end{pmatrix}=\begin{pmatrix}-12&17&26\\30&54&18\end{pmatrix}$$

$$A-B=\begin{pmatrix}8&7&1\\0&4&3\end{pmatrix}-\begin{pmatrix}-20&10&25\\30&50&15\end{pmatrix}=\begin{pmatrix}8-(-20)&7-10&1-25\\0-30&4-50&3-15\end{pmatrix}$$

$$=\begin{pmatrix}28&-3&-24\\-30&-45&-13\end{pmatrix}$$

그리고 행렬 A에 스칼라 5를 곱한 것은 다음과 같다:

$$5A=5\begin{pmatrix}8&7&1\\0&4&3\end{pmatrix}=\begin{pmatrix}5\times8&5\times7&5\times1\\5\times0&5\times4&5\times3\end{pmatrix}=\begin{pmatrix}40&35&5\\0&20&15\end{pmatrix}$$

예 4-5

두 벡터의 합은 기하학적으로 알기 쉽게 도시된다. [그림 4-3]에는 두 벡터 $a=(10,3)$과 $b=(6,10)$의 합인 벡터

$$c=a+b=\overrightarrow{OA}+\overrightarrow{OB}=(10,3)+(6,10)=(16,13)$$

이 도시되어 있다. 따라서 두 벡터를 원점에서 시발하도록 그릴 때 이들을 이웃하는 두 변으로 갖는 평행사변형을 만들면, 이들 두 벡터간의 합은 기하학적으로 원점에서 맞보는 꼭지점으로 향하는(대각선과 일치) 벡터로 표현됨을 알 수 있다. 또는

b 벡터의 끝점 B에 A 벡터의 시발점을 두면, 전자의 시점에서 후자의 끝점으로 향하는 화살표 $\overrightarrow{OC}$가 합벡터 $a+b$이다.

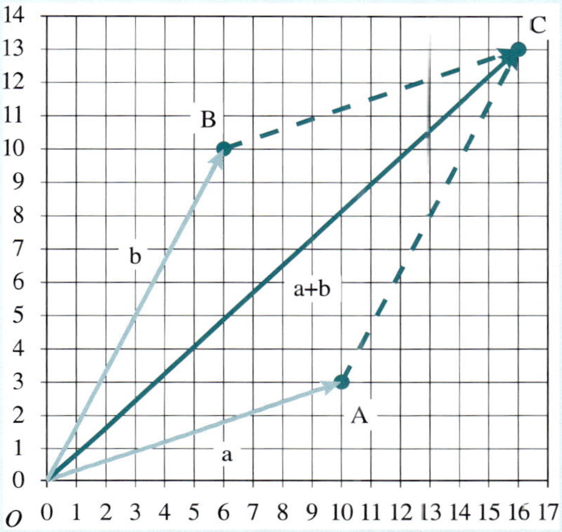

그림 4-3 두 2차원 벡터들 간의 합: 도시

두 3차원 벡터들 간의 합도 3차원 공간에 형성되는 평행사변형의 대각선과 일치하는 화살표로 표현된다. 이에 반해, 어떤 벡터에 스칼라 k를 곱한 것은 그 벡터를 지나는 직선 상을 따라 그 벡터를 k배로 늘리거나($k>1$인 경우) 축소한($k<1$인 경우) 벡터로 표현된다.

선형연산 (6a)와 (6b)를 두 벡터 a와 b에 대해 다음과 같이 적용해 보자. 즉 k_1과 k_2가 실수일 때 k_1a+k_2b를 계산하자. 이것을 a와 b의 선형결합(linear combination)이라 한다. 기하학적으로, 이 선형결합은 벡터 a를 k_1배로 늘린(또는 $k_1<1$이면, 줄인) 화살표와 벡터 b를 k_2배로 늘린(또는 $k_2<1$이면, 줄인) 화살표를 더한 것이다.

예 4-6

$k_1 = 2,\ k_2 = 0.5$ 일 때 두 벡터 $a = (10,3)$와 $b = (6,10)$의 선형결합 c를 구하고 도시하자.

$$c = k_1 a + k_2 b = 2(10,3) + 0.5(6,10) = (20,6) + (3,5) = (23,11)$$

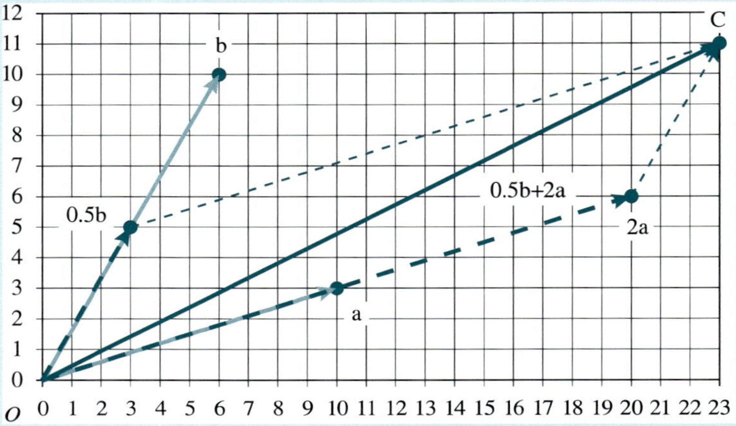

그림 4-4 두 벡터의 선형결합

선형결합중 $k_1 = 1, k_2 = -1$인 경우 벡터간의 뺄셈에 의한 벡터 차가 정의된다.

3. 행렬간의 곱셈

이제, 행렬곱을 정의하자. 행렬 $A = \{a_{ij}\}$ 에 $B = \{b_{ij}\}$ 를 곱한 것은 AB로 표기하는데, 이 곱은 앞에서 곱해지는(피승) 행렬 A의 **열수**와 뒤에서 곱하는(승) 행렬 B의 **행수**가 같을 때에만 정의되며, 그 차원은 "A의 **행수**× B의 **열수**"로 주어진다. 즉, A가 m×n 행렬이고 B가 r×q 행렬이면, n=r일 때에만 행렬곱 AB가 정의되며 그 차원은 m×q이다.

행렬곱의 가장 간단한 경우는 A가 n차원 **행**벡터 a이고 B가 n차원 **열**벡터 b인 경

우이다:

$$A = a = (a_1, a_2, \ldots, a_n), \; B = b = (b_1, b_2, \ldots, b_n)^T.$$

A가 1×n행렬이고 B는 n×1행렬이므로, 행렬곱 $AB = ab$는 정의되며 그 차원은 1×1, 즉 실수로서 다음과 같이 계산된다:

$$ab = (a_1\, a_2 \cdots a_n)\begin{pmatrix} b_1 \\ b_2 \\ \cdots \\ b_n \end{pmatrix} = (a_1 b_1 + a_2 b_2 + \ldots + a_n b_n) = \sum_{i=1}^{n} a_i b_i .$$

A가 m×n 행렬이고 B가 n×q 행렬인 경우, 행렬곱 AB는 m×q차원 행렬인데 이 행렬을 $AB = C$로 표기하자. 그러면 $C = \{c_{ij}\}$ 의 제i행-제j열의 원소 c_{ij}는 A의 i번째 행벡터 $A_i.$과 B의 j번째 열벡터 $B._j$간의 행렬곱

$$c_{ij} = A_i . B._j = (a_{i1}\, a_{i2} \quad a_{i3} \quad \cdots \quad a_{in})\begin{pmatrix} b_{1j} \\ b_{2j} \\ b_{3j} \\ \cdots \\ b_{nj} \end{pmatrix} = a_{i1}b_{1j} + a_{i2}b_{2j} + \cdots + a_{in}b_{nj} \qquad \textbf{(7)}$$

$$i = 1, 2, \cdots, m, \; j = 1, 2, \cdots q$$

로 주어진다. 행렬곱을 계산할 때에는 행렬 A는 아래와 같이 m개의 n차원 행벡터들을 세로로 배열한 것으로 보고 행렬 B는 q개의 n차원 열벡터들을 가로로 배열한 것으로 보면, 제i행과 제j열이 만나는 곳에 c_{ij}를 넣으면 알기 쉽다.

		$B._1$	⋯	⋯	$B._j$	$B._q$
	$A_1.$					
	⋮					
$AB =$	$A_i.$				$A_i.\; B._j$	
	⋮					
	⋮					
	$A_m.$					

그림 4-5 $c_{ij} = A_i . B._j$의 생성

이렇게 모든 c_{ij}들을 계산해 넣으면 행렬곱 $C = AB$는 다음과 같다:

$$AB = \begin{pmatrix} A_1 \cdot \\ \vdots \\ A_i \cdot \\ \vdots \\ \vdots \\ A_m \cdot \end{pmatrix} (B_{\cdot 1} \cdots \cdots B_{\cdot j} \cdots B_{\cdot q}) = \begin{bmatrix} A_1 \cdot B_{\cdot 1} & \cdots & A_1 \cdot B_{\cdot j} & \cdots & A_1 \cdot B_{\cdot q} \\ \cdots & \cdots & \cdots & \cdots & \cdots \\ A_i \cdot B_{\cdot 1} & \cdots & A_i \cdot B_{\cdot j} & \cdots & A_i \cdot B_{\cdot q} \\ \cdots & \cdots & \cdots & \cdots & \cdots \\ A_m \cdot B_{\cdot 1} & \cdots & A_m \cdot B_{\cdot j} & \cdots & A_m \cdot B_{\cdot q} \end{bmatrix} \quad \textbf{(8)}$$

예 4-7

$A = \begin{pmatrix} 30 & 10 \\ 20 & 40 \end{pmatrix}$, $B = \begin{pmatrix} 1 & -1 & 0 \\ 2 & 3 & 1 \end{pmatrix}$이면, AB는 아래와 같이 계산된다:

$$\begin{aligned} AB &= \begin{pmatrix} 30 & 10 \\ 20 & 40 \end{pmatrix}\begin{pmatrix} 1 & -1 & 0 \\ 2 & 3 & 1 \end{pmatrix} = \begin{pmatrix} (30\ 10)\begin{pmatrix} 1 \\ 2 \end{pmatrix} & (30\ 10)\begin{pmatrix} -1 \\ 3 \end{pmatrix} & (30\ 10)\begin{pmatrix} 0 \\ 1 \end{pmatrix} \\ (20\ 40)\begin{pmatrix} 1 \\ 2 \end{pmatrix} & (20\ 40)\begin{pmatrix} -1 \\ 3 \end{pmatrix} & (20\ 40)\begin{pmatrix} 0 \\ 1 \end{pmatrix} \end{pmatrix} \\ &= \begin{pmatrix} 30\times 1 + 10\times 2 & 30\times(-1) + 10\times 3 & 30\times 0 + 10\times 1 \\ 20\times 1 + 40\times 2 & 20\times(-1) + 40\times 3 & 20\times 0 + 40\times 1 \end{pmatrix} \\ &= \begin{pmatrix} 50 & 0 & 10 \\ 60 & 100 & 40 \end{pmatrix}. \end{aligned}$$

예 4-8

행벡터 $A = (10, 25)$에 열벡터 $B = (20,\ 10)^T$을 뒤에서 곱한 행렬곱은 (7)에서 보는 바와 같이 실수(스칼라)인데, 그 순서를 바꾼 행렬곱 $B^T A$를 계산하면 2×2 행렬이 된다:

$$AB^T = (10\ 25)\begin{pmatrix} 20 \\ 10 \end{pmatrix} = (10\times 20 + 25\times 10) = 450$$

$$B^T A = \begin{pmatrix} 20 \\ 10 \end{pmatrix}(10\ 25) = \begin{pmatrix} (20)(10) & (20)(25) \\ (10)(10) & (10)(25) \end{pmatrix} = \begin{pmatrix} 20\times 10 & 20\times 25 \\ 10\times 10 & 10\times 25 \end{pmatrix} = \begin{pmatrix} 200 & 500 \\ 100 & 250 \end{pmatrix}$$

예 4-9

행렬 $A=\begin{pmatrix} a_{11} & a_{12} \\ a_{21} & a_{22} \end{pmatrix}$와 $x=\begin{pmatrix} x_1 \\ x_2 \end{pmatrix}$가 있을 때, 행렬곱 Ax는

$$Ax=\begin{pmatrix} a_{11} & a_{12} \\ a_{21} & a_{22} \end{pmatrix}\begin{pmatrix} x_1 \\ x_2 \end{pmatrix}=\begin{pmatrix} (a_{11}\ a_{12})\begin{pmatrix} x_1 \\ x_2 \end{pmatrix} \\ (a_{21}\ a_{22})\begin{pmatrix} x_1 \\ x_2 \end{pmatrix} \end{pmatrix}=\begin{pmatrix} a_{11}x_1+a_{12}x_2 \\ a_{21}x_1+a_{22}x_2 \end{pmatrix}$$

이다. 행렬 $x^T=(x_1, x_2)$에 다시 행렬 Ax를 곱하면 다음을 얻는다:

$$\begin{aligned} x^TAx &= (x_1\ x_2)\begin{pmatrix} a_{11} & a_{12} \\ a_{21} & a_{22} \end{pmatrix}\begin{pmatrix} x_1 \\ x_2 \end{pmatrix} = (x_1\ x_2)\begin{pmatrix} a_{11}x_1+a_{12}x_2 \\ a_{21}x_1+a_{22}x_2 \end{pmatrix} \\ &= a_{11}x_1^2+a_{12}x_1x_2+a_{21}x_1x_2+a_{22}x_2^2 \end{aligned}$$

이것은 스칼라이다.

두 행렬 A와 B의 곱 AB가 정의된다고 해서, 역순의 행렬곱 BA가 반드시 정의되는 것은 아니다. 또한 [예 4-9]에서 보는 바와 같이, 설사 AB와 BA가 모두 정의된다고 하더라도 일반적으로 같지는 않다($AB\neq BA$).

연습문제 | 4.2

1. (3)식 체계에 적절한 가감법을 적용하여 (a) (4)를 도출하라. (b) 또한 x_2 값도 구하라.

2. 다음 연립방정식의 해를 가감법을 적용하여 구하라.

$$\begin{aligned} 4x_1 - 2x_2 + x_3 &= 3 \\ -x_1 + x_2 + 2x_3 &= 11 \\ x_1 + 3x_2 - 6x_3 &= 17 \end{aligned}$$

3. 벡터 $a=(2,3)$ 과 $b=(-1,2)$를 (a) 2차원 평면에 도시하고, (b) 이들의 합 $a+b$와 차 $a-b$, $b-a$를 구하고 도시하라.

4. 벡터 $a=(2,1)$ 과 $b=(-1,-1)$을 (a) 2차원 평면에 도시하고, (b) 이들의 합 $a+b$와 차 $a-b$, $b-a$를 구하고 도시하라.

5. 행벡터 $b=(40, 60)$ 및 $l=(1,1)$이 있을 때, $b'l$과 $l'b$를 계산하라.

6. 벡터 $\mathrm{a}=(2,3)$과 $\mathrm{b}=(-1,2)$가 있을 때 선형결합 $2a+3b$와 $0.5a+0.5b$를 각각 계산하고 도시하라.

7. 벡터 $\mathrm{c}=(4,5)$를 벡터 $a=(1,1)$과 $b=(-1,0)$의 선형결합으로 표시하라.

8. 벡터 $\mathrm{c}=(4,5)$를 벡터 $a=(0,3)$과 $b=(-1,0)$의 선형결합으로 표시하라.

9. 본문의 (2a) 및 (2b)식은 $\begin{pmatrix} x+p \\ x-2p \end{pmatrix} = \begin{pmatrix} 3{,}000 \\ -360 \end{pmatrix}$과 어떻게 다른지 또는 같은지 설명하라.

10. 아래 행렬로부터 AA', $A'A$, AI_2, AB, BA, BD를 구하라.

$$A=\begin{pmatrix} 3 & 1 \\ 2 & 4 \end{pmatrix},\quad I_2=\begin{pmatrix} 1 & 0 \\ 0 & 1 \end{pmatrix},\quad B=\begin{pmatrix} 1 & 0 & 3 \\ -1 & 1 & 2 \end{pmatrix},\quad D=\begin{pmatrix} 3 & 1 & 1 \\ 2 & 4 & 3 \\ 1 & 2 & 3 \end{pmatrix}.$$

11. 정방행렬 A를 거듭 곱한 것은 $AA = A^2$으로 표기되는데, $A = \begin{pmatrix} 3 & 1 \\ 2 & 4 \end{pmatrix}$일 때 A^2을 계산하라.

12. 2차원 열벡터 $\begin{pmatrix} 2x_1 - 7x_2 \\ 4x_1 + 2x_2 \end{pmatrix}$가 어떤 행렬 A에 열벡터 $x = \begin{pmatrix} x_1 \\ x_2 \end{pmatrix}$를 곱한 것으로 표현될 때, 그 A를 구하라.

13. 두 행렬 A와 B간에 AB가 정의된다면, $(AB)' = B'A'$임을 증명하라.

14. $IA = A$ 및 $AI = A$가 성립함을 보여라.

15. 2×2 단위행렬 I_2를 거듭 곱한 것도 역시 I_2라는 것, 즉 $I_2 I_2 = (I_2)^2$ 임을 증명하라.

16. x_1과 x_2의 2차 형식 $2x_1^2 - 6x_2^2$을 행렬들의 곱으로 표시하라.

4.3 행렬식

1. 행렬식의 계산 편법

행렬식(行列式, determinant)은 정방행렬에 대해서만 정의되는 어떤 **스칼라(실수)값**이다. 행렬식의 엄밀한 정의는 다음 항에서 설명하기로 하고, 우선 경제분석에서 자주 접하는 2차원 및 3차원 정방행렬의 행렬식을 구하는 계산법을 살펴보자. 2×2행렬 및 3×3행렬 A 에 대하여는 각각 다음과 같이 계산되는 실수 값을 A 의 행렬식이라 부르고 $|A|$ 또는 $\det(A)$로 표기한다:

$$|A| = \begin{vmatrix} a_{11} & a_{12} \\ a_{21} & a_{22} \end{vmatrix} = +a_{11}a_{22} - a_{12}a_{21}. \tag{9}$$

$$|A| = \begin{vmatrix} a_{11} & a_{12} & a_{13} \\ a_{21} & a_{22} & a_{23} \\ a_{31} & a_{32} & a_{33} \end{vmatrix} = \begin{array}{l} +a_{11}a_{22}a_{33} + a_{12}a_{23}a_{31} + a_{13}a_{32}a_{21} \\ -a_{13}a_{22}a_{31} - a_{12}a_{21}a_{33} - a_{11}a_{32}a_{23} \end{array} \tag{10a}$$

행렬식 기호 "|·|"는 "절대치" 기호와 동일하지만, 절대치는 스칼라(실수)에 대해서만 적용하며 행렬식은 (정방)행렬에 대해 적용한다.

이 계산은 아주 복잡해 보이지만, [그림 4-6]에서 보는 바와 같이, 제1행의 각 원소에서 "우하향"하는 대각선(실선으로 표시됨) 상의 원소들을 서로 곱한 것에 "+" 부호를 부여하고 "좌하향"하는 대각선(점선으로 표시됨) 상의 원소들의 곱에 "−" 부호를 부여하여 서로 합한 것으로 생각하면 알기 쉽다.

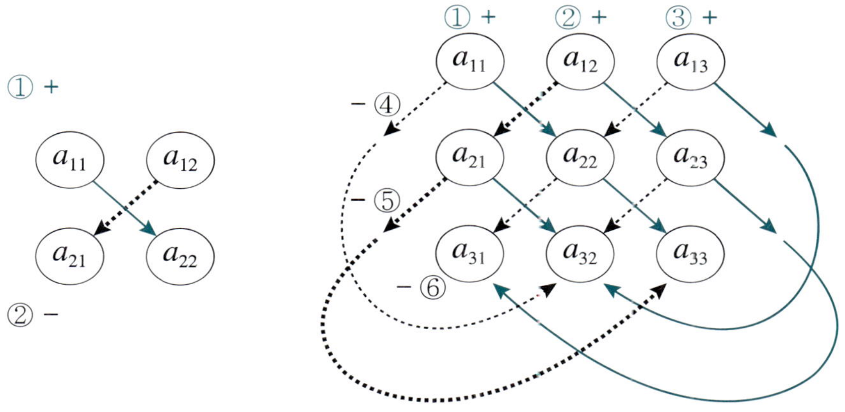

(a) 2×2행렬식

①+ $a_{11}\,a_{22}$

②− $a_{12}\,a_{21}$

(b) 3×3행렬식

①+ $a_{11}a_{22}a_{33}$ ②+ $a_{12}a_{23}a_{31}$ ③+ $a_{13}a_{32}a_{21}$

④− $a_{13}a_{22}a_{31}$ ⑤− $a_{12}a_{21}a_{33}$ ⑥− $a_{11}a_{32}a_{23}$

그림 4-6 쌔러스 규칙: 2차원 및 3차원 행렬식 계산법

3×3행렬의 경우 (b)도에서 제1행의 각 원소에서 시작되는 우하향 대각선은 다음과 같다: a_{11}에서 출발하는 우하향 대각선은 a_{22}와 a_{33}로 연결되며, a_{12}에서 시작되는 대각선은 a_{23}를 지나 한바퀴 돌아서 a_{31}으로 이어지고, a_{13}에서 시작하는 대각선은 한바퀴 돌아 a_{32}를 거쳐 a_{21}으로 이어진다고 생각하라. 좌하향 하는 대각선도 마찬가지이다. 이와 같이 계산하면, (10a)의 우변에 나오는 각 항은 어느 것이든 행렬 A의 "각 행과 열에서 중복없이 반드시 1개씩 뽑은 원소들의 곱"을 이룬다. 이 요령은 그대로 암기해 두는 것이 좋다.

이상의 행렬식 계산법은 **쌔러스 법칙**(Sarus's rule)으로 알려져 있는데, 이것은 오직 **2차원** 및 **3차원** 정방행렬에 대해서만 적용됨에 유의하여야 한다.

예 4-10

행렬 $A=\begin{pmatrix}30 & 10\\20 & 40\end{pmatrix}$의 행렬식은

$$|A|=\begin{vmatrix}30 & 10\\20 & 40\end{vmatrix}=+30\times40-10\times20=1000$$

이고, 3×3행렬 $B=\begin{pmatrix}3 & 1 & 1\\2 & 4 & 3\\1 & 2 & 3\end{pmatrix}$의 행렬식은 다음과 같다:

$$|B|=\begin{vmatrix}3 & 1 & 1\\2 & 4 & 3\\1 & 2 & 3\end{vmatrix}=\begin{cases}+3\cdot4\cdot3+1\cdot3\cdot1+1\cdot2\cdot2\\-1\cdot4\cdot1-1\cdot2\cdot3-3\cdot2\cdot3\end{cases}=15$$

2. 행렬식의 라플라스 전개

4차원 이상의 정방행렬을 포함하여 모든 정방행렬의 행렬식 계산에 적용가능한 보다 일반적인 계산법을 설명하기 위해, (10a)의 3×3 행렬식을 다시 한번 생각해 보자. (10a)의 우변에서 행렬 A의 제1행의 원소들을 묶어내어 정돈하면

$$\begin{aligned}|A|=&+a_{11}(a_{22}a_{33}-a_{32}a_{23})\\&-a_{12}(a_{21}a_{33}-a_{23}a_{31})\\&+a_{13}(a_{32}a_{21}-a_{22}a_{31})\end{aligned} \tag{10b}$$

이다. 그런데, 이 식 우변의 "괄호 안"은 행렬 A에서 "괄호 앞의 원소 a_{1j}"가 속한 제1행과 제j열(원소 a_{1j}의 두 하첨자가 가리키고 있음)을 제외할 때 남는 행렬의 행렬식과 일치함을 알 수 있다. 예컨대, (10b)식 우변 첫 항 괄호 안의 "$a_{22}a_{33}-a_{32}a_{23}$"은 행렬 A에서 원소 a_{11}이 속한 제1행과 제1열을 삭제하고 남는 2×2행렬의 행렬식이다:

$$\begin{vmatrix} a_{11} & a_{12} & a_{13} \\ a_{21} & a_{22} & a_{23} \\ a_{31} & a_{32} & a_{33} \end{vmatrix} = a_{22}a_{33} - a_{32}c_{23} = M_{11}$$

이것을 a_{11}의 **소(小)행렬식**(minor)이라 부르며 M_{11}으로 표기한다. 같은 요령으로, a_{12}와 a_{13}의 소행렬식은 다음과 같다:

$$M_{12} \equiv \begin{vmatrix} a_{21} & a_{23} \\ a_{31} & a_{33} \end{vmatrix} = a_{21}a_{33} - a_{23}a_{31}, \quad M_{13} \equiv \begin{vmatrix} a_{21} & a_{22} \\ a_{31} & a_{32} \end{vmatrix} = a_{21}a_{32} - a_{22}a_{31}$$

이 소행렬식 개념을 이용하여 고쳐쓰면 (10b)는

$$|A| = +a_{11}M_{11} - a_{12}M_{12} + a_{13}M_{13} \tag{10c}$$

(10c)의 우변에서 $a_{12}M_{12}$ 항에만 음의 부호가 붙어 있고 다른 항에는 양의 부호가 붙어 있음에 유의하라. 이 부호들에 일정한 규칙이 있을까? 다행히 원소 a_{11}, a_{12} 및 a_{13} 앞에 붙여진 "+"나 "−" 부호는 이 원소의 하첨자들의 합에 해당하는 수만큼 −1을 거듭제곱한 값과 일치함을 알 수 있다. 원소 a_{1j}의($j = 1, 2, 3$) 소행렬식에 이 부호를 붙인 것을 원소 a_{1j}의 여인수(餘因數: Cofactor)라 부르고 C_{1j}로 표기한다:

$$C_{11} \equiv (-1)^{1+1}M_{11} = +\begin{vmatrix} a_{22} & a_{23} \\ a_{32} & a_{33} \end{vmatrix} = +(a_{22}a_{33} - a_{32}a_{23})$$

$$C_{12} \equiv (-1)^{1+2}M_{12} = -\begin{vmatrix} a_{21} & a_{23} \\ a_{31} & a_{33} \end{vmatrix} = -(a_{21}a_{33} - a_{23}a_{31})$$

$$C_{13} \equiv (-1)^{1+3}M_{13} = +\begin{vmatrix} a_{21} & a_{22} \\ a_{31} & a_{32} \end{vmatrix} = +(a_{21}a_{32} - a_{22}a_{31})$$

이 여인수들을 이용하면, (10c)는

$$|A| = a_{11}C_{11} + a_{12}C_{12} + a_{13}C_{13} = \sum_{j=1}^{3} a_{1j}C_{1j} \tag{10d}$$

로 간략하게 표현된다. (10d)를 행렬식 $|A|$의 제1행에 따른 **라플라스 전개**(Laplace expansion)라 부른다. 행렬 A의 라플라스 전개는 반드시 제1행에 따라 전개할 필요는 없으며, **어느 행**이나 **어느 열**에 따라 전개해도 마찬가지의 결과가 나온다. 그것은 (10a)의 우변에서, 제1행의 원소 대신, 전개하고자 하는 행 또는 열의 원소들을 묶어냄으로써 쉽게 증명된다. 예컨대, 제2열에 따라 전개하는 것은 (10a)에서 A의 제2열의 원소들을 묶어내면 된다:

$$\begin{aligned}|A| &= -a_{21}(a_{12}a_{33}-a_{13}a_{32})+a_{22}(a_{11}a_{33}-a_{13}a_{31})-a_{23}(a_{11}a_{32}-a_{12}a_{31}) \\ &= a_{21}C_{21}+a_{22}C_{22}+a_{23}C_{23}=\sum_{j=1}^{3}a_{2j}C_{2j}\end{aligned} \tag{10e}$$

실제로 라플라스전개를 적용할 때에는, 0이 많이 포함된 행(또는 열)에 따른 전개를 채택하면 그 계산이 간편해질 것이다.

예 4-11

위의 [예 4-10]의 행렬식 $|B|$를 (10d)에 따라 계산하면

$$\begin{aligned}|B| &= \begin{vmatrix}3&1&1\\2&4&3\\1&2&3\end{vmatrix}=b_{11}C_{11}+b_{12}C_{12}+b_{13}C_{13} \\ &= 3(-1)^{1+1}\begin{vmatrix}4&3\\2&3\end{vmatrix}+(1)(-1)^{1+2}\begin{vmatrix}2&3\\1&3\end{vmatrix}+(1)(-1)^{1+3}\begin{vmatrix}2&4\\1&2\end{vmatrix} \\ &= 3(12-6)-(6-3)+(4-4)=15\end{aligned}$$

로서 동일한 값이 계산된다.

예 4-12

2×2 행렬식 (10)도 라플라스 전개로 볼 수 있다. (10) 우변을 제1행의 원소로 묶어내면

$$|A| = +a_{11}(a_{22})-a_{12}(a_{21})$$

이다. 행렬 A의 제1행의 원소들에 대한 소행렬식과 여인수는 각각

$$M_{11} = |a_{22}| = a_{22}, \quad C_{11} = (-1)^{1+1} M_{11} = a_{22}$$

$$M_{12} = |a_{21}| = a_{21}, \quad C_{12} = (-1)^{1+2} M_{12} = -a_{21}$$

이다. 따라서 (10)도 제1행에 따른 라플라스 전개임을 알 수 있다:

$$|A| = +a_{11}(a_{22}) - a_{12}(a_{21}) = a_{11}C_{11} + a_{12}C_{12}.$$

임의의 $n \times n$ 행렬식은 라플라스 전개로 계산된 값으로 계산된다. 라플라스 전개를 이용하면 $n \times n$ 행렬식은 차원이 1씩 낮은 $(n-1) \times (n-1)$ 행렬식들로 표현할 수 있고, 이 $(n-1) \times (n-1)$ 행렬식에 다시 한번 라플라스 전개를 적용하면 $(n-2) \times (n-2)$ 행렬식들로 표현되므로, 결국 모든 차원의 행렬식을 계산될 수 있다. 차원이 높은 행렬식을 이런 방식으로 직접 계산한다는 것은 극히 복잡하다. 다행히, 선형대수를 다루는 컴퓨터 프로그램을 이용하면 단번에 계산할 수 있으므르(본 장의 부록을 참조하라), 번거로운 계산을 실제로 할 필요는 없다. 그러므로 여기서 제군들은 행렬식의 계산원리와 성질을 이해해 두는 것이 중요하다. 다만, 간단한 2×2행렬식과 3×3행렬식의 계산법은 잘 기억해 두어야 한다.

3. 행렬식의 성질

행렬식은 다음 성질을 갖는다:

(D1) 어느 하나의 행(또는 열)을 다른 행(또는 열)과 맞바꾸면 행렬식의 부호만 반대로 된다.

(D2) 어느 하나의 행(또는 열)을 k배 하면 행렬식도 k배 된다.

(D3) 어느 두 행(또는 열)이 동일한 행렬의 행렬식은 0이다.

(D4) 행렬식을 제i 행에 따라 전개하면서 제$j(\neq i)$ 행의 여인수를 잘 못 사용하면 그 결과는 0이다.

(D5) 어느 한 행(또는 열)이 다른 행(또는 열)들에 상수를 곱해 더한 것이면, 그 행렬식은 0이다.

이 성질들은 아래에서 주로 2×2행렬 $A=\{a_{ij}\}$에 대해 대수적으로 증명되지만, $n\times n$행렬에 대해서도 이를 확장될 수 있다(단, D5의 증명은 생략한다).

(D1) A의 제1행과 제2행을 맞바꾼 행렬을 A^*라 하면

$$|A^*|=\begin{vmatrix} a_{21} & a_{22} \\ a_{11} & a_{12} \end{vmatrix}=+a_{21}a_{12}-a_{22}a_{11}=-|A|.$$

(D2) A의 제1열에 스칼라 k를 곱한 행렬을 A^*라 하면

$$|A^*|=\begin{vmatrix} ka_{11} & a_{12} \\ ka_{21} & a_{22} \end{vmatrix}=+(ka_{11})a_{22}-a_{12}(ka_{21})=k|A|.$$

kA는 A의 모든 열들에 스칼라 k를 곱하는 것이므로 $|kA|\neq k|A|$임에 유의하라. A가 2×2행렬이면 1개의 열에 k를 곱할 때마다 행렬식은 k배 되므로 $|kA|=k^2|A|$이다. A가 $n\times n$행렬이면 $|kA|=k^n|A|$이다.

(D3). 3×3행렬 $A=\{a_{ij}\}$의 제1행을 제2행으로 대치한 행렬을 A^*라 하면, A^*의 제1행과 제2행은 동일하다. A^*를 제3행에 따라 라플라스 전개하면 그 여인수 C_{3j}(또는 소행렬식 M_{3j})들이 모두 0이 되므로 행렬식은 0이다:

$$|A^*|=\begin{vmatrix} a_{21} & a_{22} & a_{23} \\ a_{21} & a_{22} & a_{23} \\ a_{31} & a_{32} & a_{33} \end{vmatrix}=\sum_{j=1}^{3}a_{3j}C_{3j}=0.$$

(D4). 3×3행렬 $A=\{a_{ij}\}$의 행렬식을 제2행에 따라 라플라스 전개하되, 제2행의 여인수 C_{2j} 대신 제1행의 여인수 C_{1j}를 잘 못 사용하여 전개한 것은

$$a_{21}C_{11}+a_{22}C_{12}+a_{23}C_{13}=Z$$

가 되는데 이 값을 Z라 표기하자. 이것은 원래부터 제1행과 제2행이 동일한 ($a_{1j}=a_{2j}$, $j=1,2,3$)인 어떤 다른 행렬A^*를 제1행에 따라 올바로 라플라스

전개한 것과 같으며, 그 결과는 (D3)에 의해 0이다:

$$|A^*| = \begin{vmatrix} a_{21} & a_{22} & a_{23} \\ a_{21} & a_{22} & a_{23} \\ a_{31} & a_{32} & a_{33} \end{vmatrix}, \quad Z = \sum_{j=1}^{3} a_{2j} C_{1j} = 0$$

이와 같이 어떤 행(또는 열)에 따라 라플라스 전개를 하되 다른 어떤 행(또는 열)의 여인수를 잘못 사용한 것을 **타(他)여인수**(alien cofactor)**에 의한 라플라스 전개**라 부르는데 그 값은 항상 0이다.

(D5) 3×3행렬 $A = \{a_{ij}\}$ 의 제1행이 제2행의 k_2 배와 제3행의 k_3 배를 합한 선형결합, 즉 $k_2 A_{2.} + k_3 A_{3.}$ 으로 된 행렬을 A^* 라 하자. 이 A^* 를 제1행에 따라 라플라스 전개하면 (D4)에 의해 0이다:

$$|A^*| = \begin{vmatrix} k_2 A_{2.} + k_3 A_{3.} \\ A_{2.} \\ A_{3.} \end{vmatrix} = \sum_{j=1}^{3} (k_2 a_{2j} + k_3 a_{3j}) C_{1j} = k_2 \sum_{j=1}^{3} a_{2j} C_{1j} + k_3 \sum_{j=1}^{3} a_{3j} C_{1j} = 0$$

연습문제 | 4.3

1. $A = \begin{pmatrix} 30 & 10 \\ 20 & 40 \end{pmatrix}$의 각 원소의 소행렬식과 여인수를 계산하여 $|A|$를 구하라.

2. 아래 행렬의 행렬식을 계산하라.

(a) $\begin{pmatrix} a & -5 \\ 10 & 3 \end{pmatrix}$, (b) $\begin{pmatrix} a & b \\ c & d \end{pmatrix}$, (c) $\begin{bmatrix} 2 & 1 & 3 \\ 1 & -1 & 2 \\ 1 & 2 & -1 \end{bmatrix}$

3. 아래 행렬의 행렬식을 계산하라(행렬식의 성질을 미리 적용하면 계산이 간편해질 것이다). 또한 이 행렬의 곱인 행렬 $AA(=A^2)$의 행렬식을 계산하라.

$$A = \begin{pmatrix} -200 & 200 & 5000 \\ -10 & 16 & 40 \\ -7 & 3 & 30 \end{pmatrix}$$

4. 3차원 단위행렬 I_3의 행렬식을 계산하라. 또한, 5차원 단위행렬 I_5의 행렬식을 계산하라.

5. 다음 4×4 행렬의 행렬식을 계산하라(라플라스 전개 사용). 그리고 이 값과, 이 행렬에 쌔러스 법칙을 잘 못 적용하여 구한 값과 비교하라.

$$|A| = \begin{vmatrix} 2 & 1 & 1 & 4 \\ -1 & 0 & 3 & 2 \\ 1 & 5 & 2 & 5 \\ 0 & 1 & -1 & 2 \end{vmatrix}$$

4.4 행렬 방정식의 해법

1. 역행렬을 이용한 행렬방정식의 해법

우선, 행렬을 이용하여 선형 연립방정식체계를 간결하게 표현해 보자. 3변수 선형 연립방정식 (3)을 보자:

$$\begin{aligned} a_{11}x_1 + a_{12}x_2 + a_{13}x_3 &= d_1 \\ a_{21}x_1 + a_{22}x_2 + a_{23}x_3 &= d_2 \\ a_{31}x_1 + a_{32}x_2 + a_{33}x_3 &= d_3 . \end{aligned} \tag{3}$$

이것을 행렬로 표기하면([예 4-10]을 참고)

$$\begin{pmatrix} a_{11} & a_{12} & a_{13} \\ a_{21} & a_{22} & a_{23} \\ a_{31} & a_{32} & a_{33} \end{pmatrix} \begin{pmatrix} x_1 \\ x_2 \\ x_3 \end{pmatrix} = \begin{pmatrix} d_1 \\ d_2 \\ d_3 \end{pmatrix}$$

또는

$$Ax = d \tag{11a}$$

이며, 여기서 각 행렬은 아래와 같다:

$$A = \begin{pmatrix} a_{11} & a_{12} & a_{13} \\ a_{21} & a_{22} & a_{23} \\ a_{31} & a_{32} & a_{33} \end{pmatrix}, \quad x = \begin{pmatrix} x_1 \\ x_2 \\ x_3 \end{pmatrix}, \quad d = \begin{pmatrix} d_1 \\ d_2 \\ d_3 \end{pmatrix} \tag{11b}$$

(11a)로 주어진 행렬방정식은 어떻게 풀 수 있는가? 그 해법을 설명하기 전에 "푼다"는 것이 무엇인지 생각해 보자. 실수 변수 y에 관한 간단한 단일 방정식

$$2y - 10 = 0 \text{ 또는 } 2y = 10$$

의 해를 생각해 보자. 이 방정식을 풀지 못할 학생은 아마 없을 것이다. y값을 구하기 위해서는, 미지수 y의 "계수" 2로 양변을 나누어 그 계수가 1이 되도록 하면 된다:

$$\frac{1}{2}\cdot 2y = 1\cdot y = \frac{1}{2}\cdot 10 = 5 \text{ 즉, } y = 5.$$

이 계산과정에는 다음 두 가지 요소가 들어 있다. 첫째로, 2로 나누는 것은 그 역수 1/2을 양변에 곱하는 것과 같으며, 그 결과는 2・(1/2)=1이다. 둘째로, "$1\cdot y = y$"에서 보듯, 어떤 수 y에 실수 1을 곱해도 그 결과는 y 그 자체이다(이러한 성질을 갖는 1을 실수집합의 단위원(單位元)이라 한다).

행렬로 표시된 방정식 (11a)에서 해를 구하는 것도, x의 계수행렬 A가 좌변에서 사라지도록 변형하면 될 것이다. 그러나 실수에서와는 달리 양변을 A로 나눌 수는 없다. 왜냐하면 스칼라 1을 행렬 A로 나눈 "$1/A$"은 어떤 의미도 갖지 않기 때문이다! 그 대신, 행렬방정식 (11a)를 풀기 위해서는 실수에서의 역수와 단위원 개념을 행렬에게로 확장하면 된다.

행렬에서의 **단위원**은 **단위행렬**이다. 즉, 어떤 행렬 A에 대하여도

$$IA = AI = A$$

가 성립한다. 다음으로, 어떤 행렬 A에 곱했을 때 단위행렬 I가 되게 하는 그 무엇은 실수가 아니라 어떤 행렬이어야 함을 짐작할 수 있다. $n\times n$ **정방행렬** A가 있을 때, 그것의 앞에서 곱하든 뒤에서 곱하든 언제나 단위행렬 I_n이 되게 하는 행렬 B, 즉

$$AB = BA = I_n \tag{12}$$

을 만족시키는 행렬 B를 A의 **역(逆)행렬**(inverse matrix)이라 부른다. A의 역행렬은 통상 A^{-1}으로 표기한다(결코 $1/A$로 표기하지 않음). 여기서 행렬곱 AB와 BA가 성립하려면, B도 $n\times n$ 정방행렬이어야 한다.

방정식 (11a)에서 행렬 A의 역행렬 A^{-1}이 어떤 방식으로든 계산되었다고 가정해보자(그 계산 방법은 아래에서 설명될 것임). 양변에 A^{-1}을 앞에서 곱하면

$$A^{-1}Ax = A^{-1}d$$

가 되며, 그 좌변은 (12)에 의해 $A^{-1}Ax = Ix = x$ 이므로, 벡터로 이루어진 해

$$x = A^{-1}d \tag{13}$$

가 구해진다. 그러면, 이 역행렬의 원소들은 어떻게 구하는가?

2. 역행렬의 계산

예 4-13

다음 행렬식의 역행렬을 역행렬의 정의에 의거하여 직접 계산해 보자.

$$A = \begin{pmatrix} 1 & 2 \\ -1 & 1 \end{pmatrix}.$$

A의 역행렬을 $B = \{b_{ij}\}$로 표기하면, 역행렬의 정의에 의해 $AB = I_2$가 성립해야 한다:

$$AB = \begin{pmatrix} 1 & 2 \\ -1 & 1 \end{pmatrix}\begin{pmatrix} b_{11} & b_{12} \\ b_{21} & b_{22} \end{pmatrix} = \begin{pmatrix} b_{11} + 2b_{21} & b_{12} + 2b_{22} \\ -b_{11} + b_{21} & -b_{12} + b_{22} \end{pmatrix} = \begin{pmatrix} 1 & 0 \\ 0 & 1 \end{pmatrix}.$$

이 방정식은 행렬의 상동에 의해 다음 4개의 방정식 체계로 풀어쓸 수 있다:

$$\begin{aligned} b_{11} + 2b_{21} &= 1 \\ -b_{11} + b_{21} &= 0 \end{aligned} \tag{14a}$$

$$\begin{aligned} b_{12} + 2b_{22} &= 0 \\ -b_{12} + b_{22} &= 1 \end{aligned} \tag{14b}$$

(14a)를 풀면, $b_{21} = b_{11} = 1/3$. (14b)를 풀면 $b_{22} = 1/3, b_{12} = -2/3$. 따라서 역행렬은

$$A^{-1} = B = \begin{pmatrix} 1/3 & -2/3 \\ 1/3 & 1/3 \end{pmatrix}.$$

예 4-14

위 예를 확장하여 일반적인 2차원 정방행렬의 역행렬을 역행렬의 정의에 의거하여 직접 계산해 보자.

$$A=\begin{pmatrix} a_{11} & a_{12} \\ a_{21} & a_{22} \end{pmatrix}.$$

A의 역행렬을 $B=\{b_{ij}\}$로 표기하면, 역행렬의 정의에 의해 $AB=I_2$가 성립해야 한다:

$$AB=\begin{pmatrix} a_{11} & a_{12} \\ a_{21} & a_{22} \end{pmatrix}\begin{pmatrix} b_{11} & b_{12} \\ b_{21} & b_{22} \end{pmatrix}=\begin{pmatrix} a_{11}b_{11}+a_{12}b_{21} & a_{11}b_{12}+a_{12}b_{22} \\ a_{21}b_{11}+a_{22}b_{21} & a_{21}b_{12}+a_{22}b_{22} \end{pmatrix}=\begin{pmatrix} 1 & 0 \\ 0 & 1 \end{pmatrix}.$$

이 방정식은 행렬의 상동에 의해 다음 4개의 방정식 체계로 풀어쓸 수 있다:

$$\begin{aligned} a_{11}b_{11}+a_{12}b_{21}&=1 \quad (15a) & a_{11}b_{12}+a_{12}b_{22}&=0 \quad (15c) \\ a_{21}b_{11}+a_{22}b_{21}&=0 \quad (15b) & a_{21}b_{12}+a_{22}b_{22}&=1 \quad (15d) \end{aligned}$$

(15a,b)를 풀면 $b_{11}=a_{22}/(a_{11}a_{22}-a_{12}a_{21}),\ b_{21}=-a_{21}/(a_{11}a_{22}-a_{12}a_{21})$.

(15c,d)를 풀면 $b_{12}=-a_{12}/(a_{11}a_{22}-a_{12}a_{21}),\ b_{22}=a_{11}/(a_{11}a_{22}-a_{12}a_{21})$.

따라서 역행렬은

$$A^{-1}=\frac{1}{|A|}\begin{pmatrix} a_{22} & -a_{12} \\ -a_{21} & a_{11} \end{pmatrix}.$$

일반적인 3차원 이상의 정방행렬에 대하여도 위의 예와 같이 하면 그 역행렬을 구할 수 있을 것이나, 점차 매우 복잡한 일이 될 것이다. A의 역행렬은 A와 어떤 관계에 있는가?

우선 (11b)에 나오는 3×3행렬 $A=\{a_{ij}\}$의 역행렬은 아래와 같이 정의된다. A에서 각 원소 a_{ij} 대신에 그 여인수 C_{ij}로 바꾸어 놓은 **여인수 행렬**과 그 전치행렬을 만들자:

$$C = \{C_{ij}\} = \begin{pmatrix} C_{11} & C_{12} & C_{13} \\ C_{21} & C_{22} & C_{23} \\ C_{31} & C_{32} & C_{33} \end{pmatrix} \text{ 및 } C' = \{C_{ji}\} = \begin{pmatrix} C_{11} & C_{21} & C_{31} \\ C_{12} & C_{22} & C_{32} \\ C_{13} & C_{23} & C_{33} \end{pmatrix}$$

C'을 A의 **수반**(隨伴: adjoint) **행렬**이라 부른다(이것을 $adj\ A$ 또는 A^{+}로 표기하기도 한다).

행렬 A에 C'을 곱하면

$$AC' = \begin{pmatrix} a_{11} & a_{12} & a_{13} \\ a_{21} & a_{22} & a_{23} \\ a_{31} & a_{32} & a_{33} \end{pmatrix} \begin{pmatrix} C_{11} & C_{21} & C_{31} \\ C_{12} & C_{22} & C_{32} \\ C_{13} & C_{23} & C_{33} \end{pmatrix} = \begin{pmatrix} \sum a_{1j} C_{1j} & \sum a_{1j} C_{2j} & \sum a_{1j} C_{3j} \\ \sum a_{2j} C_{1j} & \sum a_{2j} C_{2j} & \sum a_{2j} C_{3j} \\ \sum a_{3j} C_{1j} & \sum a_{3j} C_{2j} & \sum a_{3j} C_{3j} \end{pmatrix}$$

인데, 우변에서 우하향 하는 주대각선 상의 원소들은 각각 $|A|$를 제 $j = 1, 2, 3$ 행에 따라 라플라스 전개한 것이고, 그 외의 원소들은 타여인수에 의한 라플라스 전개로서 0이다. 따라서

$$AC' = \begin{pmatrix} |A| & 0 & 0 \\ 0 & |A| & 0 \\ 0 & 0 & |A| \end{pmatrix} = |A|\, I_3$$

이며, 마찬가지로 $C'A = |A|\, I_3$ 임도 증명된다:

$$AC' = C'A = |A|\, I_3 .$$

따라서 $|A| \neq 0$ 일 경우, 양변을 스칼라인 $|A|$로 나누면

$$A \left[\frac{C'}{|A|} \right] = \left[\frac{C'}{|A|} \right] A = I_3$$

가 된다. 이로부터 역행렬의 정의 (12)에 의해, A의 역행렬은 그 수반행렬 C'을 행렬식 $|A|$로 나눈 것과 같음을 알 수 있다:

$$A^{-1} = \frac{C'}{|A|}, \text{ 즉 } A^{-1} = \begin{pmatrix} \frac{C_{11}}{|A|} & \frac{C_{21}}{|A|} & \frac{C_{31}}{|A|} \\ \frac{C_{12}}{|A|} & \frac{C_{22}}{|A|} & \frac{C_{32}}{|A|} \\ \frac{C_{13}}{|A|} & \frac{C_{23}}{|A|} & \frac{C_{33}}{|A|} \end{pmatrix} \tag{16}$$

그러면 행렬방정식 (11a)의 해 (13)은

$$x = A^{-1}d = \frac{1}{|A|}C'd \tag{17}$$

로 주어지며, 여기서 A^{-1}은 (16)식으로 계산된다.

이제 위와 같은 방법을 n×n행렬 $A = \{a_{ij}\}$에 적용하여 그 역행렬을 정의하자. 여인수 행렬은

$$C = \{C_{ij}\} = \begin{pmatrix} C_{11} & C_{12} & \cdots & C_{1n} \\ \vdots & \vdots & \vdots & \vdots \\ C_{n1} & C_{n2} & \cdots & C_{nn} \end{pmatrix}$$

이며, $|A| \neq 0$ 이면 A의 역행렬은 $A^{-1} = \frac{C'}{|A|}$, 즉

$$A^{-1} = \frac{C^T}{|A|} = \begin{pmatrix} \frac{C_{11}}{|A|} & \frac{C_{21}}{|A|} & \cdots & \frac{C_{n1}}{|A|} \\ \vdots & \vdots & \vdots & \vdots \\ \frac{C_{1n}}{|A|} & \frac{C_{2n}}{|A|} & \cdots & \frac{C_{nn}}{|A|} \end{pmatrix} \tag{18}$$

로 주어진다.

예 4-15

아래 3×3행렬의 역행렬을 구해 보자:

$$A=\begin{pmatrix}30 & 10 & 10\\ 20 & 40 & 30\\ 10 & 20 & 30\end{pmatrix}$$

행렬식은 $|A|=15,000$ 이며, A 의 여인수를 구하면

$$C_{11}=(-1)^{1+1}\begin{vmatrix}40 & 30\\ 20 & 30\end{vmatrix}=600,\quad C_{12}=(-1)^{1+2}\begin{vmatrix}20 & 30\\ 10 & 30\end{vmatrix}=-300,$$

$$C_{13}=(-1)^{1+3}\begin{vmatrix}20 & 40\\ 10 & 20\end{vmatrix}=0,\quad C_{21}=(-1)^{2+1}\begin{vmatrix}10 & 10\\ 20 & 30\end{vmatrix}=-100,$$

$$C_{22}=(-1)^{2+2}\begin{vmatrix}30 & 10\\ 10 & 30\end{vmatrix}=800,\quad C_{23}=(-1)^{2+3}\begin{vmatrix}30 & 10\\ 10 & 20\end{vmatrix}=-500$$

$$C_{31}=(-1)^{3+1}\begin{vmatrix}10 & 10\\ 40 & 30\end{vmatrix}=-100,\quad C_{32}=(-1)^{3+2}\begin{vmatrix}30 & 10\\ 20 & 30\end{vmatrix}=-700,$$

$$C_{33}=(-1)^{3+3}\begin{vmatrix}30 & 10\\ 20 & 40\end{vmatrix}=1000$$

이다. 따라서 A^{-1}은

$$A^{-1}=\frac{C'}{|A|}=\frac{1}{15,000}\begin{pmatrix}600 & -100 & -100\\ -300 & 800 & -700\\ 0 & -500 & 1,000\end{pmatrix}=\frac{1}{150}\begin{pmatrix}6 & -1 & -1\\ -3 & 8 & -7\\ 0 & -5 & 10\end{pmatrix}$$

으로 계산된다. $A^{-1}A=AA^{-1}=I$임은 됨은 쉽게 확인된다.

예 4-16

다음 선형 연립방정식을 풀어보자:

$$\begin{aligned} 3x_1 + \ \ x_2 + \ x_3 &= 30 \\ 2x_1 + 4x_2 + 3x_3 &= 15 \\ x_1 + 2x_2 + 3x_3 &= 0. \end{aligned}$$

이 방정식체계를 행렬로 표기하면

$$\begin{pmatrix} 3 & 1 & 1 \\ 2 & 4 & 3 \\ 1 & 2 & 3 \end{pmatrix}\begin{pmatrix} x_1 \\ x_2 \\ x_3 \end{pmatrix} = \begin{pmatrix} 30 \\ 15 \\ 0 \end{pmatrix}$$

인데, 그 계수행렬을 A 로 표기하자. 그러면, 행렬식과 여인수들은 다음과 같다:

$$|A| = \begin{vmatrix} 3 & 1 & 1 \\ 2 & 4 & 3 \\ 1 & 2 & 3 \end{vmatrix} = 15 \qquad C_{11} = (-1)^{1+1}\begin{vmatrix} 4 & 3 \\ 2 & 3 \end{vmatrix} = 6,$$

$$C_{12} = (-1)^{1+2}\begin{vmatrix} 2 & 3 \\ 1 & 3 \end{vmatrix} = -3, \quad C_{13} = (-1)^{1+3}\begin{vmatrix} 2 & 4 \\ 1 & 2 \end{vmatrix} = 0,$$

$$C_{21} = (-1)^{2+1}\begin{vmatrix} 1 & 1 \\ 2 & 3 \end{vmatrix} = -1, \quad C_{22} = (-1)^{2+2}\begin{vmatrix} 3 & 1 \\ 1 & 3 \end{vmatrix} = 8,$$

$$C_{23} = (-1)^{2+3}\begin{vmatrix} 3 & 1 \\ 1 & 2 \end{vmatrix} = -5 \quad C_{31} = (-1)^{3+1}\begin{vmatrix} 1 & 1 \\ 4 & 3 \end{vmatrix} = -1,$$

$$C_{32} = (-1)^{3+2}\begin{vmatrix} 3 & 1 \\ 2 & 3 \end{vmatrix} = -7, \quad C_{33} = (-1)^{3+3}\begin{vmatrix} 3 & 1 \\ 2 & 4 \end{vmatrix} = 10$$

따라서

$$\begin{pmatrix} x_1 \\ x_2 \\ x_3 \end{pmatrix} = A^{-1}d = \frac{1}{15}\begin{pmatrix} 6 & -1 & -1 \\ -3 & 8 & -7 \\ 0 & -5 & 10 \end{pmatrix}\begin{pmatrix} 30 \\ 15 \\ 0 \end{pmatrix} = \begin{pmatrix} 11 \\ 2 \\ -5 \end{pmatrix}$$

예 4-17

위의 [예 4-14]에서 직접 계산한 역행렬은 n=2인 경우 (18)과 동일함을 확인할 수 있다.

$$C_{11}=(-1)^{1+1}a_{22}=\ a_{22},\quad C_{12}=(-1)^{1+2}a_{21}=-a_{21},$$
$$C_{21}=(-1)^{2+1}a_{12}=-a_{12},\quad C_{22}=(-1)^{2+2}a_{11}=\ a_{11}.$$

그러면 역행렬은 다음과 같다:

$$A^{-1}=\frac{C'}{|A|}=\frac{1}{|A|}\begin{pmatrix} a_{22} & -a_{12} \\ -a_{21} & a_{11} \end{pmatrix}$$

따라서 행렬방정식 $Ax=d$의 해는

$$x=A^{-1}d=\frac{1}{|A|}\begin{pmatrix} a_{22} & -a_{12} \\ -a_{21} & a_{11} \end{pmatrix}\begin{pmatrix} d_1 \\ d_2 \end{pmatrix}=\frac{1}{|A|}\begin{pmatrix} a_{22}d_2-a_{12}d_1 \\ -a_{21}d_1+a_{11}d_2 \end{pmatrix}$$

로 주어진다.

3. 크래머 법칙

역행렬을 이용하여 행렬방정식을 풀면 미지수 벡터 x의 모든 원소들이 계산된다. 그런데 때로는 미지수 벡터 x중 원소 x_i만 계산할 필요가 있을 경우 보다 간편한 해법이 있다.

(17)로 주어진 해를 전개해 보자:

$$x=\begin{pmatrix} x_1 \\ x_2 \\ x_3 \end{pmatrix}=A^{-1}d=\begin{pmatrix} \frac{C_{11}}{|A|} & \frac{C_{21}}{|A|} & \frac{C_{31}}{|A|} \\ \frac{C_{12}}{|A|} & \frac{C_{22}}{|A|} & \frac{C_{32}}{|A|} \\ \frac{C_{13}}{|A|} & \frac{C_{23}}{|A|} & \frac{C_{33}}{|A|} \end{pmatrix}\begin{pmatrix} d_1 \\ d_2 \\ d_3 \end{pmatrix}=\begin{pmatrix} \frac{d_1C_{11}+d_2C_{21}+d_3C_{31}}{|A|} \\ \frac{d_1C_{12}+d_2C_{22}+d_3C_{32}}{|A|} \\ \frac{d_1C_{13}+d_2C_{23}+d_3C_{33}}{|A|} \end{pmatrix} \quad \textbf{(19)}$$

여기 좌우변에서 첫 번째 원소만 읽으면

$$x_1 = \frac{d_1 C_{11} + d_2 C_{21} + d_3 C_{31}}{|A|}$$

이다. 이 식의 분자는 행렬 A에서 제1열을 상수벡터 d로 대치한 행렬(이것을 A_1으로 표기하자)의 행렬식 $|A_1|$을 제1열에 따라 라플라스 전개한 것과 동일하다:

$$\begin{vmatrix} d_1 & a_{12} & a_{13} \\ d_2 & a_{22} & a_{23} \\ d_3 & a_{32} & a_{33} \end{vmatrix} \equiv |A_1| = d_1(a_{22}a_{33} - a_{23}a_{32}) - d_2(a_{12}a_{33} - a_{13}a_{32}) + d_3(a_{12}a_{23} - a_{13}a_{22})$$

따라서

$$x_1 = \frac{d_1 C_{11} + d_2 C_{21} + d_3 C_{31}}{|A|} = \frac{|A_1|}{|A|} \tag{20a}$$

가 성립한다. 이것은 두 행렬식의 비율이므로 계산이 간편하다. (19)의 좌우변에서 두 번째 원소를 읽으면

$$x_2 = \frac{d_1 C_{12} + d_2 C_{22} + d_3 C_{32}}{|A|} = \frac{|A_2|}{|A|} \tag{20b}$$

로서 분자는 행렬 A에서 제2열을 상수벡터 d로 대치한 행렬 A_2의 행렬식을 제2열에 따라 라플라스 전개한 것과 동일하다. x_3도 마찬가지로 구할 수 있다. 이것을 스위스 수학자 크래머(Gabriel Cramer. 1704-1752)의 이름을 따서 크래머 법칙(Cramer's Rule)이라 한다.

이상의 해법은 임의의 n 변수 연립방정식 $Ax = d$에도 그대로 성립한다. 여기서 A는 $n \times n$ 행렬이고 x와 d는 $n \times 1$행렬이다. 그러면 $|A| \neq 0$일 때 그 해는 다음과 같다:

$$x = A^{-1}d$$

여기서 A^{-1}은 (18)에 주어져 있다. 그리고 크래머 법칙에 의해

$$x_j = \frac{|A_j|}{|A|},\ j = 1, 2, \ldots, n \tag{21}$$

이다. $|A_j|$는 A의 제j 열을 상수벡터 d로 대체한 행렬의 행렬식이다.

예 4-18

방정식 체계 (3)의 해 중 x_1의 해를 가감법으로 구한 것이 (4)이다. 크래머 법칙을 적용하여 구하면 (20a)로 주어진다. (4)에서 지극히 복잡한 분모는 바로 $|A|$이고 분자는 $|A_1|$이다.

예 4-19

위의 [예 4-16]에서 x_1을 크래머 법칙으로 구해보자.

$$\begin{pmatrix} 3 & 1 & 1 \\ 2 & 4 & 3 \\ 1 & 2 & 3 \end{pmatrix}\begin{pmatrix} x_1 \\ x_2 \\ x_3 \end{pmatrix} = \begin{pmatrix} 30 \\ 15 \\ 0 \end{pmatrix} \qquad |A| = 15 \text{ 및 } |A_1| = \begin{vmatrix} 30 & 1 & 1 \\ 15 & 4 & 3 \\ 0 & 2 & 3 \end{vmatrix} = 165 \text{이므로}$$

$$x_1 = \frac{|A_1|}{|A|} = \frac{165}{15} = 11$$

연습문제 | 4.4

1. $A=\begin{pmatrix}1 & 1\\ 1 & -3\end{pmatrix}$의 역행렬의 행렬식을 계산하라.

2. A가 2×2행렬일 때, "$A^{-1}=1/A$"은 왜 성립하지 않는가?

3. C가 3×3행렬 A의 여인수 행렬일 때, 다음을 증명하라.

$$C'A=\begin{pmatrix}C_{11} & C_{21} & C_{31}\\ C_{12} & C_{22} & C_{32}\\ C_{13} & C_{23} & C_{33}\end{pmatrix}\begin{pmatrix}a_{11} & a_{12} & a_{13}\\ a_{21} & a_{22} & a_{23}\\ a_{31} & a_{32} & a_{33}\end{pmatrix}=|A|I_3$$

4. 크래머법칙을 이용하여 다음 연립방정식을 해를 구하라:

(a)
$$\begin{aligned}2x_1+x_2+3x_3&=12\\ x_1-x_2+2x_3&=9\\ x_1+2x_2-x_3&=-3\end{aligned}$$

(b)
$$\begin{aligned}4x_1-2x_2+x_3&=3\\ -x_1+x_2+2x_3&=11\\ x_1+3x_2-6x_3&=17\end{aligned}$$

(c)
$$\begin{aligned}2x_1+x_2-4x_3&=5\\ x_1-2x_2-2x_3&=4\\ 3x_1-x_2-6x_3&=9\end{aligned}$$

(d)
$$\begin{aligned}ax_1+bx_2&=5\\ 2ax_1-bx_2&=2\end{aligned}$$

5. X재 시장 수요함수와 공급함수가 각각

$$x^d=0.02Y-p,\quad x^s=-4+3p$$

일 때, 크래머 법칙을 이용하여 시장균형을 구하라. 여기서 $Y=$ "소득"은 매개변수이다.

6. 다음은 간단한 국민소득결정모형이다:

$$Y=C+I,\quad C=a+bY.$$

여기서 $Y=$ 국민소득, $C=$ 소비지출, $I=$ 투자지출, a와 b는 상수이며 $0<b<1$이다. 크래머법칙을 이용하여, 내생변수인 C와 Y의 값을 구하라.

부록 | Excel을 사용한 행렬 연산법

1. 행렬의 삽입과 행렬의 지정

(1) 행렬을 자판으로 쳐 넣을 경우 : Excel program을 열어서, 적절한 위치에 행(1번 행부터 아래로 쭉 열려있음)과 열(A행부터 Z행까지, 그 다음은 AA부터 AZ까지 등으로 이름이 붙여져 있음)을 잡고 수를 넣는다.

(2) 불러오기 : 데이터가 들어있는 다른 Excel file을 불러올 경우. "불러오기(Ctrl + O)"를 클릭한 후 그 파일을 지정해 준다.

(3) 2×3 행렬 A를 워크시트의 A1(A열의 제1행)부터 C2(C열의 제2행)까지 입력해 놓은 경우, Excel program 안에서 A를 호출할 때는 "A1:C2"로 표기한다.

2. 행렬의 가감산 및 스칼라 곱하기

A+B는 $a_{11}+b_{11}$을 계산한 후, 그 수식을 다른 원소들에 대해 복사한다. kA는 ka_{11}을 계산한 후, 그 수식을 다른 원소들에 대해 복사한다.

3. 행렬의 곱셈

행렬 A가 (A1:F6)에 있고 행렬 B가 (A10:f15)에 삽입해 놓은 경우, 행렬곱 AB를 계산해 넣을 공간(예컨대 A17-F22란)을 마우스로 지정한 다음, "=mmult(a1:f6, a10:f15)"을 타자해 넣고 ctrl + shift + enter key를 동시에 누른다.

4. 행렬의 전치(transpose)

(1) 행렬 A가 (A1:F6)에 있을 경우, 전치행렬이 들어갈 자리로 예컨대 A24-F29란을 마우스로 지정한 다음, "=Transpose(a1:f6)"을 타자해 넣고 ctrl + shift + enter key를 동시에 누른다.

(2) 또는 행렬 a1:f6을 "복사"한 다음, 전치 행렬을 삽입할 첫 칸에 커서를 두고 "선택하여 붙여넣기"> "행렬 바꿈"을 하여도 된다.

5. 벡터의 내적(dot product)

두 벡터 a와 b가 입력되어 있다면, 그 내적을 기입할 cell에 커서를 두고 "=SUMPRODUCT(vector a, vector b)"을 타자해 넣은 다음, ctrl + shift + enter key를 동시에 누른다.

6. 행렬식 계산법

6×6 행렬 A가 (A1:F6)에 있다면, 다른 빈 난(예컨대 A7난)에 커서를 두고 "=mdeterm(a1:f6)"을 타자해(따옴표 안의 내용만) 넣고 enter key를 누른다.

7. 역행렬 계산법

6×6 행렬 A가 (A1:F6)에 있다면, 예컨대 A10-F15란을 마우스로 지정한 다음, "=minverse(a1:f6)"을 타자해 넣고 ctrl + shift + enter key를 동시에 누른다.

8. 1(1)의 특례

3차원 항등행렬

$$I_3 = \begin{pmatrix} 1 & 0 & 0 \\ 0 & 1 & 0 \\ 0 & 0 & 1 \end{pmatrix}$$

은 문자판을 두드려 입력하면 된다. 그런데 I_{50}(50×50행렬로서 주대각선 상의 원소는 1이고 그 외에는 0인 행렬)은 어떻게 입력하나?

조건부 수식 입력

(1) A열에 0,1,2, ... 50까지 입력한다. A1에 0입력, A2에 "=a1+1"을 입력하고, A3부터 A2란 수식을 복사

(2) 제1행에 0,1,2,...,50을 입력

(3) 이제 I_{50}를 (B2:AY51)난에 넣기로 하자. B2 cell에

= if($A2=B$1, 1,0)

또는

=delta($a2,b$1)

을 입력한수, 이것을 제2행 C2부터 AY2까지 복사한다.

(4) A2부터 AY2까지 지정한 후, 아래로 제50열까지 복사한다.

Mathematics *for Economics*

CHAPTER

05

미분법 기초

본 장은 1변수 함수 $y=f(x)$에 관한 미분학의 기초 개념을 소개한다. 제1절에서는 함수의 극한과 연속성의 개념을 도입한 다음, 도함수를 설명하며, 제2절에서는 미분법칙을, 그리고 제3절에서는 근사치로서의 미분 개념을 설명한다. 이들의 대부분은 제군들이 고교수학에서 배운 것들이지만, 다시 한번 착실히 복습해 두기 바란다. 제4절에서는 경제분석에 자주 사용되는 한계함수와 평균함수 간의 관계와 반응도를 측정하는 탄력성 개념을 소개한다.

5.1 함수의 극한

1. 수열의 극한

다음과 같은 간단한 수열을 보자:

$$x_n = \frac{1}{n}, \quad n = 1,2,3,\cdots \tag{1a}$$

이것은 "n이 $1, 2, 3, \cdots, 100, 1000, \cdots$ 등으로 무한히 커질" 때 수열의 값은 $1, 1/2, 1/3, \cdots, 0.01, 0.001, \cdots$ 등으로 점차 작아져 결국 0에 근접(수렴)하는 수열이다. 여기서 "n이 $1,2,\cdots,1000,\cdots$ 등으로 무한히 커지는 것"은 "$n \to \infty$"라는 기호로 표기하며, "x_n이 0으로 수렴(converge)하는 것"은 "$x_n \to 0$"으로 표기한다. 이 때 x_n이 수렴해가는 값 "0"을 $n \to \infty$일 때 x_n의 극한(limit)이라 하며, 수학기호로는 아래와 같이 표기한다:

$$\lim_{n\to\infty} x_n = \lim_{n\to\infty} \frac{1}{n} = 0. \tag{1b}$$

이 경우 n값이 아무리 커져도 x_n이 정확히 0이 되는 일은 없으므로 "$x_n \to 0$"은 "$x_n = 0$"은 포함하지 않음에 유의하여야 한다.

(1)의 변형으로서 $5/n$, $100/n$, $10^{12}/n$ 등 분자가 아무리 큰 실수가 되더라도 분모가 무한대로 갈 때 그 수열은 0에 수렴함을 알 수 있다. 또한 수열 $x_n = -1/n$도 “n이 1,2,3,⋯ 등으로 무한히 커질” 때 수열의 값은 $-1, -1/2, -1/3, \cdots$등으로 점차 커지며 0에 근접(수렴)한다.

2. 함수의 극한

$y = f(x)$가 함수라는 것은 독립변수가 어떤 임의의 값 x_0를 취하면(“$x = x_0$”로 표현됨) 유일한 함수값 $y = y_0$가 $f(x_0)$에 의해 결정되는 관계를 의미함을 상기하라. 이제, 독립변수 x가 x_0에 근접할 때($x \to x_0$) 함수값 $f(x)$가 어떤 값 L에 근접(수렴)한다면($f(x) \to L$)

$$\lim_{x \to x_0} f(x) = L \tag{2}$$

로 표기하고, 이 L을 $x \to x_0$일 때 $f(x)$의 **극한**(limit)이라 한다.

수열의 극한 개념과는 달리 함수의 극한 정의 (2)에서 중요한 점은 x가 x_0에 근접($x \to x_0$)하는 여러 방법들을 고려하여야 한다는 것이다. x가 x_0에 근접하는 한 가지 방식으로서 x가 다음 수열 x_n을 따라 변화한다고 하자:

$$x_n = x_0 - \frac{1}{n}. \tag{3a}$$

이 수열은 n이 증가할 때 그 값은 x_0보다 작은 상태를 유지하면서 점차 커지며 x_0에 근접, 즉 “(수직선에서) x_0의 좌측($-$측)에서 x_0에 근접”하므로, 그 근접방식은 “$-$” 상첨자를 붙여 “$x_n \to x_0^-$”로 표기한다. 그리고 이러한 수열에 따라 x값이 증가할 때 함수값이 근접해 가는 유한한 값이 있으면 그것을 좌극한이라 부르고 기호로

$$\lim_{x \to x_0^-} f(x) = L^- \tag{3b}$$

로 표기한다.

다음으로, x 가 x_0 에 근접하는 다른 방식으로 x가 다음 수열을 따라 변화한다고 하자:

$$x_n = x_0 + \frac{1}{n}. \tag{4a}$$

이 수열은 n이 증가할 때 그 값은 x_0보다 큰 상태를 유지하면서 점차 작아지며 x_0에 근접, 즉 "(수직선에서) x_0의 우측(+측)에서 x_0에 근접"하므로, 그 근접방식은 "$x_n \to x_0^+$"로 표기한다. 이 때 함수값이 근접해 가는 유한한 값을 우극한이라 부르고 기호로

$$\lim_{x \to x_0^+} f(x) = L^+ \tag{4b}$$

로 표기한다. 이상의 우극한과 좌극한이 일치($L^- = L^+$)하면 그 값을 $x \to x_0$ 일 때 $f(x)$ 의 극한(L)이라 하며 (2)가 성립한다고 본다. 수열의 경우 (1b)에서 이러한 근접방식 "$n \to \infty^+$"은 존재하지 않는다.

예 5-1

함수 $y = f(x) = 2x$에서 x가 $x_0 = 1$에 근접할 때 함수의 극한을 계산해 보자. 우선 $x \to 1^+$ 즉 x가 수열 $x_n = 1 + 1/n$을 따라 변할 때 n이 1, 10, 100, 1000이면 x_n은 2, 1.1, 1.01, 1.001로서 1에 근접할 때, y는

$$f(x_n) = 2x_n = 2\left(1 + \frac{1}{n}\right) = 2 + \frac{2}{n}$$

로서 4, 2.2, 2.02, 2.002와 같은 값들을 취하며 2에 근접함을 알 수 있다(우극한=2). 마찬가지로 $x \to 1^-$ 즉 x가 $x_n = 1 - 1/n$을 따라 변할 때 n이 1, 10, 100, 1000이면 x_n은 2, 1.1, 1.01, 1.001로서 1에 근접할 때 y는

$$f(x_n) = 2x_n = 2(1 - \frac{1}{n}) = 2 - \frac{2}{n}$$

로서 0, 1.8, 1.96, 1.996과 같은 값들을 취하며 2에 근접함을 알 수 있다(좌극한=2). 따라서 좌우 극한이 일치하므로 $x \to x_0 = 1$일 때 함수의 극한은 2이다.

예 5-2

$x \to 1$일 때 아래 함수의 극한을 구해보자.

$$y = f(x) = \begin{cases} 1, & x < 1 \\ 2, & x \geqq 1 \end{cases}$$

x가 $x_n = 1 + 1/n$을 따라 변할 때 n이 1, 10, 100, 1000이면 x_n은 2, 1.1, 1.01, 1.001로 우측에서 1로 근접하는데, 이 경우 어떤 x값이든 1이상이므로 함수값은 2에 고정되어 있으며 따라서 우극한은 L^+=2이다. x가 $x_n = 1 - 1/n$을 따라 좌측에서 1로 근접할 때 어떤 x값이든 1미만이므로 함수값은 1에 고정되어 있으며 따라서 좌극한은 L^-=1이다. 따라서 좌극한과 우극한이 일치하지 않으므로, $x \to 1$일 때 극한은 존재하지 않는다.

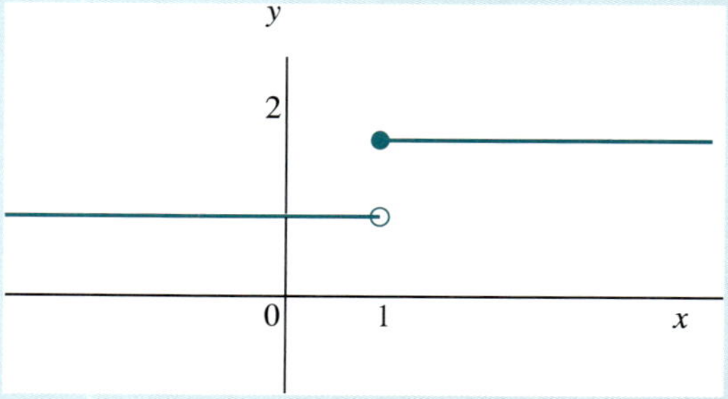

그림 5-1 $y = f(x) = \begin{cases} 1, & x < 1 \\ 2, & x \geqq 1 \end{cases}$의 그래프

극한의 계산에서 위에서처럼 "$x \to x_0$"일 때 $f(x)$를 직접 관찰하기보다 새로운 기호

$$\Delta x \equiv x - x_0$$

를 도입하여 "$\Delta x \to 0$"일 때 함수 $f(x_0+\Delta x)$를 관찰하는 것이 더 편리할 수도 있다. 왜냐하면 "$x \to x_0$"은 "$\Delta x \to 0$"과 동일하며, $x = \Delta x + x_0$이므로 $f(x) = f(x_0+\Delta x)$이기 때문이다. 따라서 (2)는

$$L = \lim_{\Delta x \to 0} f(x_0+\Delta x) \tag{5}$$

로 바꾸어 쓸 수 있다. 그리고 $x \to x_0^+$는 $\Delta x \to 0^+$와 동일하므로 (4a, 4b)는 다음으로 표현된다:

$$L = \lim_{\Delta x \to 0^+} f(x_0+\Delta x) = \lim_{\Delta x \to 0^-} f(x_0+\Delta x) \tag{6}$$

만약 극한 L이 무한대($+\infty$ 또는 $-\infty$)일 경우

$$\lim_{x \to x_0} f(x) = L = (\pm)\infty$$

로 표기하기는 하지만, 무한대는 유한한 값이 아니므로 그 극한은 존재하지 않는다고 말한다.

예 5-3

위의 [예 5-1]을 정의 (5)에 따라 다시 계산해 보자.

(1) 함수 $y = f(x) = 2x$에서 x가 $x_0 = 1$에 근접하는 것은 함수

$$f(x_0+\Delta x) = 2(x_0+\Delta x) = 2 + 2\Delta x$$

에서 $\Delta x \equiv x - x_0$가 0에 근접하는 것과 동일하다. 따라서 $\Delta x \to 0$일 때 $2\Delta x \to 0$이므로,

$$f(x_0+\triangle x)=2(x_0+\triangle x)=2+2\triangle x \rightarrow 2$$

이며, 따라서 $x \rightarrow x_0(=0)$일 때 이 함수의 극한은 2이다.

[(6)에 따라 $\triangle x \rightarrow 0^+$일 때 $2\triangle x \rightarrow 0^+$ 및 $\triangle x \rightarrow 0^-$일 때 $2\triangle x \rightarrow 0^-$이므로 $L=L^+=L^-=2$라 도출할 수도 있다]

예 5-4

함수 $y=f(x)=x^2$에서 $x \rightarrow x_0=2$일 때의 극한을 구해보자.

정의 (5)를 적용하면

$$f(x_0+\triangle x)=(2+\triangle x)^2=4+4\triangle x+(\triangle x)^2$$

$$\lim_{\triangle x \rightarrow 0} f(x_0+\triangle x)=\lim_{\triangle x \rightarrow 0}[4+4\triangle x+(\triangle x)^2].$$

위의 식 우변의 대괄호 안은

$$\begin{aligned}
&\triangle x=0.1\text{이면 } f(2+0.1) &&=4+4(0.1)+(0.1)^2\\
&\triangle x=0.01\text{이면 } f(2+0.01) &&=4+4(0.01)+(0.01)^2\\
&\triangle x=0.001\text{이면 } f(2+0.001) &&=4+4(0.001)+(0.001)^2\\
&\cdots\cdots
\end{aligned}$$

과 같이 $\triangle x \rightarrow 0$일 때 4로 수렴한다.

예 5-5

$x \rightarrow x_0=2$일 때 아래 함수의 극한을 구해보자.

$$y=g(x)=\begin{cases} x^2, & x \neq 2 \\ 1, & x=2 \end{cases}$$

이 함수는 [예 5-4]의 함수 $f(x)$와 단지 $x=2$에서 함수값이 4가 아니라 $f(2)=1$이라는 점만 다를 뿐이다. 그런데, [예 5-4]에서 $x \rightarrow 2$일 때($x \neq 2$임)의 극한을 계산할 때 $x=2$에서의 함수값은 전혀 고려한 바 없이 그 결과가 성립하였으므로, 여기서도 그 결과는 동일하다. 즉 $g(x)$는 4에 근접해 간다.

위의 [예 5-1]과 [예 5-4]에서는 특정한 x_0값에서 극한은 x_0에서의 함수값 $f(x_0)$와 일치한다. 만약 정의역에 속하는 모든 x_0값에서 이런 성질이 성립하면, 즉 정의역(domain) D의 모든 x 값에서 함수의 극한이 존재하고 그 극한이 그 점에서의 함수값과 일치하면[기호로 표현하면 모든 $x_0 \in D$에 대해 $\lim_{x \to x_0} f(x) = f(x_0)$], 그 함수는 연속함수라 한다.

연속함수는 그 그래프가 이어진 곡선을 이룬다는 특성을 갖는다. 따라서 볼펜을 지면에서 떼지 않고서 그 그래프를 그릴 수 있는 함수는 연속함수며, [예 5-2]과 [예 5-5]처럼 한번 이상 연필을 떼어 위치를 옮긴 후 다시 그려야 하는 함수는 불연속함수이다.

경제학에서 대부분의 경제적 관계들은 연속함수를 이룬다고 가정된다. 이 가정의 근거는 사람들의 경제적 행동에 일관성이 있다는 점, 그리하여 독립변수의 변동에 대해 [그림 5-1]의 $x=1$ 에서 나타나는 도약처럼 급격한 반응은 거의 발생하지 않는다는 점에 있다.

예 5-6

위의 [예 5-4]에서 x가 $x_0=1$, $x_0=3$, $x_0=10$, $x_0=-5$ 등의 값으로 근접할 때 각각 극한을 구해보자. 각 x_0에 대해 [예 5-4]에서처럼 계산하면 되겠지만, 이 많은 계산을 일거에 해치우는 보다 효율적인 방법이 있다. 그것은 x_0를 마치 매개변수인 양 간주하여 "$x \to x_0$"일 때 극한을 계산한 후에, 각 x_0값을 대입하는 것이다.

정의 (5)를 적용하면

$$f(x_0+\Delta x) = (x_0+\Delta x)^2 = x_0^2 + 2x_0\Delta x + (\Delta x)^2$$

$$\lim_{\Delta x \to 0} f(x_0+\Delta x) = \lim_{\Delta x \to 0} [x_0^2 + 2x_0\Delta x + (\Delta x)^2]$$

$$= \lim_{\Delta x \to 0} x_0^2 + \lim_{\Delta x \to 0} 2x_0\Delta x + \lim_{\Delta x \to 0} (\Delta x)^2 = x_0^2$$

여기서 x_0는 정의역에 속하는 임의의 한 값이므로, x가 어떤 x_0에 근접하더라도 이 함수값은 x_0^2에 근접한다. 그러므로 $x_0=1$, $x_0=3$, $x_0=10$, $x_0=-5$에 근접할 때 함수값은 각각 그 제곱인 1, 9, 100, 25에 근접한다. 그리고 $x \to x_0$일 때 함수 $f(x)=x^2$이 근접해가는 극한 x_0^2은 x_0에서의 함수값 $f(x_0)$와 일치하므로, 이 함수는 연속함수이다.

3. 극한정리

$x \to x_0$일 때, 함수 $f(x)$와 $g(x)$가 각각 L_f와 L_g에 수렴한다고 가정하자:

$$\lim_{x \to x_0} f(x) = L_f, \quad \lim_{x \to x_0} g(x) = L_g.$$

그러면, 다음 극한법칙이 성립한다:

$$\lim_{x \to x_0} [kf(x)] = k \lim_{x \to x_0} f(x) = kL_f \tag{7a}$$

$$\lim_{x \to x_0} [f(x) \pm g(x)] = [\lim_{x \to x_0} f(x)] \pm [\lim_{x \to x_0} g(x)] = L_f \pm L_g \tag{7b}$$

$$\lim_{x \to x_0} [f(x) g(x)] = [\lim_{x \to x_0} f(x)] [\lim_{x \to x_0} g(x)] = L_f L_g \tag{7c}$$

$$\lim_{x \to x_0} \frac{f(x)}{g(x)} = \frac{\lim_{x \to x_0} f(x)}{\lim_{x \to x_0} g(x)} = \frac{L_f}{L_g} \quad (\text{단, } L_g \neq 0) \tag{7d}$$

(7a)와 (7b)는 [예 5-4]에서 이미 적용한 바 있다. 이 정리들은 다음을 의미한다. $f(x)$를 k 배한 함수의 극한은 $f(x)$의 극한을 k배한 것과 같으며, 함수들의 합, 곱 및 몫과 같이 함수들 간의 대수적 연산에 의해 정의되는 새로운 함수들의 경우 그 극한은 각각 개별 함수들의 극한들의 합, 곱 및 몫과 같다. 바꾸어 말하자면, 두 함수간의 4칙 연산 후에 극한을 계산하거나 순서를 바꾸어 두 함수의 극한을 구한 후 4칙

연산을 하거나 결과는 동일하다는 것이다. 함수들 간의 몫의 극한을 구하는 공식 (7d)는 분모함수의 극한이 0이 아닌 경우에만 적용된다는 점에 유의하여야 한다.

끝으로, $\lim_{t \to t_0} g(t) = L_g$ 이면 $y = f(x)$ 와 $x = g(t)$ 의 합성함수 $y = f(g(t)) \equiv h(t)$ 의 극한은

$$\lim_{t \to t_0} h(t) = \lim_{t \to t_0} f(g(t)) = f(\lim_{t \to t_0} g(t)) = f(L_g) \qquad \textbf{(7e)}$$

합성함수는 아래 3절에서 자세히 설명될 것이다.

예 5-7

$t \to 4$ 일 때 $y = [3(t-3)+2]^4 = h(t)$ 의 극한을 구해보자. 이 경우

$$x = g(t) = t - 3$$

을 정의하면 $h(t)$ 함수는

$$y = f(x) = (3x+2)^4$$

과 $g(t)$ 와의 합성함수가 된다. $t \to 4$ 일 때 이 합성함수의 극한은 (7e)에 의해

$$\lim_{x \to 4} [3(t-3)+2]^4 = [3\lim_{t \to 4}(t-3)+2]^4 = [3(1)+2]^4 = 5^4.$$

연습문제 | 5.1

1. 수열 $x_n = 10^{12}/n$도 $n \to \infty$ 일 때 0에 수렴함을 설명하라.

2. $x \to 1$일 때 좌극한과 우극한을 계산함으로써 함수 $y = f(x) = 1/x$의 극한을 계산하라.

3. $x \to x_0 = 2$일 때 [예 5-5]의 함수의 극한을 직접 계산하라.

4. 다음 함수의 극한을 계산하라.

(a) $\lim_{x \to 1} \frac{x^2 - 1}{x - 1}$ (b) $\lim_{x \to 2} (3 - x)^2$ (c) $\lim_{x \to 2} \sqrt{2x}$

5.2 도함수

1. 평균함수

어떤 함수 $y=f(x)$가 있을 때 이로부터 만들 수 있는(파생되는) 다음 함수를 생각해 보자. 먼저, y를 x로 나누면 새로운 함수

$$\frac{y}{x}=\frac{f(x)}{x}\equiv Ay(x) \tag{8}$$

가 만들어지는데 이것은 "x의 1 단위당 y값"을 말해주는 "평균 y(Average y)함수"라 할 수 있으며(여기서 "Ay"가 함수 이름임) 여전히 x의 함수이다. 예컨대, 비용함수 $C=C(Q)$는 Q단위를 생산할 때 드는 총비용을 나타내는데, 이것을 생산량 Q로 나눈 $C/Q=C(Q)/Q$는 평균비용(Average Cost=AC)함수라 불린다. 제2장의 [예2-2](c)의 경우 비용함수는

$$C=C(Q)=\frac{Q^3}{120}-Q^2+130Q$$

이므로 평균비용함수는

$$AC=\frac{C}{Q}=\frac{C(Q)}{Q}=\frac{Q^2}{120}-Q+130\,.$$

일상생활에서도 평균개념은 자주 사용된다. x가 이동시간이고 y가 경부고속도로를 따라 서울서 이동한 거리라면, y/x는 x시간 경과시 "시간당 평균이동 거리"(평균 시속)를 나타낸다. 이 평균함수는 독립변수가 "0에서 x까지 변화"한 경우 x의 1단위당 y의 변화량을 측정한다. 또한 Y가 인구 N명인 나라의 국민총소득(GNI)이면 Y/N는 1인당 국민소득, 즉 국민의 평균소득이다. 전자가 한 나라의 국력을 나타낸다면 후자는 국민의 생활수준을 나타내는 지수이다.

예 5-8

함수 $y = f(x) = x^2$의 평균함수는

$$Ay = \frac{y}{x} = \frac{f(x)}{x} = \frac{x^2}{x} = x \quad (\text{단, } x \neq 0)$$

로 간단히 계산된다. 이제 원함수의 그래프로부터 그 평균함수의 그래프를 기하학적으로 도출하여 보자.

[그림 5-2]에서 원함수 $y = f(x) = x^2$는 검은 굵은 곡선으로 도시되어 있다. $x = 2 = Ob''$일 때 $f(2) = 4 = b''B$는 B점으로 표시되므로 이 때의 평균량은 선분 OB의 기울기

$$\frac{f(2)}{2} = \frac{b''B}{Ob''}$$

로 주어지는데, 이 값은

$$\frac{b''B}{Ob''} = \frac{a''b}{Oa''} = a''b = 2$$

이므로 $x = 2$에서 $b''b'$로 표시된다. 마찬가지로, $x = 3 = Oc''$일 때 $f(3) = 9 = c''C$는 C점으로 표시되므로 이 때의 평균량은 선분 OC의 기울기

$$\frac{f(3)}{3} = \frac{c''C}{Oc''} = a''c = 3$$

인데, 이 값은 $x = 3$에서 $c''c'$로 표시된다. 따라서 평균함수는 직선 Oc'을 지나는 직선으로 도시된다.

지금까지 x가 2, 3인 경우의 평균값을 도시하였으나 그 외 다른 x값에서도 마찬가지 방법으로 하면 평균함수는 직선 Oc'을 지나는 직선을 이룸을 알 수 있을 것이다.

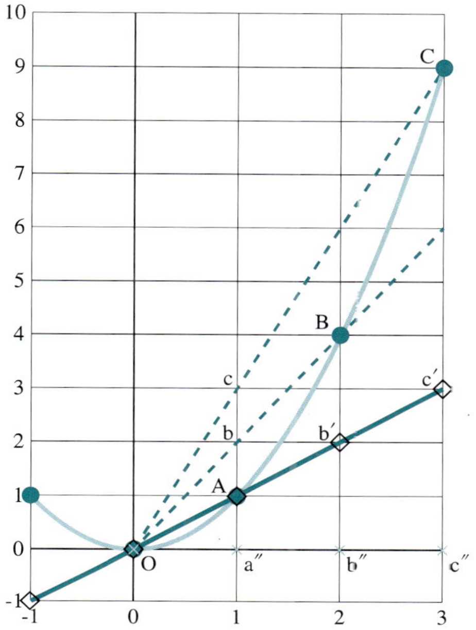

그림 5-2 평균함수의 그래프

2. 평균변화율 함수와 그 극한

[예 5-8]에서 보듯, x에서 평균함수 (8)의 값은 기하학적으로 원점 (0,0)과 점 $(x, f(x))$를 잇는 선분의 기울기로 표현된다. 다음으로, 평균함수와는 달리, 원점이 아니라 원래 함수 $y = f(x)$상의 임의의 한 점 $(x_0, f(x_0))$에서 다른 한 점 $(x, f(x))$로 연결되는 선분의 기울기를 생각해 보자.

함수 $y = f(x)$에서 독립변수 x가 임의의 점 x_0에서 $x_0 + \triangle x$로 $\triangle x$만큼 변화할 때 이로 인해 종속변수 y가 변화하는 정도, 즉 그 반응도를 생각해 보자. 이 때 함수 $y = f(x)$는 $f(x_0)$에서 $f(x_0 + \triangle x)$로

$$\triangle y = f(x_0 + \triangle x) - f(x_0) \qquad \textbf{(9a)}$$

만큼 변화한다. 여기서 $\triangle x$는 x의 차분(差分: difference), $\triangle y$는 y의 차분이라 한다. 이 때, 두 차분의 비율

$$\frac{\triangle y}{\triangle x} = \frac{f(x_0 + \triangle x) - f(x_0)}{\triangle x} \equiv Dq(x_0, \triangle x) \qquad \textbf{(9b)}$$

를 (x가 x_0에서 $\triangle x$만큼 변화할 때) **차분비율**(difference quotient), 또는 **차분계수**(difference coefficient), 또는 y의 **평균 변화율**(average rate of change) 함수라 하는데, 그 값은 x_0와 $\triangle x$에 의해 결정된다.

그런데 이 평균변화율 함수는 그 자체로 직접 활용되는 일은 거의 없으며, 오직 $\triangle x \to 0$일 때 그 극한

$$\lim_{\triangle x \to 0} \frac{\triangle y}{\triangle x} = \lim_{\triangle x \to 0} \frac{f(x_0 + \triangle x) - f(x_0)}{\triangle x} \qquad \textbf{(10a)}$$

을 도출하는 데 사용된다. 이 극한이 존재하면, 그 값을 x_0에서 함수 $f(x)$의 **순간 변화율** 또는 **미분계수**(微分係數) 또는 **미분 비율**(differential quotient)이라 부르고

$$\lim_{\triangle x \to 0} \frac{\triangle y}{\triangle x} = \frac{dy}{dx} \text{ 또는 } f'(x_0) \qquad \textbf{(10b)}$$

로 표기한다.

참고로, (9a)의 극한을 구하면

$$\lim_{\triangle x \to 0} \triangle y = \lim_{\triangle x \to 0} [f(x_0 + \triangle x) - f(x_0)] = f(x_0) - f(x_0) = 0$$

이므로, $\triangle x \to 0$일 때 $\triangle y \to 0$ 즉, y의 순간 변화"량"은 0에 근접한다. 그렇다고 해서 $\triangle x \to 0$일 때 이들의 비율인 평균 "변화율" $\triangle y / \triangle x$도 0에 수렴하여야 하는 것은 아니며 (10b)가 된다.

예 5-9

$x_0 = 1$에서 함수 $y = f(x) = x^2$의 차분계수와 미분계수를 구해보자.

y의 차분은

$$\triangle y = f(x_0 + \triangle x) - f(x_0) = (x_0 + \triangle x)^2 - x_0^2 = 2x_0 \triangle x + (\triangle x)^2$$

이므로, 차분계수는

$$\frac{\triangle y}{\triangle x} = \frac{f(x_0 + \triangle x) - f(x_0)}{\triangle x} = \frac{2x_0 \triangle x + (\triangle x)^2}{\triangle x} = 2x_0 + \triangle x. \quad \textbf{(11a)}$$

(마지막 등식에서 $\triangle x \neq 0$이므로 약분함). $x_0 = 1$을 대입하면

$$\frac{\triangle y}{\triangle x} = 2 + \triangle x \equiv Dq(1, \triangle x). \quad \textbf{(11b)}$$

[그림 5-3]에 $\triangle x$ 의 함수인 차분계수 함수의 그래프가 그려져 있다. $x_0 = 1$에서 $\triangle x = 0$이므로, 이 그래프는 이 그림상의 점 E=(1,0)를 원점으로 삼아 그린 것이며, $\triangle x = 0$에서는 정의되지 않는다.(속이 빈 원으로 표시).

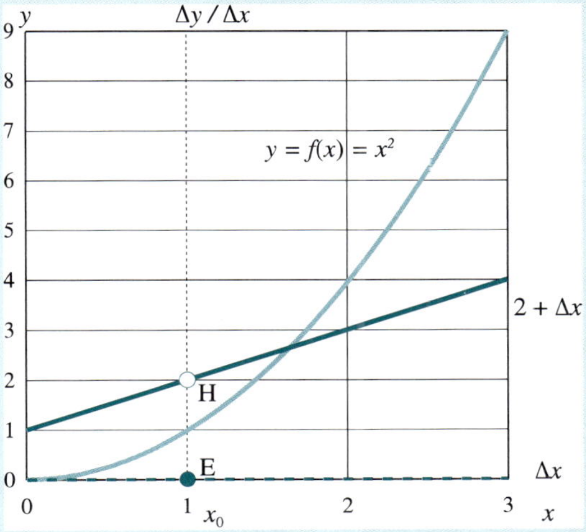

그림 5-3 평균변화율 함수($y = f(x) = x^2$, $x_0 = 1$인 경우)

$x_0 = 1$에서 함수 $y = f(x) = x^2$의 미분계수를 구해보자. (11b)에 극한을 취하면

$$\frac{dy}{dx} = \lim_{\triangle x \to 0} \frac{\triangle y}{\triangle x} = \lim_{\triangle x \to 0} (2 + \triangle x) = 2 \tag{11c}$$

[그림 5-3]에서 $\triangle x \to 0$일 때 차분계수 함수는 H점의 값(=2)으로 근접함을 알 수 있다.

몇몇 $\triangle x$에 대해 실제로 $\triangle y$와 차분계수를 계산해 보면 다음과 같다. [표 5-4]의 상반부는 n이 1, 2, 10, 100, 1000으로 증가할 때

$$x_n = x_0 - (1/n) = 1 - 1/n \ \ (\text{즉, } \triangle x = x_n - x_0 = -1/n < 0)$$

을 따라 차분계수들을 계산한 것이고, 하반부는 n이 증가할 때(아래로부터 위쪽으로 이동)

$$x_n = x_0 + (1/n) = 1 + 1/n \ \ (\text{즉, } \triangle x = x_n - x_0 = 1/n > 0)$$

을 따라 차분계수들을 계산한 것이다. 어느 쪽에서건 차분계수는 2로 근접하고 있음을 알 수 있다. 특히, $\triangle x = 0.001$일 때 $\triangle y$ 역시 0.0020으로서 아주 작지만, $\triangle y / \triangle x$는 2.001로서 2에 가까운 값이 됨을 알 수 있다.

표 5-4 차분계수의 극한 계산 실례($x_0 = 1$)

n	x_n	f(x)=x^2	△x	△y	△y/△x
1	0	0	−1	−1	1
2	0.5	0.25	−0.5	−0.75	1.5
10	0.9	0.81	−0.1	−0.19	1.9
100	0.99	0.9801	−0.01	−0.0199	1.99
1000	0.999	0.998001	−0.001	−0.002	1.999
	↓				↓
∞	1	1	0	0	2
	↑				↑
1000	1.001	1.002001	0.001	0.002001	2.001
100	1.01	1.0201	0.01	0.0201	2.01
10	1.1	1.21	0.1	0.21	2.1
2	1.5	2.25	0.5	1.25	2.5
1	2	4	1	3	3

위의 [예 5-8]에서는 평균함수 y/x 를 정의에 따라 계산으로 도출한 다음, 원함수 $y=f(x)=x^2$과 함께 단지 도시하였다. 이제 원함수의 그래프로부터 평균변화율을 기하학적으로 직접 도출하여 보자.

[그림 5-5]에서 $x_0=1$에서의 함수값은 $f(1)=1^2=1$이므로 점 $A=(1,1)$가 기준점(출발점)이다. $\triangle x=1=AB'$이면 원함수 그래프 상의 점 $B=(2,4)$를 지나게 되는데, 이 경우 차분계수는

$$\frac{\triangle y}{\triangle x}=\frac{B'B}{AB'}=\frac{3}{1}=3$$

이며, 기하학적으로는 "선분 AB의 기울기"로 표시된다. $AB'=1$이므로 이 차분계수 값은 선분 $B'B$의 길이로도 표시된다.

만약 $\triangle x=0.4=AC'$으로 감소한다면 원함수 그래프 상의 점 $C=(1.4,\ 1.96)$을 지나게 되는데, C를 지나는 수직 점선을 그어 C'점을 잡으면 $\triangle y=0.96=C'C$이므로 차분계수는

$$\frac{\triangle y}{\triangle x}=\frac{C'C}{AC'}=\frac{0.96}{0.4}=2.4$$

이며, 기하학적으로는 "선분 AC의 기울기"로 표시된다. 그리고 이 기울기 값 2.4는 선분 $C'C''$의 길이로 표시된다. 왜냐하면 $\triangle AC'C$은 $\triangle AB'C'''$과 닮은꼴이므로 $\frac{C'C}{AC'}=\frac{B'C'''}{AB'}$이며, $AB'=1$ 및 $B'C'''=C'C''$이기 때문이다.

이제 $\triangle x \to 0$일 때 차분계수의 행태를 기하학적으로 살펴보자. 위에서 $\triangle x$가 1이면 차분계수는 선분 AB의 기울기, $\triangle x$가 0.4로 감소한 경우 차분계수는 선분 AC의 기울기로 표시됨을 확인하였다. $\triangle x$가 더 작아지면(이를테면 $\triangle x=0.001$), 원함수의 그래프 상의 점 A와 "점 C를 지나 A쪽으로 더 이동한 어떤 점(D라 하자)"을 잇는 선분 AD의 기울기로 표시될 것이다([표 5-4]에서 그 값은 2.001임). $\triangle x$가 아무리 작

더라도 유한한 어떤 크기로 주어진다면 선분 AD보다 좀 더 완만한 선분의 기울기로 주어질 것이다.

다음으로 $\triangle x \to 0^-$인 경우도 살펴보아야 한다. 만약 $\triangle x = -1$이면 차분계수는 [그림 5-5]에서 선분 AE의 기울기(=1)로 주어질 것이다. $\triangle x = -0.001$이면 차분계수는 선분 AF의 기울기로 표시될 것이다. $\triangle x$가 음수로서 그 절대치가 아무리 작아지더라도 유한한 어떤 크기로 주어진다면 선분 AF보다 좀 더 가파른 선분의 기울기로 주어질 것이다.

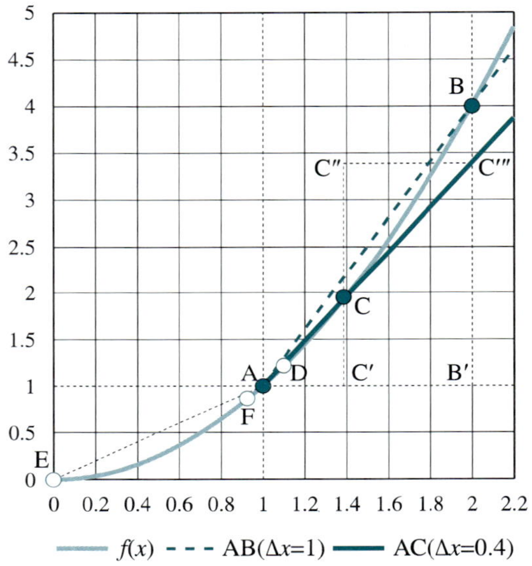

그림 5-5 평균변화율($\triangle y / \triangle x$)과 그 극한의 기하학적 도출

"$\triangle x \to 0$"은 [그림 5-5]에서 A점 우측의 점 D가 점차 좌측으로 A점 쪽으로 이동하고 점 F가 우측으로 점 A 쪽으로 이동함을 의미한다. 이 때 차분계수의 극한이 존재한다는 것은 A점을 지나는 선분으로서 원함수 그래프 상의 우측의 어떤 점(예, D점)과도 만나지 않고 그 좌측의 어떤 점(예, F점)과도 만나지 않는 선분이 유일하게 존재함을 의미한다. 이러한 선분은 점 A에서 원함수 $y = f(x) = x^2$에 접하는 접선(tangent line)이라 부르며, [그림 5-6]에서 선분 TT'으로 도시되어 있다. 이 접선의 기울기가

$x_0 = 1$에서 함수 $y = f(x) = x^2$의 미분계수 또는 순간변화율인데, [표 5-4]에서 2로 계산되어 있다. 따라서 접선의 방정식은

$$y = T(x) = 2x - 1$$

로 주어지는데, 원함수와 접선 간의 거리는

$$f(x) - T(x) = x^2 - (2x-1) = x^2 - 2x + 1 = (x-1)^2 \geqq 0$$

으로 계산된다. 즉 $x_0 = 1$에서 두 그래프는 만나며 그 외의 x값에서는 원함수의 그래프가 접선보다 위쪽에 놓여 있음을 보여 준다.

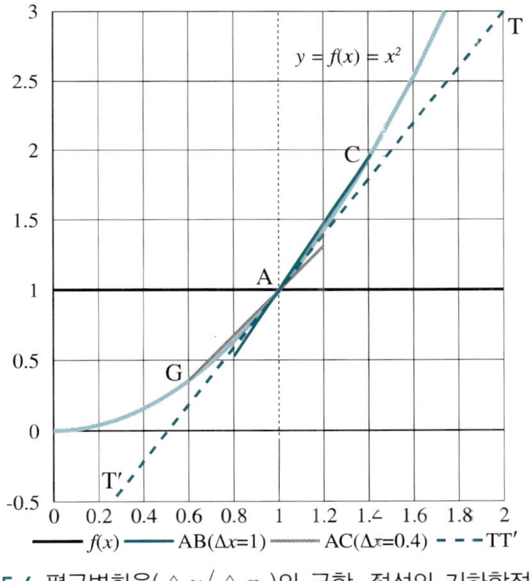

그림 5-6 평균변화율($\triangle y / \triangle x$)의 극한–접선의 기하학적 도출

3. 도함수

위의 (11b)에서는 함수 $y = f(x) = x^2$의 점 $x_0 = 1$에서의 차분계수 $\triangle y / \triangle x$를 계산한 다음, (11c)에서 $\triangle x \to 0$일 때 그 극한, 즉 미분계수(또는 순간변화율) $dy/dx = 2$를 계산하였다. 이제, $x_0 = 1$ 이외의 다른 각 x값에 대하여도 동일한 절차를 거쳐 그

값에서의 미분계수를 구할 수 있다.

사실상 (11a)에서 x_0는 임의로 잡은 하나의 x 값이므로, 하첨자 0을 없애고 단순히 x로 표기해도 무방하다. 독립변수 x에 대해, 함수 $y=f(x)$ 상의 그 점에서의 미분계수(또는 순간변화율)를 대응시키는 새로운 함수를 $f(x)$의 **도함수**(導函數: derivative)라 부르고

$$f'(x) \text{ 또는 } \frac{dy}{dx} \left[\text{또는 } \frac{d}{dx}y \text{ 또는 } \frac{d}{dx}f(x)\right]$$

로 표기한다. 순간변화율의 정의를 이용하여 고쳐 쓰면 도함수는

$$\frac{dy}{dx} = f'(x) = \lim_{\triangle x \to 0} \frac{\triangle y}{\triangle x} \equiv \lim_{\triangle x \to 0} \frac{f(x+\triangle x) - f(x)}{\triangle x} \qquad \textbf{(12)}$$

로 정의된다. "derivative"는 "파생금융상품"이란 의미도 갖고 있는데, 여기서는 (12)와 같이 정의되는 "$f(x)$로부터 파생된 함수"라는 의미로 생각할 수 있다. 여기서 dy/dx는 라이프니츠(Leibnitz) 미분 기호로서 "d[dee] y[wai] by(or over) d x"로 읽는다. $f'(x)$는 라그랑지(Lagrange) 미분 기호 또는 프라임 기호(prime notation)로 불리는데 "$f(x)$의 도함수"가 원시 함수(primary function) $f(x)$로부터 도출된 것임을 나타내기 위해 f에 프라임(′) 기호를 붙여 표시한 것이다.

예 5-10

함수 $y=f(x)=x^2$의 도함수를 구해보자.

임의의 점 x에서 계산한 y의 차분은

$$\triangle y = f(x+\triangle x) - f(x) = (x+\triangle x)^2 - x^2 = 2x\triangle x + (\triangle x)^2$$

이므로 차분계수는

$$\frac{\triangle y}{\triangle x} = \frac{f(x+\triangle x) - f(x)}{\triangle x} = \frac{2x\triangle x + (\triangle x)^2}{\triangle x} = 2x + \triangle x.$$

이제, 극한을 구하면

$$f'(x) = \lim_{\triangle x \to 0} \frac{\triangle y}{\triangle x} = \lim_{\triangle x \to 0} (2x + \triangle x) = 2x.$$

[예 5-9]에서 이미 본 바와 같이 $x = 1$에서 도함수의 값(미분계수)은 $f'(1) = 2(1) = 2$이며, 이것은 [그림 5-7]에서 점 A에서 접하는 접선의 기울기로서 도함수 그래프 상의 점 A′으로 표시된다. $x = 2$에서 미분계수는 $f'(2) = 2(2) = 4$로 계산되는데, 이것은 [그림 5-7]에서 점 B에서 접하는 접선의 기울기로서 도함수 그래프 상의 점 B로 표시된다. 다른 x값에서도 동일한 방법으로 미분계수를 구하면 $f'(x) = 2x$가 되며 [그림 5-7]에 A′B를 지나는 파란색 직선으로 그려져 있다.

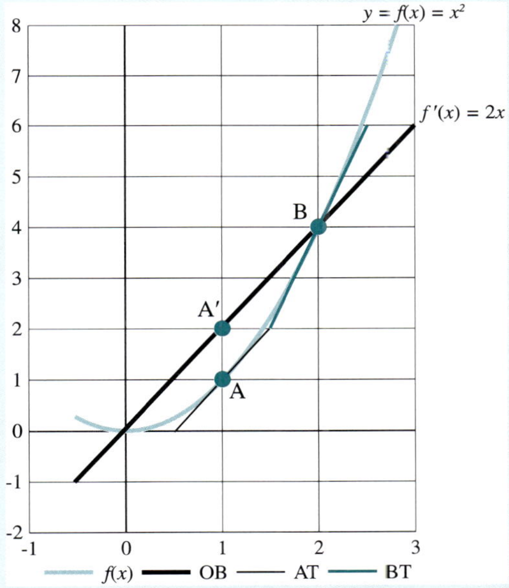

그림 5-7 $y = f(x) = x^2$의 도함수 $f'(x) = 2x$의 그래프

예 5-11

1차 함수 $y=f(x)=ax+b$의 도함수를 구해보자($a \neq 0$).

임의의 x에서 차분$\triangle x$에 따른 y의 차분은

$$\triangle y = f(x+\triangle x) - f(x) = [a(x+\triangle x)+b] - (ax+b) = a\triangle x$$

이므로 차분계수는 $\triangle y/\triangle x = a$로서 일정하다. 따라서 도함수는

$$\frac{dy}{dx} = f'(x) = \lim_{\triangle x \to 0} \frac{\triangle y}{\triangle x} = \lim_{\triangle x \to 0} a = a$$

로서 상수 함수이다. 즉, 1차 함수의 도함수는 그 직선의 기울기 값과 같다.

위의 [예 5-11]에서는 1차 함수, [예 5-10]에서는 2차 함수의 도함수를 계산하였는데, 3차 함수, 4차 함수, ⋯, 100차 함수, ⋯등을 일일이 계산하는 대신, 이를 일반화하여 n이 임의의 자연수일 때 멱함수(power function) $y=f(x)=x^n$의 도함수를 구해 보자. x가 $\triangle x$만큼 변화할 때 y의 차분은

$$\triangle y = f(x+\triangle x) - f(x) = (x+\triangle x)^n - x^n$$

이다. $(a+b)^n$을 전개하는 공식(2항 정리)

$$(a+b)^n = \sum_{i=0}^{n} {}_nC_i\, a^{n-i} b^i,$$

$$\left[\text{단 } {}_nC_i = \frac{n!}{i!\,(n-i)!},\ \text{계승 } n! = 1 \cdot 2 \cdot 3 \cdot \cdots \cdot n\right]$$

을 적용하면, $(x+\triangle x)^n$ 항은 아래와 같이 전개된다:

$$(x+\triangle x)^n = \sum_{i=0}^{n} {}_nC_i\, x^{n-i} (\triangle x)^i$$

$$= x^n + nx^{n-1}\triangle x + \frac{1}{2}n(n-1)x^{n-1}(\triangle x)^2 + \cdots$$
$$+ nx(\triangle x)^{n-1} + (\triangle x)^n.$$

따라서 차분계수는

$$\frac{\triangle y}{\triangle x} = nx^{n-1} + \left[\frac{1}{2}n(n-1)x^{n-1}(\triangle x) + \cdots + nx(\triangle x)^{n-2} + (\triangle x)^{n-1}\right]$$

이다. $\triangle x \to 0$ 일 때 $(\triangle x)^m \to 0$ 이므로$(m = 1, 2, \ldots)$ 우변의 대괄호 안은 0으로 수렴한다. 따라서 멱함수 미분공식

$$\frac{d}{dx}x^n = \lim_{\triangle x \to 0}\frac{\triangle y}{\triangle x} = nx^{n-1}, \ n = 1, 2, \cdots \tag{13}$$

를 얻는다. 이상은 n 이 임의의 유리수일 때에도 성립되는데, 그것은 [예 6-7]에 증명될 것이다.

예 5-12

다음 절대치 함수의 도함수를 구해보자:

$$y = f(x) = |x| = \begin{cases} -x, & x < 0 \\ x, & x \geqq 0 \end{cases}$$

먼저 $x > 0$인 경우 $f(x) = x$이므로 [예 5-11]에 의해 $f'(x) = 1$이며, $x < 0$인 경우 $f(x) = -x$이므로 $f'(x) = -1$이다. 그런데 $x = 0$에서는 어떠한가?

$x = 0$에서 $\triangle x > 0$인 경우 차분계수는 $\triangle y / \triangle x = 1$이므로 $x = 0$의 오른쪽에서 $\triangle x \to 0$일 때 차분계수의 극한(우극한)은

$$\lim_{\triangle x \to 0^+}\frac{\triangle y}{\triangle x} = \lim_{\triangle x \to 0^+} 1 = 1.$$

그러나 $\triangle x < 0$인 경우 차분계수는 $\triangle y / \triangle x = -1$이므로 $x = 0$의 왼쪽에서 $\triangle x \to 0$일 때 차분계수의 극한(좌극한)은

$$\lim_{\triangle x \to 0^-} \frac{\triangle y}{\triangle x} = \lim_{\triangle x \to 0^-} (-1) = -1.$$

따라서 양자가 일치하지 않으므로 $x=0$에서 미분계수는 존재하지 않는다. 기하학적으로, 이것은 아래 그림에서 보듯 $x=0$에서 이 함수에 접하는 접선은 OA나 OB 등 무수히 많아서 "유일한 접선"이 존재하지 않음을 의미한다.

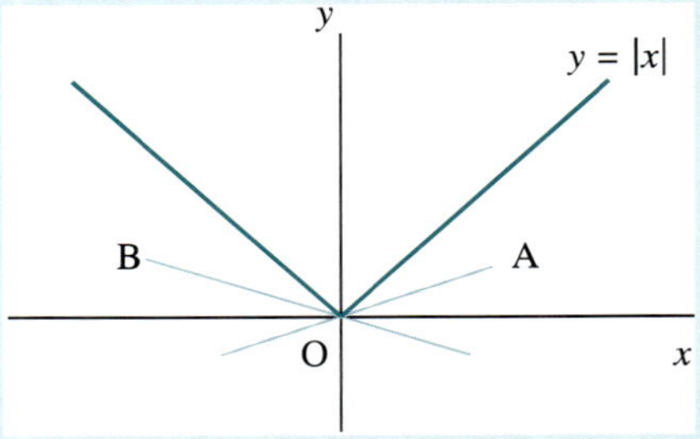

그림 5-8 미분계수가 없는 경우

함수 $f(x)$의 정의역의 모든 점에서 미분계수가 존재하면, $f(x)$는 "**미분가능하다**(differentiable)" 또는 "**원활하다**(smooth)"고 한다. 원활한 함수는 그 그래프가 이어져 있을(연속) 뿐만 아니라, 그래프에 모난(또는 뾰족한) 부분이 없을 것, 즉 굽더라도 부드럽게 휘어 있을 것을 요구한다. 경제분석에서 사용되는 함수는 대부분 원활한 함수이다.

4. 경제학에서 도함수 개념의 적용

경제분석에서 도함수는 여러 가지로 활용되지만, 우선 도함수 개념이 경제분석에서 좀 다른 이름으로 널리 사용되고 있음에 유의할 필요가 있다. $L=$ "노동 투입량" 및 $Q=$ "산출량"일 때, 제2장에서 소개한 단기 생산함수 $Q=f(L)$의 도함수 $dQ/dL=f'(L)$은 노동의 한계생산(marginal product of labor: MP_L) 함수라 부르며, 비용함수 $C=C(Q)$의 도함수

$$\frac{dC}{dQ} = C'(Q) = MC(Q) \tag{14a}$$

는 한계비용(marginal cost: MC) 함수라 부른다. 또한 총수입 함수 $TR = TR(Q)$의 도함수 $dTR/dQ = TR'(Q) = MR(Q)$는 한계수입(marginal revenue: MR) 함수라 부른다. 이와 같이, 원시함수 $y = f(x)$에서 y가 OO의 총량(總量)이면 수학에서 **도함수**로 불리는 $dy/dx = f'(x)$는 경제학에서 흔히 "한계(限界: marginal) OO" **함수**라 부른다.

수학 일반에서 보면, 원시함수 $y = f(x)$와 도함수 $dy/dx = f'(x)$에서 독립변수는 x로서 동일하며 함수 기호는 각각 f와 f'으로 표기되어 있다. 그런데 종속변수는 원시함수에서는 문자 y로 표기하지만, 도함수에서는 다른 하나의 문자로 표기되지 않고 있다. 경제학에서는 도함수가 중요한 기본 개념을 이루고 또한 자주 이용되므로 "한계 OO"라는 명칭도 부여하고, 문자도 MC, MR 등으로 부여하고 있다.

경제학에서 한계 개념에 관해 한 가지 주의할 점은 독립변수가 이산적인 경우이다. 경제분석 입문서에서는 도함수 개념을 도입하지 않고서 수치례나 도표로써 한계 개념을 설명하기 위해 통상 독립변수가 0, 1, 2, 3 등 비음의 정수값만을 취하는 이산(discrete) 변수라 가정한다. 그럴 경우 이를테면 비용함수 $C = C(Q)$에서 한계비용은 Q개에서 $Q+1$개로 "한 단위 더 생산할 때 더 들어가는 비용", 즉

$$MC(Q) = C(Q+1) - C(Q) \tag{14b}$$

를 Q에서의 한계비용으로 정의한다. 왜냐하면 이산변수에서는 (14a) 자체가 정의되지 않기 때문이다. 독립변수가 연속적인 실수일 경우 연속변수형 한계비용 (14a)와 이산변수형 한계비용 (14b)가 모두 계산가능한데, 그 값들은 서로 다를 수 있다. (14a)는 $\Delta Q \to 0$일 때 차분계수 $\Delta C/\Delta Q$의 극한이며 (14b)는 $\Delta Q = 1$일 때의 차분계수인 셈이기 때문이다.

5. 2계 이상의 고계 도함수

함수 $y=f(x)$의 도함수 $dy/dx=f'(x)$ 역시 x의 함수이므로, 이 "도함수의 도함수"를 함수 $f(x)$의 **2계(二階: second order) 도함수**라 부르고

$$\frac{d}{dx}\left[\frac{dy}{dx}\right]=\frac{d^2y}{dx^2}=f''(x)$$

로 표기한다. 여기서, "d^2y/dx^2"이란 기호의 분자에는 d에 제곱 표시가 붙어 있는데 반해, 분모에서는 x에(실제로는 dx 전체에) 제곱표시가 되어 있음에 유의하여야 한다. 그 이유와 의미는 아래에서 2계 미분을 설명할 때 명백해 질 것이다. 우리가 지금까지 단순히 **도함수**라 불러온 것은, 엄밀히 말하면 **1계**(first order) 도함수이다. 2계 도함수 $f''(x)$는 "함수 $y=f(x)$의 기울기 함수"의 기울기를 나타내므로 곡선 $f(x)$가 굽은 정도, 즉 곡도(曲度: curvature)와 연관된다.

2계 도함수를 한번 더 미분하여 그 기울기를 구하면 **3계** 도함수가 얻어진다:

$$\frac{d}{dx}\left[\frac{d^2y}{dx^2}\right]=\frac{d^3y}{dx^3}=f'''(x).$$

이 과정은 계속 진행될 수 있다. 그리하여, $y=f(x)$를 n번 거듭 미분한 것은 n계 도함수라 부르고, 4계 이상의 고계(**高階**: higher order) 도함수는 프라임 기호(′) 대신 상첨자 "(n)"을 붙여

$$\frac{d^ny}{dx^n}=f^{(n)}(x)$$

로 표기한다. 경제학에서 주로 사용되는 것은 1계 및 2계 도함수이다.

예 5-13

함수 $y=f(x)=x^5$의 1계, 2계 및 3계 이상의 각 도함수를 계산하면 다음과 같다:

$$f'(x)=5x^4, \qquad f''(x)=(5\cdot 4)x^3=20x^3,$$

$$f'''(x)=(5\cdot 4\cdot 3)x^2=60x^2, \qquad f^{(4)}(x)=(5\cdot 4\cdot 3\cdot 2)x=120x,$$

$$f^{(5)}(x)=5\cdot 4\cdot 3\cdot 2\cdot 1=5!=120, \qquad f^{(n)}(x)=0,\ n=6,7,\cdots$$

6. 그래프 모양과 도함수의 부호

1계 및 2계 도함수 값은 그래프의 형태에 관해 중요한 정보를 말해준다.

(1) 1계 도함수

(a) 1계 도함수가 양인 경우

아래 [그림 5-9]에는 $x=x_2$에서 미분계수가 양($f'(x_2)>0,\ g'(x_2)>0,\ h'(x_2)>0$)인 세 가지 함수의 그래프가 그려져 있는데, $y=g(x)$는 a2점에서 $f(x)$와 $h(x)$에 접하는 접선이다. 먼저 $y=f(x)$를 보자. $x=x_2$인 점 a2에서 접선이 양의 기울기를 가지면,

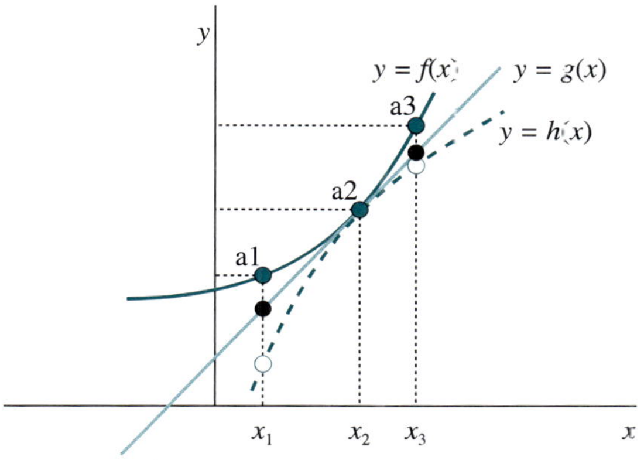

그림 5-9 1계 도함수가 양인 함수들: (국지적으로) 우상향한다

x값이 x_2의 근방에서 $x_1 < x_2 < x_3$로 증가함에 따라 함수값은 $f(x_1) < f(x_2) < f(x_3)$로서 점차 증가한다($f(x_i)$는 점 ai의 높이로 주어짐). $y = h(x)$ 함수와 $y = g(x)$ 함수도 마찬가지이다. 즉 x값이 $x_1 < x_2 < x_3$로 증가함에 따라 $h(x_1) < h(x_2) < h(x_3)$ 및 $g(x_1) < g(x_2) < g(x_3)$로서 함수값들이 점차 증가한다.

이들 세 그래프는 적어도 x_2의 근방에서는(즉, 국지적으로) 모두 우상향(upward-sloping)하는 형태를 취하고 있다. 양의 1계 도함수값을 가진 함수의 그래프는 이처럼 국지적으로 우상향한다.

(b) 1계 도함수가 음인 경우

[그림 5-10]에는 $x = x_2$에서 미분계수가 음($p'(x_2) < 0$, $q'(x_2) < 0$, $r'(x_2) < 0$)인 세 함수가 그려져 있으며, $y = r(x)$는 a2점에서 $p(x)$와 $q(x)$에 접하는 접선이다.

먼저 $y = p(x)$를 보자. $x = x_2$일 때 점 a2에서 접선이 음의 기울기를 가지면, x값이 x_2의 근방에서 $x_1 < x_2 < x_3$로 증가함에 따라 함수값은 $p(x_1) > p(x_2) > p(x_3)$로서 점차 하락한다($p(x_i)$는 점 ai의 높이로 주어짐). 나머지 $r(x)$함수와 $q(x)$함수의 경우도 마찬가지이다. 그리하여 이들 세 그래프는 적어도 x_2의 근방에서는(국지적으

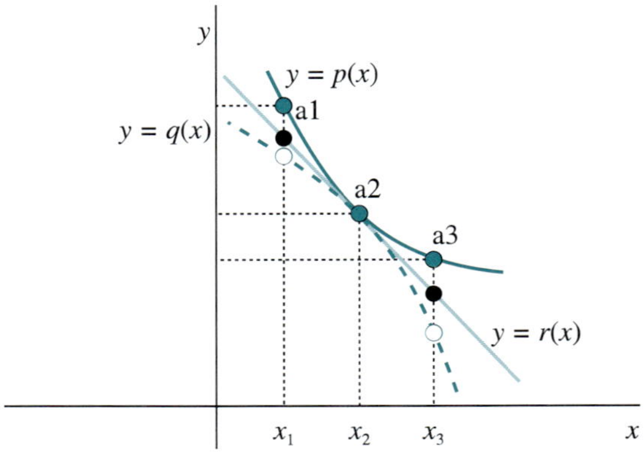

그림 5-10 1계 도함수가 음인 함수들: (국지적으로) 우하향한다

로) 모두 우하향(downward-sloping)하는 형태를 취한다. 음의 1계 도함수값을 가진 함수의 그래프는 이처럼 국지적으로 우하향한다.

(2) 2계 도함수

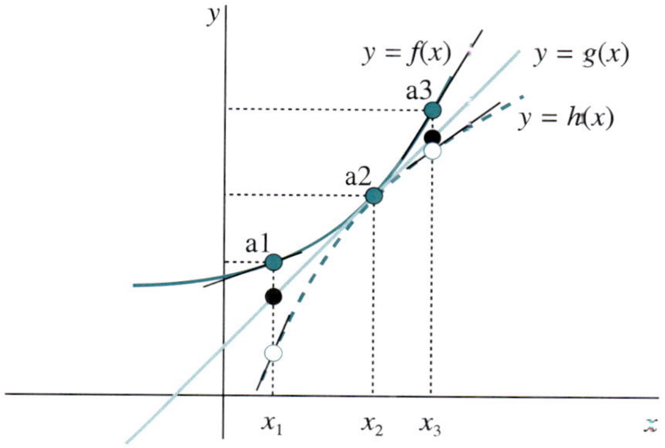

그림 5-11 우상향 하는 함수의 2계 도함수

[그림 5-9]에서 x_2뿐만 아니라 x_1과 x_3에서도 접선을 그려, x가 x_2의 근방에서 $x_1 < x_2 < x_3$로 증가함에 따라 각 점에서 접선의 기울기가 어떻게 변화하는가 살펴보자. [그림 5-11]에서 함수 $f(x)$의 경우 그것은 대략 보더라도 $f'(x_1) < f'(x_2) <$ $< f'(x_3)$로서 점차 증가함을 알 수 있다. x_2의 근방에서 "함수 $f(x)$의 값이 증가"하는 것은 그 1계 도함수값이 양, 즉 $f'(x_2) > 0$으로 표현되듯, x_2의 근방에서 "도함수 $f'(x)$의 값이 증가"하는 것은 이 도함수의 도함수인 2계 도함수값이 양, 즉 $f''(x_2) > 0$으로 표현된다.

함수 $h(x)$의 경우 x가 x_2의 근방에서 증가함에 따라 $f(x)$와는 반대로 그 기울기가 $h'(x_1) > h'(x_2) > h'(x_3)$로서 점차 하락하므로 $h''(x_2) < 0$이다. 직선인 함수 $g(x)$의 경우, 접선의 기울기는 $g'(x_1) = g'(x_2) = g'(x_3)$로서 일정불변이므로 $g''(x_2) = 0$이다.

이로써 알 수 있는 것은 이 함수들이 모두 우상향하는 그래프를 갖지만, x가 x_2의 근방에서 $x_1 < x_2 < x_3$로 증가함에 따라 $f(x)$처럼 그 기울기가 점차 증가한다면 $[f''(x_2) > 0]$ 그 그래프는 (아래로부터, from below) 볼록한(convex) 모양을 취한다는 것이다. 이 말은 이 그래프의 아래에서 위쪽으로 쳐다볼 때 곡선이 볼록 거울의 면처럼 휘어 있다는 뜻이며 "아래로부터"는 생략하여도 무방하다. 이와 반대로 $h(x)$처럼 그 기울기가 점차 하락한다면$[h''(x_2) < 0]$ (아래로부터) 오목한(concave) 모양을 취하여야 한다.

[그림 5-10]의 우하향하는 함수들에 대하여도 동일하게 분석하면, [그림 5-12]에서 보듯 $p(x)$ 함수처럼 접선의 기울기가 점차 증가하면$[p''(x_2) > 0]$ 볼록하다. 여기서 접선의 기울기는 음수이므로 이를테면 -2에서 -1로 변하면 접선의 기울기는 증가한다고 한다. $q(x)$ 함수처럼 점차 하락하면$[q''(x_2) < 0]$ 오목하다.

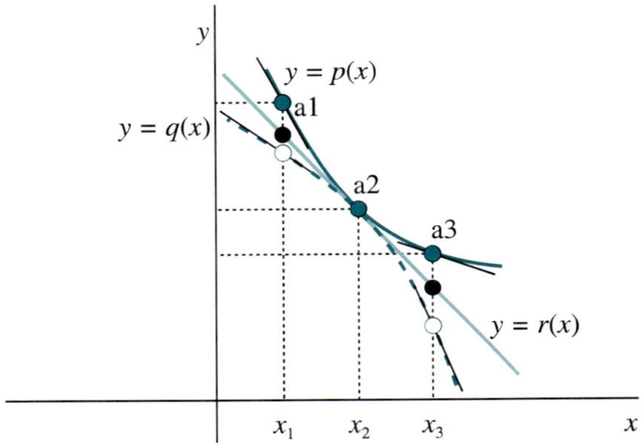

그림 5-12 우하향 하는 함수의 2계 도함수

이상을 요약하면, 1계 도함수값이 양이든 음이든 2계 도함수값은 양이거나 음일 수 있으며, 2계 도함수가 한 점에서 음이면 그 점의 근방에서 원함수는 오목하고 양이면 볼록하다.

(3) 1계 도함수가 0인 경우

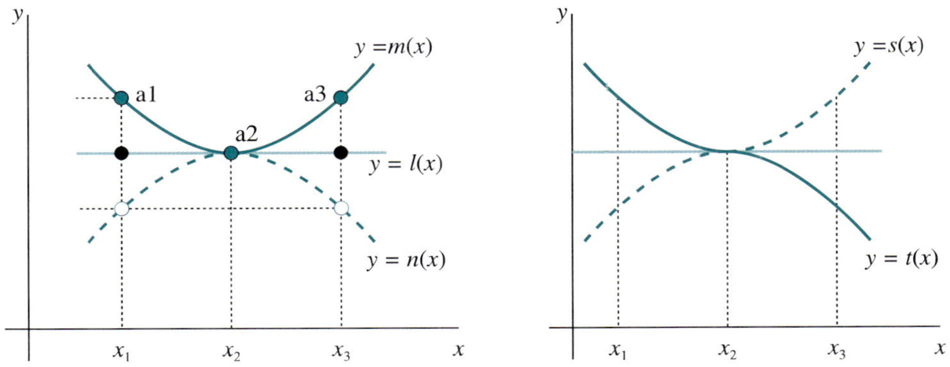

(a) 꼭지점 (b) 변곡점

그림 5-13 1계 도함수 0인 경우: 여러 가지 형태

1계 도함수가 0인 x값을 정상점(定常點: stationary point)이라 부르는데, 이 정상점은 경제학 분석에서 매우 중요하다. 점 x_2에서 1계 도함수 값이 0이면 그 점에서 접하는 접선은 수평을 이룬다. 그러나 원함수는 x_2근방에서 여러 가지 형태를 가질 수 있다.

먼저 [그림 5-13](a)를 보자. $m(x)$함수나 $n(x)$함수에 x_2에서 접하는 접선은 수평으로서 그 기울기가 0이다. $l(x)$함수는 수평선 자체로서 모든 x값에서 1계 도함수 값은 0이다. 그런데, x값이 x_2의 근방에서 $x_1 < x_2 < x_3$로 증가함에 따라 $m(x)$함수는 $m(x_1) > m(x_2) < m(x_3)$로서 하락하다가 상승하므로 x_2에서 극소점을 이룬다. 이 때 1계 도함수 값은 $m'(x_1) < m'(x_2) = 0 < m'(x_3)$로서 계속 증가하므로 2계 도함수는 양, 즉 $m''(x_2) > 0$이며, 이것은 $m(x)$함수가 x_2의 근방에서 볼록함을 말해준다.

$n(x)$함수는 $n(x_1) < n(x_2) > n(x_3)$로서 상승하다가 하락하므로 x_2에서 극대점을 이룬다. 이 때 1계 도함수 값은 $n'(x_1) > n'(x_2) = 0 > n'(x_3)$로서 계속 하락하므로 2계 도함수는 음, 즉 $n''(x_2) < 0$이며, 이것은 $n(x)$함수가 x_2의 근방에서 오목함을 말해준다. [2계 도함수값이 음이나 양이 아니라 0인 경우에도 극대점 또는 극소점이 생길 수도 있다. 4차 이상의 짝수 차수 멱함수에서 생기는 이러한 특성은 제6장에서 언

급될 것이다].

(b)도에서는 두 곡선이 x_2에서 수평인 접선을 갖지만 $s(x)$함수는 $s(x_1) < s(x_2) < s(x_3)$로서 우상향하는 반면, $t(x)$함수는 $t(x_1) > t(x_2) > t(x_3)$으로서 우하향한다. 그런데 x가 증가함에 따라 $s(x)$함수는 $x_1 < x < x_2$인 영역에서는 1계 도함수 $s'(x)$가 양의 값을 유지하면서도 점차 하락($s''(x) < 0$)하며 x_2에서 $s'(x_2) = 0$에 이르렀다가 $x_2 < x < x_3$인 영역에서는 점차 증가($s''(x) > 0$)한다. 따라서 2계 도함수는 x_2에서 0이 되며 그 이전에는 "음"(오목)이다가 그 이후에는 "양"(볼록)이 된다. 그리하여 x_2는 오목성-볼록성이 바뀌는 점, 즉 변곡점(inflection point)을 이룬다. $t(x)$함수의 경우는 $x_1 < x < x_2$인 영역에서 $t''(x) > 0$이고 x_2에서는 $t'(x_2) = 0$에 이르렀다가 $x_2 < x < x_3$인 영역에서 $t''(x) < 0$이다. 따라서 2계 도함수는 x_2에서 0이 되며 x_2는 오목성-볼록성이 바뀌는 변곡점이다. 요컨대, 1계 도함수가 0이고 2계 도함수가 0인 점은 변곡점이 된다.

예 5-14

다음 함수의 그래프와 도함수를 살펴보자:

$$y = f(x) = x^3 - 4x = x(x-2)(x+2).$$

이 함수의 그래프를 대충 그리려고 한다면, 다음 두 가지 사실을 이용하면 된다. 첫째, 그것은 $x(x-2)(x+2) = 0$인 점 -2, 0 및 2에서 x축을 지난다. 둘째, 3차 함수 $x^3 - 4x$에서 3차 항의 계수가 양이므로 x값이 (2를 지나) 커질수록 무한대로 커지며 (-2를 지나) 작아질수록 음의 무한대로 하락한다. 그러면 [그림 5-14]에서 5개의 점들을 모두 통과하는 곡선 1개를 그리는 문제에 답하듯 하면 된다.

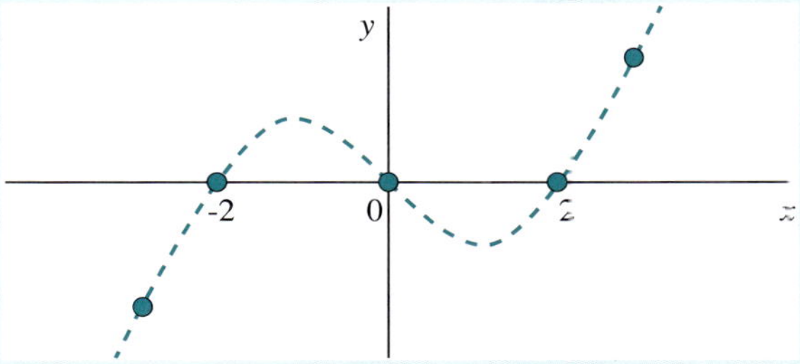

그림 5-14 $y = f(x) = x^3 - 4x$ 의 그래프: 스케치

그러나 이렇게 쉽게 그릴 수 없는 복잡한 함수의 그래프를 그리기 위해서는 아래와 같이 도함수들을 이용할 필요가 있다. 사실 [그림 5-14]에서는 극대점과 극소점이 정확하게 어떤 x값에서 달성되는지 알 수 없다.

1계 도함수는

$$f'(x) = 3x^2 - 4 = 3(x + 2/\sqrt{3})(x - 2/\sqrt{3})$$

이며 [그림 5-15]에 그려져 있다. x 값의 범위에 따라 1계 도함수는 다음과 같은 부호를 갖는다:

$$\text{접선 우상향: } \frac{dy}{dx} = f'(x) > 0 \Leftrightarrow x < -\frac{2}{\sqrt{3}} \text{ 또는 } x > \frac{2}{\sqrt{3}} \tag{15a}$$

$$\text{접선 우하향 : } \frac{dy}{dx} = f'(x) < 0 \quad \Leftrightarrow \quad -\frac{2}{\sqrt{3}} < x < \frac{2}{\sqrt{3}}: \tag{15b}$$

$$\text{접선 수평: } \frac{dy}{dx} = f'(x) = 0 \quad \Leftrightarrow \quad x = -\frac{2}{\sqrt{3}} \text{ 또는 } x = \frac{2}{\sqrt{3}}: \tag{15c}$$

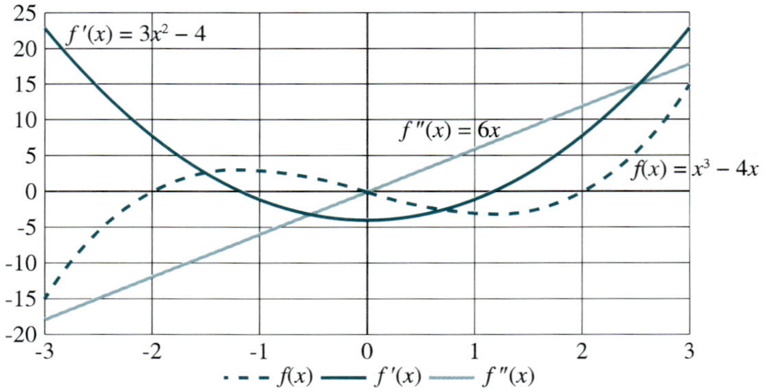

그림 5-15 함수 $y = f(x) = x^3 - 4x = x(x-2)(x+2)$와 1계 및 2계 도함수

다음으로, 2계 도함수는 $f''(x) = 6x$이므로

$$x > 0 \quad \Leftrightarrow \quad \frac{d^2y}{dx^2} = \frac{d}{dx} f'(x) = f''(x) = 6x > 0: \text{ 볼록} \tag{16a}$$

$$x < 0 \quad \Leftrightarrow \quad \frac{d^2y}{dx^2} = \frac{d}{dx} f'(x) = f''(x) = 6x < 0: \text{ 오목} \tag{16b}$$

$$x = 0 \quad \Leftrightarrow \quad \frac{d^2y}{dx^2} = \frac{d}{dx} f'(x) = f''(x) = 6x = 0: \text{(변곡)} \tag{16c}$$

(16a)는 $x > 0$인 영역에서 원함수 $f(x)$의 2계 도함수가 양이므로 [그림 5-15]에서 보듯 원함수를 이 영역에서 볼록하게 그린다(점선 그래프임). 그리하여 정상점 $x = 2/\sqrt{3}$는 이 영역에서 극소점을 이룬다. (16b)는 이와 반대로 $x < 0$인 영역에서 원함수가 오목하게 그린다. 그리하여 이 구간 중의 정상점 $x = -2/\sqrt{3}$은 이 영역에서 극대점을 이룬다.

연습문제 | 5.2

1. $x_0 = 1$ 에서 다음 함수의 차분계수 및 미분계수를 구하라.

(a) $f(x) = 3x^2$ (b) $f(x) = -x^2$ (c) $f(x) = 5$

2. 다음 함수의 도함수를 정의(차분계수의 극한)로부터 직접 도출하라.

(a) $y = f(x) = x^3$ (b) $y = f(x) = 1/x$ (c) $y = f(x) = \sqrt{x}$

3. 상속세제를 생각해 보자. 상속재산가액(x)이 0.5억원 이하이면 면세하고, 0.5억을 초과하여 1억원까지는 초과액의 20%, 1억을 초과하여 5억원까지는 초과액의 30%, 5억을 초과할 경우 초과액의 50%를 상속세(y)르 징수한다고 가정하자.

(a) 상속세 함수를 수식으로 표현하고 그래프로 그려 보라.

(b) $x = 5$억에서 이 함수의 극한은 무엇인가?

(c) 이 함수는 연속인가?

(d) 이 함수는 원활한가?

4. 함수 $y = f(x)$에서 독립변수는 x이고 종속변수는 y이다. 이 함수의 도함수 $dy/dx = f'(x)$에서 독립변수와 종속변수는 무엇인가?

5. 다음 함수의 도함수를 구해보자:

$$y = f(x) = \begin{cases} (x-2)^2, & x < 0 \\ (x+2)^2, & x \geqq 0 \end{cases}$$

6. $y = f(x) = -x^4$의 그래프를 $n = 1, 2, 3, \cdots$ 계 드함수를 이용하여 그리고, 극대점 또는 극소점을 구하라.

7. 1계 및 2계 도함수값의 변화에 입각하여 다음 함수의 그래프를 그려라:

$$y = f(x) = 3x^5 - 5x^3.$$

8. 원래의 수량보다 평균 수량이 더 잘 사용되는 개념(용어)을 예시하라. 예컨대, 초등학생들의 평균 키 또는 국민의 평균 키는 어떤 의미를 가지는가?

9. 자동차 주행에서 속도와 가속도는 어떻게 측정(계산)하는지, 그리고 사람들이 어떻게 인지(감지)하는지 설명해 보라.

5.3 미분법칙

미분법칙중 가장 널리 활용되는 것은 멱함수 미분법이다. 지수가 자연수인 멱함수의 미분법은 이미 1절에서 설명한 바 있으며 지수가 실수인 경우는 아래 3절에서 설명된다. 여기서는 4칙 연산 함수와 합성함수의 미분법을 살펴보자.

1. 함수들의 합, 곱 및 몫의 미분법

두 함수 $f(x)$와 $g(x)$의 도함수가 각각 $f'(x)$ 및 $g'(x)$르 이미 계산되어 있다고 하자. 이 함수들에 실수 k를 곱하거나, 이 함수들 간의 합(차), 곱 및 몫을 취하면 새로운 함수가 만들어진다. 이 새로운(또는 복잡한) 함수의 도함수는 아래 미분법칙을 적용하여 쉽게 구할 수 있다:

$$\frac{d}{dx}\Big[kf(x)\Big] = kf'(x) \tag{17a}$$

$$\frac{d}{dx}\Big[f(x) \pm g(x)\Big] = f'(x) \pm g'(x) \tag{17b}$$

$$\frac{d}{dx}\Big[f(x)g(x)\Big] = f'(x)g(x) + f(x)g'(x) \tag{17c}$$

$$\frac{d}{dx}\left[\frac{f(x)}{g(x)}\right] = \frac{f'(x)g(x) - f(x)g'(x)}{[g(x)]^2}, \text{ 단 } g(x) \neq 0 \tag{17d}$$

이 미분법칙 중 (17a)는 [예 5-11]-[예 5-13] 등에서 이미 적용한 바 있고 또한 쉽게 증명되므로 연습문제로 남겨 둔다.

<(17b)>의 증명. 두 함수를 합한 함수를

$$z = f(x) + g(x) \equiv h(x)$$

로 표기하자. 그러면 x가 $\triangle x$만큼 변할 때 z의 차분은

$$\begin{aligned}\triangle z &= h(x+\triangle x)-h(x) = f(x+\triangle x)+g(x+\triangle x)-[f(x)+g(x)]\\ &= [f(x+\triangle x)-f(x)]+[g(x+\triangle x)-g(x)]\end{aligned}$$

이다. 양변을 이를 $\triangle x$ 로 나누면

$$\frac{\triangle z}{\triangle x}=\frac{f(x+\triangle x)-f(x)}{\triangle x}+\frac{g(x+\triangle x)-g(x)}{\triangle x}.$$

$\triangle x \rightarrow 0$ 일 때 양변에 극한을 취하면 합의 극한법칙에 의해

$$\begin{aligned}\frac{dz}{dx} &= \lim_{\triangle x\rightarrow 0}\frac{\triangle z}{\triangle x}=\lim_{\triangle x\rightarrow 0}\left[\frac{f(x+\triangle x)-f(x)}{\triangle x}+\frac{g(x+\triangle x)-g(x)}{\triangle x}\right]\\ &= \lim_{\triangle x\rightarrow 0}\frac{f(x+\triangle x)-f(x)}{\triangle x}+\lim_{\triangle x\rightarrow 0}\frac{g(x+\triangle x)-g(x)}{\triangle x}=f'(x)+g'(x).\end{aligned}$$

차의 함수 미분법도 유사하게 증명된다.

<(17c)의 증명>. 두 함수를 곱해서 나오는 새로운 함수를

$$z=f(x)g(x)\equiv h(x)$$

로 표기하자. 그러면 x가 $\triangle x$만큼 변할 때 z의 차분은

$$\begin{aligned}\triangle z &= h(x+\triangle x)-h(x)=f(x+\triangle x)g(x+\triangle x)-f(x)g(x)\\ &= f(x+\triangle x)g(x+\triangle x)\underline{-f(x)g(x+\triangle x)+f(x)g(x+\triangle x)}-f(x)g(x)\\ &= [f(x+\triangle x)-f(x)]g(x+\triangle x)+f(x)[g(x+\triangle x)-g(x)]\end{aligned}$$

로 쓸 수 있다. 두 번째 줄에서는 $f(x)g(x+\triangle x)$항을 가감하였을 뿐이고 세 번째 줄에서는 같은 항끼리 묶었다. 이를 $\triangle x$ 로 나누면

$$\frac{\triangle z}{\triangle x}=\left[\frac{f(x+\triangle x)-f(x)}{\triangle x}\right]g(x+\triangle x)+f(x)\left[\frac{g(x+\triangle x)-g(x)}{\triangle x}\right]$$

가 되는데, $\triangle x \to 0$ 일 때 양변에 극한을 취하면 곱의 극한법칙에 의해

$$\frac{dz}{dx} = \lim_{\triangle x \to 0} \frac{\triangle z}{\triangle x} = \left[\lim_{\triangle x \to 0} \frac{f(x+\triangle x) - f(x)}{\triangle x} \right] \left[\lim_{\triangle x \to 0} g(x+\triangle x) \right]$$

$$+ \left[\lim_{\triangle x \to 0} f(x) \right] \left[\lim_{\triangle x \to 0} \frac{g(x+\triangle x) - g(x)}{\triangle x} \right]$$

이다. 그런데 우변에서

$$\lim_{\triangle x \to 0} g(x+\triangle x) = g(x) \quad \text{및} \quad \lim_{\triangle x \to 0} f(x) = f(x)$$

이며, 대괄호 안은 도함수의 정의 (8)에 의해 각각 $f'(x)$와 $g'(x)$이므로 (17c)가 성립한다.

몫의 함수 미분법 (17d)도 유사하게 증명된다.

예 5-15

$f(x) = \sqrt{x}$ 이고 $g(x) = x^2 - 2x + 1$ 일 때, 몫의 함수 $h(x) = g(x)/f(x)$ 를 미분해 보자. $f'(x) = 1/(2\sqrt{x})$ 이고 $g'(x) = 2x - 2$ 이므로, (13d)를 적용하면 다음을 얻는다:

$$\frac{d}{dx}\left[\frac{f(x)}{g(x)}\right] = \frac{d}{dx}\left[\frac{\sqrt{x}}{x^2 - 2x + 1}\right] = \frac{(1/2\sqrt{x})(x^2 - 2x + 1) - \sqrt{x}\,(2x - 2)}{[x^2 - 2x + 1]^2}$$

2. 연쇄법칙

다음 함수를 미분해 보자:

$$y = h(t) = (3 + 2t)^4, \quad t \geqq 0 \tag{18}$$

2항 정리를 이용하여 우변을 전개하면 t 의 4차 다항식이 된다:

$$y(t) = {}_4C_0 3^0 (2t)^4 + {}_4C_1 3^1 (2t)^3 + {}_4C_2 3^2 (2t)^2 + {}_4C_3 3^3 (2t)^1 + {}_4C_4 3^4 (2t)^0$$
$$= 48t^4 + 96t^3 + 16t^2 + 216t + 81$$

이제, 우변의 각 항에 멱함수 미분법을 적용하면 된다. 그러나 이 방법은 얼마나 번거로운가? 만약 (18)이 $2t+3$ 의 4제곱이 아니고 100제곱이라면, t 의 100차 다항식의 각 항을 일일이 미분하여야 할 것이다!

함수 (18)을 간편하게 미분하기 위해 합성함수 개념을 도입하자. (18)에서 새로운 중간변수로서

$$x = g(t) = 2t + 3 \qquad \textbf{(19a)}$$

를 도입(정의)하면, (18)은 이제

$$y = f(x) = x^4 \qquad \textbf{(19b)}$$

으로 간소화된다. 그러면 (18)은 (19b)에 (19a)를 대입한 것임을 알 수 있다:

$$y = f(g(t)) = (2t+3)^4 \equiv h(t)$$

여기서 "$f(g(t))$"라는 표현은 함수기호 $f(\ )$ 속에 독립변수가 들어있지 않고 다른 어떤 함수 $g(t)$가 들어있다는 의미에서 특이한데, 이처럼 "함수 $g(t)$의 함수인 f"를 "함수 f와 g의 합성함수"라 부른다. 여기서 함수 $g(t)$의 규칙은 "t값이 주어지면 그것을 2배 한 후 3을 더한다"는 것이고 함수 $f(x)$의 규칙은 "x값이 주어지면 그것을 4제곱 한다"는 것인데, 이 양자를 합성한 함수 $h(t)$의 규칙은 "t값이 주어지면 그것을 2배한 후 3을 더한 값을 다시 4제곱 한다"는 것이다.

이제, 함수 $f(x)$와 $g(t)$의 도함수가 각각 $f'(x)$ 및 $g'(t)$ 임이 알려져 있을 때, 합성함수 $y = f(g(t)) \equiv h(t)$의 도함수 $dy/dt = h'(t)$를 구하는 문제를 생각해 보자. (19a)에서 t가 $\triangle t$ 만큼 변화하면 x가 $\triangle x = g(t+\triangle t) - g(t)$만큼 변화하고, (19b)에서 x가 $\triangle x$ 만큼 변화하면 y가 $\triangle y$ 만큼 변화하므로, $\triangle y/\triangle t$ 는

$$\frac{\triangle y}{\triangle t}=\frac{\triangle y}{\triangle x}\frac{\triangle x}{\triangle t}$$

로 쓸 수 있다. $\triangle t \to 0$ 일 때 $\triangle x \to 0$ 이므로, 양변에 극한을 취하고 곱의 극한법칙을 적용하면

$$\frac{dy}{dt}=\lim_{\triangle t\to 0}\frac{\triangle y}{\triangle t}=\lim_{\triangle t\to 0}\left[\frac{\triangle y}{\triangle x}\frac{\triangle x}{\triangle t}\right]=\left[\lim_{\triangle x\to 0}\frac{\triangle y}{\triangle x}\right]\left[\lim_{\triangle t\to 0}\frac{\triangle x}{\triangle t}\right]$$

$$=\frac{dy}{dx}\frac{dx}{dt}=f'(x)g'(t) \tag{20a}$$

또는 (19a)를 대입하여

$$\frac{d}{dt}f(g(t))=f'(g(t))\ g'(t) \tag{20b}$$

가 성립한다. 이러한 **합성함수의 미분법**을 미분의 **연쇄법칙**(chain rule)이라 부른다. 여기서 "연쇄"란 (20a)의 두번째 줄에서 dy/dx 항 분모의 dx 와 dx/dt 항 분자의 dx 가 마치 고리처럼 연결되어 있기 때문에 붙여진 이름이다. 이 연쇄법칙은 경제분석에서 아주 많이 사용되므로 잘 익혀 두어야 한다.

예 5-16

연쇄법칙을 이용하여 함수 (14)를 미분해 보자. 각 함수의 도함수는

$$\frac{dx}{dt}=g'(t)=2 \text{ 및 } \frac{dy}{dx}=f'(x)=4x^3$$

이므로, (16b)에 의해 다음이 도출된다.

$$h'(t)=\frac{dy}{dx}\frac{dx}{dt}=f'(g(t))g'(t)=2\cdot 4x^3=8(2t+3)^3.$$

연습문제 | 5.3

1. 다음 함수의 도함수를 구하라.

(a) $f(x) = 3x^2$

(b) $f(x) = (x^2 - 3x + 1)(x^3 + x^2 - 2)$

(c) $f(x) = (2x^3 - x)^2$

(d) $f(x) = \dfrac{1}{1-x}$

(e) $f(x) = \dfrac{x^2}{x+1}$

(f) $f(x) = \dfrac{\sqrt{x}}{x+1}$

(g) $f(x) = \dfrac{x^2-1}{x-1}$

2. (13a)와 (13d)를 증명하라.

3. 함수 $f(x) = 4x^3 - 2x^2 + x - 2$ 와 $g(x) = (2x-1)^2$ 이 있을 때, 다음 함수의 도함수를 계산하라:

(a) $f(x)$, (b) $g(x)$, (c) $f(x)/g(x)$, (d) $[f(x)]^2$

4. 연쇄법칙을 적용하여 $y = f(x) = \sqrt{x^2+4}$ 의 도함수를 구하라.

5. 평균비용함수 $AC = \dfrac{C(Q)}{Q}$ 의 도함수를 구하라.

CHAPTER

06

미분법 II

제1절에서는 y의 차분에 대한 근사치로서의 y의 미분(dy) 개념을 소개한다. 제2절에서는 지수함수와 로그함수의 미분법을 설명하며, 제3절에서는 경제분석에 자주 사용되는 한계함수와 평균함수 간의 관계와 반응도를 측정하는 탄력성 개념을 소개한다.

6.1 근사치로서의 미분

1. 미분 개념

제5장 2절에 설명된 차분 개념을 상기해 보자. x가 x_0에서 $\triangle x$ 만큼 변화하면, 함수 $y = f(x)$는 y의 차분

$$\triangle y = f(x_0 + \triangle x) - f(x_0) \tag{1}$$

만큼 변화한다. 우변에서 보는 바와 같이 이 차분은 x_0와 $\triangle x$라는 두 요소(변수)의 함수인데, $\triangle x$를 기준으로 보면 $\triangle x$가 1개 곱해진 1차항과 2개 이상 곱해진 고차항들로 구분된다:

$$\triangle y = f(x_0 + \triangle x) - f(x_0) = [\cdots] \triangle x + [\cdots](\triangle x)^2 \tag{2}$$

이를 몇 가지 예를 통해 구체적으로 살펴보자.

예 6-1

제5장의 [예 5-9]에서 함수 $y = f(x) = x^2$의 차분은

$$\Delta y = f(x_0 + \Delta x) - f(x_0) = (x_0 + \Delta x)^2 - x_0^2 = 2x_0 \Delta x + (\Delta x)^2 \tag{3a}$$

이고, $y = f(x) = x^3$의 차분은

$$\Delta y = 3(x_0)^2 \triangle x + [3x_0(\triangle x)^2 + (\triangle x)^3] \tag{3b}$$

$$= 3(x_0)^2 \triangle x + [3x_0 \triangle x + (\triangle x)^2] \triangle x \tag{3c}$$

(2)식 우변에서 $\triangle x$ 항의 계수를 a로 두고, $\triangle x$ 의 고차항들은 $\triangle x$ 로 묶어 내어 $\epsilon \triangle x$ 형식으로 표기해 보자:

$$\triangle y = f(x_0 + \triangle x) - f(x_0) = a \triangle x + \triangle x [\epsilon(\triangle x)] \tag{4}$$

여기서 $\epsilon = \epsilon(\Delta x)$은 (3c)의 대괄호 안과 같이 $\triangle x$ 항이 1개 이상 곱해진 항들로서 $\triangle x \to 0$일 때 0으로 수렴하는 수식이다:

$$\lim_{\triangle x \to 0} \epsilon(\Delta x) = 0.$$

이제 제5장 2절에서 미분계수를 정의할 때처럼 (4)의 양변을 Δx로 나누어 극한을 계산하면

$$\lim_{\triangle x \to 0} \frac{\triangle y}{\triangle x} = \lim_{\triangle x \to 0} [a + \epsilon(\triangle x)] = \lim_{\triangle x \to 0} a + \lim_{\triangle x \to 0} \epsilon(\triangle x) = a$$

이므로, $a = f'(x_0)$이어야 함을 알 수 있다. 따라서 다음이 성립한다:

$$\triangle y = f(x_0 + \triangle x) - f(x_0) = f'(x_0) \triangle x + \epsilon(\triangle x) \triangle x \tag{5}$$

(5)로 주어지는 y의 차분식 우변에서, $\triangle x \to 0$일 때 $\epsilon(\triangle x)\triangle x$항은 $\triangle x$ 보다 더 급속히 0에 수렴하므로 이를 무시하고서, $\triangle x$ 의 1차항만을 떼어내어 dy로 표기하고 x가 x_0에서 $\triangle x$ 만큼 변화할 때 "y 의 **미분(微分:** differential)"이라 부른다:

$$dy = f'(x_0) \triangle x = \frac{dy}{dx} \Delta x \tag{6a}$$

y의 미분(dy)은 y의 차분(Δy) 중에서 $\triangle x$ 의 고차항 부분을 무시하였기 때문에 $dy \neq \Delta y$이지만, $\triangle x$ 의 크기가 작을 경우 이 고차항의 값은 매우 작아지므로 Δy에 대한 근사치로 쓸 수 있다:

$$dy \approx \triangle y.$$

이 dy는 $\triangle y$ 중 $\triangle x$의 1차항 부분만으로 구성되므로 $\triangle y$의 "주선형 부분"(principal linear part) 또는 $\triangle y$에 대한 "1차(first-order) 근사치" 또는 "선형(linear) 근사치"라 하며, 고차항 부분은 근사오차라 부른다.

지금까지 **독립변수** x의 변화량은 $\triangle x$로 표기하고 "x의 차분"이라 불렀는데, 독립변수의 차분은 "x의 미분"이라 부르고 dx로 표기하여도 무방하다. 즉, 독립변수에 대하여는 단순히 $dx \equiv \triangle x$로 정의한다고 생각해도 좋다. 그러면, dy는 다음으로 표기된다:

$$dy = \left(\frac{dy}{dx}\right)\triangle x = \left(\frac{dy}{dx}\right)dx = f'(x_0)\,dx \tag{6b}$$

이제, (6b)의 양변을 dx로 나누면(언제나 $dx \neq 0$임에 유의하라)

$$\frac{(dy)}{(dx)} = \frac{dy}{dx} = f'(x_0) \tag{7}$$

가 된다. 이것은 함수 $y = f(x)$의 x_0에서의 미분계수는 그 점에서의 y의 미분 dy를 x의 미분 dx로 나눈 것과 동일함을 의미한다. (6b)와 (7)에 나오는 기호 "$d(\cdot)/dx$"는 그 전체가 한 덩어리로서 함수 $(\cdot)$을 "미분한다"는 수학적 연산을 표현하는 것이었다. 그런데 (7)의 좌변에서는 "dy"와 "dx"가 각각 독자적으로 정의되는 개념이다. 즉, dx는 독립변수가 어떤 x_0 값에서 변화한 수량이며, dy는 독립변수가 x_0에서 $\triangle x$만큼 변화할 때 종속변수의 미분이다. 따라서 이제는 (6b)의 dy를 dx로 나눈 비율이 미분계수이며, 이와 반대로 (7)의 양변에 dx를 곱한 것이 y미분이라 간주하여도 무방하다.

[그림 6-1]에 $\triangle x$에 따른 y의 차분($\triangle y$)과 y의 미분(dy)을 도시하였다. 독립변수가 $x_0 = 1$에서 $\triangle x = AB'$만큼 변화하면 함수 $y = f(x) = x^2$은 A점에서 B점으로 변화하는데 이 두 점간의 수직 거리가 $\triangle y = BB'$이다. A점에서 미분계수 $f'(x_0)$는 A

점에 접하는 접선 $T(x)$의 기울기로 주어지는데, 그것은 $f'(x_0)=B'B''/AB'$이다. 따라서

$$dy = f'(x_0)\,dx = \frac{B'B''}{AB'}AB' = B'B''$$

으로 표시된다.

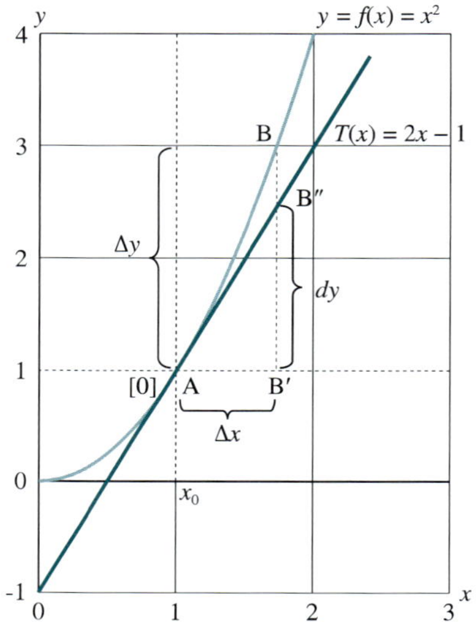

그림 6-1 y의 차분 $\triangle y$과 미분 dy

예 6-2

함수 $y=f(x)=x^2$에서 $x_0=1$이고 $\triangle x = dx = 0.73$일 때 y의 차분, 미분 및 미분계수를 계산해 보자.

$$\triangle y = f(x_0+\triangle x) - f(x_0) = 1.73^2 - 1^2 = 1.9929.$$

$$dy/dx = f'(x_0) = 2x_0 = 2(1) = 2$$

$$dy = f'(x_0)\,dx = 2(0.73) = 1.46$$

dy에 의한 1차 근사치의 오차는

$$\epsilon(\triangle x)\triangle x = \triangle y - dy = 1.9929 - 1.46 = 0.5329$$

로서 $\triangle x = dx = 0.73$의 73%에 해당한다. 이상의 수치는 [그림 6-1]에 도시된 것과 유사하다.

만약 $\triangle x = dx = 0.1$이라면

$$\triangle y = f(x_0 + \triangle x) - f(x_0) = 1.1^2 - 1^2 = 0.21.$$

$$dy/dx = f'(x_0) = 2x_0 = 2(1) = 2$$

$$dy = f'(x_0)dx = 2(0.1) = 0.2$$

$$\epsilon(\triangle x)\triangle x = \triangle y - dy = 0.21 - 0.2 = 0.01.$$

근사오차는 $\triangle x = dx = 0.1$의 10%에 불과하다.

만약 $\triangle x = dx = -1$이라면

$$\triangle y = f(x_0 + \triangle x) - f(x_0) = 0^2 - 1^2 = -1.$$

$$dy/dx = f'(x_0) = 2x_0 = 2(1) = 2$$

$$dy = f'(x_0)dx = 2(-1) = -2$$

$$\epsilon(\triangle x)\triangle x = \triangle y - dy = -1 - (-2) = 1.$$

이 경우 dy의 절대치가 $\triangle y$의 절대치보다 더 크게 나타난다.

(6b)로 정의되는 y의 미분 dy는 x_0와 dx의 함수이며, dx는 어떤 크기로 설정해도 무방하다(반드시 극소량일 필요는 없음). 그런데 [예 6-2]에서 보듯 dx가 크면 근사오차가 매우 커지므로 1차 근사치로서의 y의 미분 dy의 유용성은 감소하게 된다.

경제분석에서는 여러 가지 $\triangle x$값들에 대해 정확한 변화량 $\triangle y$를 계산하는 것이 번거로우므로, $\triangle x$가 크지 않을 경우 간편하게 계산되는 dy를 많이 이용한다. 그런데, 컴퓨터가 발전된 오늘날은 이보다 훨씬 더 복잡하더라도 얼마든지 정확하고 쉽게 $\triangle y$를 계산할 수 있다. 그렇지만 구하고자 하는 것이 y의 정확한 변화량이 아니라 단지 그것의 증감($\triangle y > 0$ 또는 $\triangle y < 0$) 여부이고 "$\triangle x$가 크지 않다면", dy의 계산으로

충분하다.

2. 미분의 계산법칙

(6b)와 (7)에서 본 바와 같이, 미분법칙을 이용하여 도함수 $f'(x)$를 구할 수 있으면 언제나 그 미분 dy도 쉽게 계산할 수 있으며, 역으로 두 변수 x와 y의 미분이 주어지면 미분계수도 바로 계산된다. 이 관계는 이를테면 곱의 함수에도 성립한다. 즉, 두 함수 $f(x)$와 $g(x)$의 곱으로 구성되는 함수

$$z = h(x) = f(x)g(x)$$

의 도함수는 제5장 (13c)에 의해

$$\frac{dz}{dx} = \frac{d[f(x)g(x)]}{dx} = f'(x)g(x) + f(x)g'(x)$$

인데, 양변에 dx를 곱하면 곱의 함수의 미분이 계산된다:

$$dz = \left(\frac{d[f(x)g(x)]}{dx}\right)dx = d[f(x)g(x)] = [f'(x)g(x) + f(x)g'(x)]\,dx\,.$$

도함수를 구하는 다른 미분공식도 언제나 이와 같이 미분의 계산식으로 전환될 수 있다.

3. 미분과 접선의 방정식

[그림 6-1]을 간소화한 [그림 6-2]에서 점 A를 지나는 수직선과 수평선을 새로운 좌표축으로 삼으면, 새로운 원점 A로부터의 수평거리는 $dx = \triangle x$를 측정하고 곡선 $y = f(x)$까지의 수직높이는 y의 차분 $\triangle y$를 측정하며, 접선 $T(x_0)$까지의 수직높이는 y의 미분 dy를 나타낸다. 그러면 새로운 $(dx)(dy)$ 좌표평면에서 접선의 기울기는 $f'(x_0)$이고 dy축 절편은 0이므로, 직선인 접선의 방정식은 바로 (6b)

$$dy = f'(x_0)\,dx$$

로 주어진다(이 그림에서 점 A를 기준으로 측정한 변수나 함수는 대괄호 안에 표시함).

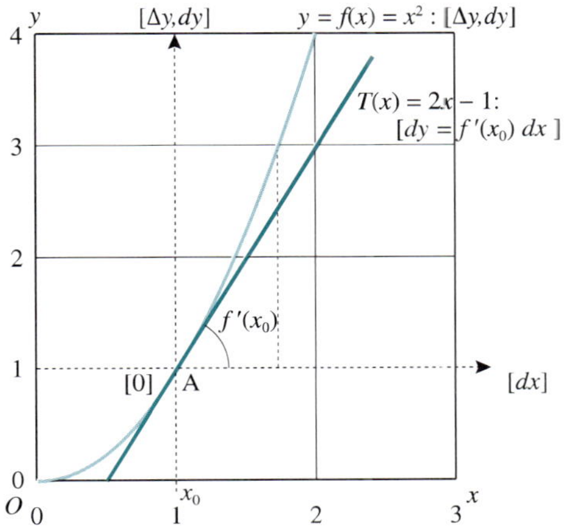

그림 6-2 미분과 접선의 방정식 도시

이제, 이 접선의 방정식을 점 O가 원점인 원래의 좌표체계 하의 수식으로 바꾸어 보자. x 축으로부터 곡선 $y=f(x)$ 까지의 수직높이는 y로 표기되므로, 접선까지의 수직높이를 $\tilde{y}$로 표기하면

$$dy \equiv \tilde{y}-y_0,\ dx \equiv x-x_0 \text{ 및 } y_0 \equiv f(x_0)$$

이다. 이것들을 (6b)에 대입하면

$$\tilde{y}-y_0=f'(x_0)(x-x_0) \text{ 또는 } \tilde{y}=f'(x_0)(x-x_0)+y_0 \tag{8}$$

(8)에서 x_0, y_0 및 $f'(x_0)$는 주어진 상수이므로, $\tilde{y}$는 x에 관한 선형(1차) 함수이다. 원래의 함수 $y=f(x)$가 어떤 함수이든, 한 점에 접하는 접선을 다라 계산한 근사치로서의 $\tilde{y}$는 언제나 직선으로 그려진다. 그리하여 (8)은 함수 $y=f(x)$를 점 x_0에서의 선형근사(線形近似: linear approximation) 함수라 부른다.

예 6-3

함수 $y = f(x) = x^2$ 의 $x_0 = 3$ 에서의 도함수 값은 $f'(x_0) = 2x_0 = 6$ 이다. 따라서 미분식은 $dy = 6\,dx$ 이다. $y_0 = f(x_0) = 3^2 = 9$ 이므로 (8)은

$$\tilde{y} = 6(x-3) + 9 = 6x - 9$$

가 된다.

예 6-4

소득의 함수인 시장균형 가격함수가

$$p^* = p(Y) = \frac{2}{3} + \frac{\sqrt{16+Y}}{6}$$

일 때, 최초의 소득 $Y_0 = 209$ 에서 선형근사하여 보자. $Y_0 = 209$ 에서

$$p(Y_0) = 19/6 \text{ 및 } p'(Y_0) = 1/180$$

이므로, 미분식 $dp^* = p'(Y_0)\,dY = (1/180)\,dY$ 에

$$dp^* = \tilde{p} - 19/6 \text{ 및 } dY = Y - 209$$

를 대입하면, 소득 $Y_0 = 209$ 에서 균형가격함수에 접하는 접선의 방정식, 즉 선형근사함수는 다음으로 주어진다:

$$\tilde{p} - \frac{19}{6} = \frac{1}{180}(Y - 209), \text{ 즉 } \tilde{p} = \frac{361}{180} + \frac{1}{180}Y.$$

소득이 $Y_1 = 250$ 으로 $\Delta Y = 41$ 만큼 증가하면, 제곱근 계산을 통해 $p(250) = 3.3849$ 로 시장균형가격의 차분은 $\Delta p^* = 3.3849 - 19/6 = 0.2183$ 임을 계산해 낼 수 있다. 접선을 따라 이에 대한 1차 근사치인 미분을 계산하면 $dp^* = (1/180)(41) = 0.2278$ 로서 오차가 크지 않다.

4. 2계 미분

x 가 dx 만큼 변할 때 함수 $y=f(x)$의 미분

$$dy = df(x) = f'(x)\,dx$$

는 y 의 "1계 미분"을 줄여 부른 것이다. 이제, 미분 $dy = f'(x)\,dx$ 의 미분을 계산해 보자:

$$d(dy) = d\,[f'(x)\,dx]. \tag{9a}$$

여기서 좌변의 $d(dy)$는 간단히 d^2y 로 표기하고 y 의 **2계 미분**이라 한다. 그리고 독립변수의 미분 $dx(=\Delta x)$는 우리가 설정한 값에 그대로 불변으로 유지되는 변량이므로, (9a)의 우변은

$$d\,[f'(x)\,dx] = [df'(x)]\,dx = [f''(x)\,dx]\,dx = f''(x)(dx)^2 \equiv f''(x)\,dx^2$$

으로 전개된다. 여기서 $dx^2 = (dx)^2$ 임에 유의하여야 한다. 이 결과를 (9a)에 대입하면

$$d^2y = f''(x)\,dx^2 \tag{9b}$$

이 성립한다. (9b)의 양변을 $(dx)^2 = dx^2$ 으로 나누면

$$\frac{d^2y}{dx^2} = f''(x) \tag{9c}$$

으로서 y의 2계 도함수가 얻어진다. 따라서 2계 도함수를 알면 2계 미분은 바로 계산된다. 3계 미분이나 4계 미분도 마찬가지로 정의된다.

(9b)와 (9c)에서 "d^2y" 안의 "2"는 "2계"(미분)를 의미하며 dy의 제곱을 의미하는 것이 아니다. 반면, "dx^2" 안의 "2"는 dx 의 "제곱"을 의미한다. 따라서 "2"를 붙이는 위치에 주의할 필요가 있다.

또한 항상 $dx^2 > 0$ 이므로, (9b)에서 2계 미분 d^2y 의 부호는 2계 도함수 $f''(x)$ 의 부호와 언제나 동일하다.

연습문제 | 6.1

1. $\triangle y$ 와 dy 는 무엇을 나타내는 기호인가? 그리고, $\triangle x$ 와 dx 는 무엇을 나타내는 기호인가? 양자는 서로 어떻게 다른가?

2. 미분을 나타내는 방정식 $dy = f'(x)\,dx$ 는 접선의 방정식과 어떤 관계에 있는가?

3. 위의 [예 6-4]에서 $Y_0 = 240$ 및 $dY = 33$ 일 경우를 계산하라.

4. 함수 $y = \sqrt{x}$ 에서 x 가 $x_0 = 1$ 에서 $dx = 1$ 만큼 변화할 때 y 의 실제 변화량 $\triangle y$ 와 이에 대한 근사치 dy 를 구하라. 그것은 $\triangle y$ 와는 얼마나 차이가 나는가? x 가 각각 2 및 10만큼 증가한다면 그 근사치는 얼마나 근사한가?

5. 함수 $y = x^2$ 및 $y = x^3$ 에 대해, $x_0 = 1$ 에서의 미분식 및 선형 근사식을 각각 구하라.

6. $x_0 = 1$ 에서 $dx = 1$ 일 경우, 함수 $y = x^3$ 의 n 계 미분을 계산하라($n = 1, 2, 3, \cdots$).

7. 몫의 함수 함수 $z = g(x)/f(x)$ 의 미분 dz 를 구하라.

8. $x = 1$ 에서 함수 $y = f(x) = \sqrt{x^2 + 3x + 1}$ 의 1계 미분과 2계 미분을 계산하라.

6.2 지수함수와 로그함수의 미분법

1. 지수함수의 개념

지수함수(指數函數: exponential function)란

$$y = f(x) = cb^x,\ b > 0 \tag{10a}$$

과 같이 독립변수가 지수에 나타나는 함수를 말한다. 경제학에서는 일정한 속도로 성장 또는 쇠퇴하는 경제행태를 기술하는 데 사용된다. 여기서 c와 b는 상수이며, b를 밑수(base)라 한다. 밑수 중에서 이론적으로나 실제적으로 가장 널리 사용되는 것은 네이피어(John Napier(1550-1627))의 상수로 알려진 무리수 $e = 2.71828\cdots$ 이다. e를 밑수로 하는 지수함수는

$$y = f(x) = e^x \quad \text{또는} \quad y = f(x) = \exp(x) \tag{10b}$$

로 표기하고 **자연(natural) 지수함수**라 한다. 통상, 지수함수라 하면 자연지수함수를 일컫는데 그 그래프는 [그림 6-3]에 그려져 있다.

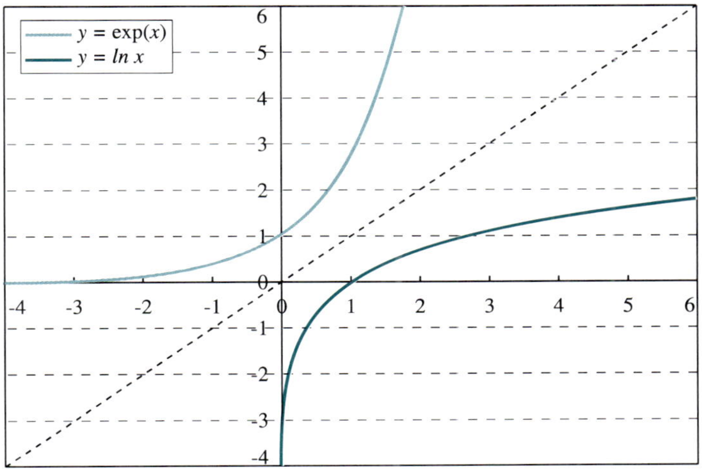

그림 6-3 지수함수와 로그함수의 그래프

2. 밑수 e의 경제적 해석

밑수 e는 이자가 **연속적인 순간복리** 방식으로 증식되는 현상을 묘사하는 데 사용되는데, 이 성질은 지수함수의 미분법을 이해하는 데 긴요하므로 이 점에 관해 먼저 설명하기로 한다. 연간 이자율이 100%이며 이자가 연중 고르게 증식된다(즉, 반년이면 50% 석달이면 25% 등의 이자가 붙는다)고 가정하자. 이제, 연말에 100%의 이자를 한 번 원금에 산입하는 대신, 반년마다 복리계산하면 1원을 예금할 때 1년 후의 원리금은 $(1+0.5)^2$이다. 왜냐하면 반년 후 원금 1원에 50%의 이자(=0.5원)가 붙어 원리금은 1+ 0.5 = 1.5원이 되는데, 나머지 반년 후 이 원리금에 50%의 이자 (1.5)(0.5)이 붙어 원리금은

$$1.5+(1.5)(0.5)=(1+0.5)^2$$

이 되기 때문이다. 같은 요령으로 연간 4회, 즉 분기(3개월)마다 복리계산하면 $(1+0.25)^4$이 되며, 이를 더욱 세분하여 1년간 m회(즉, $365/m$일마다) 복리 계산하면 1년 후의 원리금은

$$y=f(m)=\left(1+\frac{1}{m}\right)^m \tag{11}$$

원이 될 것이다.

m이 $1, 2, 3, \cdots$으로 증가하여 무한대로 커진다면 이 함수의 값은 어떻게 되겠는가? 원리금이 눈덩이처럼 불어나 천문학인 거금이 되는 것은 아닌가? 몇몇 m 값에 대해 그 값을 계산하면,

$$\begin{aligned} &f(1)=2 && f(10) &&= 2.59374\ldots \\ &f(2)=2.25 && f(100) &&= 2.70481\ldots \\ &f(3)=2.37037\ldots && f(1{,}000) &&= 2.71692\ldots \\ &f(4)=2.44141\ldots && f(10{,}000) &&= 2.71814\ldots \end{aligned}$$

또는

매일 복리 $f(365) \approx 2.71457$

매시간 복리 $f(365 \times 24) = f(8{,}760) \approx 2.71813$

매분 복리 $f(365 \times 24 \times 60) = f(525{,}600) \approx 2.71828$

매초 복리 $f(365 \times 24 \times 60 \times 90) = f(31{,}536{,}000) \approx 2.71828$

과 같이 증가하기는 하되 그리 크게 더 증가하지는 않는다.(계산법은 아래의 [예 6-6]을 보라). 사실상, 밑수 e는 m이 무한히 커질 때 이 함수의 극한으로 정의된다:

$$e \equiv \lim_{m \to \infty} \left(1 + \frac{1}{m}\right)^m \tag{12}$$

e는 원주율 π와 마찬가지로 무리수로서 $e = 2.718281828\cdots$이다. e가 겨우 이 정도 크기의 수가 되는 이유는 복리 계산하는 회수 m이 증가함에 따라, 복리계산 단위기간당 적용되는 이자율은 반대로 $1/m$로 하락하기 때문이다.

예 6-5

원금 A원을 연간 이자율 $r(=100r\%)$로 연속적으로 복리 계산하는 경우를 생각해 보자. 연간 m회 복리계산하면, 단위 기간당 이자율은 r/m이다. x년간 예금한다면, 복리계산 단위 기간수는 mx이므로 x년 후의 원리금은

$$y = A\left(1 + \frac{r}{m}\right)^{mx}$$

이다. $m/r \equiv n$으로 두면, $mx = rnx$이므로 위의 식은

$$y = A\left(1 + \frac{r}{m}\right)^{mx} = A\left(1 + \frac{1}{n}\right)^{nrx} = A\left[\left(1 + \frac{1}{n}\right)^n\right]^{rx} \tag{13a}$$

으로 쓸 수 있다. 여기서 x와 r을 고정된 수로 보고, $m \to \infty$일 때의 극한을 계산해

보자. $m \to \infty$ 일 때 $n = m/r \to \infty$ 이며, 이 때 대괄호 안은 합성함수 극한법칙 제5장 (7e) 및 위의 (12)에 의해 e로 수렴한다. 따라서 (13a)의 극한은 다음과 같다:

$$y = Ae^{rx} \qquad \textbf{(13b)}$$

무한히 짧은 단위기간마다 복리계산한다는 것은 **매순간**마다 복리계산하는 셈이다. 이 때, 매기간(매순간) 적용되는 순간 이자율은 무한히 작아지지만(즉, $m \to \infty$ 일 때, $r/m \to 0$) 1년 후의 원리금은 Ae^r 원이다.

3. 자연 대수함수 개념

지수함수 $y = f(x) = e^x$ 의 역함수 $x = f^{-1}(y)$를 자연 로그함수(natural logarithm: ln)라 부르는데, "$f^{-1}(\cdot)$"이라는 기호 대신에 그 영문 머릿글자를 딴 log 또는 ln이라는 문자기호를 사용하여

$$x = \log_e y \quad 또는 \quad x = \ln y$$

로 표기한다. 독립변수를 x로 바꾸어 표기하면

$$y = \log_e x \quad 또는 \quad y = \ln x$$

가 되는데, 이 함수의 그래프는 [그림 6-3]에 그려져 있다. x가 $e^{-1}, 1, e,\ e^2$일 때 y값은 각각 다음과 같다:

$$\ln e^{-1} = -1,\ \ln 1 = 0,\ \ln e = 1,\ \ln e^2 = 2.$$

또한, 다음의 로그함수 연산법칙을 익혀 두라(단, $a > 0$ 및 $b > 0$임):

$$\ln a + \ln b = \ln(ab),\ \ln a - \ln b = \ln(a/b),\ \ln a^b = b(\ln a).$$

예 6-6

$y = f(m) = (1+\frac{1}{m})^m$ 의 계산

양변에 로그를 취하면

$$\ln y = \ln (1+\frac{1}{m})^m = m \ln (1+\frac{1}{m}).$$

다시 양변에 자연지수를 계산하면

$$\exp(\ln y) = y = \exp [m \ln (1+\frac{1}{m})]$$

로서 y가 계산된다.

$m = 365$일 때

$$\ln y = \ln (1+\frac{1}{365})^{365} = 365 \ln (1+\frac{1}{365}) = 365(\ln 1.00274) \approx 0.998633$$

이며, $\exp(0.998633) = y = e^{0.998633} \approx 2.71457.$

4. 지수함수와 대수함수의 미분법

기본적 대수함수와 지수함수의 미분법칙은 다음과 같다:

$$\frac{d}{dx} ln\, x = \frac{1}{x} \tag{14}$$

$$\frac{d}{dx} e^x = e^x \tag{15}$$

$$\frac{d}{dx} b^x = (\ln b) b^x \tag{16}$$

함수 $y = f(x) = \ln x$ 의 도함수는 아래와 같이 그 정의

$$f'(x) = \lim_{\triangle x \to 0} \frac{f(x+\triangle x) - f(x)}{\triangle x} = \lim_{\triangle x \to 0} \left[\frac{\ln(x+\triangle x) - \ln x}{\triangle x} \right]$$

에 의해 도출된다. 이 식 우변의 대괄호 안은 로그법칙에 의해

$$\frac{\ln(x+\triangle x) - \ln x}{\triangle x} = \frac{1}{\triangle x}\left(ln \frac{x+\triangle x}{x} \right) = \frac{1}{\triangle x}\left(ln(1+\frac{\triangle x}{x}) \right)$$

로 고쳐 쓸 수 있는데, $x/\triangle x \equiv m$으로 두면 $1/\triangle x = m/x$이므로 위의 우변은

$$\frac{m}{x} \ln\left(1+\frac{1}{m}\right) = \frac{1}{x} ln\left(1+\frac{1}{m}\right)^m$$

이 된다. $\triangle x \to 0$일 때 $m \equiv x/\triangle x \to \infty$이므로, 위 식의 극한을 계산하면 제5장 (7e) 및 위의 (12)에 의해

$$\frac{dy}{dx} = \lim_{m\to\infty}\left\{ \frac{1}{x} ln\left(1+\frac{1}{m}\right)^m \right\} = \frac{1}{x} ln\left(\lim_{m\to\infty}\left(1+\frac{1}{m}\right)^m \right) = \frac{1}{x} ln\, e$$

이다. $\ln e = 1$이므로, (14)가 성립한다.

(15) 및 (16)도 아래와 같이 쉽게 증명된다. 일반적인 지수함수 $y = g(x) = b^x$의 양변에 로그를 취하면

$$\ln y = x(\ln b).$$

양변을 x에 관해 미분하면

$$\frac{d \ln y}{dx} = \ln b. \tag{17}$$

그런데, 함수 $\ln y$를 y에 관해 미분하면 (14)에 의해

$$\frac{d \ln y}{dy} = \frac{1}{y}$$

인데, 양변에 dy를 곱하면

$$d\ln y = dy/y. \tag{18}$$

(17)의 좌변의 도함수는 두 미분 $d\ln y$와 dx간의 비율로 볼 수 있는데, (18)을 분자에 대입하면

$$\frac{d\ln y}{dx} = \frac{dy/y}{dx} = \frac{1}{y}\frac{dy}{dx} = \ln b.$$

마지막 등식에 $y = b^x$를 대입하면

$$\frac{dy}{dx} = (\ln b)y = (\ln b)b^x. \tag{19}$$

여기서 $b = e$인 경우 $\ln e = 1$이므로, $y = e^x$의 도함수는 e^x 그 자체가 된다.

다음으로, 지수함수 및 대수함수에서도 합성함수 미분법은 긴요하게 사용된다. $y = f(x) = \ln x$이고 $x = g(t)$일 때 합성함수

$$y = f(g(t)) = \ln g(t) \tag{20a}$$

의 도함수를 구해 보자. $f'(x) = 1/x$이므로 연쇄법칙에 의해

$$\frac{dy}{dt} = f'(g(t))g'(t) = \frac{1}{g(t)}g'(t), \text{ 즉 } \frac{d}{dt}\left[\ln g(t)\right] = \frac{g'(t)}{g(t)}. \tag{20b}$$

또한, $y = f(x) = e^x$ 및 $x = g(t)$일 때 합성함수

$$y = f(g(t)) = e^{g(t)} \tag{21a}$$

의 도함수는 (15)에 의해 다음으로 주어진다:

$$\frac{dy}{dt} = f'(x)g'(t) = e^x g'(t) = e^{g(t)}g'(t) \tag{21b}$$

예 6-7

$f(x) = x^{2.1}$과 같이 지수가 자연수가 아닌 함수의 미분법을 도출해 보자. 이를 위해 $y = x^n = g(x)$에서 n이 **임의의 실수**라 하자.

새로운 변수

$$z = \ln y = f(y)$$

를 도입하면, f와 g의 합성함수는

$$z = \ln y = f(g(x)) = \ln x^n = n \ln x$$

가 된다. 연쇄법칙을 적용하여 양변을 x에 관해 미분하면

$$\frac{dz}{dx} = f'g' = \frac{1}{y}\frac{dy}{dx} = n\frac{1}{x}$$

마지막 등식의 양변에 y를 곱하면

$$\frac{dy}{dx} = n\frac{1}{x}y = n\frac{1}{x}x^n = nx^{n-1}$$

이 된다. 이것은 멱함수의 미분법 제5장의 (13)을 일반화한 것이다.

연습문제 | 6.2

1. 다음 함수의 도함수를 계산하라:

(a) $y = 3e^{-2x}$ (b) $y = \ln x^2$ (c) $y = x^2 \ln x$

(d) $y = \ln(2x+3)$ (e) $y = x^{4.5}$

2. t 년도의 인구가 $P(t) = 8{,}000\, e^{0.02t}$ 일 때 t 시점의 백분율 인구증가율을 계산하라.

3. 정규분포하는 확률변수 x의 확률밀도함수는

$$y = f(x) = \frac{1}{\sigma\sqrt{2\pi}} exp\left(-\frac{(x-\mu)^2}{2\sigma^2}\right),\ -\infty < x < \infty$$

으로 주어진다. 여기서 μ는 x의 평균치이고 σ는 그 표준편차로서 상수이다. 이 함수의 1계 및 2계 도함수를 구하여 그 그래프를 그려보라.

6.3 한계량, 평균량 및 탄력성간의 관계

1. 평균비용과 한계비용

기업이 Q단위를 생산할 때 총비용을 비용함수 $C = C(Q)$로 표기하자. 그러면, 한계비용(marginal cost: MC) 함수와 평균비용(average cost: AC) 함수는 각각

$$MC = C'(Q) \equiv MC(Q) \text{ 및 } AC = \frac{C(Q)}{Q} \equiv AC(Q)$$

로 정의된다.

이제, 생산량이 증가함에 따라 평균비용이 어떻게 변화하는가를 보기 위해, 평균비용함수를 생산량 Q에 관해 미분해 보자. 몫의 미분법칙에 의해

$$\frac{dAC}{dQ} = \frac{d}{dQ}\left[\frac{C(Q)}{Q}\right] = \frac{C'(Q)Q - C(Q)\cdot 1}{Q^2} \equiv \frac{1}{Q}\left[MC(Q) - AC(Q)\right]$$

이다. 이 식은 무엇을 말해주는가? 등식에서 좌변이 양(음)이면 우변도 양(음)이어야 하고, 좌변이 0이면 우변도 0이어야 한다. 따라서 다음이 도출된다:

$$\frac{dAC}{dQ} < 0 \Leftrightarrow MC(Q) < AC(Q) \quad \textbf{(22a)}$$

$$\frac{dAC}{dQ} = 0 \Leftrightarrow MC(Q) = AC(Q) \quad \textbf{(22b)}$$

$$\frac{dAC}{dQ} > 0 \Leftrightarrow MC(Q) > AC(Q) \quad \textbf{(22c)}$$

(22a)는 생산량 Q에서 평균비용 곡선의 기울기가 음이면, 그 수량에서의 평균비용이 한계비용보다 높다는 것을 말한다. 이것은 이를테면 [그림 6-4]에서 평균비용 곡선이 우하향 하는 영역 $0 \leq Q < 60$에 속하는 생산량에서 그러하다.

(22c)는 평균비용곡선의 기울기가 양인 생산량, 즉 [그림 6-4]에서 평균비용 곡선이 우상향 하는 영역 $Q > 60$에서 평균비용이 한계비용보다 낮음을 의미한다. (22b)는

평균비용곡선의 기울기가 수평인 생산량에서는 평균비용이 한계비용과 일치함을 의미하는데, [그림 6-4]의 생산량 $Q=60$에서 그러하다.

예 6-8

비용함수가

$$C=C(Q)=\frac{Q^3}{120}-Q^2+130Q$$

로서 생산량 Q의 3차 함수인 경우, **한계비용** 및 **평균비용** 함수는 각각 다음과 같다:

$$MC=C'(Q)=\frac{1}{40}Q^2-2Q+130=\frac{1}{40}(Q-40)^2+90$$

$$AC=\frac{C(Q)}{Q}=\frac{Q^2}{120}-Q+130=\frac{1}{120}(Q-60)^2+100$$

이 평균비용 곡선과 한계 비용곡선은 [그림 6-4]에 도시되어 있다. 평균비용곡선은 Q=60에서 최저점을 이루며, 그 기울기가 0인데 이 점에서 평균비용과 한계비용이 일치한다. $Q<60$인 영역에서는 평균비용곡선의 기울기가 음인데, 평균비용은 한계비용보다 높다. $Q>60$인 영역에서는 평균비용곡선의 기울기가 양인데, 평균비용은 한계비용보다 낮다.

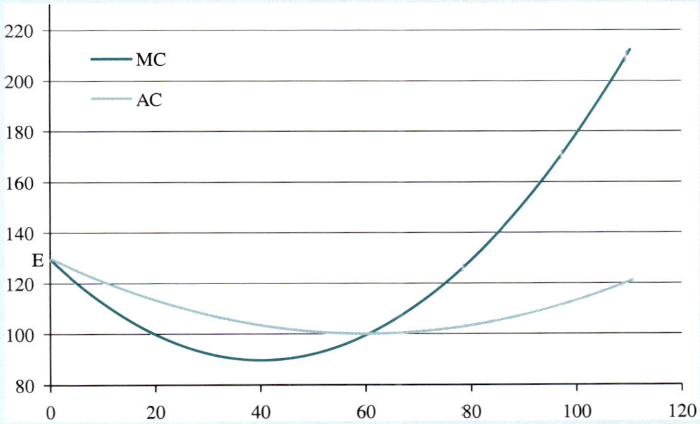

그림 6-4 평균비용 곡선과 한계비용 곡선

[예 6-8]과는 달리, 비용이 생산량에 정비례하는 경우, 즉 비용함수가 $C(Q) = bQ$이며 b는 상수일 경우 (22b)만 성립하며 [그림 6-5(b)]의 $AC = MC = b$로 그려진다. 그리고 평균비용이 우하향하는 직선일 경우 (22a)만 성립하며 한계비용곡선은 [그림 6-5(a)]에서와 같이 그 아래에 위치한다.

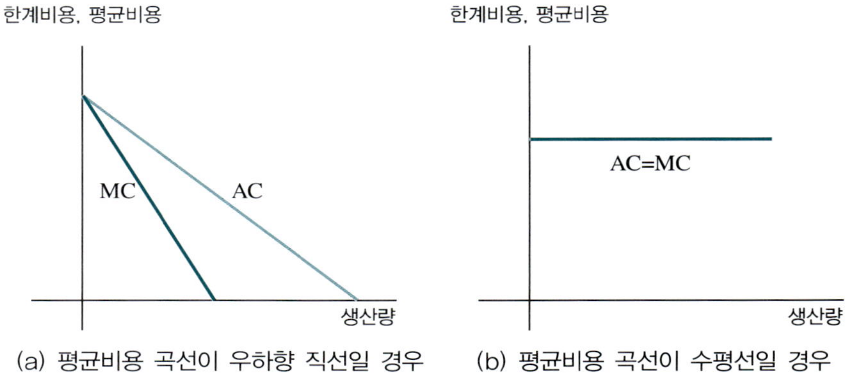

그림 6-5 평균비용 곡선과 한계비용 곡선간의 관계

(22)는 기하학적으로도 쉽게 증명된다. [그림 6-6a]에는 총비용함수 $C = C(Q)$의 그래프가 그려져 있는데, 임의의 Q_0 단위에서의 한계비용은 총비용곡선 상의 점 $D = (Q_0, C(Q_0))$에서 비용곡선에 접하는 접선 TT'의 기울기로 표현되며, Q_0에서의 평균비용은 DQ_0 / OQ_0이므로 점 D와 원점을 잇는 방사선 OD의 기울기로 표시된다. 생산량이 Q_m인 점 B에서는 접선과 방사선 OB가 일치하며, $Q > Q_m$인 A 점에서는 방사선의 기울기가 접선의 기울기보다 더 작다. 그리고 $Q < Q_m$인 점 D에서는 방사선의 기울기가 접선의 기울기보다 더 크다. 이 기울기들을 별도로 [그림 6-6b]도에 표시하였는데, 각각 평균비용곡선 및 한계비용곡선을 이룬다. (22)의 관계는 비용함수에 적용될 뿐만 아니라, 생산함수나 수입함수 등 경제학에 나오는 다른 여러 관계에서도 적용된다.

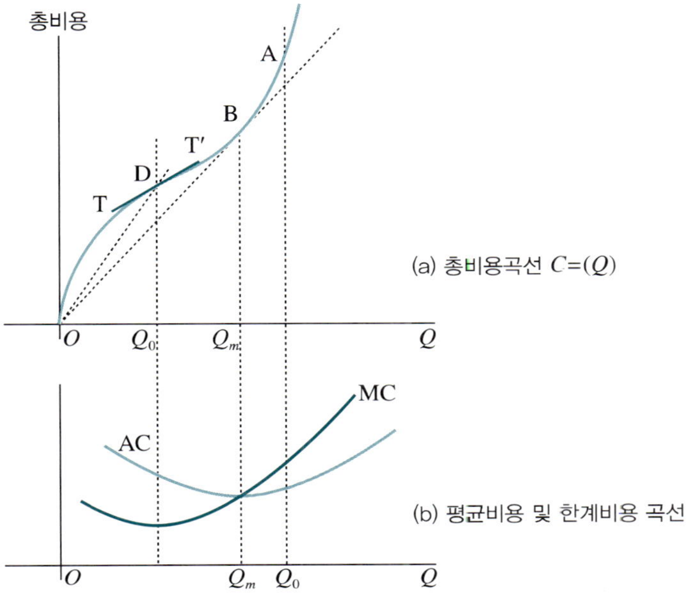

그림 6-6 평균비용 곡선과 한계비용 곡선의 도출

2. 평균수입과 한계수입

X재의 시장 수요함수가 $x^d = D(p)$, 또는 그 역함수인 시장 수요가격함수가 $p^d = g(x)$이며 우하향($g'(x) < 0$)할 때, 기업의 평균수입과 한계수입 간의 관계를 살펴보자. 이 관계는 독점기업과 경쟁기업의 두 가지로 나누어 고찰하는 것이 좋다.

독점기업이 x단위를 생산하여 판매하면 x에서의 시장수요가격을 받으므로 총수입(Total Revenue: TR)은

$$TR \equiv px = p^d x = x\,g(x) \equiv TR(x) \tag{23}$$

이다. 그러면 평균수입(average revenue: AR)과 한계수입(marginal revenue: MR)은 각각

$$AR \equiv TR/x = p^d = g(x) \text{ 및 } MR = dTR/dx = TR'(x)$$

이다. 따라서 시장 수요가격함수가 바로 평균수입 함수가 된다. 이것을 x에 관해 미분하면

$$g'(x) = \frac{dAR}{dx} = \frac{d}{dx}\left[\frac{TR(x)}{x}\right] = \frac{x\,TR'(x) - TR(x)}{x^2} = \frac{R'(x) - R(x)/x}{x}$$

$$= \frac{MR(x) - AR(x)}{x} < 0$$

이므로, $MR(x) < AR(x)$, 즉 한계수입곡선이 평균수입곡선(=수요곡선)의 아래에 위치한다. 이것은 (22a)에 해당하는 결과이다.

예 6-9

X재 시장 수요함수가 $x^d = \alpha - \beta p$로서 p에 선형(α와 β는 양의 상수임)일 경우, 시장 수요가격 함수는

$$p = (\alpha/\beta) - (1/\beta)x \equiv p^d(x)$$

이다.

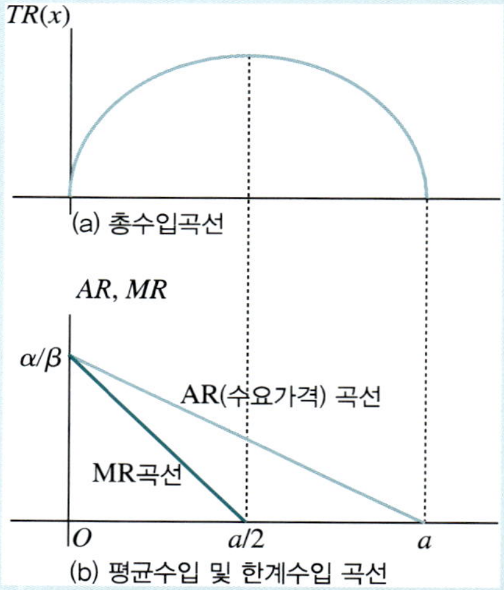

그림 6-7 독점기업의 총수입, 평균수입 및 한계수입 곡선

독점기업이 x 단위를 생산하여 판매할 때의 총수입, 평균수입 및 한계수입 곡선은 각각 다음과 같다:

$$TR = px = p^d(x) \cdot x = (\alpha/\beta)x - (1/\beta)x^2 \equiv TR(x)$$
$$AR = TR/x = p^d(x)$$
$$MR = TR'(x) = (\alpha/\beta) - (2/\beta)x \equiv MR(x).$$

이것들은 [그림 6-7]에 도시되어 있는데, 이로부터 수요가격 함수가 바로 평균수입 함수이며, 독점기업의 한계수입 곡선은 수요가격 곡선과 동일한 가격축 절편 α/β와 수요가격 곡선의 2배의 기울기를 갖는 직선임을 알 수 있다.

이제, 경쟁기업의 평균수입 및 한계수입을 생각해 보자. 독점기업과는 달리, 경쟁기업은 시장가격을 결정할 수 없다. 모든 기업들의 공급을 합쳐 형성되는 시장공급이 시장수요와 일치하는 수준에서 시장균형가격이 결정되면, 개별 기업은 그 가격을 주어진 것으로 받아들이고서 이윤을 극대화하는 생산량을 결정할 따름이다. 이와 같이, 시장가격을 주어진 것으로 받아들이는 것을 **가격순응**(price-taking) **행동**이라 부른다. 개별기업이 가격순응자로 행동할 수 있는 이유는 경쟁시장에 기업들이 무수히 많이 존재하므로, 특정 기업이 생산량을 2배나 3배 늘리더라도 전체 시장공급은 별로 영향을 받지 않으며 따라서 시장균형가격도 별로 영향을 받지 않는다고 간주할 수 있기 때문이다.

따라서, 시장가격 p가 주어지면 개별 경쟁기업이 x단위를 판매할 때의 총수입은 여전히

$$TR = px \equiv TR(x)$$

이지만, 여기서 p는 주어진 상수이다. 그러므로 평균수입과 한계수입은 각각

$$AR \equiv TR(x)/x = p \text{ 및 } MR(x) = TR'(x) = p$$

로서 시장가격과 동일하다. 이 관계는 (22c)의 한 예이다.

3. 수요의 가격에 대한 반응도와 탄력성

경제원론의 앞부분에는 수요공급 모형과 함께 수요의 탄력성이 기본 개념으로 소개된다. 아래에서 이 탄력성의 의의와 성질을 탐구하기로 한다.

X재에 대한 시장수요함수가 $x^d = f(p)$라면, 시장가격이 p_0에서 $p_1 = p_0 + dp$로 $dp(= \triangle p)$만큼 변화할 때 시장수요량은 실제로

$$\triangle x^d = f(p_0 + \triangle p) - f(p_0)$$

만큼 변화한다. 이 때, 시장수요량이 시장가격의 변화에 대해 민감하게 변화하는 정도는 일단

$$\frac{\triangle x^d}{\triangle p} = \frac{\text{수요량의 변화량}}{\text{가격의 변화량}} \text{ 또는 근사적으로 } \frac{dx^d}{dp} = f'(p_0) \tag{24}$$

로 측정될 수 있다.

그러나 (24)로 계산되는 수치는 수요량과 가격의 **측정단위**에 따라 달라지며, 그 단위가 정확하게 명시되어 있지 않을 경우 반응도가 잘못 평가될 수 있다는 문제점을 안고 있다.

예 6-10

맥주의 시장 수요함수가

$$x^d = f(p) = 22{,}500{,}000{,}000 / p^2$$

이라 하자. 여기서 맥주 가격은 병당 가격이며 수요량은 병수로 표시되어 있다. 맥주 1병의 가격이 $p_0 = 3{,}000$원이면 월간 맥주수요량은 $x_0^d = 2{,}500$병이고 가격이 $p_1 = 5{,}000$원으로 상승하면 수요량은 $x_1^d = 900$병으로 감소한다. 그러면 $\triangle p = 2{,}000$ 및 $\triangle x^d = -1{,}600$이므로 (24)는

$$\triangle x^d / \triangle p = -1{,}600 / 2{,}000 = -0.8$$

로 계산된다.

그런데, 위의 예에서 수요량을 10병들이 상자단위로 측정한다면, $\triangle p = 2{,}000$ 원에 대해 수요량은 250상자에서 90상자로 감소하드로 $\triangle x^{a} = -160$ 상자가 된다. 그러면

$$\triangle x^{d} / \triangle p = -160 / 2{,}000 = -0.08$$

로서 무려 10배나 축소된다.

맥주가격이 병당 1원 상승할 때 맥주 수요량이 0.8병 감소한다고 말하거나 0.08 상자 감소한다고 말하거나 내용상 다를 바 없다. 그러나 (24)의 척도로 계산하면 전혀 다른 수치가 된다.

이러한 측정단위 문제를 해소하기 위해 (24)에서 각 변화량을 그 원래의 수량으로 나누어 백분율 변화율로 대체한 다음, 양의 값으로 만들기 위해 그 절대치를 계산한 것이 수요의 가격 **탄력성(彈力性)**이다:

$$\epsilon_p^d = \left| \frac{\text{수요량 (근사적) 변화율}}{\text{가격 변화율}} \right| = \left| \frac{dx^d / x_0^d}{dp / p_0} \right|$$

$$= \left| \frac{dx^d}{dp} \frac{p_0}{x_0^d} \right| = -f'(x_0) \frac{p_0}{x_0^d} \tag{25}$$

여기서 ϵ_p^d는 p_0에서의 "수요(demand)의 가격(price) **탄력성**(elasticity)"을 나타낸다. 이것은 한 점에서 계산되므로 점(point) **탄력성**이라 하며, 초기 가격(p_0)과 수요량(x_0^d) 대신에 가격변화 전후의 평균 가격과 평균 수요량을 적용한 것은 호탄력성이라 한다. 이 식의 분자에서는 수요량의 변화량을 수요량으로 나누기 때문에 수요량 측정단위가 상쇄되며, 마찬가지로 분모에서는 가격의 측정단위가 상쇄된다. 그리하여, (25)의 탄력성은 측정단위에 의존하지 않는 순수한 **비율**의 숫자가 된다.

예 6-11

위의 [예 6-10]에서 $p_0 = 3{,}000$원에서 수요함수의 미분계수는

$$dx^d/dp = f'(3{,}000) = -5/3$$

이므로, 수요의 가격탄력성은

$$\epsilon_p^d = \left|\frac{dx^d}{dp}\frac{p_0}{x_0^d}\right| = \left|-\frac{5}{3}\frac{3{,}000}{2{,}500}\right| = 2$$

로 계산된다.

(25)로 정의되는 수요의 가격 탄력성은 수요곡선 상의 한 점에서의 가격 p_0, 수량 x_0^d 및 그 점에서의 기울기 $f'(p_0)$에 의존하므로, 수요곡선 상의 어느 점에서 측정하는가에 따라 일반적으로 그 값이 달라진다. 따라서 그 값을 대략이나마 한 눈에 짐작할 수 있는 방법이 있다면 아주 유용할 것이다. 다행히, (25)의 탄력성은 기하학적으로 아주 간단하게 해석된다.

[예 6-11]의 수요함수와 가격변화를 도시하기로 하자. [그림 6-8]에 초기 수요점 $A = (p_0, x_0^d)$와 그 점에서 수요곡선에 접하는 접선 CD가 그려져 있다. 가격이 종축에 표시되어 있기 때문에, (25)의 미분계수는 기하학적으로 다음 두 선분의 비율의 음의 값으로 표현될 수 있다:

$$f'(p_0) = \frac{dx^d}{dp} = -\frac{EA}{EC}.$$

또한, 초기점 A의 좌표는 기하학적으로 $p_0 = OE$ 및 $x_0^d = EA$이다. 따라서 (25)는 다음으로 표현된다:

$$\epsilon_p^d = -f'(p_0)\frac{p_0}{x_0^d} = \frac{EA}{EC}\frac{OE}{EA} = \frac{OE}{EC} = \frac{AD}{CA}$$

(마지막 등식은 삼각형 DOC와 삼각형 AEC가 닮은꼴이므로 성립된다). 이것은 다음을 의미한다: 수요곡선 상의 한 점 A 에서의 수요의 가격 탄력성은, 그 점에 접선을 그어 가격축과 만나는 절편을 C, 수량축과 만나는 절편을 D 라 하면, 선분 AD 의 CA 에 대한 비율로 표시된다. 따라서 점 A 가 선분 CD 상의 중점(**中點**)에 위치하면 수요의 가격탄력성은 1이며, 중점에서 가격축 절편(C 점) 쪽으로 가까이 갈수록 탄력성은 1보다 커지고 수량축 절편 쪽으로 가까이 갈수록 1보다 작아진다.

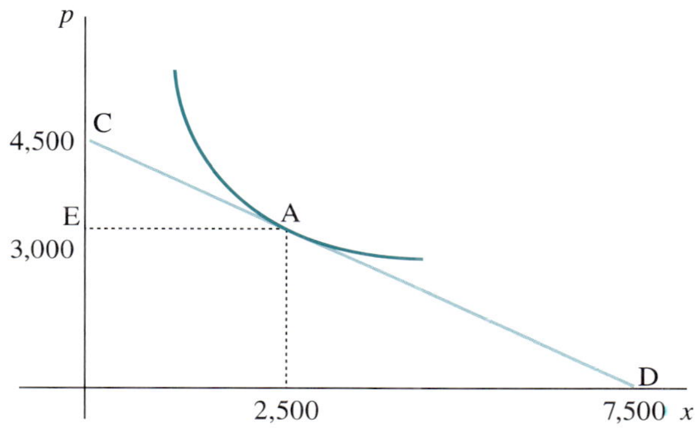

그림 6-8 수요의 가격탄력성의 기하학적 표현

4. 탄력성과 총지출액

수요의 가격탄력성이 적용되는 중요한 한가지 예로서 시장가격의 변화에 따라 소비자들의 **총지출액**(이것은 경쟁시장이라면 공급자들의 **총수입**과 일치하며 독점시장이라면 독점기업의 총수입과 일치함)이 증감하는가의 여부를 탄력성에 의해 판별하는 방법이 있다.

시장수요 함수가 $x^d = f(p)$일 때 공급자들이 시장가격 p에서 판매할 수 있는 수량(x)은 $f(p)$단위이다. 따라서 그들의 총수입은

$$TR = px = pf(p)$$

로 주어지며, 이것은 가격 p 만의 함수이다. 시장가격이 **상승**하면 수요량은 가격변화

방향과는 반대로 **하락**하므로, 가격과 수량의 곱인 총수입은 증가할 수도 있고 감소할 수도 있다. 어떤 경우에 총수입이 증가하는가? 이에 답하기 위해, 총수입의 전미분을 구하여 정돈하면

$$dTR = [f(p) + pf'(p)]\,dp = f(p)\left[1 + \frac{f'(p)p}{f(p)}\right]dp \equiv f(p)(1 - \epsilon_p^d)\,dp \qquad \textbf{(26)}$$

가 얻어진다. 여기서 $f(p) = x^d > 0$ 이므로, **총수입의 증감** 여부(즉, 변화량 dTR의 부호)는 **탄력성(ϵ_p^d)의 크기**와 **가격의 증감**(dp의 부호) 여부에 의해 결정된다. 예컨대, 가격이 **상승**하는 경우 $dp > 0$ 이므로, 다음 결과가 도출된다:

$$\begin{aligned} \text{가격이 상승할 때 } \epsilon_p^d &< 1\text{이면, } dTR > 0 \quad (\text{총수입 증가}) \\ \epsilon_p^d &= 1\text{이면, } dTR = 0 \quad (\text{총수입 불변}) \\ \epsilon_p^d &> 1\text{이면, } dTR < 0 \quad (\text{총수입 감소}) \end{aligned} \qquad \textbf{(27)}$$

이 결과는 직관적으로도 쉽게 이해된다. 탄력성이 1보다 작다는 것은 시장가격이 1% 상승할 때 수요량은 1% 미만으로 감소한다는 것, 즉 수요자들이 가격이 상승해도 수요량을 대폭 줄이지 못함을 의미한다. 이럴 경우, 시장가격이 상승하면 공급자들은 더 높아진 가격에서 종전에 팔던 수량을 대체로 그대로 판매할 수 있으므로 그들의 총수입은 증가한다.

예 6-12

위에서 시장수요 함수 $x^d = f(p)$의 역함수인 시장 수요가격 함수가 $p^d = f^{-1}(x) \equiv g(x)$라 하자. 수요가격함수를 이용한 수요의 가격탄력성은

$$\epsilon_p^d = \left|\frac{dx}{dp}\frac{p}{x}\right| = \left|\frac{g(x)}{x\,g'(x)}\right|$$

이며, 기업들의 총수입 또는 독점기업의 총수입은 (23)과 같이 생산량의 함수로 표시할 수도 있다:

$$TR \equiv px = p^d x = x\,g(x) \equiv TR(x)$$

그러면, 총수입의 미분은

$$dTR = [g(x) + x\,g'(x)]\,dx = g(x)\left[1 + \frac{g'(x)x}{g(x)}\right]dx \equiv g(x)\left[1 - \frac{1}{\epsilon_p^d}\right]dx$$

로 주어진다. 따라서 총수입의 근사적 변화량은 탄력성의 크기와 생산량의 변화량에 의존하며, 생산량을 증가시킬 경우($dx > 0$) 다음이 성립한다:

$$\epsilon_p^d < 1\text{이면, } dTR > 0 \text{ (총수입 증가)} \tag{28}$$
$$\epsilon_p^d = 1\text{이면, } dTR = 0 \text{ (총수입 불변)}$$
$$\epsilon_p^d > 1\text{이면, } dTR < 0 \text{ (총수입 감소)}$$

이것은 [그림 6-7]에서 기하학적으로 쉽게 이해된다. 수요함수가 선형이면, [그림 6-9]에서 설명한 바와 같이

① $0 < x < \alpha/2$ 일 때 $\epsilon_p^d > 1$,   ② $x > \alpha/2$ 일 때 $\epsilon_p^d < 1$

이다. 그런데, ①의 영역에서 생산량이 조금 증가함에 따라 [그림 6-7]에 도시된 총수입 곡선은 우상향 하므로 실제 총수입은 증가하며, ②의 영역에서 생산량이 조금 증가함에 따라 총수입 곡선은 우하향 하므로 실제 총수입은 감소함을 알 수 있다. 물론, 이 그림은 실제 총수입의 변화량을 보여 주는 데 반해, (28)는 그 근사적 변화량을 말해 준다.

연습문제 | 6.3

1. 비용함수가 생산량에 선형, 즉 $C(Q) = a + bQ$ 인 경우를 생각해 보자. 여기서 a 와 b 는 상수이다. 평균비용함수와 한계비용함수를 도출하고 그림으로 그려보라. 또한, a 값은 비용에서 어떤 의미를 갖는가?

2. 수요가격 함수가 $p^d = g(x) = 1/x$ 이라면, 한계수입곡선과 평균수입곡선은 각각 어떤 모양을 이루는지 그림으로 보이라.

3. 기업의 생산함수가 $Q = f(L) = \sqrt{L}$ 일 때, 노동(L)의 평균생산 함수와 한계생산 함수를 구하고 도시하라.

4. 기업의 생산함수가 $Q = f(L) = a + bL$ 일 때, 노동의 평균생산 함수와 한계생산함수를 구하고 도시하라.

5. 위의 [예 6-10]에서 측정단위를 달리함에 따라 상이하게 계산된 수치가 (25)로 환산하면 과연 동일한 수치가 되는가를 확인하라.

6. [예 6-10]의 수요함수에서 $p_0 = 200$ 및 $dp = -10$ 일 때 수요의 가격탄력성을 계산하라.

7. 시장공급함수 $x^s = g(p)$ 에서 공급의 법칙($g'(p) > 0$)이 성립할 때, 공급의 가격탄력성을 정의하고 수요의 탄력성과 유사한 방식으로 그것을 기하학적으로 표현해 보라(공급곡선은 우상향하기 때문에 수요곡선의 경우를 기계적으로 적용하지 말고, 대수적 정의를 따라 그 기하학적 의미를 충실히 도출하라).

8. 가격이 **하락**하는 경우, (26)으로부터 탄력성의 크기와 총지출액의 증감간의 관계를 도출하고, 그 직관적 의미를 설명하라.

9. 경제활동이나 일상 생활에서 반응의 정도를 탄력성으로 표현하는 사례를 들고 그것을 수식으로 표현하라.

CHAPTER

07

다변수 함수의 미분법

제5장과 6장에서는 1변수 함수 $y=f(x)$의 도함수와 미분을 고찰하였으나, 제2장과 3장에서 언급한 바와 같이 경제분석에는 다변수 함수 $y=f(x_1, x_2, \dots, x_n)$ 이 많이 사용되므로, 그 도함수와 미분도 잘 알아둘 필요가 있다.

그런데, 비록 다변수 함수를 다룰지라도 분석상의 관점에서 다변수들(여러 독립변수들) 중 오직 1개의 독립변수만 변동할 때의 종속변수의 변화를 고찰하고자 한다면, 변동하지 않는 다른 모든 독립변수들은 상수(매개변수)처럼 간주해도 무방하므로 제5장에서 다룬 1변수 함수의 도함수와 다를 바가 거의 없다. 그럴 경우, 1변수 함수의 도함수 개념을 기계적으로 적용하면 되며, 그것은 제1절에서 설명된다. 다변수 함수의 기본적 성질은 2변수 함수 $y=f(x_1, x_2)$ 와 거의 동일하므로 2변수 함수를 중심으로 설명한다.

제2절에서는, 1변수 함수에서의 미분을 다변수 함스로 확장한 것으로서, 다변수들이 동시에 변화할 때 종속변수의 근사적 변화량인 전미분 개념을 소개한다. 제3절에서는 다변수 함수와 다른 함수가 결합된 합성함수의 미분법인 연쇄법칙을 설명한다. 제4절에서는 경제모형 분석에서 빼놓을 수 없는 음함수 정리를 설명한다.

7.1 다변수 함수의 편도함수

1. 편도함수 개념

1변수 함수 $y=f(x)$의 도함수는 독립변수 x가 $\triangle x(=dx)$만큼 변화하여 종속변수 y가 $\triangle y$만큼 변화할 때, $\triangle x \to 0$에 따라 평균 변화율 $\triangle y/\triangle x$가 수렴하는 극한으로 정의되었음을 상기하라. 2변수 함수

$$y=f(x_1, x_2) \tag{1a}$$

에는 독립변수가 2개이므로 x_i가 x_i^0에서 $\triangle x_i^0$만큼 변화할 때($i=1,2$) 종속변수는

$$\triangle y = f(x_1^0 + \triangle x_1,\ x_2^0 + \triangle x_2) - f(x_1^0, x_2^0) \tag{1b}$$

만큼 변화한다. 그런데, 두 독립변수가 동시에 변동할 경우 평균 변화율(및 그 극한) 개념을 적용하기 곤란하므로, 우선 한 번에 한 변수만 변화하는 단순한 경우를 살펴보기로 하자.

x_1 만 변화한다는 것은 x_2 가 일정한 값 x_2^0 에 고정($x_2 = x_2^0$)되어 있어 $\triangle x_2 = 0$ 임을 의미하므로, 2변수 함수 (1a)는 사실상 1변수 x_1 만의 함수

$$y = f(x_1, x_2^0) \equiv g(x_1) \tag{2a}$$

으로 된다. 기하학적으로, 이 함수의 그래프는, 3차원 $x_1 x_2 y$ 공간에서 **곡면**으로 나타나는 $y = f(x_1, x_2)$ 의 그래프 중의 $x_2 = x_2^0$ 단면, 즉 이 공간의 **수직면**인 $x_2 = x_2^0$ 가 이 곡면과 교차하여 이루는 곡선이다([그림 7-1] 및 [그림 7-2] 참조). 1변수 함수 $g(x_1)$ 의 차분을 구하면

$$\triangle y = g(x_1^0 + \triangle x_1) - g(x_1^0) = f(x_1^0 + \triangle x_1, x_2^0) - f(x_1^0, x_2^0)$$

이므로 $\triangle x_1 \to 0$ 일 때 $\triangle y / \triangle x_1$ 의 극한은

$$g'(x_1^0) = \lim_{\triangle x_1 \to 0} \frac{\triangle y}{\triangle x_1} \equiv \lim_{\triangle x_1 \to 0} \frac{f(x_1^0 + \triangle x_1, x_2^0) - f(x_1^0, x_2^0)}{\triangle x_1} \tag{2b}$$

로 정의된다. 이 극한이 존재한다면, 그것을 점 (x_1^0, x_2^0) 에서의 함수 $f(x_1, x_2)$ 의 x_1 에 관한 **편미분**(偏微分: partial derivative) **계수**라 한다. 기하학적으로, 이 편미분계수는 그 점에서 $x_2 = x_2^0$ 단면상의 함수 (2a)의 그래프(곡선)에 접하는 접선의 기울기로 표현된다.

위에서는 x_2 변수가 특정한 값에 고정되어 있음을 강조하기 위해 상첨자 "o"을 붙

여 x_2^0 로 표기하였으나, 그 값이 임의의 x_2 값에 고정되어 있음을 명심하고서 그저 x_2 로 표기하기로 하자. 그리고 x_1^0 도 임의의 x_1 으로 잡으면 (2b)는

$$\lim_{\triangle x_1 \to 0} \frac{\triangle y}{\triangle x_1} = \lim_{\triangle x_1 \to 0} \frac{f(x_1 + \triangle x_1, x_2) - f(x_1, x_2)}{\triangle x_1} = \frac{\partial y}{\partial x_1} = f_1(x_1, x_2) \qquad \textbf{(2c)}$$

가 된다. 이것은 (x_1, x_2)의 함수이므로 $y = f(x_1, x_2)$ **의** x_1 **에 관한 편도함수**(偏導函數: partial derivative)라 부른다. 여기서 1변수 함수의 도함수와 구별하기 위해 기호 "d" 대신 그 끝을 왼쪽으로 꼬부린 기호(문자가 아님) "∂"를 사용하는데, 이 기호는 "다른 독립변수가 불변인(그리하여, 상수로 간주되는) 상태에서 미분"한다는 것을 의미하며 "델(del)" 또는 "partial"이라 읽기도 한다. 1변수 도함수는 프라임(′) 기호를 사용하여 $f'(x)$로도 표기하였는데, 다변수 함수에서는 x_2 에 관한 편도함수와 구별되도록 변수명 그 자체를 하첨자로 사용하여 "$f_{x_1}(x_1, x_2)$"로 표기하거나, 또는 단순히 "첫 번째" 독립변수임을 나타내는 "하첨자 1"를 붙여 "$f_1(x_1, x_2)$"로 표기한다.

마찬가지로, x_1 이 불변($\triangle x_1 = 0$)일 때 2변수 함수 $y = f(x_1, x_2)$ 의 x_2 **에 관한 편도함수**는

$$\lim_{\triangle x_2 \to 0} \frac{\triangle y}{\triangle x_2} = \lim_{\triangle x_2 \to 0} \frac{f(x_1, x_2 + \triangle x_2) - f(x_1, x_2)}{\triangle x_2} = \frac{\partial y}{\partial x_2} = f_2(x_1, x_2)$$

로 정의되며, 기하학적으로, 점 (x_1^0, x_2^0)에서 x_2 **에 관한 편미분계수**는 $x_1 = x_1^0$ 단면상의 함수 $y = f(x_1^0, x_2)$ (즉, 3차원 곡면 $y = f(x_1, x_2)$ 가 수직면 $x_1 = x_1^0$ 와 교차하여 이루는 곡선)에 그 점에서 접하는 접선의 기울기를 나타낸다.

예 7-1

함수 $y=f(x_1, x_2)=x_1^2x_2^2$ 의 x_1에 관한 편도함수를 구하고 $x^0=(1,2)$에서 편미분계수를 구해 보자. 원함수를 x_1에 관해 편미분하면, x_1에 관한 편도함수는

$$\frac{\partial y}{\partial x_1}=f_1(x_1, x_2)=\frac{\partial(x_1^2x_2^2)}{\partial x_1}=x_2^2\left[\frac{d(x_1^2)}{dx_1}\right]=x_2^2(2x_1)=2x_1x_2^2$$

으로 주어진다. x_2를 상수인양 간주하여 세 번째 등호 우변에서 x_2^2 항을 묶어내면, 편미분하는 것은 x_1^2 항을 x_1에 관해 단순히 미분하는 것과 같다. 여기에 $x^0=(1,2)$를 대입하면, 그 점에서 편미분계수 $f_1(1,2)=8$이 계산된다.

마찬가지로, x_2에 관한 편도함수는

$$\frac{\partial y}{\partial x_2}=f_2(x_1, x_2)=\frac{\partial(x_1^2x_2^2)}{\partial x_2}=x_1^2\left[\frac{d(x_2^2)}{dx_2}\right]=x_1^2(2x_2)=2x_1^2x_2$$

이며, 점 $x^0=(1,2)$에서의 x_2의 편미분계수는 $f_2(1,2)=4$이다.

임의의 n변수 함수 $y=f(x_1, \dots, x_n)$을 x_i에 관해 미분한 편도함수

$$\frac{\partial y}{\partial x_i}=f_i(x_1, x_2, \dots, x_n)$$

도 마찬가지로 정의된다. 이 편도함수를 실제로 구하는 편미분법은, x_i 이외의 모든 다른 독립변수들은 상수처럼 간주하고서 x_i에 관해 단순히 미분하면 된다. 따라서 편도함수를 구하는 **편미분법**은 “변화하는 독립변수 이외의 다른 독립변수들은 고정되어 있어 마치 상수처럼 간주된다는 사항만 명심”하면 1변수 함수의 미분법과 다를 바가 전혀 없다.

경제학에서 1변수 함수 $y=f(x)$의 y가 어떤 총량을 지칭할 경우 그 도함수는 한계함수로 불리는 경우가 많은데, 이것은 다변수 함수의 편도함수들에 대해서도 마찬

가지이다. 예컨대, 노동 L과 자본 K를 투입하여 산출량 Q를 생산하는 생산함수가 $Q=f(L,K)$이면

$$\frac{\partial Q}{\partial L}=f_L(L,K)$$

는 노동의 한계생산함수이다. 이것은 자본량이 불변인 채 노동량만 변화할 때 산출량의 순간 **변화율**이다.

예 7-2

X_i 재를 x_i 만큼 소비할 때의 효용함수가 $U=U(x_1,x_2)=\sqrt{x_1x_2}$ 인 경우를 생각해 보자$(i=1,2)$. 제2재의 소비량 x_2가 고정된 상태에서 제1재의 소비량 x_1만을 $\triangle x_1$만큼 증가할 때, 효용 U의 x_1에 관한 편도함수는 제1재의 한계효용 함수이다. 그것을 계산하면, 편미분 과정에서 x_2는 상수로 간주되므로 다음을 얻는다:

$$U_1(x_1,x_2)=\sqrt{x_2}\left(\frac{d}{dx_1}\sqrt{x_1}\right)=\sqrt{x_2}\left(\frac{1}{2}\frac{1}{\sqrt{x_1}}\right)=\frac{1}{2}\sqrt{\frac{x_2}{x_1}}$$

2. 편도함수의 도시

예 7-3

점 $x^0=(x_1^0,x_2^0)=(2,2)$에서 함수

$$y=f(x_1,x_2)=10-(x_1-3)^2-(x_2-3)^2 \qquad \textbf{(3a)}$$

의 x_1에 관한 편도함수와 편미분계수를 구하고 도시해 보자.

먼저 [그림 7-1](a)에 함수 (3a)의 곡면이, 그리고 (b)도에는 수직면 $x_2=x_2^0=2$가 그려져 있다. 점 $x^0=(x_1^0,x_2^0)=(2,2)$에서 함수값은

$$y = f(2, 2) = 10 - (2-3)^2 - (2-3)^2 = 8$$

이므로, 점 (2, 2, 8)은 [그림 7-2](a)에서 곡면상의 A점로 표시된다.

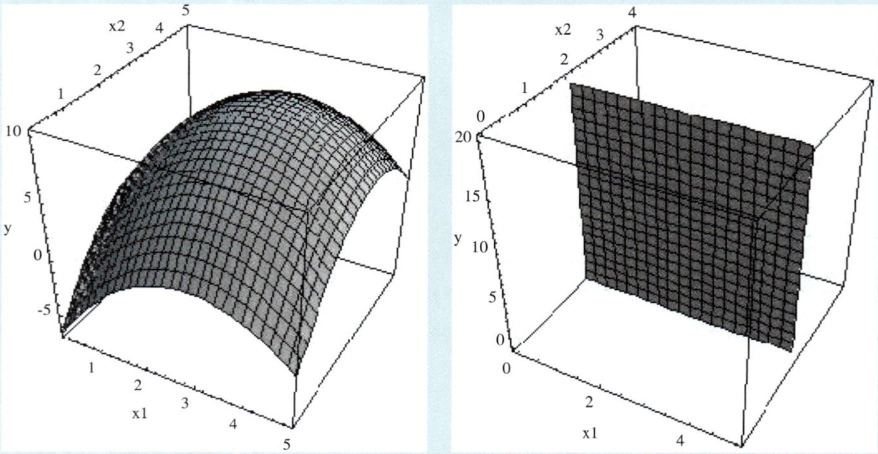

(a) (b)

그림 7-1 (a) $y = f(x_1, x_2) = 10 - (x_1-3)^2 - (x_2-3)^2$의 곡면. (b) 수직면 $x_2 = x_2^0 = 2$

다음으로, 이 수직면이 곡면 (3a)를 자르는 단면(곡면과 수직면의 교선)은 [그림 7-2](a)에서 볼 수 있는데, 그것은

$$y = f(x_1, x_2^0) = 10 - (x_1-3)^2 - (x_2^0-3)^2 = 9 - (x_1-3)^2 \qquad \textbf{(3b)}$$

의 그래프이다. 이것은 1변수 x_1만의 함수이며 그 도함수는 x_1에 관한 편도함수

$$\frac{\partial y}{\partial x_1} = f_1(x_1, x_2) = -2(x_1-3) \qquad \textbf{(3c)}$$

이며, 점 $x^0 = (x_1^0, x_2^0) = (2,2)$에서 계산한 편미분계수는

$$f_1(2, 2) = -2(2-3) = 2 \qquad \textbf{(3d)}$$

이다. 이 편미분 계수는 [그림 7-2](a)의 단면 중 점 $x_1^0 = 2$인 점 A에 접하는 백색 접선의 기울기이다.

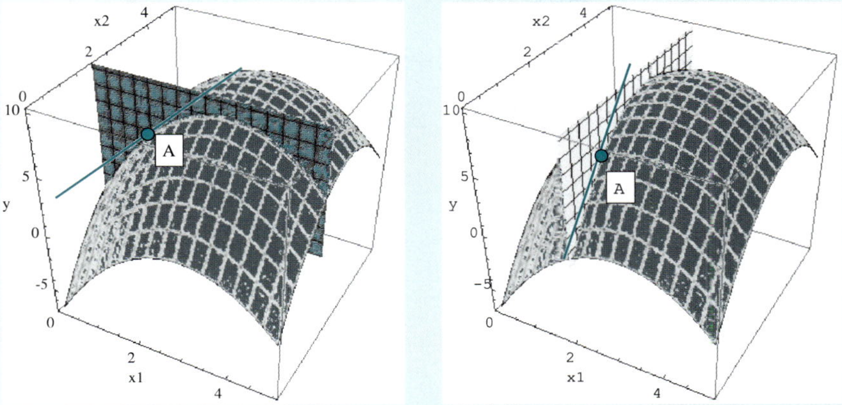

(a) x_1에 관한 편미분계수 (b) x_2에 관한 편미분계수

그림 7-2 편미분계수의 도시

한편, [그림 7-2](b)에는 (3a)의 곡면과 수직면 $x_1 = x_1^0 = 2$가 그려져 있으며, 그 단면 상에서 $x_2 = x_2^0 = 2$인 점 A에서 접하는 접선이 도시되어 있다. 이 단면의 방정식은

$$y = f(x_1^0, x_2) = 10 - (x_1^0 - 3)^2 - (x_2 - 3)^2 = 9 - (x_2 - 3)^2$$

으로 주어지며, x_2에 관한 편도함수는

$$\frac{\partial y}{\partial x_2} = f_2(x_1, x_2) = -2(x_2 - 3) \quad \textbf{(3e)}$$

이고, 점 $x^0 = (x_1^0, x_2^0) = (2,2)$에서 편미분계수는

$$f_2(2, 2) = -2(2-3) = 2 \quad \textbf{(3f)}$$

로 주어진다. 이 편미분계수는 점 A에 접하는 백색 접선의 기울기로 표시된다.

3. 2계 및 고계 편도함수

상술한 편도함수는 1계 편도함수이며 x_1과 x_2의 함수이므로, 이를 다시 x_1 또는 x_2에 관해 거듭 편미분할 수 있다. x_1에 관한 1계 편도함수 $f_1(x_1, x_2)$를 x_1에 관해 편미분하는 것은, x_2을 상수인양 간주하고서 x_1에 관해 다시 미분하는 것으로서

$$\frac{\partial}{\partial x_1}\left[\frac{\partial y}{\partial x_1}\right] = \frac{\partial^2 y}{\partial x_1^2} = \frac{\partial}{\partial x_1} f_1(x_1, x_2) = f_{11}(x_1, x_2)$$

등으로 표기된다. 이것은 동일한 변수에 관해 거듭 편미분한 2계 편도함수이므로 **자기**(自己: own) **편도함수**라 불린다. 자기 편도함수의 기하학적 의미는 $y = f(x_1, x_2)$에서 x_2가 고정된 단면상의 함수의 그래프가 휘어진 정도(즉, 곡도)를 나타낸다.

그런데, 편도함수 $f_1(x_1, x_2)$를 x_2에 관해 편미분하는 것은 $f_1(x_1, x_2)$에서 이번에는 x_1을 상수인양 간주하고서 x_2에 관해 미분하는 것이며,

$$\frac{\partial}{\partial x_2}\left[\frac{\partial y}{\partial x_1}\right] = \frac{\partial^2 y}{\partial x_2\,\partial x_1} = \frac{\partial}{\partial x_2} f_1(x_1, x_2) = f_{12}(x_1, x_2)$$

로 표기된다. 이것은 서로 다른 두 변수에 관해 각각 한번씩 편미분한 2계 편도함수로서 **교차**(交叉: cross) **편도함수**라 부른다. 여기서 처음 두 식의 분모에 나오는 "$\partial x_2 \partial x_1$"에서 변수들의 순서가 $x_2 \to x_1$이지만, 편미분하는 순서는 $x_1 \to x_2$임에 유의하라.

예 7-4

위의 [예 7-1]의 함수 $y = f(x_1, x_2) = x_1^2 x_2^2$의 2계 편도함수들을 계산하면 다음과 같다:

$$\frac{\partial}{\partial x_1}\left[\frac{\partial y}{\partial x_1}\right] = f_{11}(x_1, x_2) = \frac{\partial}{\partial x_1}\left[2x_1 x_2^2\right] = 2x_2^2 \ ,$$

$$\frac{\partial}{\partial x_2}\left[\frac{\partial y}{\partial x_1}\right] = f_{12}(x_1, x_2) = \frac{\partial}{\partial x_2}[x_1 x_2^2] = 4x_1 x_2,$$

$$\frac{\partial}{\partial x_1}\left[\frac{\partial y}{\partial x_2}\right] = f_{21}(x_1, x_2) = \frac{\partial}{\partial x_1}[2x_1^2 x_2] = 4x_1 x_2,$$

$$\frac{\partial}{\partial x_2}\left[\frac{\partial y}{\partial x_2}\right] = f_{22}(x_1, x_2) = \frac{\partial}{\partial x_2}[2x_1^2 x_2] = 2x_1^2.$$

이 예에서 $f_{12}(x_1, x_2)$와 $f_{21}(x_1, x_2)$를 비교해 보면 양자가 동일함을 알 수 있는데, 이러한 결과는 이 예에 특이한 현상이 아니고 일반적으로 성립된다. 엄밀히 말하자면,

함수 $y = f(x_1, x_2)$와 그 1계 및 2계 편도함수들이 x_1과 x_2에 연속이면

$$f_{12}(x_1, x_2) = f_{21}(x_1, x_2) \qquad \textbf{(4)}$$

가 성립한다. 즉, 교차 편도함수는 미분의 순서에 관계없이 서로 동일하다.

이 명제는 수학자 영(Young)의 이름을 따서 **영의 정리**라 불린다. 경제학에서 이 영의 정리는 아주 빈번하게 적용되며 여러 가지 흥미 있는 대칭적 명제들을 도출하는 데 기여함을 알게 될 것이다.

2계 편도함수들도 그 자체로서 x_1과 x_2의 함수이므로, 이들을 거듭 편미분하면 2계 이상의 고계 편도함수들이 얻어진다. 예컨대,

$$\frac{\partial}{\partial x_1}\left[\frac{\partial^2 y}{\partial x_2 \partial x_1}\right] = \frac{\partial^3 y}{\partial x_1 \partial x_2 \partial x_1} = \frac{\partial}{\partial x_1} f_{12}(x_1, x_2) = f_{121}(x_1, x_2)$$

는 3계 편도함수이다.

연습문제 | 7.1

1. 수요함수 $x^d = f(p, Y) = -p + 0.02Y$ 에서 가격 및 소득에 관한 편도함수를 구하고, $p_0 = 200$ 및 $Y_0 = 1000$ 에서 편미분계수를 계산하라.

2. $y = f(x_1, x_2) = 4x_1x_2 - x_1^4 - x_2^4$ 의 편도함수를 구하고 그래프를 그려 보라. 또한 점 (0,0)에서 편미분계수의 기하학적 의미를 설명하라.

3. 위의 [예 7-2]의 효용함수에 대해 2계 편도함수들을 구하고, 영의 정리가 성립하는가 살펴보라.

4. 함수 $y = f(x_1, x_2)g(x_1, x_2)$ 에서 편도함수 $\partial y/\partial x_1$ 및 $\partial^2 y/\partial x_2 \partial x_1$ 를 구하라.

5. 다음 생산함수는 콥-더글라스 생산함수라 불린다:

$$Q = f(L, K) = L^{\alpha}K^{\beta},\ \alpha > 0,\ \beta > 0$$

여기서 α와 β는 상수이다. (a) 노동의 한계생산 함수 $f_L(L, K)$을 구하고, (b) 어떤 조건 하에서 노동량이 증가함에 따라 노동의 한계생산이 체감하는가? (c) 또한, 자본량이 증가함에 따라 노동의 한계생산도 체감하는가?

7.2 전미분

1. 다변수 함수의 전미분

1변수 함수 $y=f(x)$에서의 미분개념을 상기하라. x가 x_0에서 $\triangle x(=dx)$만큼 변화할 때 y는 실제로

$$\triangle y = f(x_0+\triangle x)-f(x_0)$$

만큼 변화한다. 이것이

$$\triangle y = f(x_0+\triangle x)-f(x_0) = f'(x_0)\triangle x + [\epsilon(\triangle x)]\triangle x$$

로 표시되면, $[\epsilon(\triangle x)]\triangle x$은 $\triangle x$보다 더욱 급속하게 0에 수렴하므로 $\triangle y$에 대한 1차 근사치로서의 1계 미분을

$$dy = f'(x_0)\,dx$$

로 정의하였다. 기하학적으로, 1계 도함수 $f'(x_0)$는 x_0에서 이 함수의 그래프에 접하는 직선(즉, 접선)의 기울기이며, 1계 미분 dy는 x가 dx만큼 변화할 때 y의 실제 변화량 $\triangle y$에 대한 1차 근사치로서 이 접선까지의 거리를 나타낸다. 1변수 함수일 경우, 이 접선이 유일하게 존재하면 미분가능하다고 하며, 유일한 접선이 존재한다는 것은 곧 미분이 존재한다는 말과 동일하다.

이 미분 개념을 2변수 함수 $y=f(x_1,x_2)$로 확장하자. x_1과 x_2가 점 $x^0=(x_1^0,x_2^0)$에서 **동시에** 각각 $\triangle x_1$과 $\triangle x_2$만큼 변화하면 함수값은 실제로

$$\triangle y = f(x_1^0+\triangle x_1,\ x_2^0+\triangle x_2)-f(x_1^0,x_2^0) \quad \textbf{(5a)}$$

만큼 변화한다. 이것이 $\triangle x_i$의 1차항과 2차 이상의 고차항들의 합, 즉

$$\triangle y = f_1(x_1^0, x_2^0)\triangle x_1 + f_2(x_1^0, x_2^0)\triangle x_2$$
$$+ \triangle x_1 \epsilon_1(\triangle x_1, \triangle x_2) + \triangle x_2 \epsilon_2(\triangle x_1, \triangle x_2) \tag{5b}$$

의 형태로 표시되고 또한 $\triangle x_1 \to 0$ 및 $\triangle x_2 \to 0$에 따라

$$\epsilon_1(\triangle x_1, \triangle x_2) \to 0 \text{ 및 } \epsilon_2(\triangle x_1, \triangle x_2) \to 0 \tag{5c}$$

이면, $\triangle x_i \epsilon_i(\triangle x_1, \triangle x_2)$는 $\triangle x_i$ 보다 더욱 급속하게 0에 수렴하므로 $\triangle y$ 에 대한 1차적 근사치로서

$$dy = f_1(x_1^0, x_2^0)dx_1 + f_2(x_1^0, x_2^0)dx_2 \tag{6a}$$

를 점 x^0 에서 y 의 1계 **전미분**(全微分: total differential)이라 부른다. 여기서 1변수 함수에서와 마찬가지로, 독립변수의 변화량은 단순히 $dx_1 = \triangle x_1$ 및 $dx_2 = \triangle x_2$ 로 표기한다. (6a) 우변의 첫 항은 dx_1에 의한 y의 근사적 변화량이고 둘째 항은 dx_2에 의한 변화량인데, 양자를 합한 것이므로 "전(total)미분"이라 부른다.

임의의 점 x 에서 x_1 이 dx_1 만큼, 그리고 x_2 가 dx_2 만큼, 변화하면 y 의 전미분은 다음으로 주어진다:

$$dy = df = f_1(x_1, x_2)dx_1 + f_2(x_1, x_2)dx_2 \quad \text{또는}$$
$$dy = \frac{\partial y}{\partial x_1}dx_1 + \frac{\partial y}{\partial x_2}dx_2 \tag{6b}$$

이 전미분이 정의역의 모든 점에서 존재하면 2변수 함수 $y = f(x_1, x_2)$가 **미분가능**하다고 한다.

예 7-5

위의 [예 7-1]의 함수 $y = f(x_1, x_2) = x_1^2 x_2^2$ 가 미분가능함을 보이고, 그 전미분을 계산해 보자. 이 경우, $\triangle y$ 는

$$\triangle y = f(x_1^0 + \triangle x_1, x_2^0 + \triangle x_2) - f(x_1^0, x_2^0) = (x_1^0 + \triangle x_1)^2 (x_2^0 + \triangle x_2)^2 - (x_1^0 x_2^0)^2$$

$$= 2x_1^0 (x_2^0)^2 \triangle x_1 + 2x_2^0 (x_1^0)^2 \triangle x_2$$

$$+ \triangle x_1 [(x_2^0)^2 \triangle x_1 + 4x_1^0 x_2^0 \triangle x_2 + 2x_2^0 \triangle x_1 \triangle x_2]$$

$$+ \triangle x_2 [(x_1^0)^2 \triangle x_2 + 2\triangle x_1^2 \triangle x_2 + 2x_1^0 \triangle x_1 \triangle x_2]$$

이다. 여기서

$$f_1(x_1^0, x_2^0) = 2x_1^0 (x_2^0)^2, \qquad f_2(x_1^0, x_2^0) = 2x_2^0 (x_1^0)^2$$

$$\epsilon_1(\triangle x_1, \triangle x_2) = (x_2^0)^2 \triangle x_1 + 4x_1^0 x_2^0 \triangle x_2 + 2x_2^0 \triangle x_1 \triangle x_2$$

$$\epsilon_2(\triangle x_1, \triangle x_2) = (x_1^0)^2 \triangle x_2 + 2\triangle x_1^2 \triangle x_2 + 2x_1^0 \triangle x_1 \triangle x_2$$

로 두면 (5b)와 (5c)가 충족된다. 따라서 이 함수는 점 $x^0 = (x_1^0, x_2^0)$에서 미분가능하다.

그러면, 임의의 점 $x = (x_1, x_2)$에서의 전미분은

$$dy = f_1(x_1, x_2)\,dx_1 + f_2(x_1, x_2)\,dx_2 = 2x_1 x_2^2\,dx_1 + 2x_1^2 x_2\,dx_2$$

로 주어진다. 점 $x^0 = (1,2)$에서 $\triangle x = (\triangle x_1, \triangle x_2) = (3,2)$이라면, $f_1(1,2) = 8$ 및 $f_2(1,2) = 4$이므로 전미분 값은 32이다:

$$dy = f_1(1,2)\,dx_1 + f_2(1,2)\,dx_2 = 8 \cdot 3 + 4 \cdot 2 = 32.$$

예 7-6

위의 [예 7-3]의 함수의 전미분을 $x^0 = (x_1^0, x_2^0) = (2,2)$에서 계산해 보자. [예 7-3]에서 이 점에서의 편미분계수를 이미 계산해 두었다:

$$f_1(2,2) = -2(2-3) = 2$$

$$f_2(2,2) = -2(2-3) = 2.$$

따라서 (6a)에 의해

$$dy = f_1(x_1^0, x_2^0)\,dx_1 + f_2(x_1^0, x_2^0)\,dx_2 = 2dx_1 + 2dx_2 \tag{7a}$$

$\triangle x = (\triangle x_1, \triangle x_2) = (1.2,\ 0.5)$이면 전미분은

$$dy = 2(1.2) + 2(0.5) = 3.4 \tag{7b}$$

2. 전미분의 도시

전미분 (6a) 또는 [예 7-6]에서 계산된 전미분 (7a)은 [그림 7-3]에 도시되어 있다. [그림 7-3](a)는 [그림 7-2](a)와 (b)에서 점 A를 지나는 두 수직면 상의 교선과 접선만 그린 것이다. 여기서 점 A를 임시 원점으로 삼아 x_i축과 평행하게 직선(점선으로 표시되어 있음)을 그려 dx_i축을 잡고($i = 1, 2$), 수직 방향으로 dy축을 잡아 3차원 $(dx_1)(dx_2)(dy)$공간을 구성하자. 그러면 (6a)

$$dy = f_1(x_1^0, x_2^0)\,dx_1 + f_2(x_1^0, x_2^0)\,dx_2 \tag{6a}$$

는, 제2장 3절 3항 (15)식의 도시에서 설명한 바와 같이, 점 A에서 dx_i축 방향 기울기가 $f_i(x_1^0, x_2^0)$인 두 직선으로 이루어지는 평면이다. 따라서 이 평면은 점 A를 지나는 2개의 접선 위에 판유리를 얹어 만든 평면으로서 (b)도에 도시되어 있다. 그것은 A점에서 곡면에 접하는 접평면(tangent plane)이다.

[예 7-6]에서 계산한 전미분 (7b)는 $dx_1 = 1.2 > 0$ 및 $dx_2 = 0.5 > 0$인 경우로서 $dy = 3.4 > 0$이므로, 세 축이 모두 양인 영역만을 확대하여 도시한 것이 그림 (c)이다. 여기서 $dx_1 = 1.2$는 선분 AB'으로 표시되며, 점 A에서 x_1에 대한 편미분계수 $f_1(2.2) = 2$는 $f_1(2, 2) = (B'B'')/(AB')$이므로

$$f_1(2, 2)dx_1 = 2(1.2) = 2.4 = \frac{B'B''}{AB'}AB' = B'B''$$

이다. 마찬가지로 $dx_2 = 0.5$는 선분 AC'으로 표시되며, 점 A에서 x_2에 대한 편미분계수 $f_2(2.2) = 2$는 $f_2(2, 2) = (C'C'')/(AC')$이므로

$$f_2(2,2)dx_2 = 2(0.5) = 1 = \frac{C'C''}{AC'}AC' = C'C''$$

이다. 사각형 $AB''D''C''$은 접평면 상에 있으므로 (7b)는

$$dy = f_1(2,2)dx_1 + f_2(2,2)dx_2 = 3.4 = B'B'' + C'C'' = D'D''$$

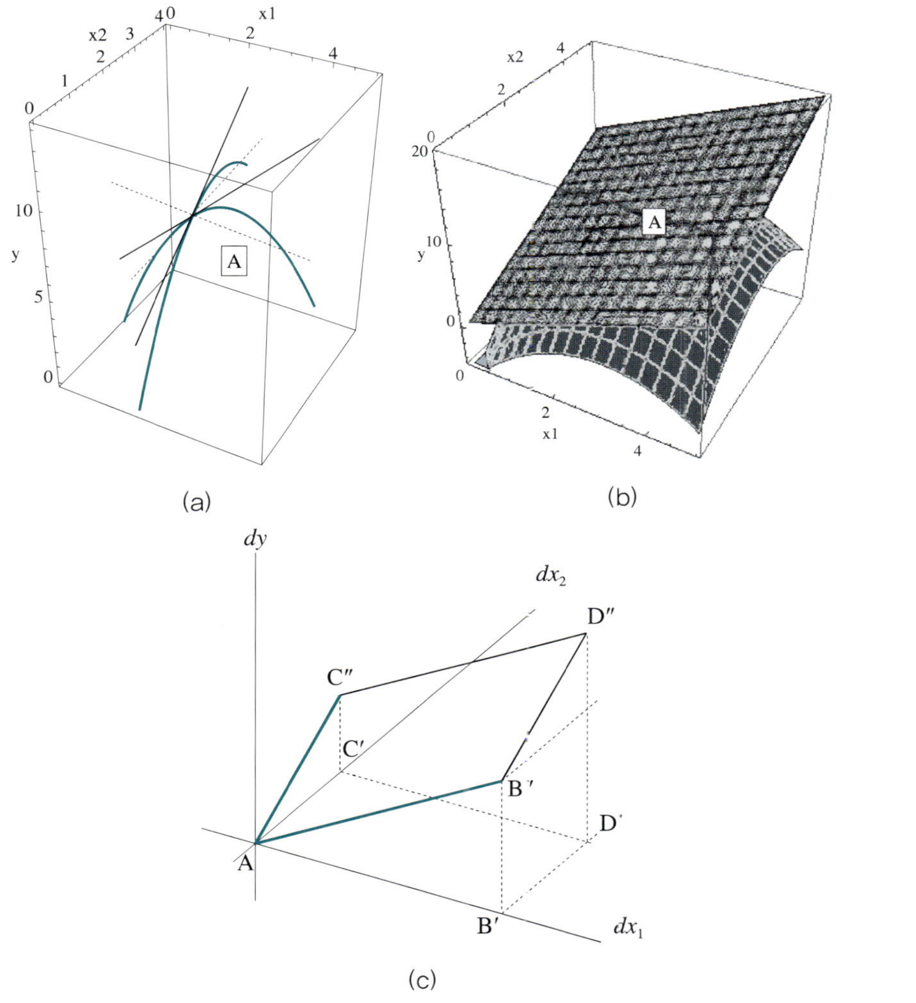

그림 7-3 전미분의 도시

으로 표시된다. 즉, 독립변수 x_i가 출발점 A에서 dx_i만큼 변화할 때 y의 차분 Δy는 A에서 함수 $y=f(x_1,x_2)$의 곡면까지의 수직거리인 데 반해, 전미분 dy는 A점을 지나는 접평면까지의 수직거리로 측정된다.

전미분식 (6a)는 점 A를 원점으로 하는 3차원 공간에서 접평면의 방정식으로 해석되는데, 이를 원래의 x_1x_2y공간의 방정식으로 전환할 수 있다. 접평면 상의 임의의 한 점을 $(x_1,x_2,\tilde{y})$로 표기하면, 이 접평면을 나타내는 방정식은 전미분 방정식 (6a)에 다음과 같은 정의상의 관계

$$dx_1 \equiv x_1 - x_1^0\ ,\ dx_2 \equiv x_2 - x_2^0\ ,\ dy \equiv \tilde{y} - y^0,\ y^0 \equiv f(x_1^0, x_2^0) \equiv f(x^0)$$

를 대입함으로써

$$\tilde{y} - y^0 = f_1(x^0)(x_1 - x_1^0) + f_2(x^0)(x_2 - x_2^0) \tag{8}$$

로 주어진다. 이것은 제6장 1절에서 다룬 1변수 함수의 경우를 2변수 함수의 경우로 확장한 것이다.

예 7-7

위의 [그림 7-3](b)의 접평면 방정식은 미분 형태로는 (7a)로 주어져 있는데, 점 $A=(x_1^0, x_2^0, y^0)=(2,2,8)$을 이용하여 (8)식 형태로 바꾸면

$$\tilde{y} - 8 = 2(x_1 - 2) + 2(x_2 - 2),\ \text{즉}\ \tilde{y} = 2x_1 + 2x_2$$

가 된다. 이 접평면의 값에서 [그림 7-3](b)도의 곡면([예 7-3]의 (3a)식)의 값을 빼면

$$\tilde{y} - y = 2x_1 + 2x_2 - [10 - (x_1 - 3)^2 - (x_2 - 3)^2] = (x_1 - 2)^2 + (x_2 - 2)^2 \geqq 0$$

이다. 이것은 점 $(x_1^0, x_2^0)=(2,2)$에서만 접평면과 곡면의 높이가 동일하고, 그 외의 (x_1,x_2)에서는 접평면이 곡면보다 위에 위치함을 말해준다. 따라서 이 접평면은 실로 점 $(x_1^0, x_2^0)=(2,2)$에서 곡면에 접한다.

2변수 함수 $y = f(x_1, x_2)$가 점 (x_1^0, x_2^0)에서 **미분가능**하다는 것은 대수적으로는 (5)로 정의되며, 기하학적으로는 그 점에서 곡면에 접하는 **유일한 접평면**이 존재한다는 것, 그리하여 그 점의 근방에서 곡면을 평면으로 근사(즉, 2변수의 의한 선형근사)할 수 있다는 것을 의미한다. 그것은 편도함수들이 존재한다는 것만으로는 충족되지 않는다. 그런데 편도함수들이 존재하고 또한 연속이면 미분가능하다는 정리가 확립되어 있다.

n변수 함수에서, 임의의 한 점 $x = (x_1, x_2, \ldots, x_n)$으로부터 n개의 독립변수들이 각각 $dx_i (i = 1, 2, \ldots, n)$ 만큼 변화할 경우, y의 전미분은 (6b)를 그대로 확장하여

$$dy = f_1(x)\,dx_1 + f_2(x)\,dx_2 + \ldots + f_n(x)\,dx_n$$

으로 정의된다.

3. 전미분법: 함수들의 합, 곱 및 몫의 전미분

함수 $f(x_1, x_2)$와 $g(x_1, x_2)$가 미분가능하여 각각의 전미분이

$$df = f_1(x_1, x_2)\,dx_1 + f_2(x_1, x_2)\,dx_2, \quad dg = g_1(x_1, x_2)\,dx_1 + g_2(x_1, x_2)\,dx_2$$

로 주어진다고 하자. 이것을 이용하여, 스칼라 k와 f와의 곱인 함수 $kf(x_1, x_2)$, 두 함수 f와 g 간의 합, 곱 및 몫으로 정의되는 새로운 함수들의 전미분은 각각 다음으로 주어진다:

$$d(kf) = k(df) \tag{9a}$$
$$d(f+g) = df + dg \tag{9b}$$
$$d(fg) = (df)g + f(dg) \tag{9c}$$
$$d\left(\frac{f}{g}\right) = \frac{(df)g - f(dg)}{g^2} \qquad (\text{단}, \quad g \neq 0) \tag{9d}$$

여기서 표기의 간편화를 위해 독립변수의 표기를 생략하였다.

제5장 제3절에서 언급한 바와 같이, 이 공식은 f와 g가 1변수 함수일 경우에도 그

대로 적용된다. 이 전미분 공식은 무슨 새로운 법칙 같지만, 실은 편미분법과 (6)의 전미분 공식을 적용하면 그대로 도출된다.

(9c)를 증명해 보자. 함수 fg는

$$f\,g = f(x_1, x_2)\,g(x_1, x_2) \equiv h(x_1, x_2)$$

로서 결국 2개의 독립변수 x_1과 x_2의 함수가 되므로, 이 새로운 함수에는 새로운 함수기호 $h(x_1, x_2)$를 부여하자. 이 h함수의 전미분은

$$dh = d(fg) = h_1(x_1, x_2)\,dx_1 + h_2(x_1, x_2)\,dx_2$$

이며, 그 편미분은 곱의 미분법칙에 의해

$$\begin{aligned} h_1(x_1,x_2) &= f_1(x_1,x_2)g(x_1,x_2) + f(x_1,x_2)g_1(x_1,x_2) \\ h_2(x_1,x_2) &= f_2(x_1,x_2)g(x_1,x_2) + f(x_1,x_2)g_2(x_1,x_2) \end{aligned}$$

로 주어진다. 이들을 위의 전미분 방정식에 대입하면 다음과 같다:

$$\begin{aligned} d(f\,g) = h_1 dx_1 + h_2 dx_2 &= \frac{\partial(f\,g)}{\partial x_1}dx_1 + \frac{\partial(f\,g)}{\partial x_2}dx_2 \\ &= [f_1 g + f\,g_1]dx_1 + [f_2 g + f\,g_2]dx_2 \\ &= [f_1\,dx_1 + f_2\,dx_2]g + [g_1\,dx_1 + g_2\,dx_2]f \\ &= (df)g + (dg)f \end{aligned}$$

따라서 (9)의 전미분법을 이해하는 데에는 별 어려움이 없을 것이다. 그런데, 보다 자주 이용되며 더욱 중요한 전미분법은 합성함수의 전미분법이다. 이것은 아래 3절에서 설명하기로 한다.

예 7-8

함수 $y= h(x_1, x_2)= (x_1^2- 2)/x_2$ 의 전미분을 구해 보자.

(a) 먼저, x_1 과 x_2 에 관해 각각 편미분하면

$$h_1(x_1,x_2) = 2x_1/x_2\,,\ h_2(x_1,x_2) =-(x_1^2-2)/x_2^2$$

가 얻어진다. 그러면 전미분은 (6b)에 의해

$$\begin{aligned} dy &= h_1(x_1, x_2)\,dx_1 + h_2(x_1, x_2)\,dx_2 \\ &= \frac{2x_1}{x_2}dx_1 - \frac{x_1^2-2}{x_2^2}dx_2 = \frac{2x_1x_2\,dx_1 - (x_1^2-2)\,dx_2}{x_2^2} \end{aligned}$$

로 계산된다.

(b) 다음으로, $f(x_1, x_2)= x_1^2- 2$ 및 $g(x_1, x_2)= x_2$ 로 두면 $df= 2x_1\,dx_1$ 및 $dg=dx_2$ 이므로, 전미분공식 (9d)를 적용하면,

$$dy = d\left[\frac{f}{g}\right] = \frac{(df)g - f(dg)}{g^2} = \frac{(2x_1\,dx_1)x_2 - (dx_2)(x_1^2-2)}{x_2^2}$$

이다. 이것은 위에서 계산된 것과 동일하다.

연습문제 | 7.2

1. 미분과 전미분간의 유사점과 차이를 말하라.

2. 다음의 각각의 함수에 대해 전미분을 구하고, $x^0 = (2, 1)$ 에서 $dx = (2, 1)$ 일 때 전미분의 값을 계산하라:

(a) $y = x_1^2 + x_2^2$, (b) $y = \ln x_1 x_2$, (c) $y = x_1^{\alpha} x_2^{\beta}$ (단, α와 β는 상수이다)

3. 효용함수 $U = \log x_1 x_2$ 에서 최소 소비량이 $x_1^0 = x_2^0 = 10$ 에서 $\triangle x_1 = 2$ 및 $\triangle x_2 = 5$ 일 때, 효용의 실제 변화량 $\triangle U$ 와 전미분 dU 을 계산해 보라. 그리고 이 점에서 접하는 접평면의 방정식을 구하라.

4. [예 7-2]의 효용함수 $U(x_1, x_2) = \sqrt{x_1 x_2}$ 에 점 $x^0 = (1,1)$ 에서 접하는 접평면의 수식을 구하고, 접평면과 효용곡면의 값을 비교함으로써 실로 이 접평면이 실제로 접함을 보여라.

5. 함수 $y = x_1^2 x_2^2$ 의 전미분을 위의 [예 7-8]에서와 같이 두 가지 방식으로 계산해 보라.

6. 효용함수가 $U = \log x_1 x_2$ 일 때, 소비점 $x_1^0 = x_2^0 = 10$ 에서 효용의 전미분을 구하되 $\triangle x_1^2 + \triangle x_2^2 = 1$ 을 만족하는 $(\triangle x_1, \triangle x_2)$ 들 중에서 전미분 값을 극대화하는 것을 구하라.

7.3 연쇄법칙

1. 합성함수의 미분법과 전도함수

2변수 함수 $y = f(x_1, x_2)$에서 2개의 독립변수 x_1과 x_2는 문자 그대로 본래 서로 **독립적**인 변수들이다. 그러나 경제모형을 분석해 나가는 과정에서 독립변수 x_1이 x_2에, 또는 제3의 다른 변수(이를테면 t)에, 의존한다는 논리적 관계가 추가될 수도 있다. 그러면, 이들 두 함수관계는 하나의 합성함수로 압축되며 본래의 독립변수는 독립적 성격을 상실하게 된다. 아래의 예를 보라.

예 7-9

어떤 개인의 효용극대화 문제를 생각해 보자. 그의 효용함수는 $U = U(x_1, x_2)$이며, X_1재의 가격은 4원, X_2재의 가격은 1원, 그의 소득은 80원이라 하자. 각 재화를 얼마만큼 구매하여야 하는가?

이 개인이 80원의 소득으로 구매가능한 재화 구매량은 예산제약식

$$4x_1 + x_2 = 80\,,\ 즉\ x_2 = 80 - 4x_1 \equiv h(x_1)$$

을 만족시키는 (x_1, x_2)로 주어지므로, 이 예산제약식을 효용함수에 대입하면 그의 효용은 x_1만의 함수

$$U = U(x_1, h(x_1)) = U(x_1, 80 - 4x_1) \equiv V(x_1)$$

으로 압축된다. 그리하여 원래 2변수 x_1과 x_2의 함수이던 효용함수 $U(x_1, x_2)$에 예산제약식이라는 추가적 함수관계 $x_2 = h(x_1)$을 도입함으로써 1변수 x_1만의 함수인 $V(x_1)$이 도출되었다. $U = V(x_1)$은 두 함수 $f(x_1, x_2)$와 $h(x_1)$이 결합된 합성함수이다.

보다 일반적인 다음의 두 함수관계가 성립한다고 하자:

$$y = f\,(x_1, x_2) \qquad \textbf{(10a)} \ ; \quad x_2 = h(x_1). \qquad \textbf{(10b)}$$

(10b)를 (10a)에 대입하면, 합성함수

$$y = f\,(x_1\,, h(x_1)) \equiv F(x_1)$$

이 도출된다. 이 합성함수에서 y는 결국 1변수 x_1의 함수가 됨을 알 수 있다. 이제 이 궁극적인 독립변수 x_1이 dx_1만큼 변화할 때, y는 근사적으로 얼마만큼 변화하는가를 고찰해 보자. 1변수 함수를 다룬 제5장 제2절에서도 합성함수의 미분법으로서 연쇄법칙을 설명한 바 있으나, 그것이 다변수 함수인 경우 어떻게 확장되는가를 살펴보자.

아래에서는 주어진 원래 함수들의 도함수 $f_1(x_1, x_2)$, $f_2(x_1, x_2)$ 및 $h'(x_1)$이 알려진 경우, 이것들을 이용하여 합성함수 $y = F(x_1)$의 미분 $dy = F'(x_1)dx_1$을 구하는 방법을 설명하고자 한다. 먼저, x_1과 x_2를 일단 2개의 독립된 변수로 간주하고서 (10a)를 전미분하자:

$$dy = f_1(x_1, x_2)\,dx_1 + f_2(x_1, x_2)\,dx_2 \qquad \textbf{(11a)}$$

이 식은 x_1이 "임의의" dx_1만큼, 그리고 x_2도 "임의의" dx_2 만큼 변화할 때 y의 전미분을 나타낸다. 그런데 (10)의 두 관계가 성립하면, x_1이 임의의 dx_1만큼 변화할 때 변수 x_2는 (10b)에 의해 반드시

$$dx_2 = h'(x_1)\,dx_1 \qquad \textbf{(11b)}$$

만큼 변화하여야 하며, 임의로 변화할 수 없다. 따라서 (10)의 두 함수관계 하에서 x_1의 변화에 따른 y의 전미분, 또는 합성함수 $F(x_1)$의 미분은, (11b)를 (11a)에 대입한 것이다:

$y = f(x_1, x_2)$ 및 $x_2 = h(x_1)$일 때, x_1의 변화에 따른 y의 전미분:

$$dy = F'(x_1) = f_1(x_1, h(x_1))\,dx_1 + f_2(x_1, h(x_1))\,h'(x_1)\,dx_1$$

$$\text{또는 간결하게 } dy = f_1\,dx_1 + f_2\,h'dx_1 \qquad \textbf{(12a)}$$

그런데, (12a)의 우변에는 dx_1이 공통적으로 들어 있음을 알 수 있다. 따라서 양변을 dx_1으로 나누면 다음을 얻는다:

$$\frac{dy}{dx_1} = F'(x_1) = f_1(x_1, h) + f_2(x_1, h)\,h'(x_1) = \frac{\partial y}{\partial x_1} + \frac{\partial y}{\partial x_2}\frac{dx_2}{dx_1},$$

$$\text{또는 간략하게 } \frac{dy}{dx_1} = f_1 + f_2\,h' \qquad \textbf{(12b)}$$

이것은 합성함수 $y = f(x_1, h(x_1)) = F(x_1)$을 x_1에 관해 미분하는 법칙으로서 **연쇄법칙**이라 한다.

(12b)의 좌변 $dy/dx_1 \equiv F'(x_1)$은 우변 첫 항의 편도함수 $\partial y/\partial x_1 = f_1(x_1, x_2)$와는 전혀 다르며, y의 x_1에 관한 **전도함수**(全導函數: total derivative)라 불린다. 이 전도함수는 두 항의 합으로 구성되는데, 그 첫째 항 f_1은 x_1의 변화가 y에 미치는 **직접적** 영향을 나타내며, 둘째 항 $f_2\,h'(x_1)$은 x_1의 변화가 함수 $x_2 = h(x_1)$을 통해 x_2의 변화를 유발시켜 y에 미치는 **간접적** 영향을 나타낸다. 이것은 (12a)의 전미분에서도 그대로 성립한다. 그리하여 이 **직접효과**와 **간접효과**를 전부 합한 것이므로 전도함수라 부른다. 이러한 파급관계는 [그림 7-4]에 도시되어 있다.

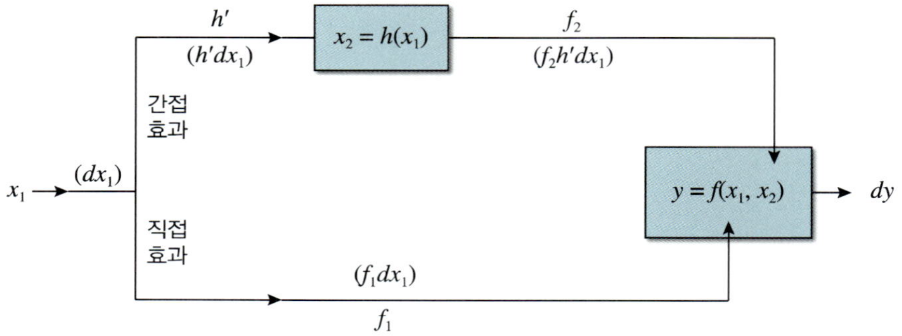

그림 7-4 합성함수의 전미분 및 전도함수의 계산경로.

2. 일반화된 연쇄법칙: 단일 매개변수

다음 함수관계를 상정해 보자:

$$y = f(x_1, x_2, t) \tag{13a}$$

$$x_1 = x_1(t),\ \ x_2 = x_2(t) \tag{13b}$$

이들 3개의 함수관계는 (13b)를 (13a)에 대입함으로써 1개의 합성함수

$$y = f(x_1(t), x_2(t), t) \equiv F(t) \tag{14}$$

로 압축된다. (14)에서 y는 결국 **1개의 궁극적인 독립변수** t의 함수이다. 여기서 t의 변화에 따른 y의 전도함수와 전미분을 구해보기로 하자.

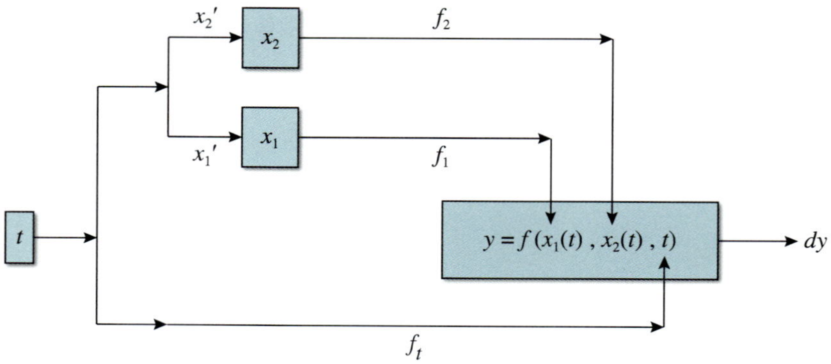

그림 7-5 합성함수 $y = f(x_1(t), x_2(t), t)$에서 t의 영향경로

궁극적인 독립변수 t가 dt만큼 변화하면, (13b)에 의해 x_1과 x_2는 각각

$$dx_1 = x_1{}'(t)\,dt \quad \text{및} \quad dx_2 = x_2{}'(t)\,dt \tag{15a}$$

만큼 변화한다. 이들은 (13a)의 전미분

$$dy = f_1(x_1, x_2)\,dx_1 + f_2(x_1, x_2)\,dx_2 + f_t(x_1, x_2)\,dt \tag{15b}$$

에서 dx_1과 dx_2의 크기를 결정한다. 따라서 (15a)를 (15b)에 대입하면, t의 변동 dt에 따른 y의 전미분은 아래와 같다:

$$dy = f_1\ x_1{}'(t)\,dt + \ f_2\ x_2{}'(t)\,dt \ + \ f_t\,dt \tag{16a}$$

여기서 표기의 간편성을 위해 $f_i(x_1(t), x_2(t))$를 f_i로 표기하였다$(i = 1, 2, t)$. 양변을 dt로 나누면, y의 t에 관한 **전도함수**(이것은 함수 $F(t)$의 도함수이기도 함)는

$$\frac{dy}{dt} = F'(t) = f_1 x_1{}'(t) + f_2 x_2{}'(t) + f_t = \frac{\delta y}{\partial x_1}\frac{dx_1}{dt} + \frac{\partial y}{\partial x_2}\frac{dx_2}{dt} + \frac{\partial y}{\partial t} \tag{16b}$$

가 된다. 이 식이 보여주는 바, t의 변동이 y에 미치는 영향의 경로는 [그림 7-5]에 도시되어 있다.

예 7-10

함수 $x_1(t)$와 $x_2(t)$가 t에 관해 선형인 다음 경우를 생각해 보자:

$$y = f(x_1, x_2) = \sqrt{x_1 x_2}\ ,$$

$$x_1 = x_1(t) = 5 + t\,, \tag{17a}$$

$$x_2 = x_2(t) = 60 - 4t \tag{17b}$$

도함수들을 계산하면

$$\frac{\partial y}{\partial x_1} = f_1(x_1, x_2) = \frac{1}{2}\sqrt{\frac{x_2}{x_1}}, \quad \frac{\partial y}{\partial x_2} = f_2(x_1, x_2) = \frac{1}{2}\sqrt{\frac{x_1}{x_2}}$$

$$x_1{}'(t) = 1, \quad x_2{}'(t) = -4$$

이므로, (16b)를 적용하면

$$\frac{dy}{dt} = \frac{1}{2}\sqrt{\frac{x_2}{x_1}} \cdot (1) + \frac{1}{2}\sqrt{\frac{x_1}{x_2}} \cdot (-4)$$

이다. $t = 0$일 때(즉, $x_1(0) = 5$ 및 $x_2(0) = 60$일 때) 이 전도함수값은

$$F'(0) = 0.5\sqrt{60/5} \cdot (1) + 0.5\sqrt{5/60} \cdot (-4) = 2/\sqrt{3}$$

이다. 임의의 dt에 대한 전미분은 $dy = F'(0)\,dt = (2/\sqrt{3})dt$이다.

한편, (17)에서 t를 소거하면, 이 두 방정식은

$$x_2 = 80 - x_1 \equiv h(x_1)$$

으로 간소화된다. 따라서, 이것을 $y = f(x_1, x_2)$에 대입하여 (12)을 적용해도 동일한 결과가 얻어질 것이다.

연습문제 | 7.3

1. 전미분, 편도함수 및 전도함수간의 관계를 설명하라.

2. 다음 두 함수관계가 주어졌다고 하자:

$$y = f(x_1, x_2) = (x_1 x_2)^2, \quad x_2 = h(x_1) = \frac{4}{3} + \frac{2}{3}x_1.$$

(a) x_1 에 대한 y 의 전도함수를 구하라.

(b) $x_1^0 = 1$ 에서 전도함수값, 직접효과 및 간접효과를 계산하라.

3. 다음 두 함수관계가 주어졌을 때, $x_1^0 = 1$ 에서 전도함수값을 계산하라:

$$y = f(x_1, x_2) = (x_1 x_2)^2, \; x_2 = h(x_1) = x_1^2 - \frac{4}{3}x_1 + \frac{7}{3}$$

4. 두 함수관계가

$$y = f(x_1, x_2) = x_1 + 4x_2, \; x_2 = h(x_1) = 300/x_1$$

일 때, 점 $x_1^0 = 60$ 에서 전도함수의 값을 계산하라. 또한 $dx_1 = 2$ 일 때 전미분을 구하라.

5. 위의 [예 7-10]에서 함수 $x_1(t)$와 $x_2(t)$가

$$x_1 = x_1(t) = 60 + at, \; x_2 = x_2(t) = 5 + bt$$

로 주어져 있다고 하자. 여기서 a와 b는 상수이다. $F'(0)$을 구하고, 그것을 최대가 되게 하는 a와 b의 값, 그리고 최소가 되게 하는 a와 b의 값을 구하라.

6. 소비자의 효용함수가 $U = U(x, y) = \sqrt{xy}$ 이고, 그의 소득은 80원이며 X재가격은 $p_x = 4$ 원 Y재가격은 $p_y = 1$원이라고 하자. 소비자가 현재 $x_0 = 10$단위 및 $y_0 = 40$단위를 구매하고 있다고 하자.

(a) 현소비점에서 X재의 한계효용은 얼마인가?

(b) 소비자가 자신의 전소득을 이들 두 재화의 구매에 사용한다면, X재 1단위의 구매를 증대시킬 때 그의 효용은 얼마나 변화하는가? 이 변화량을 직접효과와 간접효과로 구분하여 설명하라.

7.4 음함수 정리

1. 음함수 개념

본서(제2장)에서 가장 먼저 소개한 수학 개념이 함수였다. 그것은 독립변수 x값이 주어지면 유일한 어떤 값을 계산하는 x의 수식 $f(x)$로 정의하였는데, 이렇게 계산된 값을 종속변수 y라 불렀다. 지금까지 살펴본 함수들의 예를 들자면

$$y = f(x) = 10 - 2x \tag{18a}$$

$$y = f(x) = 3/x \tag{18b}$$

등 무수히 많다. 이와 같이 종속변수를 좌변에 두고 x의 수식 $f(x)$를 우변에 배치하여

$$y = f(x) \tag{19}$$

형태로 표기한 것을 "명시적 함수 또는 양함수(explicit function)" 또는 줄여서 그저 함수라 한다.

이제 다음 수식 또는 방정식을 보자:

$$2x + y - 10 = 0 \tag{20a}$$
$$xy - 3 = 0 \tag{20b}$$

여기서 x가 독립변수이고 y가 종속변수라면, 적절히 이항함으로써 (18)의 함수를 금방 구할 수 있다. 그렇지만 (20a)는 일단 x와 y가 좌변에 몰려 있어서

$$F(x,y) = 0 \tag{20c}$$

과 같은 x와 y에 관한 관계의 형식을 취하고 있으며, $f(x)$가 "명시적으로(explicitly)" 제시되어 있지 않고 $F(x,y)$ 속에 "엎드려 숨어있는(음복적, 암묵적)" 형식을 취하고 있다. 이처럼 잘 찾으면 찾아낼 수 있지만 일단은 숨겨져 있는 (18a)의 $f(x)$를 (20a)식에 의해 정의되는 "**음복적** 함수 또는 **음함수**(implicit function)"라 부른다. 마찬가지로, (18b)도 (20b)에 의해 정의되는 음함수라 한다.

양함수의 “양”과 음함수의 “음”은 “낮과 밤, 남과 여, 양수와 음수”에서처럼 통상 상반되는 개념을 지칭하지만, 여기서는 처음부터 (18a) 형태로 주어지면 그것은 “양함수”(또는 “함수”)라 하고, 처음에 (20a) 형태로 주어지면 (20a)에서 끄집어낸 (18a)를 “음함수”라 부른다는 점에 유의하여야 한다.

(20)식 예에서는 음함수 (18)을 비교적 쉽게 도출하였다. 그러나 음함수가 아예 존재하지 않거나, 설사 존재하더라도 그 도출이 쉽지 않거나 불가능한 경우도 있다.

예 7-11

2변수 x 와 y 에 관한 관계가 아래 방정식으로 주어져 있는 경우를 생각해 보자:

$$F(x, y) = y^3 + 3y + 1 - x = 0 \qquad \textbf{(21a)}$$

여기서 만약 x 가 종속변수라면, 이 방정식을 x 에 관해 풀어서

$$x = y^3 + 3y + 1 \equiv g(y) \qquad \textbf{(21b)}$$

를 구할 수 있다. 이것은 y 에 관한 3차 함수이며, (21a)에 의해 정의되는 x 에 관한 음함수이다.

그런데, 만약 y 가 종속변수라면 (21a)에 의해 정의되는 y 에 관한 음함수는 어떤 방정식으로 주어지는가? 그것은 (21a)를 y 에 관해 정돈한 것(즉, y 만 좌변에 등장하고 x 변수가 우변에 나타나는 방정식)으로서 “(21b)의 역함수”이기도 하다. 그러나 (21a)를 대수적으로 그렇게 변형하기는 매우 어렵다.

그렇지만, (21b)를 y 에 관해 미분하면, 그 기울기가

$$\frac{dx}{dy} = g'(y) = 3y^2 + 3 > 0$$

으로서 양이다. 따라서 이 함수는 모든 y 값에서 우상향(단조증가)하며 그 역함수가 분명히 존재한다. 즉, 이론(또는 원칙) 상으로, (21b)의 역함수가 존재하기는 하지만, 그 역함수를 명시적 함수 형태로 표현하기는 어렵다.

수학 전문 컴퓨터 프로그램인 Mathematica를 이용하여 (21a)를 y에 관해 풀면

다음과 같은 음함수를 구할 수 있다:

$$y=\left[\frac{(1-x+\sqrt{5-2x+x^2}}{2}\right]^{\frac{1}{3}}+\left[-\frac{(1-x-\sqrt{5-2x+x^2}}{2}\right]^{\frac{1}{3}} \tag{21c}$$

예 7-12

제2장의 [예 2-3]에서 이미 본 바와 같이, 방정식

$$F(x,y)=(y-5)^2-4+x=0 \tag{22a}$$

에서 x 가 독립변수이고 y 가 종속변수라면, 음함수가 정의되지 않는다. 왜냐하면, 이 방정식을 y 에 관해 풀면

$$y=f(x)=5\pm\sqrt{4-x} \tag{22b}$$

가 되는데, 1개의 x 값, 이를테면 $x=3$ 에 대해 $y=4$ 및 $y=6$ 이라는 2개의 y 값이 대응하기 때문이다.

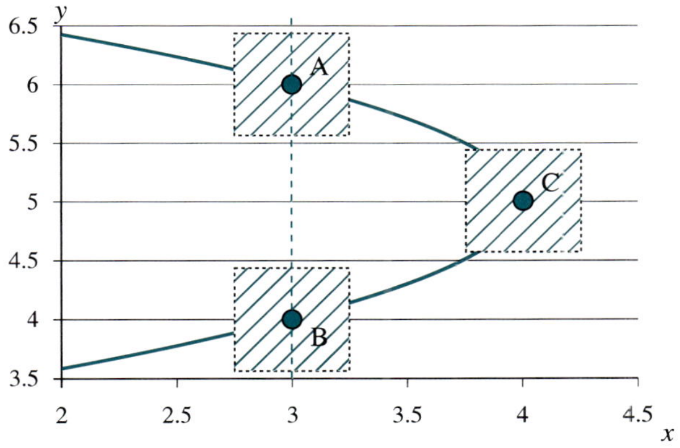

그림 7-6 관계 $y=f(x)=5\pm\sqrt{4-x}$ 와 국지적 음함수

[예 7-12]에서 경제가 현재 점 $A = (x_0, y_0) = (3, 6)$ 상태에 있으며 독립변수 x가 소량의 dx만큼 변화한다고 하면, 우리에게 필요한 음함수는 A점의 **근방**(近方: neighborhood)

$$N_\delta \equiv \{(x,y): |x - x_0| < \delta, |y - y_0| < \delta\}$$

에서 성립하는 음함수로 충분하다(여기서 δ는 작은 수임). 이와 같이 어느 한 점의 근방에서만 성립되는 음함수를 **국지적**(局地的: local) 음함수라 부른다. [예 7-12]의 경우 A점 근방에서 국지적 음함수는

$$y = f(x) = 5 + \sqrt{4 - x}$$

이고, B점 근방의 그것은

$$y = f(x) = 5 - \sqrt{4 - x}$$

이다. 그러나 국지적 음함수라고 해서 모든 점에 대해 언제나 존재하는 것은 아니다. [그림 7-6]에서 그 기울기가 수직인 점 $C = (4, 5)$에서는 근방의 크기를 제아무리 작게 설정하여 이를테면 $\delta = 0.001$로 잡더라도, 3.99999에서는 2개의 y값들이 존재하므로 국지적으로도 **음함수**가 존재하지 않는다. 이처럼 음함수가 존재하지 않는 경우는 그 x값(들)에서 관계의 그래프 또는 이에 대한 접선이 y축에 평행한 경우임을 알 수 있다.

2. 음함수 정리

예 7-13

제3장 3절에서 다룬 비선형 시장모형 (7)을 다시 한번 살펴 보자:

$$x^d = D(p, Y) = Y/2p \qquad \textbf{(23a)}$$

$$x^s = S(p) = 2\sqrt{p - 2} \qquad \textbf{(23b)}$$

$$x^d = x^s \qquad \textbf{(23c)}$$

여기서 소득이 $Y_0 = 12$에서 $Y_1 = 15$으로 증가하면 시장균형 가격이 얼마나 변동

하는가를 분석하고자 한다. (23a), (23b)를 (23c)에 대입하여 정돈하면

$$16p^3 - 32p^2 - Y^2 = 0. \tag{24}$$

$Y_0 = 12$이면 (24)는

$$p^3 - 2p^2 - 9 = 0 \tag{25a}$$

으로서 최초의 시장균형가격은 $p_0^* = 3$으로 계산된다. 그러나 $Y_1 = 15$이면 (24)는

$$16p^3 - 32p^2 - 15^2 = 0 \tag{25b}$$

으로서 그 해 p_1^*를 구하기가 쉽지 않다. 이 경우 정확한 변화량 $\Delta p^* = p_1^* - p_0^*$이 구하기 어렵다면, 이에 대한 1차 근사치 dp^*는 쉽게 구할 수 있는가? 어떻게? 소득이 $Y_2 = 18$로 상승하거나 $Y_3 = 10$으로 하락한다면? 제3장 3절의 분석에서는 바로 이 점을 남겨 놓았었다. 이제 이에 답하기로 하자.

[예 7-13]의 모든 물음에 답하기 위해서는 우선 (24)식을 p에 관해 풀어야 할 것으로 생각된다. (24)는

$$F(p, Y) = 16p^3 - 32p^2 - Y^2 = 0, \tag{24'}$$

즉 p와 Y에 관한 관계식이다. 모형 (23)의 성질상 Y는 모형의 외생변수로서 (24′)식에서 독립변수이고 p는 모형의 내생변수로서 이 식에서 종속변수가 된다. 따라서 이 식을 p에 관해 푼다는 것은 이 식에 의해 정의되는 p에 관한 음함수를 구하는 것과 같다. 제3장 3절에 Mathematica로 구한 음함수를 제시해 두었지만 그 수식은 매우 복잡하다. [예 7-13]의 물음에 답하기 위해서는 그 복잡한 음함수를 직접 구할 방도도 없거니와 구할 필요도 없음을 아래의 분석에서 알게 될 것이다. 그 대신, 단지 그것이 Y에 관한 함수

$$p^* = p(Y) \tag{26a}$$

형태로 "존재"하기만 하면 충분하다. 그리고 (26a)가 존재한다면 $Y_0 = 12$이면 $p_0^* = 3$ 이므로

$$p_0^* = p(Y_0), \text{ 또는 } p(12) = 3 \tag{26b}$$

이다. 어떤 조건 하에서 이 음함수가 "존재"하는지 나중에 따져보기로 하고, 지금은 그저 존재한다고 가정하기로 하자.

그러면 (26a)는 방정식 (24′)의 해(solution)이므로, 해 (26a)의 원래의 방정식 (24′)에 도로 대입하면, 항등식

$$\begin{aligned} &F(p^*, Y) = 16[p^*]^3 - 32[p^*]^2 - Y^2 \equiv 0 \quad \text{또는} \\ &F(p(Y), Y) = 16[p(Y)]^3 - 32[p(Y)]^2 - Y^2 \equiv 0 \end{aligned} \tag{27}$$

이 성립하게 된다.

이제 항등식 (27)의 양변을 Y에 관해 미분하면

$$48[p(Y)]^2 p'(Y) - 64[p(Y)]p'(Y) - 2Y \equiv 0 \quad .$$

이로부터 음함수의 도함수를 구하면

$$\frac{dp^*}{dY} = p'(Y) \equiv \frac{Y}{8(3[p(Y)]^2 - 4p(Y))} \tag{28}$$

이를 최초의 소득수준 $Y_0 = 12$에서 계산하면

$$\frac{dp^*}{dY} = p'(Y_0) \equiv \frac{Y_0}{8(3[p(Y_0)]^2 - 4p(Y_0))} \equiv \frac{12}{8(3[3]^2 - 4(3))} = 0.1$$

또는

$$dp^* \equiv 0.1dY. \tag{29}$$

소득이 $Y_1 = 15$로 증가하면 $dY = 15 - 12 = 3$이므로 (29)에 의해

$$dp^* \equiv 0.1(dY) = 0.1(3) = 0.3 \tag{30}$$

이다(3장 3절에서 시장균형가격의 차분은 $\triangle p^* = 0.295$였음을 상기하라). 소득이 $Y_2 = 18$로 증가하면 $dY = 18 - 12 = 6$이므로 $dp^* \equiv 0.1dY = 0.1(6) = 0.6$으로 계산된다.

이상의 분석에서 음함수 (26a)를 실제로 구하지 않고서도 그 기울기는 (29)에 의해 계산될 수 있었으며, (29)를 이용하여 원하는 결과를 얻을 수 있다는 것이 음함수 정리의 내용이다.

예 7-14

(24′)을 p에 관해 풀어서 해 (26a)를 구했는데, 이 해를 원래의 방정식 (24′)에 도로 대입하면 (27)과 같은 항등식이 나온다는 것은 무슨 의미인가? 그리고 항등식은 방정식과 어떻게 다른가?

(27)식이 항등식임은 이론상(또는 원리상) 그러하므로 직접 이해하기는 쉽지 않을 수 있다. 그래서 쉽게 알 수 있는 비근한 예를 보기로 하자. 먼저, 방정식

$$F(x,y) = x + 2y - 2 = 0 \tag{31a}$$

에서 y를 종속변수로 삼아 음함수

$$y = 1 - 0.5x = h(x) \tag{31b}$$

를 구하자. 이것은 방정식 (31a)를 y에 관해 풀어서 그 해 (31b)를 구한 것과 같다. 이제 해인 (31b)를, 그것이 나온 방정식인 (31a)에 대입하면

$$F(x,h(x)) = x + 2h(x) - 2 = x + 2(1 - 0.5x) - 2 = (1-1)x = 0x = 0. \tag{32a}$$

(32a)식에서 그 첫 항인 $F(x,h(x))$는 x만의 함수임을 나타내는데 마지막 등식 "$0x = 0$"은 "x가 어떤 값을 갖든" 이에 0이 곱해지므로 그 값은 "언제나(항상)" 0이 된다는 것을 말해준다. "항상 0이 된다"는 것을 수학에서는 항등기호($\equiv$)를

사용하여 "$\equiv 0$"으로 표기한다. 따라서 (32a)는 항등식임을 강조하기 위해

$$F(x,h(x)) = x + 2h(x) - 2 \equiv 0 \qquad \textbf{(32b)}$$

으로 표현한다. 본문의 (27)식도 $F(p(Y), Y) = 0 \times Y \equiv 0$, 즉 어떤 Y값이든 항상 0이 되므로 항등식이 된다.

다음으로 방정식 (31a)의 좌변을 x에 관해 미분하면

$$\frac{d}{dx}(x + 2y - 2) = 1$$

인 데 반해, 그 우변 0을 x에 관해 미분하면 $d(0)/dx = 0$으로서 서로 같지 않다:

$$\frac{d}{dx}(x + 2y - 2) \neq \frac{d(0)}{dx}.$$

그러나 항등식인 (32a) 또는 (32b)의 경우, 양변을 x에 관해 미분하여도 그 결과가 서로 같으므로 여전히 항등식으로 성립한다:

$$\frac{d}{dx}F(x,h(x)) = \frac{d}{dx}[x + 2h(x) - 2] \equiv \frac{d(0)}{dx} \equiv 0.$$

위에서 예를 통해 설명한 음함수 정리(implicit function theorem)를 보다 엄밀하게 서술하면 다음과 같다:

x와 y에 관한 관계 $F(x, y) = 0$이 $F(x_0, y_0) = 0$을 만족할 때

(a) 그 편도함수 $F_x(x, y)$와 $F_y(x, y)$가 존재하며 연속이고

(b) $F_y(x_0, y_0) \neq 0$이면, **(33a)**

점 (x_0, y_0)의 근방에서 국지적으로 미분가능한 음함수

$$y = h(x) \qquad \textbf{(33b)}$$

가 존재하고 $y_0 = h(x_0)$이며 항등식

$$F(x, h(x)) \equiv 0 \tag{33c}$$

이 성립한다. 따라서 음함수의 도함수는

$$h'(x) = -\frac{F_x(x, h(x))}{F_y(x, h(x))} \text{ 또는 } -\frac{F_x(x,y)}{F_y(x,y)} \tag{33d}$$

로 주어진다.

위의 조건 (a)는 $F(x,y)$가 점 (x_0, y_0)에서 국지적으로 미분가능하다는 것과 같으며, 조건 (b)는 [예 7-12] 아래에서 지적한 사항, 즉 y에 관한 음함수가 존재하기 위해서는 관계 $F(x,y)=0$의 그래프에 점 (x_0, y_0)에서 접하는 접선이 y축에 평행하지 않아야 한다는 것을 의미한다.

항등식 (33c)의 양변을 x에 관해 미분하면

$$F_x(x, h(x)) + F_y(x, h(x))\, h'(x)) \equiv 0$$

이며, $F_y(x, h(x)) \neq 0$이면 이것으로 양변을 나누어 (33d)를 얻는다.

이 음함수 정리를 이용하면, 음함수의 미분은

$$dy = h'(x_0)dx = -\frac{F_x(x_0, y_0)}{F_y(x_0, y_0)}\, dx$$

로 주어지므로, 음함수 (33b)를 직접 구할 필요는 없으며 편미분계수 $F_x(x_0, y_0)$ 및 $F_y(x_0, y_0)$만 알면 계산된다.

3. 음함수 정리의 응용

(1) 등량곡선의 기울기와 곡도

예 7-15

콥-더글라스 생산함수를 생각해 보자:

$$Q = f(L, K) = \sqrt{LK}.$$

여기서 L(=노동)과 K(=자본)는 독립변수이고 Q(=생산량)는 종속변수이다. 그러면, 일정한 생산량 $Q_0 = 5$단위를 생산하는 등량곡선의 방정식은 $Q = Q_0 = 5$를 대입한

$$5 = \sqrt{LK} \quad \text{또는} \quad F(L, K) = \sqrt{LK} - 5 = 0 \qquad \textbf{(34a)}$$

으로 주어진다. 그런데, 등량곡선을 K를 종축으로 하는 LK평면에 그리려면 K에 관해 풀어쓰는 것이 편리하다. (34a)의 양변을 제곱하여 L로 나누면, K에 관한 방정식을 얻는다:

$$K = 25 / L \equiv h(L) \qquad \textbf{(34b)}$$

이것은 관계 (34a)에 의해 정의되는 음함수이며 LK평면에 직각 쌍곡선(우하향하며 원점에 대해 볼록함)을 이룬다.

이 음함수의 기울기는 $dK/dL = h'(L) = -25/L^2 < 0$으로서 음이므로 우하향하며, 음함수의 2계 도함수가 $d^2K/dL^2 = h''(L) = 50/L^3 > 0$으로서 양임은 등량곡선이 볼록함을 말해준다.

이제 일반적인 생산함수 $Q = f(L, K)$를 생각해 보자. 어떤 생산량 Q_0를 생산하는 등량곡선은 방정식

$$Q_0 = f(L, K) \quad \text{또는}$$

$$F(L, K, Q_0) = f(L, K) - Q_0 = 0 \qquad \textbf{(35a)}$$

으로 정의된다. 이 평면 상의 한 점 (L_0, K_0)에서 (35a)가 성립한다고 하자. 통상 가정되는 것처럼, 모든 (L, K)에서 각 요소의 한계생산이

$$f_L(L,K) > 0,\ f_K(L,K) > 0 \tag{35b}$$

으로서 양이고 연속함수라 가정한다면, 음함수 정리의 전제조건들이 충족된다. 즉, 이 점의 근방에서 각 한계생산함수가 연속이고

$$F_K(L_0, K_0) = f_k(L_0, K_0) \neq 0$$

이다. 따라서 음함수정리에 따르면 (35a)의 음함수

$$K = h(L) \tag{35c}$$

이 존재한다. 물론, 이 음함수의 정확한 함수 형태는 알 수 없지만 그 기울기와 곡도가 어떠한가는 계산해 볼 수 있다.

우선, 이 음함수(여기서는 등량곡선)의 L에 관한 기울기를 구해 보자. (35c)를 (35a)에 대입하면, 항등식

$$f(L, h(L)) - Q_0 \equiv 0$$

이 성립한다. 이 항등식을 L에 관해 미분하면

$$f_L(L,h(L)) + f_K(L,h(L))\, h'(L) \equiv 0$$

이다. 가정에 의해 $f_K(L,h(L)) \neq 0$이므로, 이 음함수의 기울기는

$$h'(L) = \frac{dK}{dL} \equiv -\frac{f_L(L,h(L))}{f_K(L,h(L))} \tag{35d}$$

로 주어진다. 가정 (35b)에 의해 이 기울기는 음이다.(이 기울기의 절대치는 자본과 노동간의 "한계기술대체율"이라 불린다). 즉, 등량곡선은 [그림 7-7]에서 보는 바와 같이 LK평면에서 우하향한다.

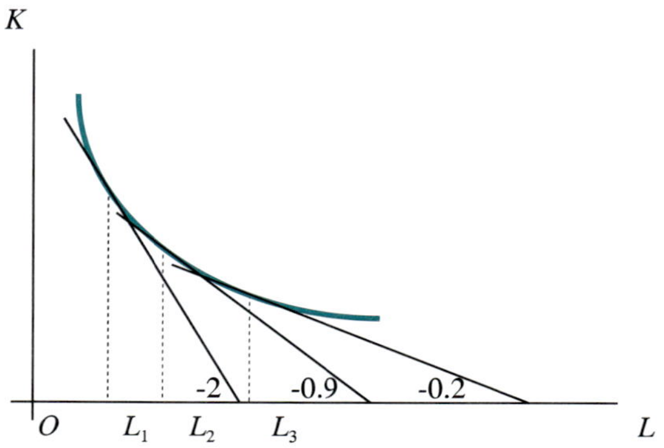

그림 7-7 우하향하고 볼록한 등량곡선: $h'(L)<0,\ h''(L)>0$

등량곡선의 기울기의 기울기는 (35d)를 L에 관해 다시 미분함으로써(몫의 미분법칙과 연쇄법칙을 적용하라)

$$\frac{d^2K}{dL^2}=h''(L)=-\frac{[f_{LL}+f_{LK}h'(L)]f_K-[f_{KL}+f_{KK}h'(L)]f_L}{(f_K)^2} \tag{35e}$$

로 주어진다. 미시경제학에서 등량곡선은 통상 원점에 대해 볼록하다고 가정된다. 그것은 노동량이 증가함에 따라 등량곡선의 기울기가 증가한다([그림 7-7]에서 노동량이 $L_1\to L_2\to L_3$로 증가함에 따라 기울기가 -2에서 -0.9로, 다시 -0.2로 증가하고 있음)는 것, 즉 (35d)의 부호가 양이라는 것과 같다. 이 식의 분모는 언제나 양이므로, 이 가정은 그 분자가 음일 것을 요구한다. 따라서 이 가정은, (35d)를 이 식 분자의 $h'(L)$에 대입하면

$$\left[f_{LL}-f_{LK}\frac{f_L(L,h)}{f_K(L,h)}\right]f_K-\left[f_{KL}-f_{KK}\frac{f_L(L,h)}{f_K(L,h)}\right]f_L$$

$$=\frac{f_{LL}f_K^2-2f_{LK}f_Lf_K+f_{KK}f_L^2}{f_K}\ <\ 0 \tag{35f}$$

인 것으로 표현된다. 조건 (35b)와 (35f)의 분자가 음인 것은 f_K는 등량곡선이 우하향하고 원점에 대해 볼록할 조건이다.

(2) 역함수 미분법

함수 $y=f(x)$를 x와 y간의 관계로 보아 방정식

$$F(x, y) = f(x) - y = 0$$

으로 표현하자. $F(x,y)$가 미분가능하고 $F_x(x,y) = f'(x) \neq 0$이면, 음함수 정리에 의해 이 관계식을 x에 관해 풀어서 x에 관한 음함수를

$$x = h(y) \text{ 또는 } x = f^{-1}(y)$$

로 표기할 수 있다. 이 음함수가 존재하기 위한 조건 "$f'(x) \neq 0$"은 $f'(x) > 0$(단조증가) 또는 $f'(x) < 0$(단조 감소)을 의미하는데 이러한 함수 $f(x)$를 단조 함수라 한다. 이 음함수는 함수 $y = f(x)$의 **역함수**이기도 하므로 $x = h(y)$ 대신, $x = f^{-1}(y)$로 표기하기도 한다.

이 해를 다시 위의 관계식에 대입하면, 항등식

$$f(h(y)) - y \equiv 0$$

이 도출된다. 이 항등식을 y에 관해 미분하면

$$f'(h(y))\, h'(y) - 1 \equiv 0$$

이 되는데, 가정에 의해 $f'(x) \neq 0$이므로 이것으로 나누면 다음이 성립한다:

$$h'(y) = \frac{1}{f'(h(y))} \text{ 또는 } \frac{dx}{dy} = \frac{1}{dy/dx} = \frac{1}{f'(x)} \tag{36}$$

이것은 **역함수 미분법**으로 알려져 있다.

(36)의 dx/dy는 역함수 $x = h(y)$의 도함수 나타내는데, 이것을 미분 dx를 dy로 나눈 것으로 해석하고 분자와 분모를 dx로 나누면 $1/(dy/dx)$이 된다. 여기서 분모의 dy/dx는 원래 함수 $y = f(x)$의 도함수이다.

예 7-16

위의 [예 7-11]에서 (21b)

$$x = y^3 + 3y + 1 \equiv g(y)$$

의 역함수 $y = f(x) = g^{-1}(x)$를 구할 수는 없지만, 이 역함수의 도함수는 (36)을 이용하여 구할 수 있다. $dx/dy = g'(y) = 3y^2 + 3 > 0$이므로

$$\frac{dy}{dx} = \frac{1}{dx/dy} = \frac{1}{3y^2 + 3}$$

이 도출된다.

4. 비선형 연립방정식 체계에서의 음함수 정리

내생변수가 y_1과 y_2로서 2개인 비선형 연립방정식 체계를 생각해 보자:

$$F^1(x_1, x_2, \ldots, x_n, y_1, y_2) = 0 \tag{37a}$$

$$F^2(x_1, x_2, \ldots, x_n, y_1, y_2) = 0 \tag{37b}$$

여기서 x_i들은 **매개변수**이며 미지수가 아니다, 그리고 우리의 관심은 이 연립방정식들에 의해 정의되는 y_1과 y_2에 관한 **음함수**들에 있으며, 그것도 이 음함수 자체보다 그 편미분 계수들을 구하는 데 있음을 명심하라.

이 경우의 음함수 정리는 단일 방정식에서의 음함수 정리를 약간 확장하면 된다. 벡터 기호를 사용하여 $x = (x_1, x_2, \ldots, x_n)$ 및 $y = (y_1, y_2)$로 표기하자. (37)에 적용되는 음함수 정리는 아래와 같다: $n+2$차원 공간의 점 (x^0, y^0)에서 (37)이 만족될 때,

(a) 그 점의 근방에서 함수 F^1과 F^2의 모든 편도함수들이 연속이고

(b) 그 점에서 계산된 다음 행렬식이 비음, 즉

$$|J| = \begin{vmatrix} \dfrac{\partial F^1(x^0, y^0)}{\partial y_1} & \dfrac{\partial F^1(x^0, y^0)}{\partial y_2} \\ \dfrac{\partial F^2(x^0, y^0)}{\partial y_1} & \dfrac{\partial F^2(x^0, y^0)}{\partial y_2} \end{vmatrix} \neq 0 \qquad \textbf{(38a)}$$

이면, 그 점 근방에서 y_1과 y_2에 관한 음함수들

$$y_1 = h^1(x) \text{ 및 } y_2 = h^2(x) \qquad \textbf{(38b)}$$

가 존재한다. 여기서, 연립방정식 체계 (37)을 **내생변수** y_i 들에 관해 편미분하여 그 편미분 계수들로 구성한 (38a)를 **야코비안**(Jacobian) 또는 **야코비 행렬식**이라 부른다.

이제 (38b)를 (37)에 대입하면 항등식체계

$$F^1(x, h^1(x), h^2(x)) \equiv 0$$
$$F^2(x, h^1(x), h^2(x)) \equiv 0$$

이 성립되는데, 이들을 매개변수 x_j 에 관해 미분하여 점 (x^0, y^0)에서 평가하면

$$\frac{\partial F^1}{\partial y_1}\left[\frac{\partial h^1}{\partial x_j}\right] + \frac{\partial F^1}{\partial y_2}\left[\frac{\partial h^2}{\partial x_j}\right] = -\frac{\partial F^1}{\partial x_j}$$

$$\frac{\partial F^2}{\partial y_1}\left[\frac{\partial h^1}{\partial x_j}\right] + \frac{\partial F^2}{\partial y_2}\left[\frac{\partial h^2}{\partial x_j}\right] = -\frac{\partial F^2}{\partial x_j}$$

가 된다. 여기서 대괄호 안의 항들은 **음함수**의 편미분 계수로서 우리가 구하고자 하는 변수(미지수)이고, 다른 항들은 **본래 주어진 함수**들의 편미분 계수로서 경제분석에서는 통상 그 값이 주어져 있다. 이것을 행렬형태로 고쳐 쓰면

$$\begin{pmatrix} \dfrac{\partial F^1}{\partial y_1} & \dfrac{\partial F^1}{\partial y_2} \\ \dfrac{\partial F^2}{\partial y_1} & \dfrac{\partial F^2}{\partial y_2} \end{pmatrix} \begin{pmatrix} \dfrac{\partial h^1}{\partial x_j} \\ \dfrac{\partial h^2}{\partial x_j} \end{pmatrix} = \begin{pmatrix} -\dfrac{\partial F^1}{\partial x_j} \\ -\dfrac{\partial F^2}{\partial x_j} \end{pmatrix}$$

가 되는데, 좌변의 계수행렬의 행렬식은 (38a)에 의해 0이 아니다. 따라서 크래머 법칙을 이용하면, 다음 결과를 얻을 수 있다:

$$\frac{\partial y_1}{\partial x_j} = \frac{\partial h^1}{\partial x_j} = \frac{|J_1|}{|J|} \text{ 및 } \frac{\partial y_2}{\partial x_j} = \frac{\partial h^2}{\partial x_j} = \frac{|J_2|}{|J|}. \tag{38c}$$

단,

$$|J_1| \equiv \begin{vmatrix} -\dfrac{\partial F^1}{\partial x_j} & \dfrac{\partial F^1}{\partial y_2} \\ -\dfrac{\partial F^2}{\partial x_j} & \dfrac{\partial F^2}{\partial y_2} \end{vmatrix}, \quad |J_2| \equiv \begin{vmatrix} \dfrac{\partial F^1}{\partial y_1} & -\dfrac{\partial F^1}{\partial x_j} \\ \dfrac{\partial F^2}{\partial y_1} & -\dfrac{\partial F^2}{\partial x_j} \end{vmatrix}$$

이 음함수 정리는 경제모형이 (37)과 같이 2개의 내생변수가 등장하는 연립방정식 체계로 구성될 때, 비교정학 분석을 수행하는 데 사용되며 제8장 이후에서 자주 적용될 것이다.

예 7-18

위의 [예 7-13]의 시장모형 (23a), (23b), (23c)에서 균형조건 (23c)를 만족하는 거래량을 동일한 기호 x로 설정($x^d = x^s = x$)하면, 다음 두 개의 방정식체계로 압축된다:

$$F^1(x,p) = x - Y/2p = 0 \tag{39a}$$

$$F^2(x,p) = x - 2\sqrt{p-2} = 0 \tag{39b}$$

이제 소득이 $Y_0 = 12$에서 $Y_1 = 15$로 증가할 때 본문 (24)~(30)식에서는 시장균형 가격의 변화량 근사치만 계산하였으나, 여기서는 그것과 시장균형 거래량의 근사치를 동시에 계산해 보자.($Y_0 = 12$일 때 균형 가격은 $p_0^* = 3$, 균형 거래량은 $x_0^* = 2$임이 알려져 있다고 하자.)

먼저 쟈코비안을 계산하기 위해 편미분계수를 계산하자:

$F_x^1 = 1$, $F_x^2 = 1$, $F_p^1(x,p) = Y/(2p^2)$, $F_p^1(x_0^*, p_0^*) = 12/(2 \times 3^2) = 2/3$

$F_p^2(x,p) = -(p-2)^{-0.5}$, $F_p^2(x_0^*, p_0^*) = -1$.

따라서

$$|J| = \begin{vmatrix} F_x^1 & F_p^1 \\ F_x^2 & F_p^2 \end{vmatrix}_{(x_0^*, p_0^*)} = \begin{vmatrix} 1 & 2/3 \\ 1 & -1 \end{vmatrix} = -5/3 \neq 0$$

이므로 다음 음함수가 존재한다:

$$x = x(Y),\ \ p = p(Y). \tag{40}$$

이 음함수들을 (39a,b)에 대입하면 항등식체계

$$x(Y) - Y/2p(Y) \equiv 0 \tag{41a}$$

$$x(Y) - 2\sqrt{p(Y) - 2} \equiv 0 \tag{41b}$$

이 도출된다. (41)의 양변을 Y에 관해 미분하면

$$x'(Y) + 0.5\,Y[p(Y)]^{-2}p'(Y) \equiv 1/2p(Y)$$

$$x'(Y) - (p(Y) - 2)^{-0.5}p'(Y) \equiv 0.$$

$p(Y)$를 $Y_0 = 12$에서 계산하여 행렬 방정식으로 표기하면

$$\begin{pmatrix} 1 & 2/3 \\ 1 & -1 \end{pmatrix}\begin{pmatrix} x'(Y) \\ p'(Y) \end{pmatrix} = \begin{pmatrix} 1/6 \\ 0 \end{pmatrix}.$$

여기서 계수행렬은 위의 자코비안과 일치하므로 크래머법칙에 의해

$$x'(Y) = \frac{|J_1|}{|J|} = \begin{vmatrix} 1/6 & 2/3 \\ 0 & -1 \end{vmatrix} / |J| = \frac{-1/6}{-5/3} = 0.1$$

$$p'(Y) = \frac{|J_2|}{|J|} = \begin{vmatrix} 1 & 1/6 \\ 1 & 0 \end{vmatrix} / |J| = \frac{-1/6}{-5/3} = 0.1.$$

여기서 $p'(Y) = 0.1$은 (29)에서 구한 결과와 일치한다.

연습문제 | 7.4

1. 관계 $F(x,y)=2x+3y+6=0$ 으로부터 발견할 수 있는 음함수를 구하라.

2. 관계 $F(x,y)=2x^2+5y=0$ 으로부터 발견할 수 있는 (국지적) 음함수와 그 도함수를 구하라.

3. 방정식 $(x_1-1)^2+(x_2-2)^2-y=0$은, y를 종속변수로 삼는다면, 두 변수(x_1과 x_2) 함수 $y=(x_1-1)^2+(x_2-2)^2$으로 쓸 수 있다.

(a) 이 방정식은 x_1을 종속변수로 하는 함수로도 볼 수 있는가?

(b) $y=y_0=9$일 때의 방정식 $(x_1-1)^2+(x_2-2)^2-9=0$는 어떤 함수로 볼 수 있는가?

4. 방정식 $|2x-y|-4=0$에 의해 y에 관한 음함수가 정의되는가? 점 $(x,y)=(1,\ -2)$는 이 방정식을 만족시키는데, 이 점의 근방에서 국지적 음함수는 무엇인가?

5. 콥-더글라스 생산함수 $Q=f(L,K)=L^{1/3}K^{2/3}$에서 1단위를 생산하는 등량곡선의 방정식은 $L^{1/3}K^{2/3}=1$이다. 이로부터 K에 관한 음함수를 구하고, 그 도함수를 계산하라.

6. 일반적인 효용함수 $U=U(x,y)$의 무차별곡선은 $F(x,y)=U(x,y)-U_0=0$ 으로 정의된다. 이 무차별곡선을 xy 평면에 그릴 때, 그 기울기(1계 도함수)와 곡도(2계 도함수)를 구하라.

7. 시장균형 조건이 $D(p,Y)=S(p)$일 때, 이 관계로부터 p에 관한 음함수가 존재하는가를 살펴보고, 소득 Y에 대한 음함수의 기울기를 구하라. 이 음함수는 바로 시장균형 가격함수이다.

8. 연립방정식체계 (37)에서 x_1 과 x_2 가 내생변수이고 그 나머지는 모두 매개변수라고 가정하면, 어떤 조건 하에서 이들에 관한 (국지적) 음함수가 정의되며, 이 음함수는 어떤 독립변수들의 함수로 나타나는가?

9. (24')으로부터 역함수 미분법을 적용하여 (30)식을 도출하라.

Mathematics for Economics

CHAPTER

08

최적화 경제행동

제3장에서 다룬 수요함수나 공급함수는 소비자나 생산기업들이 자신의 효용이나 이윤을 최대로 달성하려는 의사결정에 근거를 두고 있다. 본 장에서는 개별 경제 주체가 주어진 여건 하에서 최선의 선택을 추구하는 과정을 분석하는 데 사용되는 수학적 도구를 소개하고자 한다. 최선의 선택이란 경제주체가 추구하는 효용 또는 이윤 함수의 극대점(또는 극소점)을 선정하는 것이며, 그 계산에는 제5장～제7장에서 다룬 도함수가 유용하게 사용된다.

제1절에서는 1변수 함수의 극대점 및 극소점의 정의와 조건을 도출한다. 제2절에서는 기업의 단기 이윤극대화 문제의 수치례를 통해 단기 요소수요함수와 공급함수를 도출한다. 제3절에서는 일반적인 함수 형태의 생산함수를 가진 기업의 단기 이윤극대화 문제를 풀고, 이로부터 정성적 비교정학적 결과를 도출한다. 제4절에서는 2변수 함수의 극대점 및 극소점의 조건을 도출하고 이를 기업의 장기 이윤극대화 문제에 적용한다. 제5절에서는 제4절의 논의를 3변수 이상의 n 변수 함수에 적용하여, 극대 및 극소 조건을 도출한다.

8.1 1변수 함수의 극대와 극소

1. 함수의 극대(소)점의 정의

정의역 D에서 정의되는 함수 $y = f(x)$가 점 x_0에서

$$\text{“정의역에 속하는 모든 } x \text{ 에 대해 } f(x_0) \geq f(x)\text{”} \tag{1}$$

라는 조건을 만족시키면, x_0를 이 함수의 **전역적**(global)[또는 **절대적**(absolute)] **극대점**(maximum point)이라 부르고 $f(x_0)$를 전역적 **극대치**(極大値: maximum (value))라 한다. (1)의 부등호가 반대방향으로 성립하면, x_0를 **전역적(또는 절대적) 극소점**(minimum point), $f(x_0)$를 전역적 극소치(極小値)라 부른다. 극대치와 극소치를 합쳐

서 **극치**(極値: extremum)라 한다.

경제분석에서는 전역적 극치보다 경제의 현상태 주변에서 발견되는 **국지적(local) 극치**에 더 관심을 갖는 경우가 많다. 이 개념을 정의하기 위해 7장 4절에서 소개한 바 있는 "근방" 개념을 도입하자. x_0 의 **근방**(近方: neighborhood)이란 x_0 의 좌우로 임의의 작은 양수 δ 의 범위 내에 있는 모든 x 값들의 집합, 즉

$$N_\delta(x_0) \equiv \{x : |x - x_0| < \delta\}$$

를 말한다. $x_0 = 2$ 이고 $\delta = 0.1$ 이면, $N_{0.1}(2) = \{x : 1.9 < x < 2.1\}$ 즉 개구간 $(1.9,\ 2.1)$ 이다.

정의역 D 에서 정의되는 함수 $y = f(x)$ 가 점 x_0 에서

"정의역과 근방 $N_\delta(x_0)$ 에 속하는 모든 x 에 대해 $f(x_0) \geqq f(x)$" **(2)**

를 만족시키면, x_0 를 이 함수의 **국지적**(local)[또는 **상대적**(relative)] **극대점**(maximum point)이라 부르고, $f(x_0)$ 를 국지적 **극대치**(極大値: maximum value)라 한다. (2)의 부등호가 반대방향으로 성립하면, x_0 를 국지적(또는 상대적) **극소점**이라 한다.

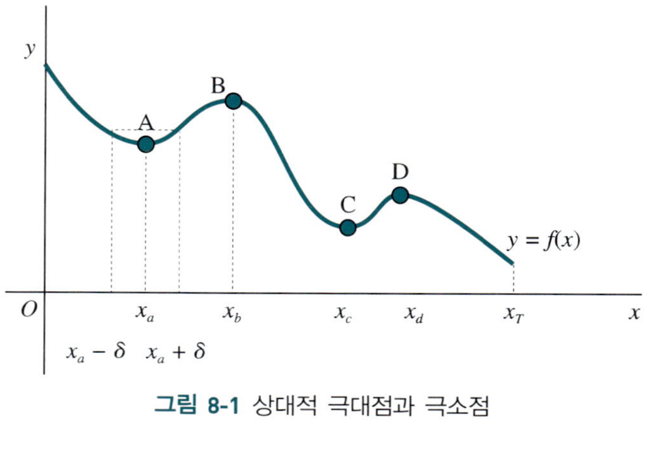

그림 8-1 상대적 극대점과 극소점

[그림 8-1]에서 x_a는 그 근방 $N_\delta(x_a) \equiv \{x: |x - x_a| < \delta\}$에 속하는 모든 x값들에 비해 더 낮은 함수값을 가지므로 국지적 극소점이다. 마찬가지로, x_c도 국지적 극소점이고, x_b와 x_d는 국지적 극대점이다. 여기서 국지적 극대치 $f(x_d)$는 국지적 극소치 $f(x_a)$보다 더 작다. 이 함수의 정의역이 $D=[0,\ x_T]$라면 전역적 극대점은 $x=0$이고, 전역적 극소점은 x_T이다. 그리고 국지적 극치들 x_a, x_t, x_c 및 x_d는 이 정의역의 내부에 속하므로 내부 극치(interior extremum)이라 한다.

2. 함수의 극대(소)점의 조건

임의의 함수 $y=f(x)$의 극대점 또는 극소점을 구하기 위해 [그림 8-1]과 같이 그 그래프를 전부 그릴 필요는 없다. 이 함수가 미분가능(그 그래프가 원활)하면 극대점 또는 극소점은 우선 1계 도함수가 0이 되는(즉, 접선이 수평을 이루는) 점들 중에 존재한다. 함수 $y=f(x)$의 1계 도함수가 0이 되는 x값들을 정상점(定常點: stationary point)이라 부르는데, 정상점을 구하는 것이 급선무이다. [그림 8-1]에서 x_a, x_b, x_c 및 x_d는 정상점이다.

어떤 정상점에서 2계 도함수 값이 음이면, 함수 $y=f(x)$의 그래프가 그 점의 근방에서 오목하므로, 그 정상점은 국지적 극대점이 된다. [그림 8-1]의 점 x_b와 x_d가 그러하다. 이에 반해, 2계 도함수 값이 양이면, 함수 $y=f(x)$의 그래프가 그 점의 근방에서 볼록하여 그 점은 국지적 극소점이 된다. [그림 8-1]의 x_a와 x_c가 그러하다.

어떤 점의 좌측과 우측에서 함수 $y=f(x)$의 곡도가 오목성과 볼록성간에 뒤바뀌면, 그 점을 **변곡점**(變曲點. inflection point)이라 부른다. [그림 8-1]에서는 점 A와 B 사이, 점 B와 C 사이, 점 C와 D 사이에 변곡점이 존재한다. 2계 도함수가 0인 정상점은 극대점, 극소점 및 변곡점 중의 어느 하나가 된다.

예 8-1

함수 $y= f(x)= -x^4$을 생각해 보자. 그 그래프는 $x_0 = 0$에서 꼭지점을 갖고 아래로 오목하므로, $x_0 = 0$은 분명히 전역적 극대점이다. 그런데, 1계 도함수 $f'(x) = -4x^3=0$ 으로부터 정상점은 $x_0 = 0$이며, 2계 도함수 $f''(x) = -12x^2$은 이 정상점에서 $f''(0) = 0$ 이다. 따라서 이 함수의 정상점 $x_0 = 0$은 2계 도함수가 0이면서 극대점을 이룬다.

참고로, 3계 이상의 고계 도함수를 계산해 보자:

$$f'''(x) = -24x\ ,\ f^{(4)}(x) = -24\ ,\ n \geqq 5 \text{ 일 때 } f^{(n)}(x) = 0.$$

2계 이상의 도함수값을 정상점 $x_0 = 0$에서 계산하면

$$f''(0) = f'''(0) = 0,\ f^{(4)}(0) = -24 < 0,\ n \geqq 5 \text{ 일 때 } f^{(n)}(0) = 0 \quad \textbf{(3)}$$

이다. 이와 같은 고계 도함수 값들의 유형은 **최초로 음**이 되는 도함수가 4계 도함수임을 말해 준다.

이상의 논의는 극대점의 조건들을 필요조건과 충분조건으로 구분하면 알기 쉽다. 우선, 함수 $f(x)$가 **원활할** 경우 내부 상대적 극대점이 존재한다면 그것이 갖는 명백한 특성은 그 점에서의 기울기가 **반드시** 0(즉, 접선이 수평)이라는 것이다:

"x_0가 상대적 극대점**이면, 반드시** $dy/dx = f'(x_0) = 0$ **이다.**" **(4a)**

이것은 보다 간결하게

"x_0가 상대적 극대점 $\Rightarrow dy/dx = f'(x_0) = 0$" **(4b)**

으로 표현된다.

(4)와 같은 명제에서 조건절의 내용 "x_0가 상대적 극대점"은 (주절의 내용이 성립하기 위한) **충분조건**(充分條件: Sufficient Conditions=SC)이라 하고, 주절의 내용

$$dy/dx = f'(x_0) = 0 \tag{5}$$

은 (조건절의 내용이 성립하기 위한) **필요조건**(必要條件: necessary conditions)이라 부른다. 충분조건이란, 그것 이외의 다른 조건이 성립하더라도 주절의 내용이 성립할 수도 있지만, 일단 그것이 성립하기만 하면 주절의 내용이 성립하기 때문에 주절의 내용이 성립하기 위한 하나의 조건이라는 의미이다. 이에 반해, "필요" 조건은 조건절의 내용이 성립하면 "반드시(필수적으로, 필연적으로)" 성립하여야 하는 것을 말한다. (5)는 점 x_0 가 **극대점**이면 **반드시** 성립하여야 하는 성질(또는 조건)이므로 **극대의 필요조건**이라 부르며, 1계 도함수로 표현되므로 **1계 필요조건**(First-Order Necessary Conditions. FONC)이라 부른다. 또한, 내부 상대적 **극소점**의 경우에도 (5)가 성립하여야 하므로, (5)는 **극소의 1계 필요조건**이기도 하다.

한편, 정상점 x_0 에서 함수 $y = f(x)$ 의 2계 도함수가 음이면, x_0 는 분명히 상대적 극대점이었다:

$$\text{“}f'(x_0) = 0 \text{ 및 } f''(x_0) < 0 \Rightarrow x_0 \text{가 상대적 극대점.”} \tag{6}$$

이 명제는 "x_0 가 정상점이고 그 점에서 2계 도함수가 음"이라는 것이 x_0 가 상대적 극대점이기 위한 하나의 충분조건임을 의미한다. (6)의 조건절 중의

$$d^2y/dx^2 = f''(x_0) < 0 \tag{7}$$

은 2계 도함수로 서술되어 있으므로 **극대의 2계 충분조건**이라 부른다.

극대의 2계 충분조건은 실로 여러 가지 충분조건들 중의 한 가지에 불과하다. 예컨대, [예 8-1]의 조건 (3)도 극대의 충분조건인데, 여기서는 4계 도함수의 부호만 음이고 나머지 도함수들은 0이므로 결정적인 것은 4계 도함수의 부호이다(아래의 [예 8-7]에서 여러 가지 다른 충분조건들이 제시될 것이다). 그러나 경제분석에서는 주로 2계 충분조건이 사용되며 1계 필요조건을 충족하는 점, 즉 정상점에 대해 2계 도함수의 부호를 따지게 되므로, 통상 충분조건이라 하면 2계 충분조건을 의미한다.

또한, 정상점 x_0 에서 함수 $y = f(x)$ 의 2계 도함수가 양(陽)이면, x_0 는 분명히 상대적 극소점이므로 다음이 성립한다:

$$\text{“}f'(x_0) = 0 \ \text{ 및 } f''(x_0) > 0 \ \Rightarrow x_0 \text{ 가 상대적 극소점.”}$$

따라서 $f''(x_0) > 0$ 은 극소의 2계 충분조건이다.

지금까지 상대적 극대(소)점의 필요조건과 충분조건을 별도로 제시하였다. 그런데, 위의 논의에 따르면 x_0 가 정상점이고 그 점에서 함수가 오목하면 x_0 는 언제나 상대적 극대점이며, 역으로 x_0 가 상대적 극대점이면 x_0 는 언제나 정상점이면서 그 점에서 함수가 오목하다:

$$\text{“}x_0 \text{ 가 상대적 극대점 } \Leftrightarrow f'(x_0) = 0 \ \text{ 및 } f(x)\text{는 } x_0\text{근방에서 오목.”} \tag{8}$$

즉, x_0 가 정상점이면서 함수 $f(x)$가 그 근방에서 오목하다는 것은 x_0 가 국지적 극대점이기 위한 필요조건이자 동시에 충분조건이므로 **필요충분조건**이라 부른다. 따라서 이 조건을 충족시키지 않고서 x_0가 국지적 극대점이 될 수는 없다. 또한, (8)에서 함수 $f(x)$가 (정의역의 모든 점에서) 오목하면, 상대적 극대점은 곧바로 절대적 극대점이 된다. 소비자의 효용 극대점이나 기업의 이윤 극대점을 찾는 경제분석에서 효용함수와 이윤함수의 오목성이 중요한 이유가 여기에 있다.

(6)과 (8)를 비교하면, $f''(x_0) < 0$ 이면 함수 $f(x)$가 x_0근방에서 반드시 오목하지만 그 역은 반드시 성립하는 것이 아님을 알 수 있다:

$$\text{“}f(x)\text{는 } x_0\text{근방에서 오목 } \underset{\not\Rightarrow}{\Leftarrow} f''(x_0) < 0\text{.”}$$

[예 8-1]은 바로 이 역명제가 성립하지 않는 반증례를 제공한다.

이상의 논의의 요점은 아래로 요약된다:

미분가능 함수 $y = f(x)$가 상대적 극대 및 극소를 달성할 조건은 다음과 같다:

극대: 1계 필요조건 $f'(x) = 0$, 2계 충분조건 $f''(x) < 0$

극소: 1계 필요조건 $f'(x)=0$, **2계 충분조건** $f''(x)>0$

예 8-2

함수 $y=f(x)=-|x|$는 $x=0$에서 극대점을 갖지만, 그 점에서 미분가능하지 않다. 이 경우, $f'(0)$은 존재하지도 않으므로 극대점 $x=0$이 1계 필요조건을 만족시키지 않는다. 이와 같이, 함수가 미분가능하지 않으면 상술한 도함수 조건들은 성립하지 않는다.

예 8-3

다음 함수의 극대치와 극소치를 구해 보자:

$$y=f(x)=200x^3-603x^2+606x+200 \quad .$$

1계 필요조건은

$$f'(x)=600(x-1)(x-1.01)=0$$

이므로, 정상점은 $x=1$ 및 $x=1.01$이다. 2계 도함수는

$$f''(x)=1{,}200(x-1.005)$$

이므로 $f''(1)<0$ 및 $f''(1.01)>0$이다. 따라서 이 함수는 $x=1$에서 국지적 극대치 $f(1)=403$을 가지며, $x=1.01$에서 국지적 극소치 $f(1.01)=402.9999$를 갖는다.(각자 이 함수의 그래프를 그려보라).

이 예는 국지적 극대점 $x=1$에서 "국지적"이란 말의 의미를 부각시키고자 제시된 것이다. $x=1.015$에서 함수값은 $f(1.015)=403$이므로, $x=1$의 근방의 반경을 $\delta=0.015$ 이내로 잡는다면 어떤 값을 선택하든 그 근방에서 $x=1$은 언제나 극대점을 이룬다.

예 8-4

위의 [예 8-1]을 일반화한 멱함수 $f(x) = -x^{2m}$ (단, m은 자연수임)을 생각해 보자. 대수적으로, 모든 x에 대해 $f(x) = -x^{2m} = -(x^m)^2 \leqq 0$ 이며, $x_0 = 0$에서 $f(0) = 0$이므로 $x_0 = 0$이 극대점임을 알 수 있다.

이 함수의 1계 및 고계 도함수의 성질을 살펴보자. 거듭 미분하면,

$$f'(x) = -2mx^{2m-1},\ \ f''(x) = -2m(2m-1)x^{2m-2}, \ldots,$$
$$f^{(2m)}(x) = -2m(2m-1)(2m-2)\ldots(2)(1) = -(2m)!,$$
$$f^{(n)}(x) = 0,\ \ n \geqq 2m+1$$

이므로, $f'(x) = -2mx^{2m-1} = 0$인 정상점 $x_0 = 0$에서 다음이 성립한다:

$$f^{(n)}(x_0) = 0,\quad n = 2, 3, \cdots, 2m-1, 2m+1, \cdots,$$
$$f^{(2m)}(x_0) = -(2m)! < 0.$$

즉, 정상점 $x_0 = 0$에서 최초로 0이 아닌 고계도함수가 $2m$(짝수)계 도함수이고 그 값이 음이라는 것도 극대의 한 충분조건이다.

또한, 이로부터 정상점 $x_0 = 0$가 함수 $y = f(x)$의 극대점이라면, 반드시 $f''(x_0) < 0$이거나 또는 $f''(x_0) = 0$이어야 함을 알 수 있다. 따라서 "$f''(x_0) \leqq 0$"을 극대의 **2계 필요조건**이라 한다.

지금까지 1변수 함수 $y = f(x)$의 극대와 극소의 조건을 설명하였다. 다음 절에서 이를 다변수 함수의 극대 및 극소 조건으로 확장하기 위해서는, 1계 필요조건 (5)와 2계 충분조건 (7)을 미분형태로 바꾸어 둘 필요가 있다. (5)는 양변에 $dx \neq 0$을 곱하여

$$\text{모든 } dx \neq 0 \text{에 대해 } dy = f'(x_0)dx = 0 \qquad \textbf{(9)}$$

으로 바꾸어 쓸 수 있다. 여기서 $dx = 0$이면 $f'(x_0)$가 정의되지 않으므로 $dx = 0$은

제외된다. (9)가 성립하려면 $f'(x_0)=0$이지 않으면 안 된다. 역으로, (9)가 성립하면 양변을 dx로 나누면 (5)가 성립한다. 따라서 (5)와 (9)는 서로 필요충분조건이며, 논리적으로 동치임을 알 수 있다. 또한 (7)의 양변에 dx^2을 곱하면, (7)은 y의 2계 미분이 음인 것, 즉

$$\text{“모든 } dx \neq 0 \text{ 에 대해 } d^2y = f''(x_0)\,dx^2 < 0\text{”} \tag{10}$$

으로 표현된다. $dx^2>0$이므로 (10)이 성립하려면 $f''(x_0)<0$이지 않으면 안 된다. 이것도 (7)과 동치이다.

예 8-5

다음 함수

$$y = f(x) = 0.5x^2 - 2x + 3 = 0.5(x-2)^2 + 1$$

의 극치를 대수적으로 계산하고, 미분 형태로 주어진 극치조건의 기하학적 의미를 음미해 보자. 이 함수는 점 (2,1)을 꼭지점으로 하는 아래로 볼록한 포물선을 이룬다. 따라서 $x=2$에서 극소치 1을 갖는다.

이를 대수적으로 도출하기 위해, 1계 필요조건

$$dy/dx = f'(x) = x - 2 = 0$$

을 풀면 $x_0=2$를 얻는다. 이 조건은 (9), 즉

$$\text{모든 } dx \neq 0 \text{ 에 대해 } dy = f'(x)\,dx = (x-2)\,dx = 0 \tag{9'}$$

으로 쓸 수도 있는데, 그 의미는 [그림 8-2]에 도시되어 있다. (a)도에서처럼 $x_0=2$로 잡으면 미분식은 $dy=f'(2)\,dx = 0\,dx = 0$으로서 수평선을 이루므로, $dx<0$이든 $dx>0$이든 언제나 $dy=0$이다.(여기서 dx와 dy는 접점 (2,1)을 새로운 원점으로 하여 측정됨에 유의하라).

그런데, $x \neq 2$인 임의의 점, 이를테면 $x=3$을 생각해 보자. (b)도는 이 점에서

의 미분식 $dy = f'(3)\,dx = dx$ 임을 보여주는데, 이 경우 $dx < 0$ 이면 $dy = dx < 0$ 이며 $dx > 0$ 이면 $dy = dx > 0$ 이다. 따라서 $x = 3$ 은 (9′)을 만족시키지 않는다.

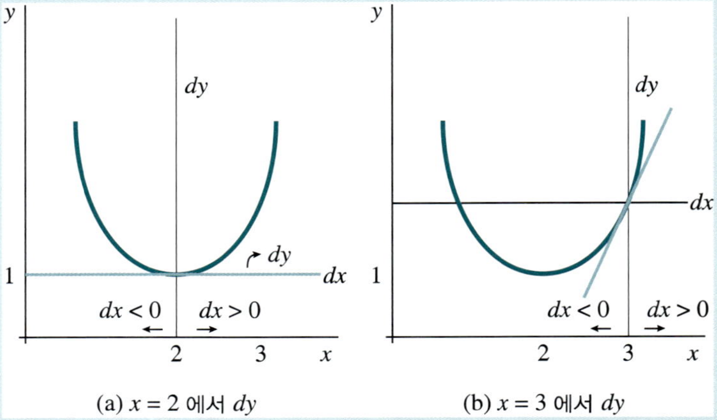

그림 8-2 1계 필요조건 $dy = 0$

연습문제 | 8.1

1. 다음 함수의 정상점, 극대점 및 극소점을 구하라.

(a) $f(x) = x^2 + 4x - 5$ (b) $f(x) = (x^2 - 1)^3$

(c) $f(x) = -\frac{3}{4}x^4 + 8x^3 - \frac{51}{2}x^2 + 30x$ (d) $f(x) = 4x - e^x$

2. 함수 $y = f(x) = x^2 + 2x + 4$ 가 $x \geqq 0$ 에서 정의된다고 하자. 이 함수는 어떤 극대점 또는 극소점을 갖는가? 그 점에서 어느 조건이 충족되지 않는가? 그렇다면, 그 조건의 의미는 상실되는가?

3. 함수 $f(x) = x^{2m}$ (단, m은 자연수임), $f(x) = x^{2m+1}$ 및 $f(x) = -x^{2m+1}$ 이 어떤 극치를 갖는가를 먼저 살펴보고, 이로부터 그 극치의 조건을 도출하라.

4. 함수 $y = f(x) = |x - 3| + 5$ 의 그래프를 그려보면, $x = 3$ 에서 극소치가 5임을 알 수 있다. 그런데, 이 극소점은 극소의 1계 필요조건을 만족시키지 않는다. 이 예는 필요조건의 의미를 상실하게 만드는가? 아니면, 이 문제점을 어떻게 해석할 수 있는가?

5. 어떤 기업의 생산함수는 $Q = \sqrt{LK}$ 인데, 자본량은 $K = 1$ 에 고정되어 있다고 하자.

(a) 생산물의 가격이 100원, 임금률은 5원, 자본서비스가격은 10원일 때, 이윤을 극대화하는 노동투입량과 생산량을 계산하라.

(b) 생산물가격이 100원에서 110원으로 상승한다면 어떻게 하겠는가?

6. 소비자 $i(=1,2,3,4,5)$의 과거 10년간 월평균 소득(X_i)과 월평균 소비지출액(Y_i)을 조사한 자료 (X_i, Y_i)는 아래와 같다고 하자:

(10,8), (15, 14), (18, 15), (20, 15), (30, 18)

(a) 이 순서쌍들을 XY 평면에 점으로 표시하라.

(b) 이 점들을 모두 지나는 직선이 존재하는가? 존재하지 않는다면, 그 점들을 두루 잘 반영하는 직선을 그어 보라. 이 직선은 5명의 소비자로 구성된 사회의 선형 소비함수가 될 것이다.

(c) 이론적으로 장기 소비함수가 원점을 지나는 직선이라는 결과가 도출되었다고 가정하고서, 이 자료로부터 이 소비함수의 방정식을 추정(推定)해 보자. 원점을 지나는 직선의 방정식은 $Y=bX$로 표현되므로, 적절한 b값을 구하면 된다. b값을 구하는 요령으로서 계량경제학에서 사용하는 **최소 자승법**은, XY 평면상의 5개의 각 점이 이 직선과 이루는 거리의 제곱의 합계, 즉 **자승합**(自乘合)

$$S(b)=(8-10b)^2+(14-15b)^2+\dots+(18-30b)^2$$

을 **최소화**하는 b값을 계산해 내는 것이다. 그러한 값 b를 계산하고, $Y=bX$의 그래프를 그려라.

8.2 기업의 이윤극대화: 수치례와 매개변수

1. 수치례

어떤 기업이 노동량(L)만을 투입하여 생산량

$$Q = f(L) = 2\sqrt{L} \tag{11}$$

단위를 제조하여 경쟁시장에서 8원의 가격($p=8$)으로 판매하며, 노동시장에서 임금률(w)은 1원이라고 하자. 생산을 통해 이윤을 극대화하는 것이 기업의 목적이라면, 이 기업은 어떻게 해야 하는가?

이 기업이 생산물을 Q단위 생산하여 판매하면 총수입은 $pQ = 8Q$원이며, 노동을 L단위 구매하여 생산할 때 노동비용은 $wL = L$원과 기타 고정비용 c원이 든다. 이윤(π)은 총수입에서 총비용을 뺀 것으로 정의되므로

$$\pi = pQ - wL - c$$

원이다. 그런데 이 이윤식에 나오는 Q와 L은 별개가 아니라, L만큼 투입하여 Q가 생산되므로 생산함수 $Q = 2\sqrt{L}$에 의해 생산량이 결정된다. 따라서 이것을 이윤식에 대입하면, 이윤은 결국 노동량의 함수로 표현된다:

$$\pi = pQ - wL - c = 16\sqrt{L} - L - c \equiv \pi(L).$$

이 기업이 당면한 문제는 이윤을 극대화하도록 생산을 조직하는 일로서, 수학적으로는 이 이윤함수의 극대점을 찾는 것이라 할 수 있다:

$$\underset{\{L\}}{\text{극대화}} \quad \pi = pQ - wL - c = 16\sqrt{L} - L - c \equiv \pi(L) \tag{12}$$

여기서 $\pi = \pi(L)$를 **목적함수**(objective function)라 하며, L을 **선택변수**(choice variable) 또는 **의사결정변수**(decision variable)라 부른다. 선택변수는 “극대화” 아래에 괄호 속

에 넣어 표기한다. 그러나 어느 것이 선택변수인가가 문맥에서 명백한 경우에는 생략하기도 한다. 이하에서는 $c=0$라 가정하자.

(12)의 이윤을 극대화하기 위한 1계 필요조건은

$$\pi'(L)=8/\sqrt{L}-1=0$$

이며, 이 방정식을 풀면 $L^*=64$가 계산된다. 여기서 방정식을 풀면 $L=64$가 나오는데, L에 스타 기호를 붙여 L^*로 표기한 것은 1계 필요조건 방정식을 풀어서 나온 해임을 강조하기 위해서이다. 이 노동량을 투입할 때의 이윤은 (12)로부터 $\pi(64)=32$원이다.

그런데, 1계 필요조건은 단지 이윤함수의 극치조건에 불과하므로, 이윤 $\pi(64)=32$원은 극대치나 극소치도 될 수 있다. 따라서 극대의 충분조건을 점검하여야 한다. 이윤함수의 2계 도함수는 $\pi''(L)=-4L^{-1.5}$ 인데, $L^*=64$에서 계산하면

$$\pi''(L^*)=-1/128<0$$

으로서 음이므로, 2계 충분조건이 충족된다. 사실상, (12)의 이윤함수는 L에 관해 강오목하므로(그 그래프를 그려보라), 위의 2계 충분조건을 따져보지 않고서도 $L^*=64$가 전역적 이윤극대점임을 알 수 있다.

2. 노동수요 함수의 도출

위에서는 경쟁적인 생산물 시장과 요소시장의 가격들이 수치로 주어진 경우, 기업의 이윤극대화 문제를 풀이하였다. 이제, 이 기업은 이 시장가격이 변화할 때, 어떻게 하여야 계속하여 이윤을 극대화할 수 있는가를 생각해 보자.

먼저, 임금률이 0.5원, 2원, 3원, $\cdots$, 100원 등으로 변화한다면, 노동량을 얼마나 투입하며 생산을 얼마만큼 하여야 최대의 이윤을 벌 수 있는가? 우선, 가장 알기 쉬운 방법은 (12)의 w에 이 임금률들을 일일이 대입하여 그 때마다 1계 필요조건을 도출하여 푸는 것이다. 그런데, 이 방식을 따른다면 어느 세월에 그 많은 계산을 해내겠는가?

다행히, 이러한 수많은 계산을 일거에 해치울 수 있는 묘안이 있다. 그것은 제3장에서 언급한 매개변수를 사용하는 것이다. 즉, (12)에서 임금률을 매개변수 w 로 설정하는 것이다:

$$\pi = pQ - wL = 16\sqrt{L} - wL \equiv \pi(L)\,. \tag{13a}$$

그러면, 1계 필요조건은 (6)에 의해

$$\pi'(L) = 8/\sqrt{L} - w = 0 \tag{13b}$$

이며, 이것을 풀면

$$L^* = (8/w)^2 \equiv L^*(w) \tag{13c}$$

가 도출된다. 그리고 2계 충분조건 (8)도 충족된다:

$$\pi''(L^*) = -16(L^*)^{-1.5} = -4(w/8)^3 < 0 \quad .$$

따라서 (13c)는 임금률이 임의의 w 원일 때 노동량을 $64/w^2$ 단위 투입해야 기업이 이윤을 극대화할 수 있음을 의미한다. 그리하여, 임금률이 w 원이면 기업은 $64/w^2$ 단위의 노동량을 구매(투입)하려고 할 것이므로, (13c)는 기업의 **노동에 대한 수요함수**를 나타낸다. 이 수요함수에서 노동의 가격(임금률)이 상승함에 따라 노등 수요량이 감소하므로, 수요의 법칙이 성립한다. (13c)의 노동량을 투입하면, 극대화된 이윤은

$$\pi(L^*) = 16\sqrt{(8/w)^2} - w(8/w)^2 = 64/w \equiv \pi^*(w)$$

원이다.

이제, 임금률이 0.5원이면 노동수요량과 이윤은 각각 $L^*(0.5) = 256$ 및 $\pi^*(0.5) = 128$ 원이며, 임금률이 100원이면 $L^*(100) = 0.064$ 및 $\pi^*(100) = 0.64$ 원임을 계산해 낼 수 있다.

3. 공급함수의 도출

다음으로, 생산물 가격이 1원, 2원,⋯, 100원 등으로 변화한다면, 노동량을 얼마나 투입하며 생산을 얼마만큼 하여야 최대의 이윤을 벌 수 있는가? 이 문제도 (12)에서 생산물 가격을 매개변수 p로 둠으로써 쉽게 풀 수 있다:

$$\pi = pQ - wL = 2p\sqrt{L} - L \equiv \pi(L). \tag{14a}$$

이 이윤을 극대화하기 위한 1계 필요조건

$$\pi'(L) = p/\sqrt{L} - 1 = 0$$

을 풀면

$$L^* = p^2 \equiv L^*(p) \tag{14b}$$

가 도출되며, 2계 충분조건도 마찬가지로 증명된다. 이것을 생산함수에 대입하면

$$Q = f(L^*) = 2\sqrt{L^*} = 2p \equiv S(p) \tag{14c}$$

가 되며, (14a)에 대입하면 극대화된 이윤은 다음과 같다:

$$\pi(L^*) = 2p\sqrt{p^2} - p^2 = p^2 \equiv \pi^*(p).$$

(14b)와 (14c)는, 생산물 가격이 p 원이면, 노동량을 p^2 단위 투입하여 생산물을 $2p$ 단위 생산할 때 이윤이 극대화된다는 것을 의미한다. 그리하여, 생산물 가격이 p 원이면 생산물을 $2p$ 단위 생산(공급)하려 할 것이므로, (14c)는 이 기업의 **공급함수**를 나타낸다. 이 공급함수에서 생산물 가격이 상승함에 따라 공급량이 증가하므로, **공급의 법칙**이 성립함을 알 수 있다. 노동수요함수와 공급함수를 한꺼번에 도출하기 위해서는 위의 2, 3항을 합쳐 전개하면 된다. 즉 임금을 w, 제품가격을 p로 설정하면, 이윤함수는

$$\pi = pQ - wL = 2p\sqrt{L} - wL \equiv \pi(L) \tag{15}$$

가 된다. 이 경우의 분석은 연습문제로 남겨둔다.

연습문제 | 8.2

1. 1계 필요조건 (13b)의 경제학적 의미를 설명하라.

2. (14c)의 공급함수 $Q=f(L^*)=2\sqrt{L^*}=2p \equiv S(p)$ 는 어떤 함수들의 합성함수인가? 그리고 이 공급함수와 (11)의 생산함수는 서로 어떻게 다른가?

3. 이윤함수가 $\pi=pQ-wL=2p\sqrt{L}-wL \equiv \pi(L)$ 일 때 노동수요함수와 재화공급함수를 구하라.

8.3* 기업의 단기 이윤극대화 문제: 일반화

1. 생산함수의 매개변수화

8장 2절에서는 임금과 제품가격은 매개변수로 설정함으로써 경쟁기업의 노동수요함수와 공급함수를 도출하였다. 그런데 거기서는 생산함수를 (11)식으로 고정해 두었기 때문에 이 생산함수의 형태가 약간 달라지면 방금 도출한 수요함수와 공급함수는 들어맞지 않게 된다. 이제 생산함수를

$$Q = f(L) = aL^{b}, \ a > 0, \ 0 < b < 1 \tag{16}$$

로 확장해 보자. 이제 파라미터 b(=노동의 생산탄력성)값이 달라짐에 따라 노동수요와 제품공급이 어떻게 변화하는지 분석할 수 있다.

이윤함수는

$$\pi = pQ - wL = paL^{b} - wL \equiv \pi(L) \tag{17a}$$

이 이윤을 극대화하기 위한 1계 필요조건

$$\pi'(L) = pabL^{b-1} - w = 0$$

을 풀면

$$L^{*} = (pab/w)^{1-b} \equiv L^{*}(w,p,b) \tag{17b}$$

가 도출되며, 2계 충분조건은

$$\pi''(L^{*}) = pab(b-1)(L^{*})^{b-2} < 0$$

이므로 충족된다. (17b)를 생산함수에 대입하면

$$Q = f(L^{*}) = a(L^{*})^{b} = a\left(\frac{pab}{w}\right)^{(1-b)b} \equiv S(p,w,b) \tag{17c}$$

(17b)를 b에 관해 미분하면

$$\frac{\partial L^*}{\partial b} = \left(\frac{pab}{w}\right)^{1-b}\left(\frac{1-b}{b} - \ln\frac{pab}{w}\right) \tag{17d}$$

이 부호는 b와 실질임금 w/p의 크기에 따라 달라진다.

2. 일반화된 생산함수 하의 이윤극대화 문제

생산함수 (16)은 파라미터 b값이 변함에 따라 여러 가지로 달라질 수 있으나 L^b형태의 생산함수만 허용할 뿐이다. $f(L) = \ln L$ 등 다른 유형의 생산함수도 포괄하기 위해서는 일반적인 생산함수

$$Q = f(L),\ f'(L) > 0,\ f''(L) < 0 \tag{18}$$

로 확장할 필요가 있다. 이 생산함수는 노동의 한계성산이 양($f'(L) > 0$)이되 노동의 증가에 따라 체감($f''(L) < 0$)하기만 하면 노동에 관한 어떤 수식이든 허용된다.

이제 경쟁기업의 이윤극대화 문제는 아래와 같은 수학적 극대화 문제로 정식화된다:

$$\underset{\{L\}}{\text{극대화}} \quad \pi = pf(L) - wL - c = \pi(L) \tag{19}$$

이윤을 극대화하기 위한 1계 필요조건은 (6)에 의해 (19)를 선택변수 L에 관해 미분한 것이 0인 것, 즉

$$\pi'(L) = pf'(L) - w = 0 \tag{20}$$

이다. 여기서 $pf'(L)$은 노동의 한계생산량에 생산물의 가격을 곱한 것으로서 **노동의 한계생산가치**라 불리며, 노동을 1단위를 더 고용함으로써 기업이 버는 수입을 나타낸다. 따라서 (20)은 이 수입이 노동 1단위를 더 고용할 때 지출해야 하는 비용인 임금률과 같아지도록 노동투입량을 결정해야 함을 말해 준다.

그런데, 이 방정식은 2개의 매개변수 p, w와 선택변수 L간의 하나의 **관계**를 표현하고 있으며, L값을 수치형태로 알려주지 않는다. 따라서 여기에는 제7장 4절의 음함

수 정리를 적용하여, 이 관계에 의해 암묵적으로 정의되는 L에 관한 음함수를 고찰하여야 한다. (20)이 p_0, w_0 및 L_0에서 성립한다고 가정하자. 그것을 하나의 관계식

$$F(L,p,w) = pf'(L) - w = 0$$

으로 바꾸어 쓰면, 음함수의 존재조건 7장 (33a)는 여기서

$$F_L(L_0,p_0,w_0) = pf''(L_0) \neq 0 \tag{21}$$

이 된다. (18)에 의해 $f''(L) < 0$ 이므로 이 조건은 충족된다. 그러면, (20)의 음함수는

$$L^* = L^*(p,w) \tag{22}$$

로 표현할 수 있으며, $L_0 = L^*(p_0,w_0)$이다.

다음으로, 2계 충분조건, 즉 이윤함수의 L에 관한 2계 편도함수를 L_0에서 계산한 값이 음인가를 점검하자. (20)을 L에 관해 다시 한번 미분하여 $L = L_0$에서 계산하면

$$\pi''(L_0) = pf''(L_0) < 0 \tag{23}$$

이 되는데, 이 부호는 (18)에 의해 성립된다. 여기서 흥미로운 것은 극대화(또는 극소화) 문제에서 1계 필요조건 방정식 (20)에 의해 정의되는 음함수 (22)가 존재할 조건 (21)은 2계 충분조건 (23)이 충족되면 언제나 저절로 성립된다는 것이다.

이제, 이윤극대화 문제의 해인 음함수 (22)는, 독립변수 w와 종속변수 L 간의 관계에 주목하면 기업의 **노동수요함수**로 해석된다. 왜냐하면, 그것은 생산물가격이 일정수준에 주어졌을 때 각 시장임금 하에서 경쟁기업이 이윤을 극대화하기 위해 투입(구매)하려고 하는 노동량을 말해 주기 때문이다.

이상의 대수적 해법을 기하학적으로 도시하기로 하자. 이윤함수 (19)를 직접 그리기보다는, 총수입과 총비용

$$R = pf(L) \equiv R(L,p), \quad C = wL + c \equiv C(L,w,c)$$

의 그래프를 L축에 대해 그린 다음, 그 차이로 이윤을 파악하면 편리하다. 노동량 이

외의 매개변수값들이 일정 수준에 주어졌을 때, 총수입곡선의 L에 관한 편도함수는

$$R_L = pf'(L) > 0, \ R_{LL} = pf''(L) < 0$$

이므로, 그 그래프는 [그림 8-3]에 그려진 바와 같이 우상향 하되 아래로 강오목한 모양을 이룬다. 이에 반해 총비용곡선은 L에 선형이므로 직선을 이룬다.

그러면 이윤 (19)는 $\pi = R(L, \cdots) - C(L, \cdots)$이므로, 그 그래프는 각 L에 대해 총수입 곡선의 높이에서 총비용 곡선까지의 높이를 뺀 차이로 그릴 수 있다. 이 그래프는 [그림 8-3]의 아래쪽에 도시되어 있는데, 역시 L에 관해 강오목하다.

(20)은 $\pi_L = R_L - C_L = 0$으로도 표현되는데, 이것은 [그림 8-3]에서 총수입함수의 기울기가 총비용함수의 기울기와 같다는 것, 다시 말해서 "노동 1단위 증가에 따르는" 기업의 한계수입과 한계비용이 동일함을 의미한다. 이것은 또한 이윤함수의 기울기가 0(접선이 수평)일 것, 즉 한계이윤이 0일 것을 말한다.

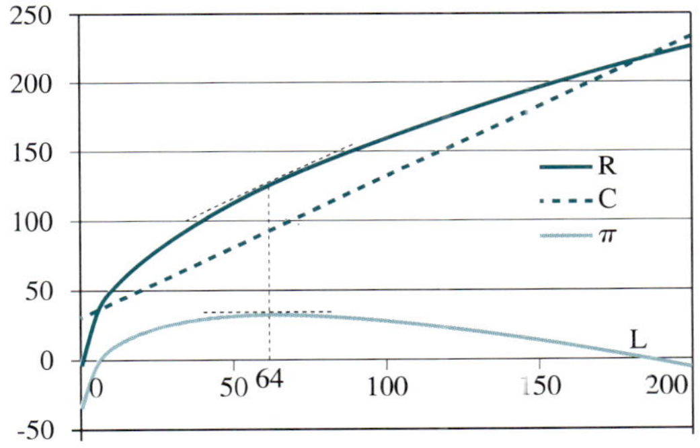

그림 8-3 이윤 극대점의 도시

3. 기업의 노동수요 함 수의 성질

이제, 기업의 노동수요함수 (22)의 성질, 즉 임금이나 시장가격이 달라질 때 기업이 노동수요량을 어떻게 조정하는가를 탐구하기로 하자. 위의 제2절에서처럼, 생산함수가 구체적으로 주어져서 노동수요 함수가 (13c)나 (17b)로 결정된다면 그 성질을 곧바로 알 수 있다. 즉, (17b)에서 보는 바와 같이, 임금률이 상승할수록 노동수요량은 하

락하며, 생산물가격이 높을수록 노동수요량은 많아진다. 그런데, (22)는 그 자체로서는 그러한 성질이 성립하는가를 말해주지 않는다.

위에서 음함수정리를 적용하여 1계 필요조건 (20)으로부터 음함수 (22)를 도출하였는데, 후자를 전자에 대입하면 항등식이 된다:

$$\pi'(L^*(p,w)) = pf'(L^*(p,w)) - w \equiv 0. \tag{24}$$

이것을 1계 항등식이라 부르는데, 이로부터 노동수요함수의 성격을 도출할 수 있다.

(1) 임금률 상승의 효과

(24)를 w에 관해 미분하면(연쇄법칙을 적용하라)

$$pf''(L^*(p,w))\frac{\partial L^*}{\partial w} - 1 \equiv 0, \text{ 즉 } \quad \frac{\partial L^*}{\partial w} \equiv \frac{1}{pf''(L^*(p,w))} < 0 \tag{25a}$$

이 도출되며, 우변의 부등호는 2계 충분조건 (23)에 의해 결정된다. 즉, 임금률이 상승하면 노동수요량은 감소한다는 **수요의 법칙**이 성립한다.

이 결과는 [그림 8-4]을 이용하여 기하학적으로 도출될 수도 있다. 임금률의 상승은 총비용선을 $C = w_0 L + c$(곡선 C1으로 표시)에서 $C = w_1 L + c$(곡선 C2로 표시)로 변화시키는데, 이것은 [그림 8-4]에서 총비용선의 절편 c은 불변이고 그 기울기만 약간 상승하게 한다. 따라서 w_1 하에서의 노동수요량 $L^*(p,w_1) = L_1$는 w_0 하의 수요량 $L^*(p,w_0) = L_0$보다 감소한다.

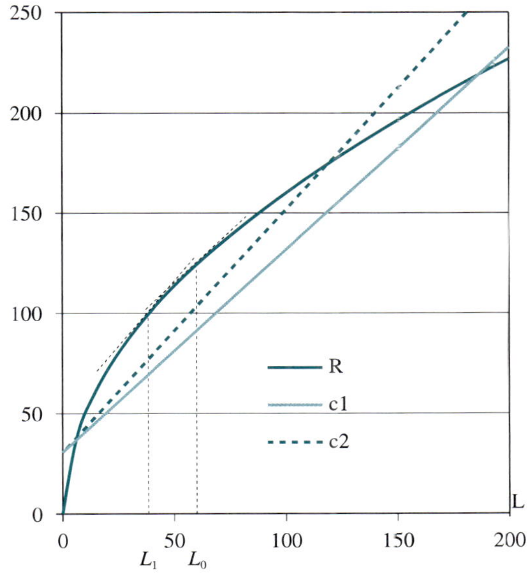

[그림 8-4] 임금률 상승이 노동수요량에 미치는 효과

(2) 생산물가격 상승의 효과

(24)를 p에 관해 미분하여 정돈하면

$$\frac{\partial L^*}{\partial p} = -\frac{f'(L^*)}{pf''(L^*)} > 0 \tag{25b}$$

이며, 그 부호는 (18)과 (24)에 의해 양으로 결정된다. 이것은 생산물가격이 상승할 때 노동 수요량이 증가함을 의미한다.

(3) 임금률과 생산물가격의 비례적 변화

위에서 dw나 dp가 노동수요량에 미치는 효과를 분석하였지만, 그 효과는 근사적 결과이므로 dw나 dp가 소량일 때 타당하게 성립한다. 그런데 임금률과 생산물가격이 w 및 p에서 θw 및 θp로 똑같이 θ배만큼 대폭 변화할 경우 노동수요량이 어떻게 변화하겠는가를 고찰해 보자.

임금률과 생산물가격이 w 및 p이면 노동수요량은 (22)로 주어진다. 이제, 그것들이 각각 θw 및 θp 로 주어져 있다면, (19)에서 w 와 p 를 θw 와 θp 로 바꾸면 될 것이다. 그러면, (20)은

$$\pi'(L) = (\theta p)f'(L) - (\theta w) = 0$$

이 되는데, 양변을 $\theta\,(\neq\ 0)$로 나누면 이 방정식은 (20)과 일치한다. 따라서 새로운 가격 θw 및 θp 하의 노동수요량은 원래의 가격 w 와 p 하의 그것과 동일하다:

$$L^*(\theta p, \theta w) \equiv L^*(p, w). \tag{26}$$

가격들이 θ 배로 상승하여도 노동수요량에 전혀 변화가 없다는 결과는 일견 기이하게 보일지도 모르지만, 기업이 (19)의 이윤을 극대화하려는 행동의 당연한 귀결이다.

(26)의 우변은 θ 의 0제곱(즉, $(\theta)^0 = 1$)을 곱한 것과 동일하므로

$$L^*(\theta p, \theta w) \equiv (\theta)^0 L^*(p, w) \equiv L^*(p, w)$$

로 쓸 수 있다. 이러한 성질을 가진 노동수요함수를 수학적으로는 p 와 w 에 관해 **0차 동차 함수**라 부른다. 이 항등식은 모든 $\theta \neq 0$ 에 대해 성립하므로 $\theta = 1/p$ 일 경우에도 당연히 성립한다. (26)에 $\theta = 1/p$ 을 대입하면, 그 좌변은

$$L^*(p/p, w/p) \equiv L^*(1, w/p) \equiv \hat{L}^*(w/p) \tag{26$'$}$$

와 같이 실질임금률 w/p 의 함수로 표시할 수 있다. 그러면, 화폐단위로 표시된 **명목** 임금률 w 와 **명목** 생산물가격 p 가 변동하더라도 동일한 비율로 변화하여 생산물 단위로 표시된 **실질 임금률** w/p 가 불변이면, 노동투입량이 불변임을 알 수 있다. 이것을 가리켜 기업의 노동수요행동에 **화폐착각**(money illusion)이 없다고 말한다.

4. 기업의 공급함수와 그 성질

기업이 (22)에 따라 노동량을 투입하면, 실제 생산량은 (22)를 생산함수 $Q = f(L)$ 에 대입한 수량, 즉

$$Q^* = f\,(L^*(p,w)) \equiv\ Q^*(p,w) \tag{27}$$

로 주어진다. 이 방정식은, 임금률과 자본량이 일정할 때, 생산물가격 p의 어떤 값이 주어지면, 이윤을 극대화하는 기업이 생산하려는 생산량을 말해준다. 따라서 p와 Q^* 간의 관계에 주목하면 (27)은 기업의 **단기 공급함수**이다.

이 공급함수는 어떤 성질을 갖고 있는가? (27)의 양변을 p에 관해 미분하면 다음이 도출된다:

$$\frac{\partial Q^*}{\partial p} = f'(L^*)\frac{\partial L^*}{\partial p} > 0 \quad (28a);\ \ \frac{\partial Q^*}{\partial w} = f'(L)\frac{\partial L^*}{\partial w} < 0. \tag{28b}$$

여기서 부호는 (25a) 및 (25b)에 의해 결정된다. (28a)는 생산물가격이 상승함에 따라 생산물의 공급량이 증가함을 말해 주는데, 이 결과는 개별 기업 차원의 **공급의 법칙**이라 할 수 있다.

또한, 임금률과 생산물가격이 각각 θw 및 θp로 동일하게 θ배로 변화한다면, (26)에 의해 노동투입량이 불변이므로 생산량도 불변이다. 이것은 기업의 단기 공급행동도 임금률과 생산물가격에 관해 **화폐착각**을 범하지 않음을 의미한다.

연습문제 | 8.3

1. 생산함수 (16)에서 만약 $b=1$이라면, 기업은 노동수요는 어떻게 되는가?

2. (17d)를 도출하라.

3. 단기 이윤극대화 문제의 1계 필요조건 (20)은 아래와 같이 쓸 수 있다:

$$f'(L)=w/p\,.$$

(a) 이 방정식의 경제학적 의미를 서술하라.

(b) 이 방정식을 하나의 관계식

$$F(L;p,w)=f'(L)-w/p \equiv f'(L)-w_R=0$$

으로 표현하자. 여기서 $w_R=w/p$는 실질 임금률이다. 이 방정식에 음함수정리를 적용함으로써, 가격들에 관한 노동수요함수의 0차 동차성을 증명하라.

4. (25b)를 [그림 8-4]와 같이 도해법으로 증명하라,

5. 시장 임금률과 소비자 물가가 상승하는데, 어떤 기업의 생산물(제품) 가격만은 상승하지 않는다면, 그 기업은 어떻게 하겠는가?

6. (22)를 보면 기업의 최적 노동투입량은 고정 생산비인 c에 의존하지 않는다. 어떤 기업의 생산공정이 노동 이외에 엄청난 고정 생산요소량을 필요로 하여 c가 매우 높다고 가정해 보자. 그럴 경우에도 (22)가 타당한 주장이 되는가 설명하라.

7. (19)로 주어지는 기업의 이윤극대화 문제에서, 정부가 생산물의 판매가격에 대해 세율 t (즉, $100t\,\%$)의 세금을 부과한다고 하자. 세율이 상승함에 따라 노동투입량과 생산량이 어떻게 변화할 것인가?

8. 생산함수가 $Q=f(L)=\ln L$ 일 때, 기업의 이윤극대화 문제를 풀어서 노동수요함수와 공급함수를 구하라.

9. 어떤 독점기업의 생산함수가 $Q=f(L)=4\sqrt{L}$ 이고, 시장 수요가격함수가 $p^d=a-bQ$ 라 하자. 이 독점기업이 단기에서 이윤을 극대화하는 문제를 풀어라. 또한, $a=24,\ b=1$ 일 때, 이 기업의 최적 노동투입량을 구하라.

8.4 2변수 함수의 극대조건

1. 2변수 함수 극대(및 극소)점의 1계 필요조건

먼저 2변수 함수 $y = f(x_1, x_2)$의 극대(소)점을 정의하자. 2변수 함수의 그래프는 3차원 $x_1 x_2 y$ 공간에서 곡면을 이룬다. 이 함수가 그 정의역 상의 한 점 $x^0 = (x_1^0, x_2^0)$에서 국지적 극대를 달성하는 것은 마치 그 점에서 산봉우리(정점)를 이루는 형상을 하고 있음을 말한다. 이를 대수적으로 표현하자면, 점 x^0의 근방에 속하는 모든 $x = (x_1, x_2)$에 대해

$$f(x^0) \geqq f(x), \text{ 즉 } f(x_1^0, x_2^0) \geqq f(x_1, x_2) \qquad \textbf{(29)}$$

가 성립하는 것이다. 여기서 x^0의 근방은, [그림 8-5]에 점선으로 표시된 바와 같이, x^0를 중심으로 하여 한 변의 길이가 2δ인 정사각형의 내부

$$N_\delta(x^0) = \{(x_1, x_2) : |x_i - x_i^0| < \delta\}$$

로 정의된다. x^0 점을 원점으로 삼아 $dx_i = x_i - x_i^0$를 정의하면 이 근방은

$$N_\delta(x^0) = \{(dx_1, dx_2) : |dx_i| < \delta\}$$

로 쓸 수도 있다. (29)의 부등호가 반대 방향이면 x^0는 국지적 극소점이며, (29)가 정의역의 모든 x에 대해 성립하면 x^0는 전역적 극대점이다.

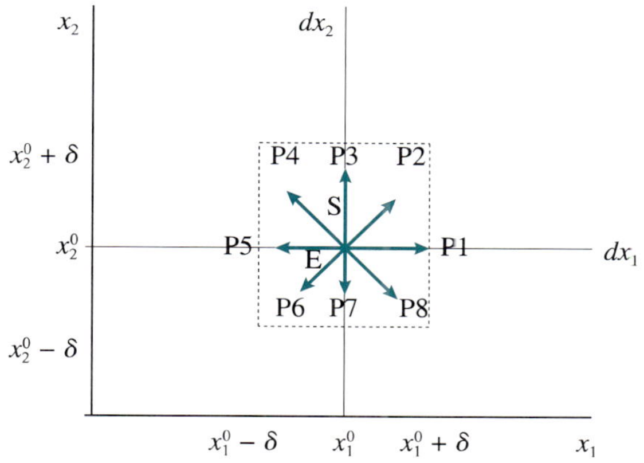

그림 8-5 여러 가지 dx_1 과 dx_2들

1변수 함수 $y = f(x)$가 극대점을 가질 1계 필요조건

$$\text{모든 } dx \neq 0 \text{에 대해 } dy = f'(x_0)\,dx = 0 \tag{9}$$

을 2변수 함수 $y = f(x_1, x_2)$로 확장하면,

$$\text{모든 } (dx_1, dx_2) \neq (0,0) \text{에 대해 } dy = f_1(x^0)\,dx_1 + f_2(x^0)\,dx_2 = 0 \tag{30}$$

으로 표현된다. 여기서 $dx_1 \geqq 0$ 및 $dx_2 \geqq 0$ 이면 x가 x^0에서 [그림 8-5]의 점 P2 방향으로 이동하는 것을 나타내며, dx_1 과 dx_2 의 크기와 부호 조합에 따라 점 P1에서 점 P8까지 어느 것도 될 수 있다. 그러한 모든 $(dx_1, dx_2) \neq (0,0)$에 대해 (30)이 성립하려면

$$f_1(x^0) = 0 \text{ 및 } f_2(x^0) = 0 \tag{31}$$

이어야 한다. 이것은 기하학적으로는 점 x^0 에 접하는 **접평면이 수평**을 이루는 것이다. 1변수 함수에서와 마찬가지로, 이러한 점은 **정상점**(定常點)이라 부르는데, (31)은 x^0 가 정상점일 조건이다.

2. 2변수 함수 극대(및 극소)점의 2계 충분조건

접평면이 수평인 정상점이라도 곡면이 그 점의 근방에서 아래로 오목하여 정점을 이루면 함수 $y=f(x_1,x_2)$의 극대점이 되며, 볼록하면 극소점이 된다. 그리고 어느 한 쪽 방향으로 보면 오목하여 극대점이면서 다른 쪽 방향으로 보면 볼록하여 극소점을 이루면 그 정상점은 **안상점**(鞍狀點: saddle point)이라 불린다.

1변수 함수에서 정상점의 곡도는 2계 미분을 이용하여 도출하였다. 즉, 그 정상점이 극대점일 2계 충분조건은 제1절의 (10)식

$$\text{“모든 } dx \neq 0 \text{ 에 대해 } d^2y = f''(x_0)\,dx^2 < 0\text{”} \tag{10}$$

즉 “$f''(x_0) < 0$”으로 주어졌다. 이것을 2변수 함수로 확장하기 위해서는 2계 전미분을 먼저 계산하여야 한다.

2변수 함수 $y=f(x_1,x_2)$의 2계 전미분은 1계 전미분 (30)의 전미분이므로, 아래와 같이 계산된다:

$$\begin{aligned} d^2y &= d(dy) = d(f_1(x_1,x_2)\,dx_1 + f_2(x_1,x_2)\,dx_2) \\ &= d[f_1(x_1,x_2)]\,dx_1 + d[f_2(x_1,x_{20})]\,dx_2 \\ &= [f_{11}\,dx_1 + f_{12}\,dx_2]\,dx_1 + [f_{21}\,dx_1 + f_{22}\,dx_2]\,dx_2 \\ &= f_{11}\,dx_1^2 + 2f_{12}\,dx_1\,dx_2 + f_{22}\,dx_2^2 \quad . \end{aligned}$$

두 번째 줄에서 dx_i는 x_i의 변화량인 미분으로서 이미 일정한 값으로 정해져 있으므로 상수로 간주되며, 네 번째 줄에서 영의 정리 $f_{12}=f_{21}$을 적용하였고 $f_{ij}=f_{ij}(x_1,x_2)$이다.

이제 2변수 함수의 정상점이 극대점이 되기 위한 2계 충분조건은 (10)을 확장하여

$$\begin{aligned} &\text{“모든 } (dx_1,dx_2) \neq (0,0) \text{ 에 대해} \\ &d^2y = f_{11}(x^0)dx_1^2 + 2f_{12}(x^0)\,dx_1\,dx_2 + f_{22}(x^0)dx_2^2 < 0\text{”} \end{aligned} \tag{32}$$

으로 표현된다. 1변수 함수인 경우 2계 미분 (10)에서 독립변수의 미분이 dx 한 개일

뿐만 아니라 그것도 $dx^2 = (dx)^2 > 0$의 형태로만 나타나므로 2계 미분이 음일 조건이 "$f''(x_0) < 0$"으로 쉽게 도출된다. 그러나 2변수 함수의 경우 (32)에서 독립변수의 미분이 dx_1과 dx_2로서 두 가지이며 중간항 dx_1dx_2는 음도 양도 될 수 있으므로 (32)가 성립할 조건을 발견하기가 용이하지 않다.

(32)에서 "모든 $(dx_1, dx_2) \neq (0,0)$에 대해"라는 것은 [그림 8-5]의 점 $E = x^0$에서 P1에서 P8까지 각 방향으로 변동하는 경우를 모두 고려하여야 함을 의미한다. P1이나 P5 방향으로 변할 경우 $dx_2 = 0$이므로 (32)는

$$d^2y = f_{11}(x^0)dx_1^2 < 0$$

이 되는데, 그 기하학적 의미는 2변수 함수가 3차원 공간의 $x_2 = x_2^0$ 수직면과 교차하는 곡선인 $y = f(x_1, x_2^0)$의 그래프가 1변수 함수의 경우처럼 x_1^0의 근방에서 오목하여야 한다는 것이다. P3나 P7인 경우는 $dx_1 = 0$이므로 (32)는 "$d^2y = f_{22}(x^0)dx_2^2 < 0$"이 되는데, 이것은 2변수 함수가 $x_1 = x_1^0$ 수직면과 교차하는 곡선인 $y = f(x_1^0, x_2)$의 그래프가 x_2^0의 근방에서 오목하여야 함을 의미한다. 그 외 다른 방향에는 $dx_1 \neq 0$, $dx_2 \neq 0$이므로 복잡한 (32)식이 성립하여야 하는데, 그 의미는 그 방향의 수직면과 교차하는 곡선이 x^0점의 근방에서 오목하여야 한다는 것이다. 따라서 (32)는 함수 $y = f(x_1, x_2)$의 곡면이 x^0에서 오목하기 위한(그리하여, x^0가 정상점이면 그것이 극대점이기 위한) 하나의 충분조건이며, 2계 전미분으로 표시되므로 2계 충분조건이라 한다.

(32)를 만족하는 조건을 찾는 방법은 그 우변을 dx_1과 dx_2에 관한 완전제곱 꼴로 변형하는 것이다:

$$d^2y = f_{11}^0 \left[dx_1 + \frac{f_{12}^0}{f_{11}^0} dx_2 \right]^2 + \frac{f_{11}^0 f_{22}^0 - (f_{12}^0)^2}{f_{11}^0} \left[dx_2 \right]^2. \qquad \textbf{(33)}$$

단 $f_{ij}^0 = f_{ij}(x_1^0, x_2^0)$. 여기서 대괄호의 제곱 항들은 항상 비음이다. 그리고 $dx_1 = dx_2 = 0$ 인 경우는 제외되므로 대괄호의 제곱 항들 중 적어도 1개는 양이므로, 그 계수들이 모두 음이면 이 부등식이 성립한다. 따라서 2계 전미분이 음일 한 가지 충분조건은 다음과 같다:

$$f_{11}^0 < 0 \qquad \textbf{(34a)}\ , \qquad \frac{f_{11}^0 f_{22}^0 - (f_{12}^0)^2}{f_{11}^0} < 0 \qquad \textbf{(34b)}$$

(34b)의 분모는 (34a)와 동일하므로 극대점을 위한 2계 충분조건은

$$f_{11}^0 < 0 \qquad \textbf{(34a}'\textbf{)}, \qquad f_{11}^0 f_{22}^0 - (f_{12}^0)^2 > 0 \qquad \textbf{(34b}'\textbf{)}$$

으로 간소화된다.

2변수 함수의 정상점이 국지적 "극소점"일 2계 충분조건은 모든 $(dx_1, dx_2) \neq (0,0)$에 대해 $d^2y > 0$, 즉 (32)의 부등호가 반대로 바뀌는 것이다. (33)을 이용하면 극소점의 2계 충분조건은

$$f_{11}^0 > 0 \qquad \textbf{(35a)}, \qquad \frac{f_{11}^0 f_{22}^0 - (f_{12}^0)^2}{f_{11}^0} > 0 \qquad \textbf{(35b)}$$

또는

$$f_{11}^0 > 0 \qquad \textbf{(35a}'\textbf{)}, \qquad f_{11}^0 f_{22}^0 - (f_{12}^0)^2 > 0 \qquad \textbf{(35b}'\textbf{)}$$

으로 주어진다.

암기의 편리성을 위해 또는 3변수 이상 함수의 2계 충분조건 도출을 위해 헤시안 행렬 개념을 도입하자. 2계 미분 (32)를 행렬로 표기하면

$$d^2y = f_{11}(x^0)dx_1^2 + 2f_{12}(x^0)\,dx_1\,dx_2 + f_{22}(x^0)dx_2^2 = (dx_1\ dx_2)\begin{pmatrix} f_{11}^0 & f_{12}^0 \\ f_{21}^0 & f_{22}^0 \end{pmatrix}\begin{pmatrix} dx_1 \\ dx_2 \end{pmatrix}.$$

마지막 식의 중간에 나오는 행렬, 즉 x^0 에서 계산된 $f(x_1, x_2)$의 2계 편미분계수들로 구성된 행렬

$$H = \begin{pmatrix} f_{11}^0 & f_{12}^0 \\ f_{21}^0 & f_{22}^0 \end{pmatrix} \tag{36a}$$

를 $f(x_1, x_2)$함수의 헤시안(Hessian) 또는 **헤세**(Hesse) **행렬**이라 부른다. 그리고 정방행렬에서 우하향 하는 주대각선(主對角線)을 따라 (제1항-제1열의 원소로부터) 제k 행-제 k 열의 원소까지 포함하는 좌상의 부분행렬식을 k 계 **순차 주소행렬식**(順次 主小行列式: successive principal minor)이라 부르고 $|H_k|$로 표기한다. 위의 2×2 행렬에는 1계 및 2계 순차 주소행렬식만 정의된다:

$$|H_1| = |f_{11}^0| = f_{11}^0, \quad |H_2| = \begin{vmatrix} f_{11}^0 & f_{12}^0 \\ f_{21}^0 & f_{22}^0 \end{vmatrix} = f_{11}^0 f_{22}^0 - f_{12}^0 f_{21}^0 \tag{36b}$$

2변수 함수의 정상점 x^0 가 극대점 및 극소점을 이룰 2계 충분조건 (34′)과 (35′)을 (36b)를 이용하여 요약하면 아래와 같다:

$$\text{극대: } |H_1| = f_{11}^0 < 0\,, \ |H_2| = \begin{vmatrix} f_{11}^0 & f_{12}^0 \\ f_{21}^0 & f_{22}^0 \end{vmatrix} = f_{11}^0 f_{22}^0 - (f_{12}^0)^2 > 0 \tag{37}$$

$$\text{극소: } |H_1| = f_{11}^0 > 0\,, \ |H_2| = \begin{vmatrix} f_{11}^0 & f_{12}^0 \\ f_{21}^0 & f_{22}^0 \end{vmatrix} = f_{11}^0 f_{22}^0 - (f_{12}^0)^2 > 0 \tag{38}$$

예 8-6

2변수 함수 $y = f(x_1, x_2) = -(x_1 - 5)^2 - 3(x_2 - 1)^2 + 10$의 극대점을 구해 보자.

x_i가 임의의 실수이면, 제곱수는 항상 비음이므르

$$-(x_1 - 5)^2 \leqq 0, \quad -3(x_2 - 1)^2 \leqq 0$$

임이 명백하며, 각 항의 극대치는 $x_1 = 5$ 및 $x_2 = 1$에서 0으로 주어진다. 따라서

이 경우, 다소 복잡한 필요조건이나 충분조건을 고려할 필요도 없이

$$y = f(x_1, x_2) = -(x_1 - 5)^2 - 3(x_2 - 1)^2 + 10 \leqq 10$$

으로서 극대치는 10이며, 이 극대치는 $x_1 = 5$ 및 $x_2 = 1$ 에서 달성됨을 알 수 있다.

이제, 이 문제에 상술한 극대조건들을 적용해 보자. 1계 필요조건

$$f_1(x_1, x_2) = -2(x_1 - 5) = 0 \text{ 및 } f_2(x_1, x_2) = -6(x_2 - 1) = 0$$

을 풀면, 정상점은 $x^* = (5,1)$ 이다. 이 점에서 과연 극대인가를 점검하기 위해서는 2계 충분조건을 검토하여야 한다. 그런데

$$f_{11}(x_1, x_2) = -2, \quad f_{12}(x_1, x_2) = 0, \quad f_{22}(x_1, x_2) = -6$$

이므로, $x^* = (5,1)$ 에서는 말할 것도 없고 어떤 값들에서든

$$f_{11} = -2 < 0 \text{ 및 } f_{11} f_{22} - [f_{12}]^2 = 12 > 0$$

이 충족된다. 즉, 극대의 2계 충분조건이 충족된다.

예 8-7

함수 $y = f(x_1, x_2) = x_1^2 - x_2^2$ 의 극점을 찾아보자. 먼저, 1계 필요조건은

$$f_1 = 2x_1 = 0, \ f_2 = -2x_2 = 0$$

이므로, 정상점은 $x^* = (0,0)$ 이다. 2계 도함수는

$$f_{11} = 2, f_{12} = f_{21} = 0, \ f_{22} = -2$$

이므로, f 함수의 헤세 행렬은

$$H = \begin{pmatrix} 2 & 0 \\ 0 & -2 \end{pmatrix}$$

이다. 따라서 $|H_1| = f_{11} = 2 > 0$, $|H_2| = -4 < 0$ 이며, 정상점 $x^* = (0,0)$ 은 극대점도 아니며 극소점도 아니다.

$x_2 = 0$ 일 때 이 함수는 $y = f(x_1, 0) = x_1^2$ 이다. 이것은 x_1x_2y 공간에서 이 함수의 곡면이 x_1y 수직면($x_2 = 0$ 수직면)과 교차하는 단면을 나타내는데, $x_1 = 0$ 에서 **극소점**을 이룬다. 그런데, $x_1 = 0$ 일 때 이 함수는 $y = f(0, x_2) = -x_2^2$ 이며, 이것은 x_1x_2y 공간에서 이 함수의 곡면이 x_2y 수직면($x_1 = 0$ 수직면)과 교차하는 단면을 나타내는데, $x_2 = 0$ 에서 **극대점**을 이룬다. 따라서 정상점 (0,0)은 x_1 축 방향으로는 극소점을 이루지만 x_2 축 방향으로는 극대점을 이룬다. 이러한 정상점은 말안장과 유사한 형상을 취하므로 안상점이라 불린다. 일반적으로 $|H_2| < 0$ 인 정상점은 안상점을 이룬다.

만약 $|H_2| = 0$ 이라면, 2계 충분조건만으로 극대점, 극소점 및 안상점 중의 어느 것인가를 판별할 수가 없다.

예 8-8

(37)은 x^0 에서 함수 $y = f(x_1, x_2)$ 가 강오목할 "2계" 충분조건이다. 1변수 함수일 경우, [예 8-4]에서 2계 충분조건 이외의 $2m$ 계 미분계수가 음인 "$2m$ 계" 충분조건을 설명한 바 있다. 2변수 함수에서도 유사한 결과가 성립하는데, 그것은 $2m$ 계 전미분이 음인 $2m$ 계 전미분 조건으로 나타난다.

예컨대, 함수 $y = f(x_1, x_2) = -x_1^4 - x_2^4$ 의 극점을 찾아보자. 이 함수의 극대점은 상술한 1계 및 2계 조건을 적용할 것도 없이 곧바로 알 수 있다. 즉, 실수의 제곱은 비음이므로($x_1^4 \geq 0$ 및 $x_2^4 \geq 0$), $-x_1^4 - x_2^4 \leq 0$ 이며 $x_1 = x_2 = 0$ 일 때 이 함수는 전역적 극대치 $-x_1^4 - x_2^4 = 0$ 을 갖는다. 사실상, 이 함수는 강오목하다.

이제, 상술한 1계 및 2계 조건으로 이 결과를 얻을 수 있는가를 확인해 보자. 1계 필요조건은

$$f_1 = -4x_1^3 = 0,\ f_2 = -4x_2^3 = 0$$

이므로, 정상점은 $x^0 = (0,0)$ 이다. 그런데, 2계 도함수는

$$f_{11} = -12x_1^2,\ f_{12} = 0,\ f_{22} = -12x_2^2$$

이며, $x^0 = (0,0)$ 에서의 미분계수는 $f_{11}^0 = f_{22}^0 = f_{12}^0 = 0$ 이다. 따라서 2계 전미분은 $d^2y = 0$ 이며, (37)의 2계 충분조건이 충족되지 않는다.

그러나, $x^0 = (0,0)$ 에서 이 함수의 3계 전미분도 0이며, 4계 전미분은 $d^4y = -46 < 0$ 으로서 음이다. 따라서 $x^0 = (0,0)$ 에서 "$d^2y = d^3y = 0$ 및 $d^4y < 0$"도 함수 $y = f(x_1, x_2)$ 가 그 점에서 강오목할 하나의 충분조건(4계 충분조건)이다. 그런데, 경제학에서는 통상 2계 충분조건으로써 극대(및 극소) 여부가 판별되는 함수들을 사용한다.

예 8-9

생산함수가 $Q = f(L,K) = L^{0.5}K^{0.25}$ 이고 자본서비스가격(임대료 rental rate) r 과 임금률 w가 시장가격으로 주어져 있을 때, 경쟁기업이 노동량과 자본량(K)을 적절히 선정함으로써 이윤을 극대화하는 장기이윤극대화 문제를 풀어보자:

$$\underset{\{L,K\}}{\text{극대화}}\ \pi = pQ - wL - rK = pL^{1/2}K^{1/4} - wL - rK = \pi(L,K)$$

여기서 $wL + rK$는 기업이 노동량 L과 자본량 K를 고용할 때 드는 총비용이다. 이윤극대화의 1계 필요조건은 다음으로 주어진다:

$$\pi_L(L,K) = 0.5pL^{-0.5}K^{0.25} - w = 0 \qquad \textbf{(39a)}$$

$$\pi_K(L,K) = 0.25pL^{0.5}K^{-0.75} - r = 0 \qquad \textbf{(39b)}$$

으로 주어진다. w 와 r 을 우변으로 이항하면

$$0.5p\,L^{-0.5}K^{0.25} = w$$
$$0.25p\,L^{0.5}K^{-0.75} = r$$

이며, 첫 번째 방정식의 좌변과 우변을 각각 두 번째 방정식의 좌변과 우변으로 나누면

$$\frac{0.5p\,L^{-0.5}K^{0.25}}{0.25p\,L^{0.5}K^{-0.75}} = \frac{w}{r} \;\Rightarrow\; \frac{2K}{L} = \frac{w}{r} \;\Rightarrow\; L = \frac{2Kr}{w}$$

이 도출된다. 이것을 (39a)에 대입하면, 장기 요소 수요함수는

$$K^l = \frac{p^4}{64w^2r^2} \text{ 및 } L^l = \frac{p^4}{32w^3r} \tag{39c}$$

로 계산된다.

이윤함수의 2계 편도함수를 구하면

$$\pi_{LL} = -0.25pL^{-1.5}K^{0.25},\; \pi_{LK} = 0.125pL^{-0.5}K^{-0.75},$$
$$\pi_{KK} = -0.185pL^{0.5}K^{-1.75}$$

이다. 임의의 (L, K)에서 헤세 행렬식이

$$|H_1| = \pi_{LL} < 0$$
$$|H_2| = (3/32)p^2L^{-1}K^{-1.5} - (2/32)p^2L^{-1}K^{-1.5} = (1/32)p^2L^{-1}K^{-1.5} > 0$$

을 만족하므로, (L^l, K^l)에서도 당연히 충족되며 따라서 2계 충분조건이 만족된다.

(39c)를 생산함수에 대입하면

$$Q^l \equiv f(L^l(p,w,r), K^l(p,w,r)) = \frac{p^3}{16w^2r} \equiv Q^l(p,w,r) \tag{39d}$$

이 도출되는데, 이것은 기업의 장기 공급함수를 나타낸다. 또한, 이것들을 목적함수

에 대입하면, 극대화된 장기이윤은

$$\pi = \pi(L^l, K^l) = \frac{p^4}{64w^2r} \equiv \pi^l(p, w, r) \tag{39e}$$

이다. 시장가격들이 $w = 1$ 원, $r = 2$ 원, $p = 8$ 원으로 주어진다면, 위의 (39c)-(39e)는 구체적 수치로 결정된다:

$$K^l = 16,\ L^l = 64,\ Q^l = 16,\ \pi^l = 32$$

연습문제 | 8.4

1. 아래 함수의 정상점을 구하고, 그 점의 극대-극소 여부를 판결하라:

(a) $f(x_1, x_2) = 6x_1 - 2x_2 - x_1^2 + x_1 x_2 - 0.5\,x_2^2$

(b) $f(x_1, x_2) = 4x_1 x_2 - x_1^4 - x_2^4$

(c) $f(x_1, x_2) = 3x_1^2 - 2x_1 x_2 + x_2^2 - 2x_2$

2. 제1절의 연습문제 6의 (3)에서, 이론적 소비함수를 임의의 절편을 갖는 직선, 즉 $Y = a + bX$ 라 가정할 때, 다음 자승합

$$S(a,b) = (8 - a - 10b)^2 + (14 - a - 15b)^2 + \ldots + (18 - a - 30b)^2$$

을 극소화하는 a 와 b 값을 계산하라.

3. 위의 문제 2에서 소득($= X_i$) 및 소비($= Y_i$) 자료가 n 명의 소비자로부터 조사되었다면, 자승합

$$S(a,b) = \sum_{i=1}^{n} (Y_i - a - bX_i)^2$$

을 극소화하는 a 와 b 를 계산하는 공식을 도출하라. 또한, X_i 들의 평균치 $\overline{X}$ 와 Y_i 들의 평균치 $\overline{Y}$ 를 사용하여 이 공식을 간결하게 표현하라.

4. [예 8-9]에서 경쟁기업의 생산함수가 $Q = f(L, K) = \sqrt{LK}$ 일 때 최적 투입요소량을 구하라.

5. (독점기업의 가격차별) 독점기업은 두 그룹의 분리가능한 소비자 집단($i=1,2$)에게 다른 가격(p_i)을 설정함으로써 이윤을 극대화 하고자 한다. 독점기업 제품에 대한 그룹 i의 시장수요 $x_i^d = D_i(p_i)$는 다음과 같다:

$$x_1^d = D_1(p_1) = 10 - p_1, \quad x_2^d = D_2(p_2) = 16 - 2p_2.$$

기업의 생산비용은 한 단위당 4원으로 균일하다고 하자. (a) 독점기업은 각 시장에 어떤 가격을 설정하여야 하는가? (b) 두 소비자 집단이 분리가능하지 않다면 독점기업의 최적 가격은 얼마이며 기업이윤은 어떻게 달라지는가? (c) 그리고 이 해를 그림으로 도시하라.

8.5* 다변수 함수의 극대 및 극소 조건

2변수 함수의 극대(또는 극소) 조건을 3변수 이상의 함수로 확장해 보자. 독립변수를 벡터 $x=(x_1, x_2, \ldots, x_n)$ 으로 표기하면, 임의의 n 변수 함수 $y=f(x_1, x_2, \ldots, x_n)=f(x)$ 의 **상대적 극대점** x^0 는, (29)와 마찬가지로

$$N_\delta(x^0)\text{에 속하는 모든 } x\text{에 대해 } f(x^0) \geqq f(x)$$

로 정의된다. 점 x^0 가 이 함수의 상대적 극대점을 이룰 1계 필요조건은 (30)과 마찬가지로 그 1계 전미분이 0, 즉

$$\begin{aligned}&\text{모든 } (dx_1, dx_2, \cdots, dx_n) \neq (0,0,\cdots,0)\text{에 대해}\\&dy=f_1(x^0)dx_1+f_2(x^0)dx_2+\ldots+f_n(x^0)dx_n=0\end{aligned} \quad \textbf{(40)}$$

이 성립하는 것이다. 따라서 1계 필요조건은

$$f_i(x)=0, \quad i=1,2,\ldots\ n \quad \textbf{(41)}$$

으로 주어진다. 아래의 2계 충분조건이 충족된다면 이 n개의 방정식을 x_i 들에 관해 풀어서 정상점 $x^0=(x_i^0, x_2^0, \cdots, x_n^0)$ 을 구할 수 있을 것이다.

함수 $y=f(x_1, x_2, \cdots, x_n)$의 2계 전미분은

$$\begin{aligned}d^2y=d\,[dy]&=d\,[f_1(x)dx_1+f_2(x)dx_2+\cdots+f_n(x)dx_n]\\&=[f_{11}dx_1+f_{12}dx_2+\cdots+f_{1n}dx_n]\,dx_1\\&\quad+[f_{21}dx_1+f_{22}dx_2+\cdots+f_{2n}dx_n]\,dx_2\\&\quad+\cdots\\&\quad+[f_{n1}dx_1+f_{n2}dx_2+\cdots+f_{nn}dx_n]\,dx_n\end{aligned}$$

으로 주어진다. x^0 가 극대점이 되기 위한 충분조건은 함수 $f(x)$ 가 그 점에서 강오목한 것이다. 이 함수가 미분가능할 경우, x^0 에서 계산된 2계 전미분이 모든

$dx_1, dx_2, \cdots, dx_n$ 에 대해 음, 즉

$$d^2y = (dx_1\ dx_2 \cdots dx_n)\begin{pmatrix} f_{11}^0 & f_{12}^0 & f_{13}^0 & \dots & f_{1n}^0 \\ f_{21}^0 & f_{22}^0 & f_{23}^0 & \dots & f_{2n}^0 \\ f_{31}^0 & f_{32}^0 & f_{33}^0 & \dots & f_{3n}^0 \\ \dots & \dots & \dots & \dots & \dots \\ f_{n1}^0 & f_{n2}^0 & f_{n3}^0 & \dots & f_{nn}^0 \end{pmatrix}\begin{pmatrix} dx_1 \\ dx_2 \\ \vdots \\ dx_n \end{pmatrix} \equiv (dx)'H(dx) < 0 \tag{42}$$

이면, 이 함수는 그 점에서 강오목할 것이다.

$n = 3$ 일 경우, 2계 전미분을 dx_1, dx_2, dx_3 에 관해 완전 제곱 꼴로 바꾸면

$$d^2y = (dx_1\ dx_2\ dx_3)\begin{pmatrix} f_{11}^0 & f_{12}^0 & f_{13}^0 \\ f_{21}^0 & f_{22}^0 & f_{23}^0 \\ f_{31}^0 & f_{32}^0 & f_{33}^0 \end{pmatrix}\begin{pmatrix} dx_1 \\ dx_2 \\ dx_3 \end{pmatrix} = |H_1| \left[dx_1 + \frac{f_{11}^0 dx_2 + f_{13}^0 dx_3}{f_{11}^0} \right]^2$$

$$+ \frac{|H_2|}{|H_1|}\left[dx_2 + \frac{f_{11}^0 f_{23}^0 - f_{12}^0 f_{13}^0}{|H_2|} dx_3 \right]^2 + \frac{|H_3|}{|H_2|}\left[dx_3 \right]^2$$

이 되는데, 이와 동일한 방식으로 (42)를 완전제곱 꼴로 바꾸면

$$d^2y = |H_1|[\cdots]^2 + \frac{|H_2|}{|H_1|}[\cdots]^2 + \frac{|H_3|}{|H_2|}[\cdots]^2 + \cdots + \frac{|H_n|}{|H_{n-1}|}[\cdots]^2 < 0 \tag{43}$$

이 됨을 증명할 수 있다. 여기서 대괄호 제곱 항들은 dx_i 및 f_{ij}^0 들에 관한 수식으로서 비음이며 적어도 1개는 양이므로, 이 부등식이 성립하기 위한 한 가지 충분조건은 그 계수들이 모두 음인 것이다:

$$|H_1| < 0,\ \frac{|H_2|}{|H_1|} < 0,\ \frac{|H_3|}{|H_2|} < 0, \cdots, \frac{|H_n|}{|H_{n-1}|} < 0 \tag{44a}$$

(44a)의 첫 번째 조건은 x^0 에서 계산된 함수 $f(x)$ 의 헤세 행렬의 1계 순차 주소행렬식이 음임을 의미하는데, 이것을 두 번째 조건에 적용하면 헤세 행렬의 2계 순차

주소행렬식 $|H_2|$가 양이고, 그것을 다시 세 번째 조건에 적용하면 3계 순차 주소행렬식 $|H_3|$가 음이 되는 등 주소행렬식들의 부호가 교대로 바뀌는 조건으로 표현될 수 있다:

$$|H_1| < 0, |H_2| > 0, |H_3| < 0, \cdots, (-1)^n |H_n| > 0 \tag{44b}$$

한편, 점 x^0가 **극소점**이기 위한 충분조건은 그 점에서 함수 $f(x)$가 강볼록한 것, 즉 (42)의 2계 전미분이 양인 것이다. 그리하여, **극소의 2계 충분조건**은 (43)에서 계수들이 모두 양인 것, 즉

$$|H_1| > 0, \frac{|H_2|}{|H_1|} > 0, \frac{|H_3|}{|H_2|} > 0, \cdots, \frac{|H_n|}{|H_{n-1}|} > 0 \tag{45a}$$

으로 주어지며, 이들은 모든 순차 주소행렬식들이 양이라는 조건으로 보다 간결하게 표현될 수 있다:

$$|H_1| > 0, |H_2| > 0, |H_3| > 0, \cdots, |H_n| > 0 \tag{45b}$$

CHAPTER

09

제약 하의 최적화

대부분의 경제주체는 어떤 제약 하에서 최적을 추구해야 하는 상황에 처해 있다. 소비자가 예산제약 내에서 효용을 극대화하는 문제나, 기업이 생산수량의 제약 하에서 비용을 극소화하는 문제가 좋은 예이다. 이 이외에도 어떤 경제주체가 의사결정을 함에 있어서 충족시켜야 할 어떤 종류의 제약(경제적 및 법률적 제약 등)이 있다면, 그의 의사결정문제는 제약 하의 최적화 문제로 정식화될 것이다.

제1절에서는 소비자의 효용극대화 문제의 수치례를 풀어서 수요함수를 도출하며, 서수적 효용함수의 성질을 설명한다. 제2절에서는 등식 제약 하의 최적화 문제에서 제약과 1변수를 동시에 소거함으로써 1변수 무제약 극대화문제로 전환하여 푸는 소거법을 설명한 다음, 극대 조건을 라그랑지 함수를 도입하여 알기 쉽게 표현하는 라그랑지 승수법을 설명한다. 제3절에서는 효용함수가 일반함수로 주어진 소비자의 선택문제와 정성적 비교정학분석을 제시한다.

9.1 등식제약 하의 극대화 문제 : 수치례

1. 변수-제약 소거법

소비자가 소비재를 구입함으로써 효용을 극대화하는 문제를 분석하기 위해 다음과 같은 가정들을 도입하기로 하자.

A1. 소비자는 2가지 재화만을 소비하며, X재 x단위와 Y재 y단위를 소비할 때 얻는 만족 또는 효용은 콥-더글라스 효용함수

$$U = U(x, y) = \sqrt{xy} \tag{1a}$$

로 주어진다.

A2. 재화는 경쟁시장에서 구매하며, X재 시장가격 p_x, Y재 시장가격 p_y 및 소비자의 화폐소득 M은 각각 다음과 같이 주어져 있다:

$$p_x = 5\text{원},\ p_y = 10\text{원},\ M = 100\text{ 원}. \tag{1b}$$

A3. 소비자는 효용을 극대화한다.

가정 A1에서 소비자가 2가지 재화만 구매한다는 것은 순전히 단순화를 위한 것이다. 또한, (1a)의 효용함수가 x 와 y 만을 독립변수로 가지며 화폐소득의 함수가 아닌 것은 소비자가 X 재나 Y 재의 소비를 통해서만 효용을 얻으며 화폐 보유 그 자체로부터는 효용을 얻지 못함을 의미한다. 그리고 초기의 한계효용이론가들은 효용을 유틸(util)이라는 가상적 단위로 측정할 수 있다고 생각하였으나, 객관적인 측정단위는 아직도 개발되지 않은 실정이다. 이 점에 관해서는 나중에 다시 언급될 것이므로, 여기서는 유틸로 측정된다고 가정하자.

이 소비자의 문제는 다음 수학적 극대화 문제로 정식화된다:

$$\underset{\{x,\,y\}}{\text{극대화}} \quad U = U(x,y) = \sqrt{xy} \tag{2a}$$

$$\text{제약} \quad 5x + 20y \leq 100 \tag{2b}$$

$$x \geq 0,\ y \geq 0 \tag{2c}$$

제약 (2b)는 가정 A2 하에서 소비자가 구매가능한 재화들의 수량들을 말해주므로 **예산제약**(budget constraint)이라 불리며, (2c)는 재화 구매량이 음수가 될 수 없다는 비음제약을 나타낸다. 예산제약 (2b)는 여기서 매우 중요하다. 만약 이 제약이 없거나 이 제약을 무시한다면, 소비자가 얼마든지 큰 x 값과 y 값을 선택할 수 있다는 의미가 된다. 엄청난 부자가 아니면 꿈꿀 수 없는 일이며, 일반 시민이 처한 경제적 상황과는 거리가 멀다.

그런데, (2b)와 (2c)와 같은 부등식 형태의 제약들이 부과된 극대화 문제의 수학적 해법은 복잡하다. 따라서 이 문제의 해가 갖는 성질을 미리 고찰함으로써, (2)를 간략한 형태로 전환하기로 하자.

효용함수 (2a)는 x 와 y 가 증가할수록 높아지므로, 효용을 극대화하는 소비자가 재화 구매액이 100원에 미달하도록 구매하지 않을 것이다. 즉, $5x^0 + 20y^0 < 100$ 을 만족시키는 (x^0, y^0) 는 결코 효용 극대점이 될 수 없다. 또한, x 나 y 가 0이면 효용도 0이므로, 소비자는 결코 $x^0 = 0$ 또는 $y^0 = 0$ 을 선택하지 않을 것임도 알 수 있다. 따라서 (2b)는 등식으로 성립되어야 하며 (2c)는 무시해도 좋다. 따라서 (2)는 일단 다음 형태로 전환될 수 있다:

$$\underset{\{x,\,y\}}{\text{극대화}} \quad U = U(x, y) = \sqrt{xy} \tag{3a}$$

$$\text{제약} \quad 5x + 20y = 100 \tag{3b}$$

이 극대화 문제는 등식형태의 제약을 갖고 있으므로 "등식제약부 극대화 문제"라 하며, 제8장에서 다룬 극대화 문제는 어떤 제약도 갖지 않았으므로 "무제약 극대화 문제"라 부른다. 이제, "등식제약부 극대화 문제"를 풀기 위해 우리가 이미 배운 무제약 극대화 문제 해법을 어떻게 확장하여야 하는가?

여기에는 두 가지 방법이 있다. 첫째로, 예산 제약식을 x 에 관해 풀면

$$x = 20 - 4y \equiv h(y) \tag{3b$'$}$$

가 되는데, 이것을 (3a)에 대입하면, 등식제약이 있는 극대화 문제 (3)은 1변수 y 에 관한 **무제약 극대화 문제**로 전환된다:

$$\underset{\{y\}}{\text{극대화}} \quad U = U(h(y), y) = \sqrt{y(20 - 4y)} \equiv F(y) \tag{4a}$$

이 목적함수는 원래의 목적함수(효용함수)와 예산제약식의 합성함수로서 "예산제약을 반영한 효용함수"라 할 수 있다. 둘째로, 라그랑지 승수법이 있는데 다음 절에서 설명할 것이다.

이하에서는 첫 번째 방식을 따라 등식제약부 극대화 문제를 풀기로 하자. 이제, 제8장 1절의 1변수 함수 극대조건을 적용하면 된다. 1계 필요조건은 제8장 (5)에 의해

$$F'(y) = \frac{-8y + 20}{2\sqrt{(20-4y)y}} = 0 \quad \textbf{(4b)}$$

이며, 이로부터 $y^* = 2.5$ 가 결정된다. 2계 도함수

$$F''(y) = -4(20y - 4y^2)^{-0.5} - (10-4y)^2(20y-4y^2)^{-1.5}$$

을 $y^* = 2.5$ 에서 평가하면,

$$F''(y^*) = -0.8 < 0 \quad \textbf{(4c)}$$

이므로 2계 충분조건이 충족된다. y^*를 (3b′)에 대입하면 $x^* = 10$ 이 계산된다. 이러한 최적 소비를 통해 소비자는 $U^* = \sqrt{x^* y^*} = 5$ (유틸)의 효용을 얻는다.

이상의 해는 [그림 9-1]에 도시되어 있다. 제약하의 극대조건을 도해하는 한 가지 방법은 소거법의 대수적 해법의 순서를 그대로 따라 도해하는 것이다. 즉, 제1단계로 본래의 목적함수의 곡면 중에서 제약을 만족시키는 부분만을 찾아내고 제2단계로 그 부분 내에서 극대점을 찾는 것이다.

먼저, 제1단계 작업을 그림 상으로 나타내 보자. 문제 (3a)의 목적함수 $U = U(x,y) = \sqrt{xy}$ 는 [그림 9-1](a)도의 3차원 xyU 공간에서 아래로 오목한 **곡면**을 이룬다. 그리고 (3b)의 제약식은 이 **3차원 공간**에서 xy 평면상의 직선 AB를 지나 수직(U축)으로 평행한 **수직면**으로 나타난다. 따라서 이 제약을 만족시키는 목적함수의 그래프는 **효용곡면**과 **제약 수직면**이 교차하는 교선으로서 하얀 점선으로 표시되어 있다. 그림 (b)에는 이 교선을 확대하여 그려두고, 그것을 yU 평면 상으로 사영한 것, 즉 “예산제약을 반영한 효용함수” $U = F(y)$의 그래프를 표시하였다.

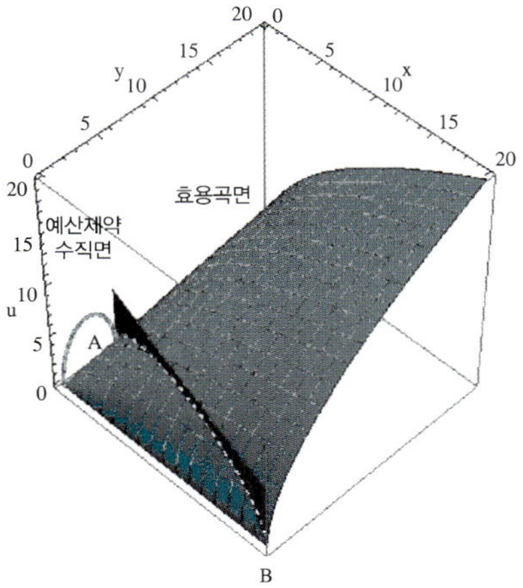

(a) 효용곡면과 예산제약면의 교차

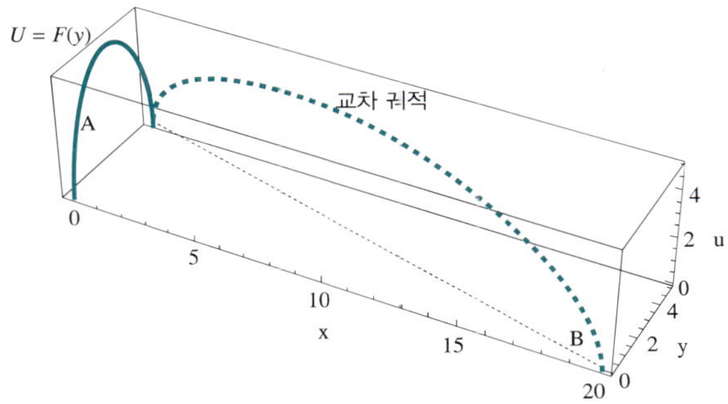

(b) 효용곡면과 예산제약 수직면의 교차 궤적과 그 사영

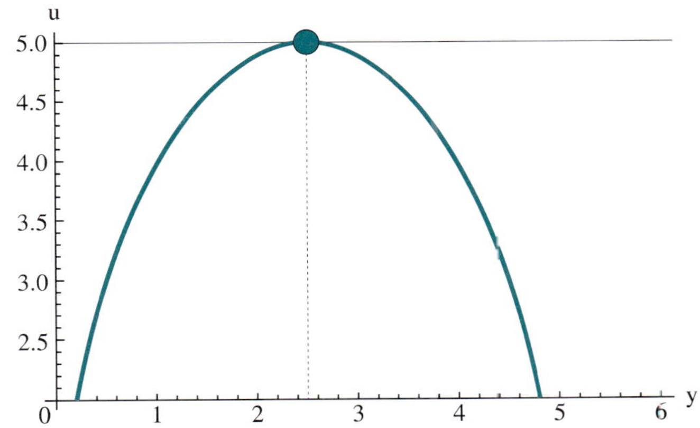

(c) yU 평면에 그린 "예산제약 반영 효용곡선" $U=F(y)$와 그 극대점

그림 9-1 제약 하의 극대점 도해: 제약 소거법

이와 같이 예산제약과 효용곡면을 결합함으로써, 새로운 함수 $U=F(y)$를 도출하였는데, 제2단계 작업은 아무런 제약도 고려할 필요없이 1변수 함수 $U=F(y)$의 극대점을 구하는 것이다. 그림 (c)는 $U=F(y)$함수의 그래프를 2차원 yU 평면으로 옮겨 그리고, (4b)에 따라 수평인 접선으로 발견한 극대점을 표시한 것이다. 그 점에서 $U=F(y)$곡선이 아래로 오목하므로 2계 충분조건이 충족됨도 확인할 수 있다.

2. 재화 수요함수의 도출

소비자의 X재 수요함수를 도출하기 위해서는 X재 시장가격을, (1)에서처럼 5원으로 고정시키는 대신, 임의의 p_x로 두어야 한다. 이것은 제8장 2절에서 기업의 노동수요함수를 도출할 때 적용한 원리와 마찬가지이다. 또한, Y재 수요함수도 한꺼번에 구하기 위해 Y재 시장가격도 p_y로 설정하자. 그리고 수요량은 소득수준에 따라서도 달라지므로, 소득이 수요량에 미치는 영향을 직접 도출하기 위해서는 소득도 임의의 M원으로 설정할 필요가 있다. 따라서 가정 A2를 일반화하여 가격과 소득을 매개변수로 설정하면, (3)은 다음으로 전환된다:

$$\underset{\{x,\,y\}}{\text{극대화}} \quad U = U(x,y) = \sqrt{xy} \tag{5a}$$

$$\text{제 약} \quad xp_x + yp_y = M. \tag{5b}$$

여기서 여러 가지 문자변수들이 등장하지만, 선택변수(미지수)는 "극대화" 아래의 괄호 안에 표시된 x와 y뿐이며, 그 외 다른 것들은 모두 매개변수이다.

(5b)를 x에 관해 풀면

$$x = \frac{M}{p_x} - \frac{p_y}{p_x}y \equiv h(y) \tag{5b$'$}$$

가 되는데, 이것을 (5a)에 대입하면 다음으로 된다:

$$\underset{\{y\}}{\text{극대화}} \quad U = U(h(y),y) = \sqrt{(M/p_x)y - (p_y/p_x)y^2} \equiv F(y). \tag{5c}$$

이 극대화 문제의 1계 필요조건은

$$F'(y) = U_x h'(y) + U_y = \frac{M/p_x - 2(p_y/p_x)y}{2\sqrt{(M/p_x)y - (p_y/p_x)y^2}} = 0 \tag{5d}$$

인데, 이것을 풀고 그 결과를 (5b′)에 대입하면 다음이 도출된다:

$$y^* = \frac{M}{2p_y} = y^*(p_x, p_y, M), \quad x^* = \frac{M}{2p_x} = x^*(p_x, p_y, M). \tag{5e}$$

또한, 2계 도함수는

$$\begin{aligned} F''(y) = &-0.25[(M/p_x)y - (p_y/p_x)y^2]^{-1.5}[M/p_x - (p_y/p_x)y]^2 \\ &- [(M/p_x)y - 2(p_y/p_x)y^2]^{-0.5}(p_y/p_x) \end{aligned}$$

인데, y^*에서 평가하면 첫째 항은 0이 되므로

$$\begin{aligned} F''(y^*) &= -[(M/p_x)y^* - 2(p_y/p_x)y^{*2}]^{-0.5}(p_y/p_x) \\ &= -(x^*y^*)^{-0.5}(p_y/p_x) = -\left(\frac{M}{2p_x}\frac{M}{2p_y}\right)^{-0.5} p_x^{-1}p_y = -\frac{2}{M}p_x^{-0.5}p_y^{1.5} < 0 \end{aligned} \tag{5f}$$

이므로 2계 충분조건이 충족된다.

(5e)의 각 함수는, 재화의 시장가격이 p_x 및 p_y이고 소비자의 소득이 M원일 때, 그가 자신의 효용을 극대화하기 위해 구매하려는 수량을 말해 준다. 따라서 이 함수들은 각 재화에 대한 개인의 **수요함수**로 해석되며, 가격상승에 따라 그 재화 수요량이 하락하므로 수요의 법칙이 성립된다. 일반적인 효용함수 하에서 이 수요함수는 p_x, p_y 및 M의 함수가 되지만, 콥-더글라스 효용함수 (1a)와 같은 특수한 효용함수 하에서는 자신의 가격에만 의존하고 다른 재화가격에는 독립적인 특수한 수요함수가 도출된다.

예 9-1

효용함수가 $U = xy$라면, (5c)는

$$\underset{\{y\}}{\text{극대화}} \quad U = U(h(y), y) = (M/p_x)y - (p_y/p_x)y^2 \equiv F(y) \tag{6a}$$

가 된다. 1계 필요조건은

$$F'(y) = U_x h'(y) + U_y = M/p_x - 2(p_y/p_x)y = 0 \qquad \textbf{(6b)}$$

인데, 이것을 풀고 그 결과를 (5b′)에 대입하면 (5e)와 **동일한** 수요함수가 도출된다:

$$y^* = M/(2p_y), \quad x^* = M/(2p_x). \qquad \textbf{(6c)}$$

2계 도함수는

$$F''(y) = -2p_y/p_x < 0$$

인데, y^* 에서 평가하여도 역시 음이므로 2계 충분조건도 충족된다.

이 예가 보여주듯, 효용함수가 $U = \sqrt{xy}$ 이거나 $U = xy$ 이거나 소비자의 수요함수는 동일하다. 이들은 기수적 효용(cardinal utility) 상으로는 다른 효용함수이지만, 서수적 효용(ordinal utility) 상으로는 동일한 효용함수에 속하기 때문이다.

연습문제 | 9.1

1. 효용극대화 문제 (3)에서 다음과 같이 조건이 달라진다면, 소비자의 최적 구매량은 각 경우에 어떻게 달라지는가?

(a) 소비자의 소득이 $M=200$ 으로 증가

(b) 재화가격들이 $p_x=10$ 및 $p_y=5$ 로 변화

(c) 효용함수가 $U(x,y)=x^{1/4}y^{1/2}$ 으로 변화

2. [예 9-1]에서 효용함수가 $U=\ln xy$로 달라진다면 재화수요함수는 어떻게 달라지는가?

3. 4가지 소비묶음 $A_1=(4,1)$, $A_2=(2,2)$, $A_3=(3,1)$, $A_4=(1,5)$을 3명의 소비자 $(i=1,2,3)$가 제각기 소비한다고 하자. 여기서 $A_1=(4,1)$은 X재 4단위와 Y재 1단위를 나타내며, 각 소비자의 효용함수 $U^i=U^i(x_i,y_i)$는 다음과 같다:

$$U^1=U^1(x_1,y_1)=\sqrt{x_1y_1}\,,\ U^2=U^2(x_2,y_2)=x_2y_2,$$
$$U^3=U^3(x_3,y_3)=x_3^{1/4}y_3^{3/4}$$

(a) 각 소비자가 소비묶음 A_j들을 소비할 때 얻는 효용값(기수적 효용)을 계산하라.

(b) 위의 계산에 입각하여, 각 소비자가 4가지 소비묶음을 선호하는 순서대로 배열하라.

(c) 위의 (b)에서 서로 일치하는 배열은 어느 것인가? (동일한 배열(순서)을 낳는 효용함수들의 보유자들은 동일한 서수적 효용함수를 갖는다고 한다)

4. 기업의 생산함수가 $Q=f(L,K)=\sqrt{LK}$ 이고, 임금률과 자본서비스 가격이 각각 5원 및 10원으로 주어졌을 때, 일정한 생산량 100단위를 생산하되 최소비용으로 생산하려는 기업의 비용극소화 문제를 생각해 보자. 노동량 L 과 자본량 K 를 투입할 때 생산량이 100단위라면, 이들 요소의 구매 비용(Cost)은 $5L+10K$ 원이므로, 이 문제는 다음과 같이 정식화된다:

$$\underset{\{L,K\}}{\text{극소화}} \quad C=5L+10K, \qquad \text{제 약} \quad f(L,K)=\sqrt{LK}=100.$$

(a) 이 문제를 풀어서 최적 노동량과 자본량을 구하라.

(b) 자본량이 (a)에서 구한 최적 자본량에 고정되어 있는 단기에서, 최적 노동량만을 결정하는 단기 비용극소화 문제를 풀고, 단기 최적 노동량이 (a)에서 구한 것과 일치하는가를 점검하라.

9.2 등식제약 하의 극대화 문제: 라그랑지 승수법

1. 1계 필요조건

제1절에서는 등식제약이 있는 극대화 문제의 한 예로서 소비자의 효용극대화 문제를 풀이하였는데, 그 해법의 요체는 극대화하면서 등식제약을 어떻게 감안(반영)해 주어야 하는가에 있다. 위에서는 등식제약을 어느 한 변수에 관해 푼 다음, 그 식을 목적함수에 대입해 버림으로써 결국 무제약 1변수 극대화 문제르 환원시켰었다. 무제약 극대화 문제의 해법은 이미 알고 있으므로 그 다음은 쉽게 풀 수 있었다.

이제, 좀 다른 방식으로 등식 제약을 감안하는 해법인 라그랑지 승수법을 살펴 보자. 먼저 소비자의 효용극대화 문제 (5)를 상기하자:

$$\underset{\{x,\,y\}}{\text{극대화}} \quad U = U(x,y) = \sqrt{xy} \tag{5a}$$

$$\text{제약} \quad M - x\,p_x - y\,p_y = 0. \tag{5b}$$

그러면 **라그랑지 승수**(Lagrange multiplier)라 불리는 인위적 변수 λ를 도입하여 제약식 (5b)의 좌변에 λ를 곱한 항을 원래의 목적함수 (5a)에 더한 **라그랑지 함수**(Lagrangian)를 정의하고 그것을 극대화하는 문제를 생각해 보자:

$$\begin{aligned} \text{극대화} \ \ \mathcal{L} &= U(x,y) + \lambda\,(M - x\,p_x - y\,p_y) \\ &= \sqrt{xy} + \lambda\,(M - x\,p_x - y\,p_y) \equiv \mathcal{L}\,(\lambda, x, y) \end{aligned} \tag{7}$$

특이한 방식으로 제약식을 포함하는 라그랑지 함수를 새로운 목적함수로 삼음으로써 라그랑지 승수법은 원래의 제약식을 제거하였는데, 위 1절의 제약-변수 소거법과는 반대로 변수 수는 1개 줄어든 것이 아니라 더 증가하게 되었다.

라그랑지 함수는 3변수 x, y 및 λ의 함수인데, 마치 이들 3변수에 관해 **극대화**(또는 **극소화**)하는 **것처럼 1계 필요조건**을 도출해 보자:

$$\mathcal{L}_\lambda = M - x p_x - y p_y = 0 \tag{8a}$$

$$\mathcal{L}_x = U_x(x,y) - \lambda p_x = 0.5\sqrt{y/x} - \lambda p_x = 0 \tag{8b}$$

$$\mathcal{L}_y = U_y(x,y) - \lambda p_y = 0.5\sqrt{x/y} - \lambda p_y = 0 \tag{8c}$$

(8a)는 (5b)와 동일한 예산제약식이다. λ를 소거하여 x와 y값을 먼저 계산하기 위해, (8b)와 (8c)의 λ항을 우변으로 이항한 후, 두 식을 서로 나누면

$$\frac{U_x(x,y)}{U_y(x,y)} = \frac{0.5\sqrt{y/x}}{0.5\sqrt{x/y}} = \frac{y}{x} = \frac{\lambda p_x}{\lambda p_y} = \frac{p_x}{p_y}\text{, 즉} \tag{9}$$

$$x p_x = y p_y \tag{10}$$

가 도출된다. (10)은 X재 구매액과 Y재 구매액이 동일해야 함을 의미하는데, 이것을 (8a)에 대입하면

$$M = 2x\,p_x = 2y p_y\text{, 즉}$$

$$y^* = M/(2p_y), \quad x^* = M/(2p_x) \tag{11a}$$

이 도출된다. 이것은 위의 1절에서 구한 (5e)와 동일하다. 이것들을 (8b)에 대입하면 라그랑지 승수 값은

$$\lambda^* = 1/(2\sqrt{p_x p_y}) \tag{11b}$$

로 계산된다.

2. 1계 필요조건의 도시

위에서 라그랑지 승수법을 적용하여 1계 필요조건에 따라 효용극대점을 구하였는데, 그 과정을 도시하여 보자.

라그랑지 함수는 3변수 함수이므로 그 자체를 도시할 수는 없다. 여기서는 1계 필요조건을 먼저 도시하기로 하자.

1계 필요조건은 처음에 (8a),(8b),(8c)의 세 방정식으로 주어졌으나 (8b)와 (8c)는

(9)로 압축되므로 결국 (8a)와 (9)의 두 방정식으로 구성된다. 이 두 방정식들을 동시에 만족시키는 점의 발견 및 도시하는 방법은 먼저 (8a)를 만족하는 점들을 구한 후 그중에서 (9)를 추가로 충족하는 점들을 구하거나, 또는 이와 정반대로 (9)를 만족하는 점들을 구한 후 (8a)를 추가로 충족하는 점을 구하면 될 것이다. 본서에서는 전자의 방식을 따르고자 한다.

예산제약식인 (8a)를 y에 관해 정돈하면 x에 관한 1차 방정식

$$y = M/p_y - (p_x/p_y)x$$

가 되므로 xy평면에서 직선이며 그 기울기는 $-p_x/p_y$이다. 이 직선은 [그림 9-2](c)에 그려져 있는데, (a)도와 (b)도에서는 xyU공간 상에 예산제약 수직면으로 도시되어 있다.

다음으로, 1계 필요조건 (9)는 일반적인 효용함수 $U = U(x,y)$에 대해 성립하여야 하는 조건

$$\frac{U_x(x,y)}{U_y(x,y)} = \frac{p_x}{p_y} \tag{9a}$$

와 콥-더글라스 효용함수 $U(x,y) = \sqrt{xy}$인 경우에만 적용되는 필요조건

$$\frac{0.5\sqrt{y/x}}{0.5\sqrt{x/y}} = \frac{y}{x} = \frac{p_x}{p_y} \tag{9b}$$

가 결합되어 있는데, 먼저 (9a) 부분을 음미하고 도시하기로 하자.

이를 위해 효용함수 $U = U(x,y)$의 무차별곡선

$$U(x,y) = U_0(\text{상수}) \text{ 또는 } U(x,y) - U_0 = 0 \tag{12}$$

의 기울기를 구해보자. 7.4절 및 그 연습문제 [6]에서 이미 공부한 바와 같이, (12)에 의해 정의되는 음함수를 $y = h(x)$로 표기하면, 이것을 (12)에 더입하면 항등식

$$U(x,h(x)) - U_0 \equiv 0$$

이 성립한다. 양변을 x에 관해 미분하면

$$U_x(x,h(x)) + U_y(x,h(x))h'(x) \equiv 0$$

이므로, 음함수인 무차별곡선의 기울기는

$$\frac{dy}{dx} = h'(x) = -\frac{U_x(x,h(x))}{U_y(x,h(x))} = -\left.\frac{U_x(x,y)}{U_y(x,y)}\right|_{y=h(x)} \tag{13}$$

로 주어진다. 따라서 (9a)의 좌변 U_x/U_y는 y를 종축에 배치한 xy좌표평면에서 무차별곡선의 기울기의 절대치이고 그 우변 p_x/p_y는 예산제약식의 기울기의 절대치이다. 즉, (9a)는 xy평면상의 어떤 한 점에서나 그 점을 지나는 무차별곡선을 생각해 볼 수 있는데, 바로 그 점에서 이 무차별곡선의 기울기가 p_x/p_y와 같을 것을 요구한다. 그런데, 우리는 (9a)를 충족하는 모든 점들을 구할 필요 없이, 이미 (8a)를 만족하는 점들 중에서 (9a)를 추가로 충족하는 점들을 구하면 된다.

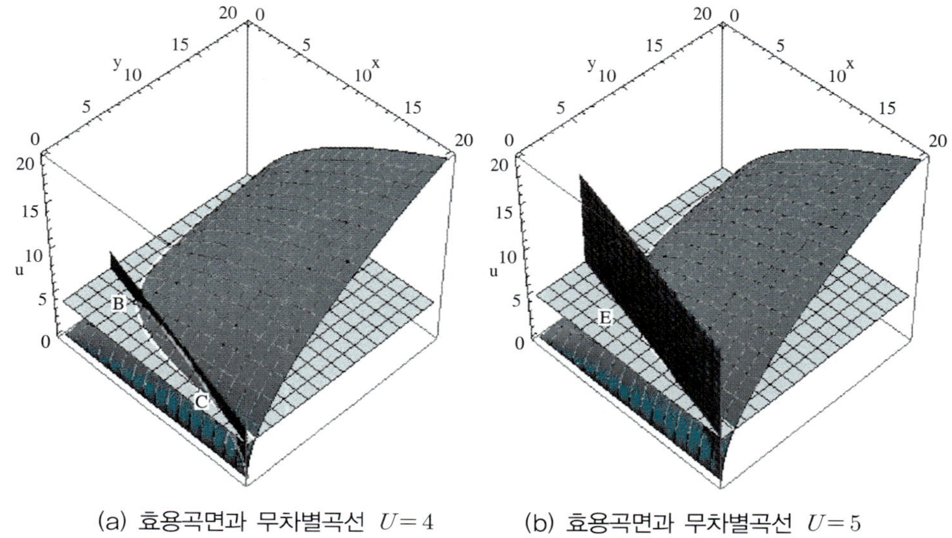

(a) 효용곡면과 무차별곡선 $U=4$　　(b) 효용곡면과 무차별곡선 $U=5$

그림 9-2 효용극대화: 라그랑지 승수법 도해 [계속]

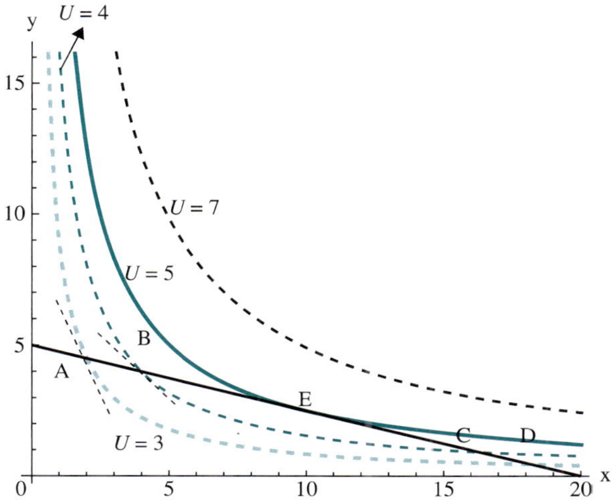

(c) 무차별곡선들과 예산선

그림 9-2 효용극대화: 라그랑지 승수법 도해

[그림 9-2](a)도에는 [9-1](a)에서처럼 효용곡면과 예산제약 수직면이 그려져 있고, 이에 추가하여 $U=4$인 수평면이 그려져 있다. 이 수평면과 효용곡면이 교차하는 교선은 바로 $U(x,y)=U_0=4$인 무차별곡선으로서 하얀 곡선으로 표시되어 있으며, 예산수직면과 만나는 점 B와 C가 표시되어 있다. 이 무차별곡선과 예산수직면을 밑면 xy평면으로 사영한 것이 그림 (c)에 도시되어 있다. (b)도에는 $U=5$인 수직면과 $U(x,y)=U_0=5$인 무차별곡선이 그려져 있고 이것 역시 (c)도에 사영해 두었다.

이제 (c)도에서 (8a)를 만족하는 점들은 예산제약선으로 표시되므로, 그 점들 중에서 (9a)를 충족하는 점들을 찾아보자. 먼저, 점 A, E에서는 그 점을 지나는 무차별곡선의 기울기의 절대치는 예산선의 기울기의 절대치보다 크고, 점 C, D에서는 그 점을 지나는 무차별곡선의 기울기의 절대치가 예산선의 기울기의 절대치보다 작다. E점을 지나는 무차별곡선은 예산제약선에 접하며, 이 점에서만 이들 두 기울기가 일치한다. 따라서 1계 필요조건을 충족하는 점은 E점으로 도시된다.

끝으로, 1계 필요조건 (9b)

$$\frac{y}{x} = \frac{p_x}{p_y} \tag{9b}$$

의 기하학적 의미를 살펴보자. (9a)는 상술한 바와 같이 콥-더글라스 효용함수인 경우에만 성립되는 1계 필요조건으로서 (9a)보다 도시하기가 훨씬 간단하다. (9b)의 우변은 [그림 9-3]에서 예산제약선 GH에서 H점은 $M/p_x = 20$이고 G점은 $M/p_y = 5$이므로

$$\angle GHO = \frac{OG}{OH} = \frac{M/p_y}{M/p_x} = \frac{p_x}{p_y}$$

이며, (9b)의 좌변은 예산제약선 상의 각 점에 대해 그 점의 "y좌표/x좌표"로 표시되는데 E점의 경우 그것은

$$\frac{y}{x} = \frac{EQ}{OQ} = \angle EOQ$$

로 표시된다. 따라서 (9a)는 예산제약선 상의 점들 중에서 $\angle EOQ = \angle GHO$인 점, 즉 삼각형 OHE가 이등변 삼각형일 것을 요구한다. 그 결과 X재 최적 구매량은 $x^* = OQ = M/(2p_x)$로서 (11a)과 일치한다.

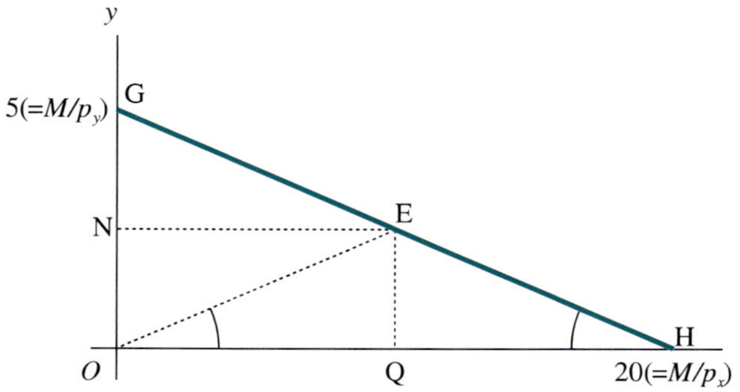

그림 9-3 콥-더글라스 효용함수 극대화의 1계 필요조건 도시

예 9-2

1계 필요조건 (9a)의 경제학적 의미를 좀더 전문적인 용어를 사용하며 설명하면 다음과 같다. (3)에서처럼 각 재화의 "화폐가격"이 $p_x = 4$, $p_y = 20$인 경우 $p_x/p_y = 4/20 = 1/5$는 흔히 (Y재의 단위 수로 표시한 X재의) "상대가격"이라 부른다. X재의 가치를 화폐단위로 표현하면 4원인데, 이것을 시장에서 Y재 몇 단위와 교환될 수 있는가를 계산하면 1/5단위밖에 되지 않는다.

$U_x(x_0,y_0)/U_y(x_0,y_0)$는 현재 (x_0,y_0)점을 소비하고 있는 소비자가 X재 소비에서 얻는 한계효용을 Y재 소비에서 얻는 한계효용으로 나눈 비율인데, 효용을 유틸이라는 가상적 단위로 측정한다면 X재 1단위의 효용가치는 $U_x(x_0,y_0)$ 유틸이고, 그 가치를 이 소비자가 개인적으로 기꺼이 교환하려는 Y재 단위 수로 표시한다면 $U_x(x_0,y_0)/U_y(x_0,y_0)$ 단위가 된다. 이 한계효용 비율을 "(Y재로 표시한 X재의) 한계대체율(marginal rate of substitution: MRS)"이라 부르는데, 그 측정에는 유틸이라는 단위가 필요 없다.

그러면 1계 필요조건 $U_x(x_0,y_0)/U_y(x_0,y_0) = p_x/p_y$는 X재에 대해 소비자가 느끼는 주관적 개인적 가치(Y재 단위 수로 측정)인 한계대체율과, 시장에서 교환가능한 객관적 가치(Y재 단위 수로 측정)인 상대가격이 일치하여야 한다는 의미임을 알 수 있다.

3. 2계 충분조건

라그랑지 함수 (7)의 헤세 행렬식을 만들어 보자. 라그랑지 함수의 1계 도함수는 1계 필요조건 (8)의 좌변이므로, 그것을 λ, x 및 y에 관해 다시 한번 미분하면

$$\mathcal{L}_{\lambda x} = -p_x\,, \qquad \mathcal{L}_{\lambda y} = -p_y\,, \qquad \mathcal{L}_{xx} = U_{xx} = -0.25\,x^{-3/2}y^{1/2}\,,$$
$$\mathcal{L}_{xy} = U_{xy} = 0.25\,x^{-1/2}\,y^{-1/2}\,, \qquad \mathcal{L}_{yy} = U_{yy} = -0.25\,x^{1/2}\,y^{-3/2}\,.$$

그러면 라그랑지함수의 헤세 행렬식은 위의 2계 편도함수들을 (λ^*, x^*, y^*)에서 평가

한 다음 행렬식으로 주어진다:

$$|\overline{H}| = \begin{vmatrix} \mathcal{L}^*_{\lambda\lambda} & \mathcal{L}^*_{\lambda x} & \mathcal{L}^*_{\lambda y} \\ \mathcal{L}^*_{x\lambda} & \mathcal{L}^*_{xx} & \mathcal{L}^*_{xy} \\ \mathcal{L}^*_{y\lambda} & \mathcal{L}^*_{yx} & \mathcal{L}^*_{yy} \end{vmatrix} = \begin{vmatrix} 0 & -p_x & -p_y \\ -p_x & U^*_{xx} & U^*_{xy} \\ -p_y & U^*_{yx} & U^*_{yy} \end{vmatrix} \tag{14a}$$

$$= \begin{vmatrix} 0 & -p_x & -p_y \\ -p_x & -\frac{1}{4}(x^*)^{-3/2}(y^*)^{1/2} & \frac{1}{4}(x^*)^{-1/2}(y^*)^{-1/2} \\ -p_y & \frac{1}{4}(x^*)^{-1/2}(y^*)^{-1/2} & -\frac{1}{4}(x^*)^{1/2}(y^*)^{-3/2} \end{vmatrix} \tag{14b}$$

여기서 상첨자 스타 표시는 해당 2계 편도함수를 (x^*, y^*)에서 계산한 것을 의미한다. 예컨대 $U^*_{xx} \equiv U_{xx}(x^*, y^*)$ 등. 이 행렬식의 제1행과 제1열은 제약식 $M - xp_x - yp_y = 0$의 미분계수들로 구성되며 전체 행렬식의 위쪽과 왼쪽의 **테두리**(border)를 이루고 있다. 따라서 이 행렬이 **테**를 가졌다는 의미에서, 제8장의 (36a)와 같은 테없는 행렬과 구분하기 위해 H자 위에 윗줄을 그어 표기하고 **테헤세 행렬식**이라 부른다.

테헤세 행렬식 (14a)의 제1행과 제1열로 구성되는 부분행렬은 $\mathcal{L}^*_{\lambda\lambda}$ 항으로 구성되는데 그 값은 라그랑지 함수의 구조상 언제나 0이다.(라그랑지 함수 속에 λ변수는 1차항 그 자체만 들어 있으므로, λ에 관해 두 번 편미분하면 0이 됨). 그 다음, 테헤세 행렬식의 처음 두 행들과 처음 두 열들로 구성되는 부분행렬도 라그랑지 함수의 구조상($\mathcal{L}^*_{\lambda\lambda} = 0$) 언제나 음이 된다:

$$|\overline{H}_1| = \begin{vmatrix} \mathcal{L}^*_{\lambda\lambda} & \mathcal{L}^*_{\lambda x} \\ \mathcal{L}^*_{x\lambda} & \mathcal{L}^*_{xx} \end{vmatrix} = \begin{vmatrix} 0 & -p_x \\ -p_x & -\frac{1}{4}(x^*)^{-3/2}(y^*)^{1/2} \end{vmatrix} = -(p_x)^2 < 0 \tag{15}$$

(이 행렬식에는 주대각선 상에 "첫번째" 선택변수 x에 관한 2계 편도함수 $\mathcal{L}^*_{xx}$가 등장하므로 "1계" 테헤세 주소행렬식이라 하고 $|\overline{H}_1|$으로 표기함). 그리하여 이 두 개의 부분행렬식의 부호는 이미 정해져 있으므로, 극대점을 달성하기 위해서 그 부호가 음이어야 한다든가 아니면 양이어야 한다는 등의 어떤 조건을 요구할 수 없다.

사실상 해 (11)이 극대점이 되기 위한 2계 충분조건은 오직

$$|\overline{H}| = 2p_x p_y U_{xy}^* - p_y^2 U_{xx}^* - p_x^2 U_{yy}^*$$
$$= \left(\frac{p_y}{U_y^*}\right)^2 \left[2U_x^* U_y^* U_{xy}^* - U_y^{*2} U_{xx}^* - U_x^{*2} U_{yy}^*\right] > 0 \qquad \textbf{(16a)}$$

그리고 콥-더글라스 효용함수 $U(x,y) = \sqrt{xy}$ 인 경우

$$|\overline{H}| = p_x p_y (x^* y^*)^{-1/2} = (2/M)(p_x p_y)^{3/2} > 0 \qquad \textbf{(16b)}$$

만으로 주어진다. 여기서 (16a)는 일반적인 효용함수 $U(x,y)$의 효용 극대화를 위한 2계 충분조건 (14a)를 전개한 것이며 마지막 등식은 (9a)를 이용하여 도출하였다.

왜 테헤세 행렬식이 양이어야 하는가? 엄밀히 증명하자면 제8장에서처럼 효용함수의 2계 전미분이 음이 되도록 하되, 여기서는 제약식이 항등적으로 성립하여야 한다는 조건(그 1계 미분이 0)을 추가하면 되지만 그 과정은 여간 복잡하지가 않다. 여기서는 동일한 소비자 효용극대화 문제를 제1절의 대입소거법으로 풀거나 본절의 라그랑지 승수법으로 풀거나 동일한 결과가 나와야 한다는 전제를 받아들여, 제1장의 2계 충분조건과 (16)을 비교함으로써 (16)의 타당성을 간접적으로 확인할 수 있다. (16)을 (15)로 나누면, (5f)식의 $F''(y^*)$과 일치하므로 음이 된다:

$$\frac{|\overline{H}|}{|\overline{H}_1|} = \frac{(2/M)(p_x p_y)^{3/2}}{-p_x^2} = \frac{2}{M} p_x^{-0.5} p_y^{1.5} = F''(y^*) < 0.$$

그런데 (15)에 의해 분모는 음이므로 분자는 양, 즉 (16b)가 성립하여야 한다.

4. 2계 충분조건 도해

2계 충분조건의 기하학적 의미를 도출하기 위해서는 일반적인 효용함수 $U(x,y)$의 경우에 적용되는 (16a)를 살펴보는 것이 좋다. (16b)는 여러 항들이 수치화되어 계산 결과 하나의 숫자로 압축되어 있으므로 그 내역을 알 수 없기 때문이다. (16a)가 양이

기 위해서는

$$2U_x^* U_y^* U_{xy}^* - U_y^{*2} U_{xx}^* - U_x^{*2} U_{yy}^* > 0 \tag{17}$$

이면 된다. 매우 복잡하게 보이는 (17)식은 아래 [예 9-3]에서 보이는 바와 같이 (13)으로 주어지는 무차별곡선의 기울기가 x가 증가함에 따라 증가(기울기의 절대치는 감소)한다는 조건, 즉

$$\frac{d^2y}{dx^2} = \frac{d}{dx}\left(-\frac{U_x(x,h(x))}{U_y(x,h(x))}\right) > 0 \tag{18}$$

과 동일하며, 기하학적으로는 무차별곡선이 원점에 대해 볼록한 것으로 해석된다. 이 조건은 제7장 (35f)에서 생산함수 $f(L,K)$를 효용함수 $U(x,y)$로 기호만 바꾼 것과 같다.

원점에 대해 볼록한 무차별곡선은 [그림 9-2](c)도에 이미 그려져 있다. 만약 1계 필요조건이 충족되는 E점에서 무차별곡선이 원점에 대해 오목하다면 [그림 9-4](a)에서 보는 바와 같이 예산제약선 상의 점들 중에서 E점보다 A점이 효용이 더 높으며 A점보다 F점이 효용이 더 높다. 사실상 E점은 예산선 상에서 효용이 가장 낮은 점(극소점)이며 F점이 효용극대점이다. 이러한 무차별 곡선을 갖는 효용 곡면은 (b)도에 예시되어 있다.

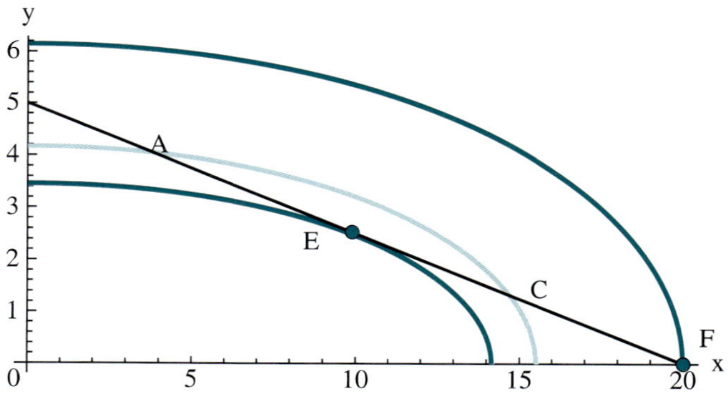

(a) 원점에 대해 오목한 무차별 곡선:

그림 9-4 2계 충분조건의 실패 사례 [계속]

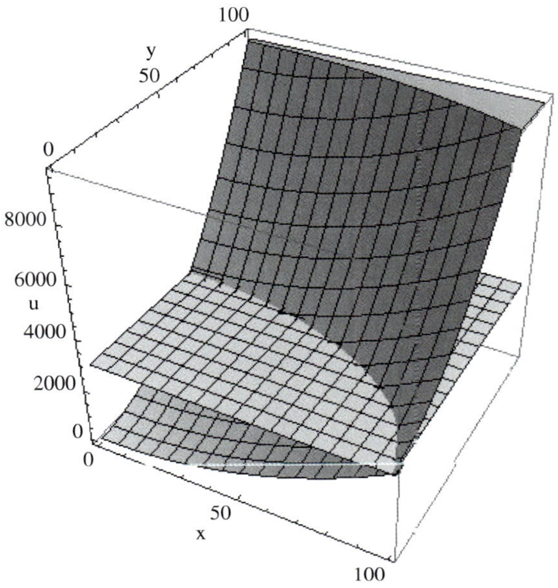

(b) 원점에 대해 오목한 무차별곡선을 갖는 효용 곡면

그림 9-4 2계 충분조건의 실패 사례

예 9-3

(18)식의 좌변을 편미분하면(몫의 미분법칙과 연쇄법칙을 적용)

$$\frac{d^2y}{dx^2}=\frac{d}{dx}\left(-\frac{U_x(x,h(x))}{U_y(x,h(x))}\right)$$

$$=-\frac{[\frac{d}{dx}U_x(x,h(x))]U_y(x,h(x))-U_x(x,h(x))[\frac{d}{dx}U_y(x,h(x))]}{[U_y(x,h(x))]^2}$$

(몫의 미분법)

$$=-\frac{[U_{xx}+U_{xy}h'(x)]U_y-U_x[U_{yx}+U_{yy}h'(x)]}{[U_y]^2}$$

$$=-\frac{1}{[U_y]^2}\left[U_{xx}+U_{xy}(-\frac{U_x}{U_y})]U_y-U_x[U_{yx}+U_{yy}(-\frac{U_x}{U_y})\right]$$

((13)의 대입)

$$=-\frac{1}{[U_y]^3}\left[(U_{xx}U_y-U_{xy}U_x)U_y-U_x(U_{yx}U_y-U_{yy}U_x)\right]$$

$$=-\frac{1}{[U_y]^3}\left[U_{xx}U_y^2-2U_{xy}U_xU_y+U_{yy}U_x^2\right] \quad \text{(영의 법칙)}$$

$$=\frac{1}{[U_y]^3}\left[2U_{xy}U_xU_y-U_{yy}U_x^2-U_{xx}U_y^2\right]$$

위의 세 번째 줄 이하에서는 표기의 간소화를 위해 효용함수의 편도함수의 독립변수를 생략하였다. 이 식이 양이면 마지막 등식에서 $U_y > 0$이므로 (17)도 양으로 성립한다.

예 9-4

다음 수치례를 풀어 보자:

극대화 $z=f(x_1,x_2)=-(x_1-4)^2-(x_2-4)^2+16$

제 약 $g(x_1,x_2)=x_1+x_2=4$

만약 제약이 없다면, $-(x_1-4)^2 \leqq 0$ 및 $-(x_2-4)^2 \leqq 0$이므로 이 항들이 0인 $\hat{x}_1=\hat{x}_2=4$ 에서 극대치 $\hat{z}=16$을 금방 구할 수 있다. 그런데 $\hat{x}_1+\hat{x}_2=8 \neq 4$ 이므로, 이 무제약 극대점은 제약을 충족시키지 않으며 제약 하의 극대점이 될 수 없다.

이 문제를 제1절의 소거법으로 풀어보자. 제약식을 x_1 에 관해 풀면

$$x_1=4-x_2 \equiv h(x_2)$$

를 얻는데, 이것을 목적함수에 대입하면 1변수 x_2 에 관한 극대화 문제가 된다:

$$\underset{\{x_2\}}{\text{극대화}} \quad z = -(x_2)^2 - (x_2-4)^2 + 4 \equiv F(x_2) \ .$$

1변수 극대화의 1계 조건은

$$F'(x_2) = -2x_2 - 2(x_2-4) = -4x_2 + 8 = 0$$

이므로, $x_2^* = 2$ 이다. $F''(x_2^*) = -4 < 0$ 이므로 2계 조건이 충족된다. 그러면

$$x_1^* = 4 - x_2^* = 2$$

이며, z의 극대치는 $z^* = 8$ 이다.

이제, 라그랑지 승수법으로 풀어보자. 라그랑지함수는

$$\mathcal{L} = -(x_1-4)^2 - (x_2-4)^2 + 16 + \lambda(4 - x_1 - x_2)$$

므로. 1계 필요조건은

$$\mathcal{L}_\lambda = 4 - x_1 - x_2 = 0,\ \mathcal{L}_1 = -2(x_1-4) - \lambda = 0\ ,$$

$$\mathcal{L}_2 = -2(x_2-4) - \lambda = 0$$

이다. 마지막 두 방정식으로부터 $x_1 = x_2$ 가 도출되며, 이것을 첫 방정식에 대입하면 $x_1^* = x_2^* = 2$ 가 계산된다. 라그랑지함수의 2계 도함수는 어떤 x_i 에서나

$$\mathcal{L}_{\lambda 1} = \mathcal{L}_{\lambda 2} = -1,\ \mathcal{L}_{11} = \mathcal{L}_{22} = -2, \mathcal{L}_{12} = \mathcal{L}_{21} = 0$$

이므로, 2계 충분조건이 아래와 같이 충족된다:

$$|\overline{H}| = \begin{vmatrix} 0 & -1 & -1 \\ -1 & -2 & 0 \\ -1 & 0 & -2 \end{vmatrix} = 2 + 2 = 4 > 0\ .$$

연습문제 | 9.2

1. 효용극대화 문제 (3)을 라그랑지 승수법을 이용하여 풀어라.

2. 문제 (3)에서 효용함수가 $U(x, y) = xy$ 일 때, 라그랑지 승수법을 이용하여 최적 소비량을 구하라. 즉, 다음 극대화 문제를 라그랑지 승수법으로 풀어라:

$$\max_{\{x, y\}} \; U = U(x, y) = xy \;, \quad \text{제약} \quad 5x + 20y = 100$$

3. 문제 (3)에서 효용함수가 $U(x,y) = x + y$ 일 때, 라그랑지 승수법을 이용하여 최적 소비량을 구하라.

4. 다음 문제를 풀어 보라:

극대화 $z = f(x_1, x_2) = -(x_1 - 4)^2 - (x_2 - 4)^2 + 16$

제 약 $g(x_1, x_2) = x_1 + x_2 = 12$

5. [예 9-4]를 참고하여 다음 문제의 해를 생각해 보자:

극대화 $z = -(x_1 - 4)^2 - (x_2 - 4)^2 + 16$, 제약 $x_1 + x_2 = 8$.

(a) 이 문제를 소거법과 라그랑지 승수법으로 풀어 보라.

(b) [예 9-4]에서 본 바와 같이, 제약 없는(무제약 하의) 극대점은 $\hat{x}_1 = \hat{x}_2 = 4$ 로서 제약 $x_1 + x_2 = 8$ 을 충족시킨다. 따라서 이 제약은 있으나 없으나 해에 영향을 미치지 않는다. 이와 같이 제약이 사실상 제약으로 작용하지 못하는 것은 (a)에서 구한 라그랑지 승수 값과 어떤 관계에 있는가를 생각해 보라.

6. 문제 (7)에서 소비자는 1계 및 2계 조건을 적용하여 최적 구매량 (11a)를 결정하는데, 이런 구매를 통해 그가 달성하는 효용의 크기는 (11a)를 (7)의 라그랑지 함수 또는 효용함수 (5a)에 대입하여 구해진다. 이를 간접효용함수라 한다:

$$U^* \equiv U(x^*, y^*) = \sqrt{x^* y^*} = \sqrt{\frac{M}{2p_x}\frac{M}{2p_y}} = \frac{M}{2}\frac{1}{\sqrt{p_x p_y}} = U^*(p_x, p_y, M).$$

이것은 각 재화의 가격과 소득(M)의 함수인데, 소득이 1단위 증가하면 이 간접효용은 얼마나 증가하는가? 그 결과를 최적 라그랑지 승수값 (11b)와 비교하여, 라그랑지 승수의 의미를 설명하라.

7. 라그랑지 함수를 (7)대신, 다음과 같이 정의하고서 동일한 1계 및 2계 조건을 적용하여 x, y, λ를 구하라. (10)의 해와 어떤 차이가 있는가?

$$\mathcal{L} = \sqrt{xy} + \lambda(x p_x + y p_y - M) = \sqrt{xy} - \lambda(M - x p_x - y p_y)$$

8. $p_x = 5$원이고 $p_y = 10$원일 때 효용함수 $U(x, y) = \sqrt{xy}$를 가진 소비자가 일정한 $U^0 = 5$ 유틸을 달성하도록 하는 최소의 소득금액을 결정하라. 즉, 다음 극소화 문제를 풀어라:

$$\underset{\{x,\,y\}}{\text{극소화}} \quad M = 5x + 10y, \qquad \text{제약} \quad U(x, y) = \sqrt{xy} = 5$$

9. 소비자의 효용함수가 $U = U(\ell, x) = \sqrt{\ell x}$로서 여가소비량 ℓ과 X재 소비량 x에 의존하며, 1일 총가용시간 24시간 중 여가 이외의 시간동안 시간당 임금률 w로 노동하여 노동소득을 번다고 하자. p_x를 X재가격이라 할 때, (a) X재 수요와 노동공급(L)을 구하라. (b) 임금률이 상승할 때, 노동 공급량은 증가하는가?

10. 제1절의 연습문제 [4]에서 임의의 생산량 Q단위를 최소의 비용으로 생산하는 비용극소화 문제를 라그랑지 승수법으로 풀어라. (a) Q단위의 (최저) 생산비용은 얼마인가? (b) 이 비용함수로부터 한계비용함수를 구하라. (c) λ^* 함수를 한계비용함수와 비교하여 그 의미를 해석해 보라.

9.3 소비자의 비교정태 분석

제1절에서는 효용함수가 $U=\sqrt{xy}$ 로 주어진 소비자들의 효용극대화 문제를 풀이하였고, 그 해는 이와 동일한 서수적 효용함수를 갖는 모든 소비자에게 동일함을 증명하였다. 그러나 다른 종류의 서수적 효용함수를 보유한 소비자의 행동은 달라진다. 본 절에서는 여러 가지 다른 서수적 효용함수를 개별적으로 다루는 대신, 그것들을 총괄하는 일반적인 효용함수 $U=U(x,y)$ 하의 효용극대화 문제를 고찰하기로 하자. 다만 그 분석이 복잡하므로 주로 기하학적 방법으로 도해하고자 한다.

1. 일반 효용함수 하의 효용극대화 문제

제1절의 소비자 문제 (5)에서 효용함수를 일반함수 형인 $U=U(x,y)$ 로 두면 다음과 같다:

$$\underset{\{x,y\}}{\text{극대화}} \quad U=U(x,y) \tag{19a}$$

$$\text{제 약} \quad xp_x+yp_y=M. \tag{19b}$$

여기서 효용함수는 x 와 y 에 관한 임의의 모든 함수가 아니라 다음 조건을 충족하는 함수라고 가정한다:

$$U_x(x,y)>0,\ U_y(x,y)>0, \tag{20a}$$

$$2U_xU_yU_{xy}-U_y^2U_{xx}-U_x^2U_{yy}>0 \tag{20b}$$

(20a)는 X 재와 Y 재의 한계효용이 양이라는 것, 즉 각 재화를 소비하면 효용이 증가함을 의미한다. (20b)는 위의 제2절에서 설명한 바와 같이 무차별곡선이 원점에 대해 볼록한 형태를 취한다는 것, 즉 소비자가 한 재화의 소비량을 늘림에 따라 그 소비로부터 얻는 효용 내지 가치(한계대체율로 측정한)가 점차 감소한다는 것을 의미한다.

2. 효용극대화의 조건

문제 (19)의 라그랑지함수는

$$\mathcal{L} = U(x,y) + \lambda(M - xp_x - yp_y)$$

로 정의되는데, 1계 필요조건은

$$\mathcal{L}_\lambda = M - xp_x - yp_y = 0 \tag{21a}$$

$$\mathcal{L}_x = U_x(x,y) - \lambda p_x = 0 \tag{21b}$$

$$\mathcal{L}_y = U_y(x,y) - \lambda p_y = 0 . \tag{21c}$$

아래에 제시될 2계 충분조건에 의해 (21)의 야코비 행렬식은 0이 아니게 될 것이므로, (21)에는 음함수정리에 의해 음함수

$$x = x^*(p_x, p_y, M),\ \ y = y^*(p_x, p_y, M),\ \ \lambda = \lambda^*(p_x, p_y, M) \tag{22}$$

이 존재한다.

1계 필요조건들의 경제적 해석이나 도시를 위해서는 (21b)와 (21c)의 λ항을 우변으로 이항한 후, 두 식을 서로 나누면 λ가 소거되어

$$\frac{U_x(x,y)}{U_y(x,y)} = \frac{p_x}{p_y} \tag{23}$$

가 도출되는데, 이것은 기하학적으로 무차별곡선의 기울기와 가격선의 기울기가 일치하는 점을 의미한다. 이 방정식과 예산제약 (21a)가 최적 구매량 x^*와 y^*를 먼저 결정한다.

이제, 2계 충분조건을 점검하자. (22)에서 계산한 라그랑지 함수의 2계 편미분계수들은

$$\mathcal{L}^*_{\lambda x} = -p_x, \quad \mathcal{L}^*_{\lambda y} = -p_y, \quad \mathcal{L}^*_{xx} = U_{xx}(x^*, y^*) \equiv U^*_{xx},$$
$$\mathcal{L}^*_{xy} = \mathcal{L}^*_{yx} = U_{xy}(x^*, y^*) \equiv U^*_{xy},\ \mathcal{L}^*_{yy} = U_{yy}(x^*, y^*) \equiv U^*_{yy}$$

이므로, 헤세 행렬식은 다음과 같다:

$$|\overline{H}|=\begin{vmatrix}\mathcal{L}^*_{\lambda\lambda} & \mathcal{L}^*_{\lambda x} & \mathcal{L}^*_{\lambda y}\\ \mathcal{L}^*_{x\lambda} & \mathcal{L}^*_{xx} & \mathcal{L}^*_{xy}\\ \mathcal{L}^*_{y\lambda} & \mathcal{L}^*_{yx} & \mathcal{L}^*_{yy}\end{vmatrix}=\begin{vmatrix}0 & -p^*_x & -p^*_y\\ -p^*_x & U^*_{xx} & U^*_{xy}\\ -p^*_y & U^*_{yx} & U^*_{yy}\end{vmatrix}=2p^*_xp^*_yU^*_{xy}-(p^*_x)^2U^*_{yy}-(p^*_y)^2U^*_{xx}$$

그런데 (22)를 (21b)와 (21c)에 대입하면 항등식 $p^*_x \equiv U^*_x/\lambda^*$ 및 $p^*_y \equiv U^*_y/\lambda^*$ 가 성립한다. 이것들을 위의 식에 대입하면 가정 (20b)에 의해

$$|\overline{H}|=[2U^*_xU^*_yU^*_{xy}-(U^*_x)^2U^*_{yy}-(U^*_y)^2U^*_{xx}]/(\lambda^*)^2>0 \qquad \textbf{(24)}$$

이므로 2계 충분조건이 성립함을 알 수 있다. 이 조건은 무차별곡선이 원점에 대해 볼록한 것을 의미한다. [그림 9-2]에서 콥-더글라스 효용함수인 경우 효용극대화의 1계 필요조건과 2계 충분조건을 도시하였는데, 위의 1계 조건 (21a)와 (23), 그리고 2계조건 (24)의 도시도 [그림 9-2]를 그대로 이용할 수 있다.

3. 소득증가의 효과

소비자의 화폐소득이 M_0에서 M_1으로 증가한다고 하자. 예산제약선이

$$y=M_0/p_y-(p_x/p_y)x \text{ 에서 } y=M_1/p_y-(p_x/p_y)x$$

로 y축 절편만 증가하므로, [그림 9-4]에서 보듯 예산선은 위쪽으로 평행 이동한다. M_0 하에서 소비자의 최적 구매점이 E인데 M_1 하에서는 E'으로 변화한다. (a)도의 경우 x^*와 y^*가 모두 증가한다. 그러나 (b)도의 경우 X재 구매량은 오히려 감소하는 것으로 나타난다. 이것은 X재가 열등재임을 의미한다. 따라서 소득이 증가할 경우, 소비자의 효용함수의 모양에 따라 X재 소비량이 증가하거나 감소하거나 불변일 수도 있다.

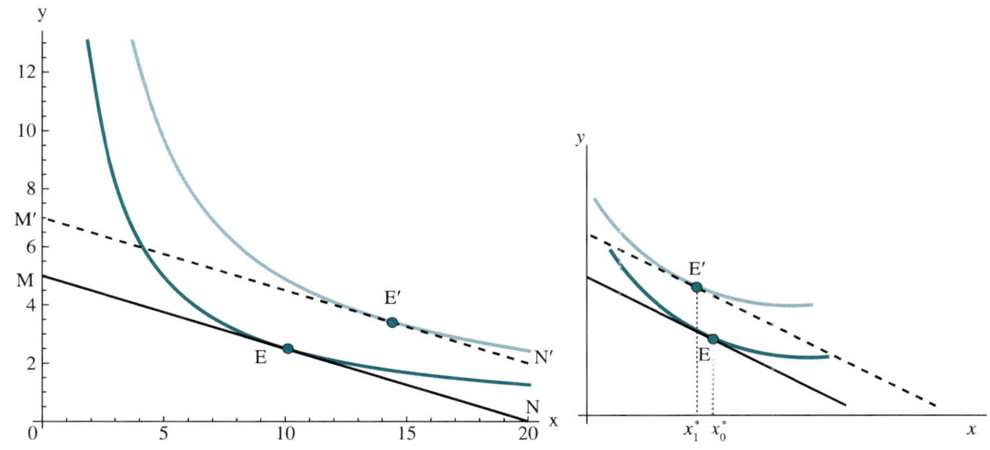

(a) 두 재화 구매량 증가 (b) X재 구매량 감소(X재는 열등재)

그림 9-5 소득증가의 효과

4. 가격 하락의 효과

X재 가격이 p_x^0 에서 p_x^1 으로 하락할 경우, 예산제약선이

$$y = M/p_y - (p_x^0/p_y)x \text{ 에서 } y = M/p_y - (p_x^1/p_y)x$$

로 y축 절편은 불변인 채 기울기의 절대치만 하락하므로, [그림 9-5]에서 보듯 예산선은 MN에서 MN' 으로 완만하게 된다. 소비자의 최적 구매점은 E에서 E' 으로 이동하며 X재 구매량은 증가한 것으로 도시되어 있다.

그러나 무차별곡선들이 원점에 대해 볼록한 모양을 취하더라도 p_x 하락시에 그 구매량이 오히려 감소한 결과가 나오도록 그릴 수 있다. 그러한 재화를 기펜재라고 부르는데, 경제학에서는 극히 희소한 예외적 경우로 취급하여 보통의 여러 재화들은 기펜재가 아니라 가정한다.

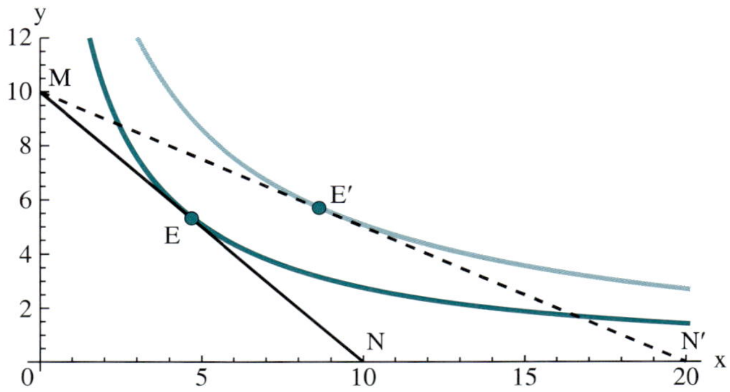

그림 9-6 p_x 하락의 효과

5. 0차 동차성

화폐소득 M, 재화의 (화폐)가격 p_x 및 p_y가 모두 θ배 된다면, 라그랑지 함수는

$$\mathcal{L} = U(x,y) + \lambda(\theta M - x\theta p_x - y\theta p_y)$$

가 되며, 1계 필요조건은 다음으로 주어진다:

$$\mathcal{L}_\lambda = \theta[M - xp_x - yp_y] = 0 \qquad \textbf{(21a}'\textbf{)}$$

$$\mathcal{L}_x = U_x(x,y) - \lambda\theta p_x = 0 \qquad \textbf{(21b}'\textbf{)}$$

$$\mathcal{L}_y = U_y(x,y) - \lambda\theta p_y = 0 \qquad \textbf{(21c}'\textbf{)}$$

이 방정식을 풀어서 나오는 해를 $x^*(\theta)$, $y^*(\theta)$ 및 $\lambda^*(\theta)$로 표기하자. (21a′)의 양변을 θ로 나누면 (21a)와 일치하며, (21b′)과 (21c′)으로부터 θ를 소거하면 (23)과 일치한다. 따라서 x와 y의 해는 (21)의 해와 동일하며, λ의 해는 $1/\theta$배가 된다. 즉, $x^*(\theta) = x^*$, $y^*(\theta) = y^*$ 및 $\lambda^*(\theta) = \lambda^*/\theta$이다. 이것은 소비자가 재화수요에서 화폐착각을 일으키지 않음을 의미한다.

연습문제 | 9.3

1. 문제 (19)의 효용함수가 일반적인 콥-더글라스 함수, 즉

$$U = U(x, y) = x^{\alpha} y^{\beta},\ \alpha > 0,\ \beta > 0$$

일 때,

(a) (20a)와 (20b)가 충족되기 위해서는 α 와 β 가 어떤 범위의 값이어야 하는가?

(b) (20a)와 (20b)가 충족될 때, 각 재화에 대한 수요함수를 구하라.

(c) 이 수요함수들은 수요의 법칙을 충족시키는가?

(d) α 값이 높을수록 X 재 수요량은 더 많은가?

2. 소비자가 현재(제1기)와 장래(제2기)의 두 기간만 산다고 하고, C_i를 제i기 소비량이라 하자. 그의 효용함수는 $U = U(C_1, C_2) = \log C_1 C_2$ 이다. 제i기 초에 이 소비자는 어떤 일정한 소득 1000원을 부여받는데, 그는 이자율 10% 로 차입하거나 예금함으로써 소비를 원하는 대로 조정할 수 있다고 하자. 이 소비재의 가격은 매기에 $p = 1$로서 일정하다고 가정하자.

(a) 각 기에 이 소비자의 최적 소비량을 구하라.

(b) 이자율이 상승하면, 현재소비는 증가하는가?

(c) 제1기에 소비하지 않고 남겨둔 금액이 제1기의 저축이다. 이자율이 상승하면, 저축은 증가하는가?

3. 생산함수가 일반함수로서 $Q = f(L, K)$ 로 주어질 때 기업의 비용극소화 문제를 생각해 보자. 임금률은 w, 자본서비스 가격은 r이라 하자.

(a) 비용극소화 문제의 2계 충분조건이 성립되려면, 생산함수는 어떤 조건을 갖추어야 하는가?

(b) 임금률이 상승할 때 기업은 어떻게 행동하는가를 그림으로 분석하라.

(c) 이 비용극소화 문제의 해는 제8장에서 도출한 이윤극대화 기업의 요소수요함수와 어떻게 다른가?

Mathematics *for Economics*

연습문제 해답

연습문제해답 2.1

1. 현재 연월을 a년 b월이라 하면 현시점은 x = a + (b/12)로 표기하고, 만 나이를 y로 표기하면 y = x - (1990 +10/12)= c+ (d/12)로서 만 나이는 c살(년) d개월이 됨.

1) 자료 계산

x	y
1990 5/6	0
1990 11/12	1/12
1991	1/6
1991 1/12	1/4
1991 1/6	1/3
1991 1/4	5/12
1991 1/3	1/2
1991 5/12	7/12

2) 그래프

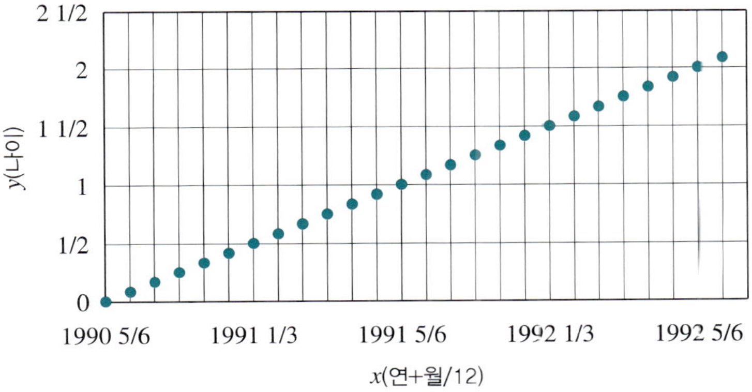

3. S(10)= -4+3(10)=-4+30=26. 시장가격이 10원이면 시장공급량은 26단위이다.

5. 1) 소득세법 제55조 (세율) ①에 규정 : 말로 서술한 것

종합소득과세표준: 세율 및 세금

1천200만원 이하 : 과세표준의 100분의 6

1천200만원 초과~4천600만원 이하: 72만원+(1천200만원을 초과하는 금액의 100분의 15)

4천600만원 초과~8천800만원 이하: 582만원+(4천600만원을 초과하는 금액의 100분의 24)

8천800만원 초과~1억5천만원 이하: 1천590만원+(8천800만원을 초과하는 금액의 100분의 35)

1억5천만원 초과: 3천760만원+(1억5천만원을 초과하는 금액의 100분의 38)

2) 종합소득세 함수

$$T=\begin{cases}0.06Y, & Y\leqq 1200\\ 72+0.15(Y-1200), & 1{,}200<Y\leqq 4{,}600\\ 582+0.24(Y-4600), & 4{,}600<Y\leqq 8{,}800\\ 1{,}590+0.35(Y-8800), & 8{,}800<Y\leqq 15{,}000\\ 3{,}760+0.38(Y-15{,}000), & Y>15{,}000\end{cases}\tag{1}$$

3) 국세청 홈페이지에서 종소세 안내

(a) 세율 적용 방법 : 과세표준 × 세율−누진공제액

(b) 세율 구조표: 표 형태

종합소득세 세율 (2012년, 2013년 귀속)		
과세표준	**세율**	**누진공제**
12,000,000 이하	6%	-
12,000,000 초과 46,000,000 이하	15%	1,080,000
46,000,000 초과 88,000,000 이하	24%	5,220,000
88,000,000 초과 300,000,000 이하	35%	14,900,000
300,000,000 초과	38%	23,900,000

국세청에서는 “누진공제액”이란 말을 사용하고 있는데, 위 (1)의 종소세 함수 내의 수식을 간소화하면 다음과 같다:

$$T=\begin{cases} 0.08\,Y, & Y\leqq 1200 \\ 0.15\,Y-108, & 1{,}200 < Y\leqq 4{,}600 \\ 0.26\,Y-522, & 4{,}600 < Y\leqq 8{,}800 \\ 0.35\,Y-1{,}490, & 8{,}800 < Y < 150{,}000 \\ 0.38\,Y-1{,}940. & Y > 15{,}000 \end{cases} \quad \textbf{(2)}$$

여기서 각 과세표준 구간별로 차감하는 금액을 "누진공제세액"이라 부르고 있다.

4) 종소세 함수 그래프

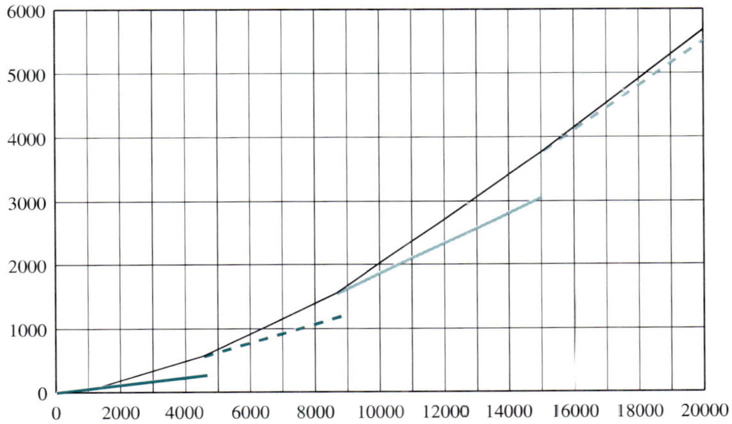

검은 선분들이 종소세를 나타낸다. 한계세율의 상승을 알기 쉽게 알아볼 수 있도록, 한계세율이 상승하지 않을 경우의 추정 종소세 금액을 청색 또는 점선 선분으로 표시해 두었다.

7. 생략

연습문제해답 2.2

1. 수요가격함수 $p=5-0.5Q^d$

$p>5$이면 $Q^d=0$ (굵은 선분 부분)

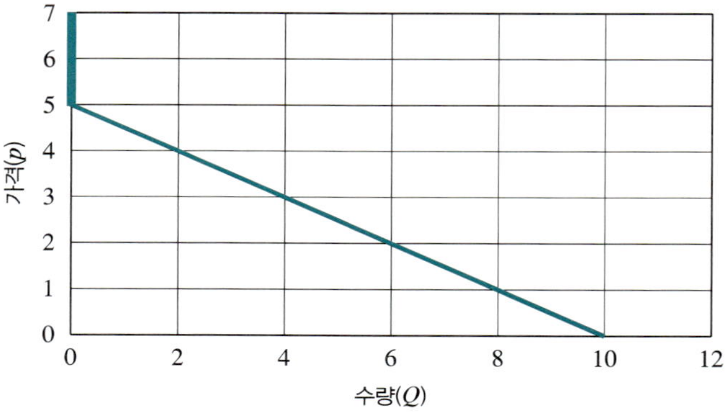

3. "$p=2$이면 $Q^d=6$": 시장가격이 2원이면 소비자의 수요량은 6단위

"$Q^d=6$이면 $p=2$": 소비자가 6번째 단위를 구매할 때 기꺼이 지불하려고 하는 가격(수요가격) 수준이 2원.

5. 공급함수식에서 10을 좌변으로 이항한 후 양변을 제곱하면 $(Q^s-10)^2=p-5$. 단, $p\geq 5$. 따라서 $p=(Q^s-10)^2+5$, $Q^s\geq 10$

이것은 $p=(Q^s)^2$의 그래프를 p축 방향으로 5, Q^s축 방향으로 10 이동한 곡선이다. 그리고 경제학 관례에 따라 $0\leq p\leq 5$이면 공급량은 0으로 둔다. 따라서 공급곡선은 아래와 같이 두 부분으로 구성된다.

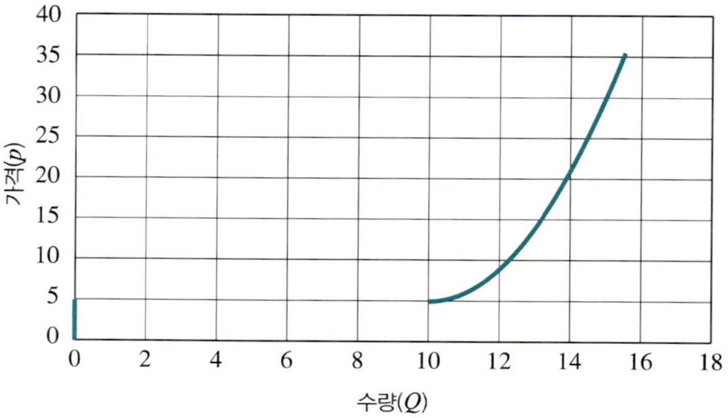

공급가격함수

(a) $p=(Q^s-10)^2+5$, $Q^s \geqq 10$,

(b) $Q^s=0$이면 $0 \leqq p \leqq 5$에 속하는 모든 가격들이 해당된다.

이중 (b) 부분은 한 독립변수값($Q^s=0$)에 대해 무수히 많은 종속변수 값들을 배정(all $0 \leqq p \leqq 5$)하므로 엄밀히 "함수"라 할 수 없다.

7. 임금율이 3 이상으로 상승하면 "노동공급량이 오히려 줄어들기"(여가 소비량이 증가하기) 시작한다.

노동공급함수 예시 $L^s=f(w)=9-(w-3)^2$

노동 공급가격함수 $w=\begin{cases}3+\sqrt{9-L}, & w \geqq 3 \\ 3-\sqrt{9-L}, & 0 \leqq w < 3\end{cases}$

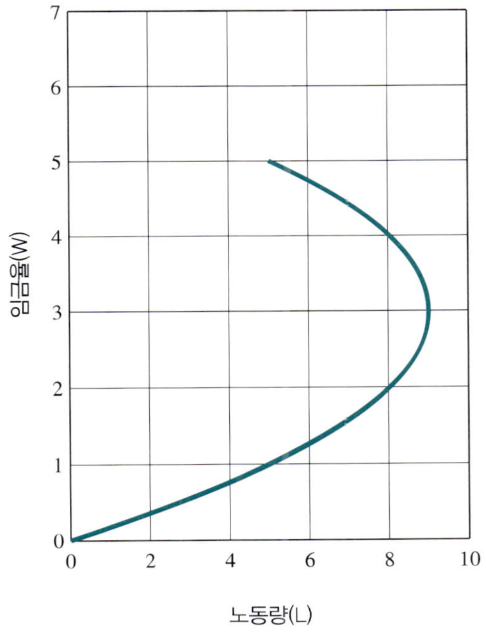

연습문제해답 2.3

1. $D(p,10)$ = 소득이 10으로 고정된 경우, 각 가격에 대한 수요량을 말해주는 좁은 의미의 수요함수

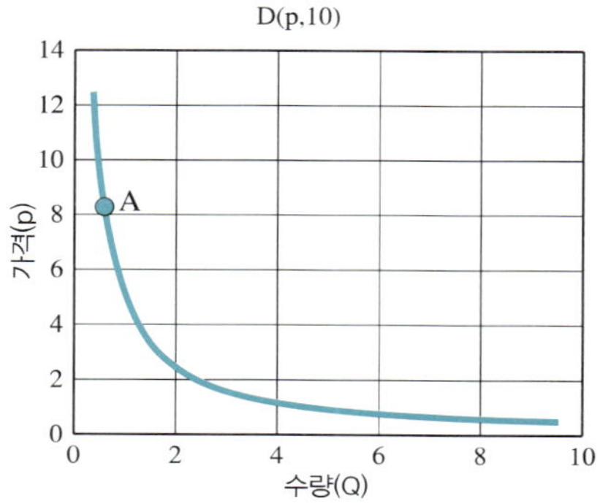

(1)도

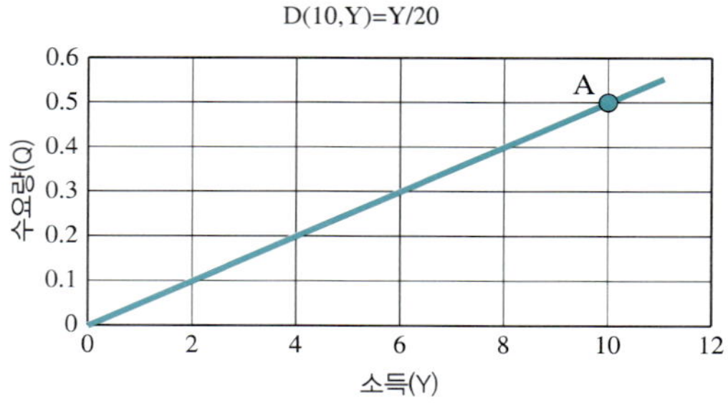

(2)도

$D(10, Y)$ = 가격이 10으로 고정된 경우, 각 소득수준에서 수요량을 말해주는 엥겔곡선->(2)도.

$D(10,10)$ = 가격도 10이고 소득도 10인 경우 수요량. 위의 두 그림에서 점 A에서의 수요량을 말함.

3. $Q=0$ 등량곡선: $\sqrt{LK}=0 \Leftrightarrow L=0$ or $K=0$

$Q=1$ 등량곡선: $\sqrt{LK}=1 \Leftrightarrow LK=1 \Leftrightarrow K=1/L$

$Q=2$ 등량곡선: $\sqrt{LK}=2 \Leftrightarrow LK=4 \Leftrightarrow K=4/L$

$Q=3$ 등량곡선: $\sqrt{LK}=3 \Leftrightarrow LK=9 \Leftrightarrow K=9/L$

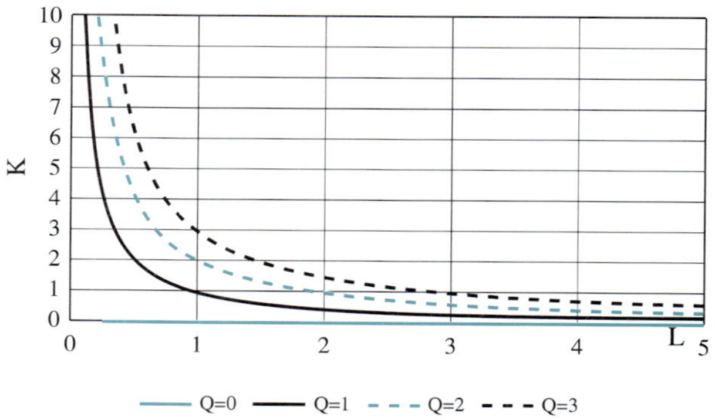

5. (1) 지출액 함수 $E = p_1x_1 + p_2x_2 + p_3x_3 = 200x_1 + 1000x_2 + 5000x_3$

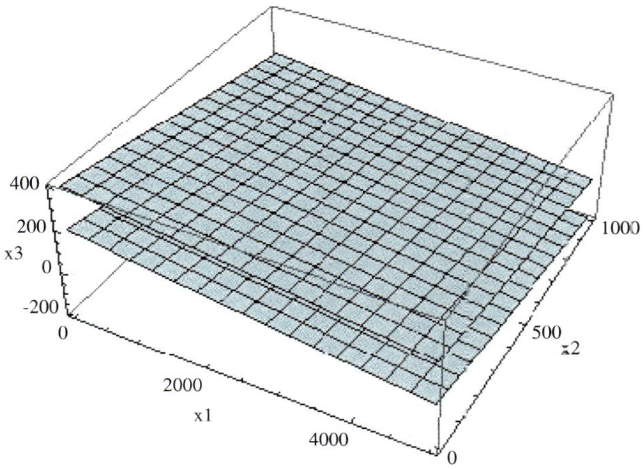

(2) 소득=100만원인 소비자의 예산선 방정식:

$200x_1 + 1000x_2 + 5000x_3 = 1,000,000$

3차원 $x_2x_2x_3$공간에서 이 예산평면은 $x_3 = 200 - 0.04x_1 - 0.2x_2$으로 주어짐

(3) 소득=200만원인 경우, 예산선 방정식은

$200x_1 + 1000x_2 + 5000x_3 = 2,000,000$ 또는

$x_3 = 400 - 0.04x_1 - 0.2x_2$

(2)의 예산평면과 비교하면 x_3축 방향으로 절편이 200에서 400으로 증가할 뿐, 기울기는 동일함.

7.

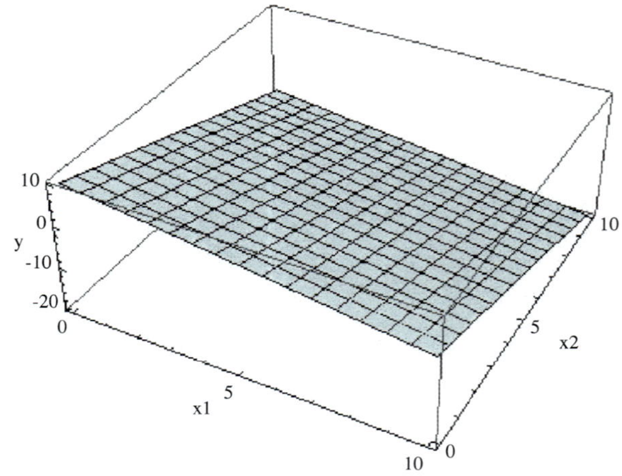

연습문제해답 | 2.4

1. (1) $T=0$과 $T=3$의 비교

$x^s = S(p,0) = -4+2p \quad -> \quad p = 2+0.5x^s$

$x^s = S(p,3) = -4+2(p-3) \quad -> \quad p = 5+0.5x^s$

또는 (2) $T=0$일 때 $x^s = S(p,0) = -4+2p \quad -> \quad p = 2+0.5x^s$

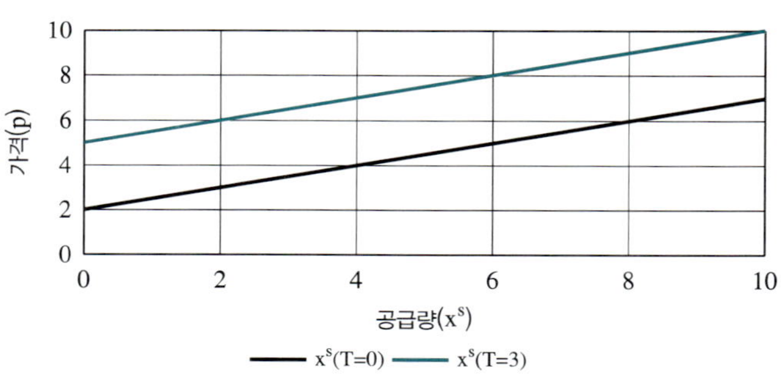

$T=3$이면 원래 그래프를 p축 방향으로 3만큼 이동시킴.

연습문제해답 | 3.2

1. 소비자에게 물품세를 부과하면, 소비자는 구매시에 총 p원을 지불하지만 그 중 T원은 국세청에 납부하고 나머지 $p-T=p_n$원은 공급자에게 지불하게 된다. 그러므로 p의 함수인 수요함수 (4a)는 그대로 타당하며 $p-T=p_n$의 함수인 공급함수 (4b)도 타당하다.

다만, (4a)에 $p=p_n+T$를 대입함으로써 시장도형 (4)에서 p를 소거하고 p_n만 남겨두면 방정식체계는 다음으로 된다:

휘발유 수요함수: $x^d=D(p_n+T)=3000-(p_n+T)$ **(4a′)**

휘발유 공급함수: $x^s=S(p_n)=-360+2(p_n)$ **(4b′)**

시장균형 조건: $x^d=x^s$ **(4c′)**

이제, 세금 T를 도입하면 p_nx 평면에서 공급곡선이 아니라 수요곡선이 이동하게 되며, 시장균형으로 결정되는 것은 D점에서 p^*가 아니고 p_n^*=840원임에 유의하여야 한다. p^*는 E_1=840+840 =1680원으로 결정된다.

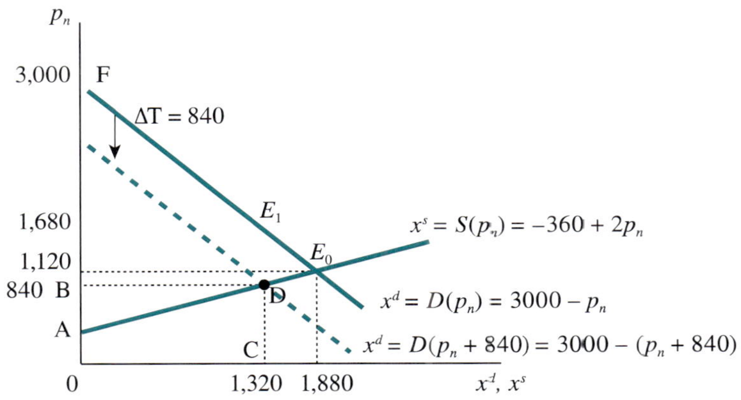

그림 3-2 휘발유 세금 부과의 효과 : p_nx 평면에서의 도시

소비자가 국세청에 직접 납부하거나(소비자에게 과세시) 또는 소비자는 주유소에 세금만큼을 더 주어서 대신 국세청에 납부하게 하는 것(공급자에게 부과시)이나

세금납부 비용(불편성 등)을 무시하면 금액상 차이는 없다. 그러나 소비자에게 부과하면 수요곡선이 움직이고, 공급자에게 부과하면 공급곡선이 움직이게 도시하면 더 그럴싸해 보인다.

3. 아래 그림에서 보듯, 소비자 지불 시장균형 가격은 E_1'에서 결정되며 이전보다 더 적게 상승한다.

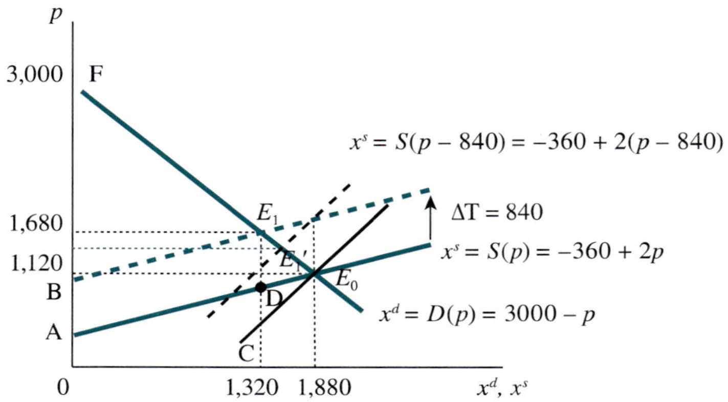

그림 3-2 휘발유 세금 부과의 효과

5. "부당하게 챙겼다"고 비난받을 경제 주체는 없다. 시장공급 곡선이 수평선을 이룬다면, 세금 인하분만큼 공급곡선이 하방 이동할 것이고, 시장균형가격도 꼭 그만큼 하락할 것이다.

7. (1) $t = 0.1$ 일 때. 모형 (3)에서 (3d)만 조정함:

휘발유 수요함수: $x^d = D(p) = 3{,}000 - p$ **(3a)**

휘발유 공급함수: $x^s = S(p_n) = -360 + 2p_n$ **(3b)**

시장균형 조건: $x^d = x^s$ **(3c)**

물품세: $p = p_n + 0.1p_n = 1.1p_n$ **(3d′)**

(3d')을 (3a)에 대입하고, 다시 (3a)(3b)를 (3c)에 대입하면

$3000 - 1.1p_n = -360 + 2p_n$.

따라서 $p_n^* = 3360/3.1 \approx 1083.871$ 및 $p^* = 3360(1.1)/3.1 \approx 1192.258$.

(2) $t = 0.12$ 일 때. (3d')만 조정함:

$$p = p_n + 0.12p_n = 1.12p_n \tag{3d''}$$

그러면 시장균형은

$$3000 - 1.12p_n = -360 + 2p_n$$

$$p_n^* = 3360/3.12 \approx 1076.923, \ p^* = 3360(1.1)/3.12 \approx 1184.615$$

9.

14년 4월 4주 ~ 4월 4주 (원/리터) 최고값 최저값 차트보기 엑셀저장 화면인쇄

구분	고급휘발유	보통휘발유	자동차용경유	실내등유
세전	952.70	864.49	893.26	884.31
교통에너지환경세	529.00	529.00	375.00	
개별소비세				90.00
교육세	79.35	79.35	56.25	13.50
주행세	137.54	137.54	97.50	
부가세	173.51	161.09	142.25	98.83
세금계	919.40	906.98	671.00	202.33
판매부과금	36.00			
기타수수료	0.47	0.47	0.47	0.47
세후	1,908.57	1,771.94	1,564.73	1,087.11

출처: 노태운 기자의 발 가는 대로
http://blog.joins.com/media/folderlistslide.asp?uid=n127&folder=12&list_id=13404882

연습문제해답 3.3

1. 시장균형조건은 수요가격과 공급가격이 일치하는 것으로도 표현되므로, 시장균형 수량은

$$25 - 0.5(x+2)^2 = 0.5(x+2)^2$$

에 의해 결정된다. 이 방정식을 풀면

$$(x+2)^2 = 25, \ x+2 = \pm 5, \ x = -2 \pm 5, \ x = -7, \ 3$$

이 된다. 시장거래량은 음수가 될 수 없으므로 $x^* = 3$ 이며, 이것을 수요(또는 공급) 가격함수에 대입하면, 시장균형 가격 $p^* = 12.5$ 가 계산된다.

3. (a) 논리적 연역법: 소득 Y_i 에서의 균형가격을 p_i^* 로 표기하면, 균형의 정의에 의해

$$D(p_1^*, Y_1) = S(p_1^*) \qquad \textbf{(1a)}$$

$$D(p_2^*, Y_2) = S(p_2^*) \qquad \textbf{(1b)}$$

가 성립한다. 그런데, 가정에 의해 X재는 정상재이므로 소득이 하락할 때 $(Y_2 < Y_1)$, 수요량은 감소한다: $D(p_2^*, Y_2) < D(p_1^*, Y_1)$.

이 부등식의 우변에 (1a)를 대입하면

$$D(p_2^*, Y_2) < S(p_1^*) \qquad \textbf{(1c)}$$

이다. 이것은 소득이 Y_2 로 하락한 후 이전의 균형가격 p_1^* 에서는 공급량이 수요량을 초과함을 의미한다. 이제, 새로운 시장균형이 달성되기 위해서는 부등식 (1c)가 등식으로 성립하여야 하는데, 여기서 Y_2 는 고정되어 있으므로 시장가격이 변화하지 않으면 등식으로 전환될 수 없다. 그런데, 시장가격이 상승하면 수요량은 더욱 감소하고 공급량은 더욱 증가하므로, 이 부등식 좌우 변의 격차는 더욱 벌어진다. 따라서, 시장 균형가격이 p_1^* 이하로 하락하여야 한다. 따라서 (1b)가 성립되는 균형가격 p_2^* 는 p_1^* 보다 더 높아야 함이 증명된다.

(b) 기하학적 방법

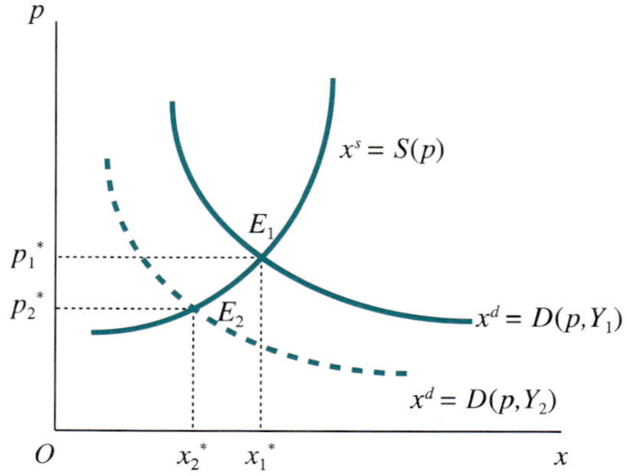

소득 하락은 정상재인 X재의 수요를 감소시키므로 수요곡선은 $x^d = D(p, Y_1)$ 에서 $x^d = D(p, Y_2)$ 로 좌하방으로 이동한다. 따라서, 시장균형은 위 그림의 점

E_1 에서 E_2 로 이동한다. 그리하여, 시장균형 가격은 p_1^*에서 p_2^*로 하락하며 시장균형 거래량도 x_1^*에서 x_2^*로 감소한다.

5. 생략

연습문제해답 4.2

[1] (3)식을 다시 쓰면 아래와 같다:

$$a_{11}x_1 + a_{12}x_2 + a_{13}x_3 = d_1 \quad \textbf{(3a)}$$

$$a_{21}x_1 + a_{22}x_2 + a_{23}x_3 = d_2 \quad \textbf{(3b)}$$

$$a_{31}x_1 + a_{32}x_2 + a_{33}x_3 = d_3\,. \quad \textbf{(3c)}$$

(3a)에 a_{23}를 곱하고 (3b)에 a_{13}를 곱하여 서로 빼면

$$a_{11}a_{23}x_1 + a_{12}a_{23}x_2 + a_{13}a_{23}x_3 = d_1 a_{23}$$

$$\underline{a_{21}a_{13}x_1 + a_{22}a_{13}x_2 + a_{23}a_{13}x_3 = d_2 a_{13}} \ (-$$

$$(a_{11}a_{23} - a_{21}a_{13})x_1 + (a_{12}a_{23} - a_{22}a_{13})x_2 = d_1 a_{23} - d_2 a_{13} \quad ①$$

이다. 또한, (3a)에 a_{33}를 곱하고 (3c)에 a_{13}를 곱하여 서로 빼면

$$a_{11}a_{33}x_1 + a_{12}a_{33}x_2 + a_{13}a_{33}x_3 = d_1 a_{33}$$

$$\underline{a_{31}a_{13}x_1 + a_{32}a_{13}x_2 + a_{33}a_{13}x_3 = d_3 a_{13}} \ (-$$

$$(a_{11}a_{33} - a_{31}a_{13})x_1 + (a_{12}a_{33} - a_{32}a_{13})x_2 = d_1 a_{33} - d_3 a_{13} \quad ②$$

이다. 이제, ①에 $(a_{12}a_{33} - a_{32}a_{13})$ 을 곱하고 ②에 $(a_{12}a_{23} - a_{22}a_{13})$ 을 곱하여 서로 빼면

$$(a_{11}a_{23} - a_{21}a_{13})(a_{12}a_{33} - a_{32}a_{13})x_1 = (d_1 a_{23} - d_2 a_{13})(a_{12}a_{33} - a_{32}a_{13})$$

$$\underline{(a_{11}a_{33} - a_{31}a_{13})(a_{12}a_{23} - a_{22}a_{13})x_1 = (d_1 a_{33} - d_3 a_{13})(a_{12}a_{23} - a_{22}a_{13})} \ (-$$

$$(a_{11}a_{22}a_{33} - a_{11}a_{23}a_{32} - a_{21}a_{12}a_{33} + a_{21}a_{13}a_{32} + a_{31}a_{12}a_{23} - a_{31}a_{13}a_{22})x_1 \quad ③$$
$$= d_1 a_{22}a_{33} - d_1 a_{23}a_{32} - d_2 a_{12}a_{33} + d_2 a_{13}a_{32} + d_3 a_{12}a_{23} - d_3 c_{13}a_{22}$$

이다. 따라서

$$a_{11}a_{22}a_{33} - a_{11}a_{23}a_{32} - a_{21}a_{12}a_{33} + a_{21}a_{13}a_{32} + a_{31}a_{12}a_{23} - a_{31}a_{13}a_{22} \neq 0 \quad ④$$

이면 ⑤를 이것으로 나누어 (4)를 얻는다.

이제, ①에 $(a_{11}a_{33} - a_{13}a_{31})$ 을 곱하고 ②에 $(a_{11}a_{23} - a_{21}a_{13})$ 을 곱하여 서로 빼면

$$(a_{12}a_{23} - a_{22}a_{13})(a_{11}a_{33} - a_{13}a_{31})x_2 = (d_1a_{23} - d_2a_{13})(a_{11}a_{33} - a_{13}a_{31})$$

$$\underline{(a_{12}a_{33} - a_{32}a_{13})(a_{11}a_{23} - a_{21}a_{13})x_2 = (d_1a_{33} - d_3a_{13})(a_{11}a_{23} - a_{21}a_{13})\ (-}$$

$$(a_{11}a_{22}a_{33} - a_{11}a_{23}a_{32} - a_{21}a_{12}a_{33} + a_{21}a_{13}a_{32} + a_{31}a_{12}a_{23} - a_{31}a_{13}a_{22})x_2 \quad ⑤$$
$$= d_1a_{23}a_{31} - d_1a_{21}a_{33} + d_2a_{11}a_{33} - d_2a_{13}a_{31} - d_3a_{11}a_{23} + d_3a_{13}a_{21}$$

이다. 따라서 ④가 성립하면 그것으로 나누어 다음을 얻는다:

$$x_2 = \frac{d_1a_{23}a_{31} - d_1a_{21}a_{33} + d_2a_{11}a_{33} - d_2a_{13}a_{31} - d_3a_{11}a_{23} + d_3a_{13}a_{21}}{a_{11}a_{22}a_{33} - a_{11}a_{23}a_{32} - a_{21}a_{12}a_{33} + a_{21}a_{13}a_{32} + a_{31}a_{12}a_{23} - a_{31}a_{13}a_{22}}$$

3. (a) a 및 b의 도시

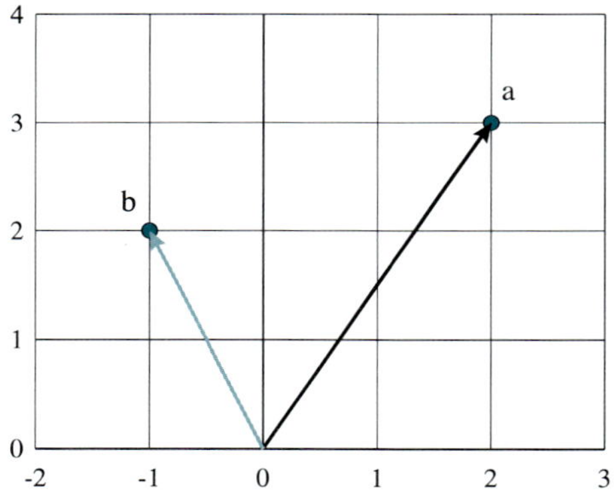

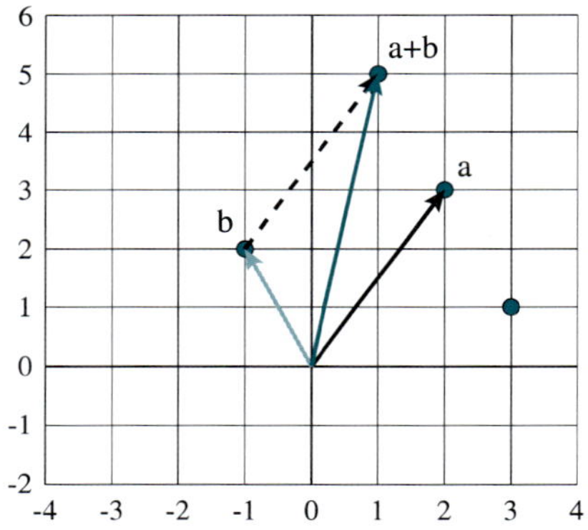

(b) $\boldsymbol{a}+\boldsymbol{b} = (2,3)+(-1,2) = (2+(-1),3+2) = (1,5)$

$\boldsymbol{a}-\boldsymbol{b} = (2,3)-(-1,2) = (2-(-1),3-2) = (3,1)$

$\boldsymbol{b}-\boldsymbol{a} = (-1,2)-(2,3) = (-1-2,2-3) = (-3,-1)$

또는 $\mathrm{b}-\mathrm{a} = -(\mathrm{a}-\mathrm{b}) = -(3,1)$

<도시>

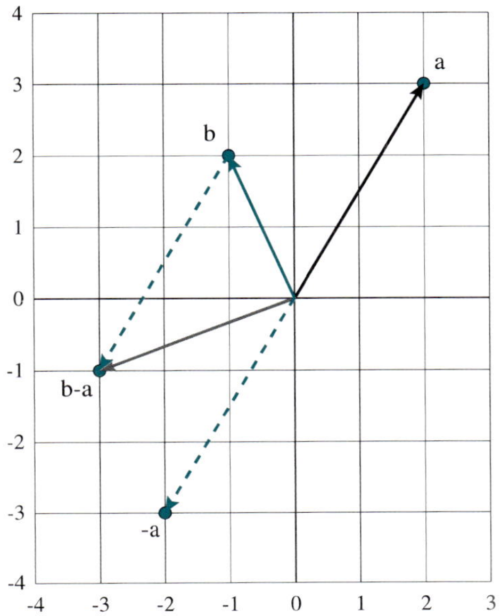

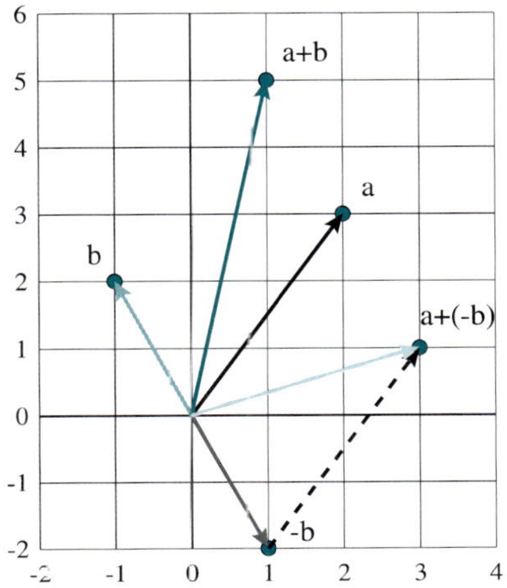

5. $b'\ell=\begin{pmatrix}40\\60\end{pmatrix}(1,1)=\begin{pmatrix}40 & 40\\60 & 60\end{pmatrix}$, $\ell' b=\begin{pmatrix}1\\1\end{pmatrix}(40\ 60)=\begin{pmatrix}40 & 60\\40 & 60\end{pmatrix}$

7. 벡터 $c=(4,5)$ 가 a와 b의 선형결합이라면, 방정식

$$k_1a+k_2b=k_1(1,1)+k_2(-1,0)=(k_1-k_2,k_1)=c=(4,5),\ 즉$$
$$k_1-k_2=4,\ k_1=5$$

가 성립된다. 이 방정식들을 풀면 $k_1=5$, $k_2=1$을 얻는다. 따라서 $c=5a+b$이다.

9. 본문의 (2a)(2b)를 행렬로 표기한 것이

$$\begin{pmatrix}x+p\\x-2p\end{pmatrix}=\begin{pmatrix}3{,}000\\-360\end{pmatrix}$$

이다. 따라서 양자는 동일하다.

11. $A^2=AA=\begin{pmatrix}3 & 1\\2 & 4\end{pmatrix}\begin{pmatrix}3 & 1\\2 & 4\end{pmatrix}=\begin{pmatrix}9+2 & 3+4\\6+8 & 2+16\end{pmatrix}=\begin{pmatrix}11 & 7\\14 & 18\end{pmatrix}$

13. ① 행렬 $(AB)'$의 (제i행, 제j열)의 원소는 행렬 AB의 (제j행, 제i열)의 원소와 같으며 $A_{j.}B_{.i}=\sum_k a_{jk}b_{ki}$ 로 주어진다.

② 한편 $B'A'$의 (제i행, 제j열)의 원소는 행렬 B'의 제i행(이것은 행렬 B의 제i열의 전치벡터 $B_{.i}^T$와 같다)과 행렬 A'의 제j열(이것은 행렬 A의 제j행의 전치벡터 $A_{j.}^T$과 같다)과의 곱이므로

$$B_{.i}^T\ A_{j.}^T=(b_{1i}\ b_{2i}\ b_{3i}\cdots\ )(a_{j1}\ a_{j2}\ a_{j3}\cdots)^T=a_{j1}b_{1i}+a_{j2}b_{2i}+a_{j3}b_{3i}+\cdots=\sum_k a_{jk}b_{ki}$$

이다. ③ 위의 ①②에서 계산된 바와 같이 $(AB)'$과 $B'A'$의 임의의 (제i행, 제j열)의 원소들이 일치하므로 $(AB)'=B'A'$가 성립한다.

15. $I_2 I_2=\begin{pmatrix}1&0\\0&1\end{pmatrix}\begin{pmatrix}1&0\\0&1\end{pmatrix}=\begin{pmatrix}1\times1+0\times0 & 1\times0+0\times1\\0\times1+1\times0 & 0\times0+1\times1\end{pmatrix}=\begin{pmatrix}1&0\\0&1\end{pmatrix}$

연습문제해답 4.3

1. ① A의 제1행의 여인수들을 계산하면

$$C_{11}=(-1)^{1+1}40=40,\ \ C_{12}=(-1)^{1+2}20=-20,$$

이므로, 제1행에 따라 행렬 A를 라플라스 전개하면

$$|A|=a_{11}C_{11}+a_{12}C_{12}=30(40)+10(-20)=1,000.$$

② A의 제2행의 여인수들을 계산하면

$$C_{21}=(-1)^{2+1}10=-10,\ \ C_{22}=(-1)^{2+2}30=30$$

이므로 $|A|=a_{21}C_{21}+a_{22}C_{22}=20(-10)+40(30)=1,000$

3. $B=\begin{pmatrix}-2&2&50\\-10&16&40\\-7&3&30\end{pmatrix}$ $C=\begin{pmatrix}-2&2&5\\-10&16&4\\-7&3&3\end{pmatrix}$ $D=\begin{pmatrix}-2&2&5\\-5&8&2\\-7&3&3\end{pmatrix}$ $E=\begin{pmatrix}2&2&5\\5&8&2\\7&3&3\end{pmatrix}$

$|A| = 100|B|,\ \ |B| = 10|C|,\ |C| = 2|D|,\ \ |D| = -|E| \quad \therefore\ |A| = -2000|E|$

$$|E| = \begin{vmatrix} 2 & 2 & 5 \\ 5 & 8 & 2 \\ 7 & 3 & 3 \end{vmatrix} = 2\begin{vmatrix} 8 & 2 \\ 3 & 3 \end{vmatrix} - 2\begin{vmatrix} 5 & 2 \\ 7 & 3 \end{vmatrix} + 5\begin{vmatrix} 5 & 8 \\ 7 & 3 \end{vmatrix} = 2(18) - 2(1) + 5(-41) = -171$$

$\therefore\ |A| = -2000|E| = 342{,}000$. 또한, $|A^2| = |AA| = |A|^2 = 342{,}000^2$

5. (1) Sarrus rule을 잘못 적용하여 계산한 결과 = 8

(2) 라플라스 전개 |A|= −76

연습문제해답 | 4.4

1. $|A| = -4$, $C_{11} = -3$, $C_{12} = -1$, $C_{21} = -1$, $C_{22} = 1$ 이므로

$$A^{-1} = \frac{C'}{|A|} = -\tfrac{1}{4}\begin{pmatrix} -3 & -1 \\ -1 & 1 \end{pmatrix} = \begin{pmatrix} 3/4 & 1/4 \\ 1/4 & -1/4 \end{pmatrix},\ |A^{-1}| = -3/16 - 1/16 = -1/4$$

<풀이 2> $|A| = -4$ 이므로, 공식 $|A^{-1}| = 1/|A|$ 를 이용하면 $|A^{-1}| = -1/4$.

3. $\sum_{i=1}^{3} C_{ij}a_{ij} = |A|, j = 1,2,3$이며, 다른 여인수에 따른 라플라스 전개는 0이므로

$$\begin{aligned} C'A &= \begin{pmatrix} C_{11} & C_{21} & C_{31} \\ C_{12} & C_{22} & C_{32} \\ C_{13} & C_{23} & C_{33} \end{pmatrix}\begin{pmatrix} a_{11} & a_{12} & a_{13} \\ a_{21} & a_{22} & a_{23} \\ a_{31} & a_{32} & a_{33} \end{pmatrix} \\ &= \begin{pmatrix} \sum_{i=1}^{3} C_{i1}a_{i1} & \sum_{i=1}^{3} C_{i1}a_{i2} & \sum_{i=1}^{3} C_{i1}a_{i3} \\ \sum_{i=1}^{3} C_{i2}a_{i1} & \sum_{i=1}^{3} C_{i2}a_{i2} & \sum_{i=1}^{3} C_{i2}a_{i3} \\ \sum_{i=1}^{3} C_{i3}a_{i1} & \sum_{i=1}^{3} C_{i3}a_{i2} & \sum_{i=1}^{3} C_{i3}a_{i3} \end{pmatrix} = \begin{pmatrix} |A| & 0 & 0 \\ 0 & |A| & 0 \\ 0 & 0 & |A| \end{pmatrix} = |A|I_3 \end{aligned}$$

5. 시장균형조건 $x^d = x^s$ 를 만족시키는 균형수량을 x 로 표기하자. 그러면 위의 두 방정식은

$$x + p = 0.02\,Y \quad \text{및} \quad x - 3p = -4$$

로서, 행렬로 표기하면 다음과 같다:

$$\begin{pmatrix} 1 & 1 \\ 1 & -3 \end{pmatrix}\begin{pmatrix} x \\ p \end{pmatrix} = \begin{pmatrix} 0.02\,Y \\ -4 \end{pmatrix}.$$

따라서 크래머 법칙을 이용하면 다음 해를 얻는다:

$$x^* = \frac{\begin{vmatrix} 0.02\,Y & 1 \\ -4 & -3 \end{vmatrix}}{\begin{vmatrix} 1 & 1 \\ 1 & -3 \end{vmatrix}} = \frac{4 - 0.06\,Y}{-4} = 0.015\,Y - 1,$$

$$p^* = \frac{\begin{vmatrix} 1 & 0.02\,Y \\ 1 & -4 \end{vmatrix}}{\begin{vmatrix} 1 & 1 \\ 1 & -3 \end{vmatrix}} = \frac{-4 - 0.02\,Y}{-4} = 1 + 0.005\,Y.$$

연습문제해답 | 5.1

1. n=1일 때 $x_1 = 10^{12}$로서 엄청나게 큰 수이지만, $n = 10^{12}$이면 $x_{10^{12}} = 1$이며 $n = 10^{16}$이면 $x_{10^{16}} = 0.0001$ 등으로 작아진다. 그리하여 $n \to \infty$ 이면 0으로 수렴할 것이다.

3. $f(x_0 + \triangle x) = (2 + \triangle x)^2 = 4 + 4\triangle x + (\triangle x)^2$

$$\begin{aligned} \lim_{\triangle x \to 0} f(x_0 + \triangle x) &= \lim_{\triangle x \to 0} [4 + 4\triangle x + (\triangle x)^2] \\ &= \lim_{\triangle x \to 0} 4 + \lim_{\triangle x \to 0} 4\triangle x + \lim_{\triangle x \to 0} (\triangle x)^2 = 4 \end{aligned}$$

$\triangle x \to 0$일 때 4로 수렴한다.

연습문제해답 5.2

1. (a) x가 x에서 $\triangle x$만큼 변화할 때 y의 변화량은

$$\triangle y = f(x+\triangle x) - f(x) = 3(x+\triangle x)^2 - 3x^2$$
$$= 3[x^2 + 2x\triangle x + (\triangle x)^2] - 3x^2 = 6x\triangle x + 3(\triangle x)^2$$

이므로, 차분계수(=평균변화율)는 $\frac{\triangle y}{\triangle x} = 6x + 3(\triangle x)$ 이다. 미분계수는 $\triangle x \to 0$ 일 때 이 평균변화율 함수의 극한이므로

$$\frac{d}{dx}3x^2 = \lim_{\triangle x \to 0} \frac{\triangle y}{\triangle x} = 6x \quad \text{또는} \quad f'(x) = 6x$$

이다. $x=1$에서 미분계수는 $f'(1) = 6$이다.

(b) 차분계수

$$\triangle y = f(x+\triangle x) - f(x) = -(x+\triangle x)^2 - (-x^2) = -2x\triangle x - (\triangle x)^2$$
$$\frac{\triangle y}{\triangle x} = \frac{-2x\triangle x - (\triangle x)^2}{\triangle x} = -2x - \triangle x$$

미분계수 $f'(x) = \lim_{\triangle x \to 0} \frac{\triangle y}{\triangle x} = \lim_{\triangle x \to 0}(-2x - \triangle x) = -2x$.

따라서 $f'(1) = -2$.

(c) 차분계수 $\triangle y = f(x+\triangle x) - f(x) = 5 - 5 = 0$이므로 $\frac{\triangle y}{\triangle x} = \frac{0}{\triangle x} = 0$

미분계수 $f'(x) = \lim_{\triangle x \to 0} \frac{\triangle y}{\triangle x} = \lim_{\triangle x \to 0}(0) = 0$. 따라서 $f'(1) = 0$.

3. (a) $x < 0.5$ 이면 $y = 0$ 이며(x, y의 측정단위를 "억원"으로 함), $0.5 \leqq x < 1$ 이면 $y = 0.2(x-0.5)$ 이다. 그리고 $1 \leqq x < 5$ 이면 최초의 0.5억원에 대해서는 면세하고, 그 다음의 0.5억원에 대해서는 20%를 과세하여 1억원을 징수하며, 1억원을 초과하는 금액 $x-1$ 억원에 대해서는 30%를 과세하므로

$$y = 0.2(0.5) + 0.3(x-1) = 0.1 + 0.3(x-1)$$

이 된다. $x \geqq 5$ 이면 최초의 1억원까지는 위와 동일하며, 그 다음 4억원에 대해서

는 30%를 과세하여 1.2억원을 징수하며, 5억원을 초과하는 금액 $x-5$ 억원에 대해서는 50%를 과세하므로

$$y=0.2(0.5)+0.3(4)+0.5(x-5)=1.3+0.5(x-5)$$

이 된다. 따라서 상속세 함수는 아래와 같이 주어진다:

$$y=f(x)=\begin{cases}0, & 0\leqq x<0.5\\ 0.2(x-0.5), & 0.5\leqq x<1\\ 0.1+0.3(x-1), & 1\leqq x<5\\ 1.3+0.5(x-5), & x\geqq 5\end{cases}$$

(b) $f(5)=1.3$ (억원)

(c) 상속세 함수는 위에서 보는 바와 같이 상속액이 4가지 구간의 어디에 속하는가에 따라 상이하게 계산되지만, 각 "구간 내에서는" 상속액 x 의 선형함수이므로 연속이다. 이제, 각 구간의 경계점을 살펴 보자. 예컨대, $x=1$ 에서 우극한은 함수 $y=0.1+0.3(x-1)$ 을 따라 0.1로 근접하며, 좌극한은 함수 $y=0.2(x-0.5)$ 를 따라 역시 0.1로 근접하므로 극한 0.1을 갖는다. 그리고 함수값도 $f(1)=0.1$ 이다. 따라서 상속세 함수는 $x=1$ 에서 연속이다.

$x=0.5$ 나 $x=5$ 에서도 마찬가지이다. 따라서 상속세 함수는 그것이 정의되는 모든 x 에서 연속이다.

(d) 상속세 함수는 굴곡점(예컨대, $x=1$)에서 연속이기는 하지만 미분가능하지는 않다. $x=1$ 에서 $\Delta x>0$ 일 경우 적절한 방정식은 $y=0.1+0.3(x-1)$ 이므로 $\Delta y=0.3\Delta x$ 이다. 따라서, $\Delta y/\Delta x=0.3$ 이며 $\Delta x\to 0$ 일 때 이 차분계수의 극한은 0.3이다. 이에 반해, $\Delta x<0$ 일 경우 적절한 방정식은 $y=0.2(x-0.5)$ 이며, $\Delta y=0.2\Delta x$ 이므로 $\Delta y/\Delta x=0.2$ 이고 $\Delta x\to 0$ 일 때 이 차분계수의 극한은 0.2이다. 따라서 $x=1$ 에서 차분계수의 좌극한과 우극한이 다르므로 미분계수는 존재하지 않는다. 따라서 상속세 함수는 이 굴곡점들에서 미준가능하지 않으므로 원활하지 않다고 볼 수 있다.

5. (a) $x>0$ 인 경우, $f(x)=(x+2)^2$ 이므로

$$\begin{aligned}\triangle y&=f(x+\triangle x)-f(x)=(x+2+\triangle x)^2-(x+2)^2\\&=2\Delta x(x+2)+(\Delta x)^2\end{aligned}$$

이므로, 차분계수(=평균변화율)는

$$\frac{\triangle y}{\triangle x}=\frac{2\triangle x(x+2)+(\triangle x)^2}{\triangle x}=2(x+2)+\triangle x$$

이다. 미분계수는 $\triangle x \to 0$ 일 때 이 평균변화율 함수의 극한이므로

$$\frac{dy}{dx}=\lim_{\triangle x\to 0}\frac{\triangle y}{\triangle x}=\lim_{\triangle x\to 0}[2(x+2)+\triangle x]=2(x+2)$$

그런데 $x=0$일 때

$$\lim_{\triangle x\to 0^+}\frac{\triangle y}{\triangle x}=\lim_{\triangle x\to 0^+}[2(0+2)+\triangle x]=4=L^+$$

(b) $x<0$인 경우, $f(x)=(x-2)^2$이므로

$$\begin{aligned}\triangle y&=f(x+\triangle x)-f(x)=(x-2+\triangle x)^2-(x-2)^2\\&=2\triangle x(x-2)+(\triangle x)^2\end{aligned}$$

이므로, 차분계수(=평균변화율)는

$$\frac{\triangle y}{\triangle x}=\frac{2\triangle x(x-2)+(\triangle x)^2}{\triangle x}=2(x-2)+\triangle x$$

이다. 미분계수는 $\triangle x \to 0$ 일 때 이 평균변화율 함수의 극한이므로

$$\frac{dy}{dx}=\lim_{\triangle x\to 0}\frac{\triangle y}{\triangle x}=\lim_{\triangle x\to 0}[2(x-2)+\triangle x]=2(x-2)$$

그런데 $x=0$일 때

$$\lim_{\triangle x\to 0^-}\frac{\triangle y}{\triangle x}=\lim_{\triangle x\to 0^-}[2(0-2)+\triangle x]=-4=L^-$$

(c) 종합: $x=0$일 때는 좌극한과 우극한이 일치하지 않으므로 극한(미분계수)가 존재하지 않으며, 그 외의 값들에서는 위에서 계산한 바와 같이 존재한다. 즉

7. 1계 도함수 $f'(x)=5x^2(x^2-1)=5x^2(x-1)(x+1)$의 부호는 그래프의 우상향 여부를 말해 준다. 즉

$f'(x)>0$이면 $y=f(x)$는 우상향하는데, 그 영역은 $x<-1$ 또는 $x>1$,
$f'(x)=0$이면 $y=f(x)$는 수평인데, 그 점은 $x=-1$, 0 및 1,
$f'(x)<0$이면 $y=f(x)$는 우하향하는데, 그 영역은 $-1<x<1$.

2계 도함수 $f''(x)=30x(2x^2-1)$ 의 부호는 그래프의 곡도를 말해준다. 즉
$f''(x)>0$이면 $y=f(x)$는 볼록한데, 그 영역은 $\sqrt{2}/2<x<0$ 또는 $x>\sqrt{2}/2$,
$f''(x)=0$이면 $y=f(x)$는 변곡점을 이루는데, 그 점은 $x=-\sqrt{2}/2$, 0 및 $\sqrt{2}/2$,
$f''(x)<0$이면 $y=f(x)$는 오목한데, 그 영역은 $x<-\sqrt{2}/2$,
또는 $0<x<\sqrt{2}/2$.

그리고 몇몇 주요점에서의 함수값은

$$f(-1)=2, f(-\sqrt{2}/2)=-7\sqrt{2}/8\approx-1.237, f(0)=0,$$
$$f(\sqrt{2}/2)=7\sqrt{2}/8\approx1.237, f(1)=-2$$

이다. 이상을 요약하면 아래 [표 1]과 같으며, 이것을 이용하여 $y=f(x)$의 그래프를 도시한 것이 [그림 2]이다.

함수 $y=f(x)=3x^5-5x^3$ 의 도함수의 부호

x 값		-1		$-\sqrt{2}/2$		0		$\sqrt{2}/2$		1	
1계 도함수	+	0	-	-	-	0	-	-	-	0	+
2계 도함수	-	-	-	0	+	0	+	0	+	+	+
함수값		2		1.237		0		-1.237		-2	

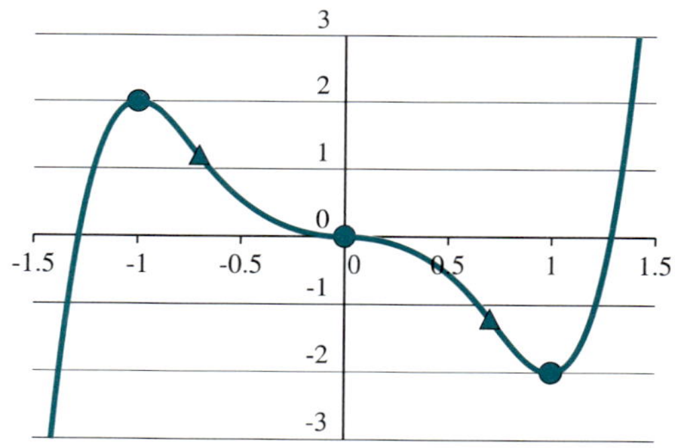

함수 $y=f(x)=3x^5-5x^3$ 의 그래프

9. 일직선 위를 달리는 경우, 속도는 어느 구간의 거리를 주파한 시간으로 나눈 값이다. 시간(t)의 함수로서의 위치함수를 S(t)라 하면, 순간 속도(velocity)는 $v(t)=s'(t)$로 계산된다. 순간 가속도는 $a(t)=v'(t)=s''(t)$로 정의된다. 사람들은 속력이 높거나 낮거나 간에 그 속도에 적응하면 별로 느끼지 못하는데, 가속도는 몸이 쏠리므로 느끼게 된다.

연습문제해답 5.3

1. (a) $f'(x) = 6x$, (b) $f'(x) = (2x-3)(x^3+x^2-2) + (x^2-3x+1)(3x^2+2x)$

(c) $f'(x) = 2(2x^3-x)(6x^2-1)$ (d) $f'(x) = -(1-x)^{-2}(-1) = \dfrac{1}{(1-x)^2}$

(e) $f'(x) = \dfrac{2x(x+1)-x^2}{(x+1)^2} = \dfrac{x^2+2x}{(x+1)^2}$, (f) $f'(x) = \dfrac{0.5x^{-0.5}(x+1)-x^{0.5}}{(x+1)^2}$

(g) $f(x) = \dfrac{x^2-1}{x-1} = x+1, x \neq 1 \rightarrow f'(x) = 1,\ x \neq 1$

3. (a) $f'(x) = 12x^2-4x+1$ (b) $g'(x) = 2(2x-1)(2) = 4(2x-1)$

(c) $[f(x)/g(x)]' = \dfrac{f'(x)g(x)-f(x)g'(x)}{[g(x)]^2}$

$$= \frac{(12x^2-4x+1)(2x-1)^2-(4x^3-2x^2+x-2)[4(2x-1)]}{[(2x-1)]^4}$$

(d) $\dfrac{d}{dx}[f(x)]^2 = 2f(x)f'(x) = 2(4x^3-2x^2+x-2)(12x^2-4x+1)$

5. 몫의 미분법칙 적용

$$\frac{dAC}{dQ} = \frac{d}{dQ}\frac{C(Q)}{Q} = \frac{C'(Q)Q - C(Q)}{Q^2}$$

$$= \frac{1}{Q}[C'(Q) - \frac{C(Q)}{Q}] = \frac{1}{Q}[C'(Q) - AC(Q)]$$

연습문제해답 6.1

1. 함수 $y=f(x)$가 있을 때, $\triangle x$와 dx는 모두 독립변수 "x의 변화량"을 나타내며 통상 동일한 의미로 사용된다(양자를 구분하는 경우, $\triangle x$는 "x의 유한한(finite) 변화량"을, 그리고 dx는 "x의 무한히 작은(infinitesmal) 변화량"을 나타내는 기호로 사용하기도 한다). 그런데, x가 $\triangle x$만큼 변화할 때, $\triangle y$는 종속변수 y의 (실제) 변화량은 나타내는데 반해, dy는 이 $\triangle y$에 대한 1차 근사치(y의 1계 미분)를 나타낸다.

3. 시장균형 가격함수 $p^*=p(Y)=\frac{2}{3}+\frac{\sqrt{16+Y}}{6}$를 소득 $Y_0=240$에서 선형근사하여 보자.

$Y_0=240$에서 $p(Y_0)=10/3$이고 도함수는 $p'(Y)=\frac{1}{12}\frac{1}{\sqrt{16+Y}}$이므로 거기서의 미분계수는 $p'(240)=\frac{1}{12}\frac{1}{\sqrt{16+240}}=\frac{1}{192}$이다.

따라서 미분식 $dp^*=p'(Y_0)\,dY$에 $dp^*=\tilde{p}-10/3$ 및 $dY=Y-240$를 대입하면, 소득 $Y_0=240$에서 균형가격함수에 접하는 접선의 방정식, 즉 선형근사함수는 다음으로 주어진다:

$$\tilde{p}-\frac{10}{3}=\frac{1}{192}(Y-240),\ \text{즉}\ \tilde{p}=\frac{25}{12}+\frac{1}{192}Y$$

5. (a) 미분식: $dy=2x_0dx=2dx$

선형 근사식: $x_0=1$에서 $y_0=1$이므로

$dy=\tilde{y}-y_0=\tilde{y}-1=2dx=2(x-x_0)=2(x-1)$, 즉

$\tilde{y}=2(x-1)+1=2x-1$

(b) 미분식: $dy = 3(x_0)^2 dx = 3dx$

선형 근사식: $x_0 = 1$ 에서 $y_0 = 1$ 이므로

$dy = \tilde{y} - y_0 = \tilde{y} - 1 = 3dx = 3(x - x_0) = 3(x-1)$, 즉

$\tilde{y} = 3(x-1) + 1 = 3x - 2$

7. 도함수가 $\frac{dz}{dx} = \frac{g'(x)f(x) - g(x)f'(x)}{[f(x)]^2}$ 이므로 1계 미분은 다음과 같다:

$$dz = \frac{g'(x)f(x) - g(x)f'(x)}{[f(x)]^2}dx$$

연습문제해답 6.2

1. (a) $dy/dx = 3e^{-2x}(-2) = -6e^{-2x}$ (b) $dy/dx = \frac{1}{x^2}(2x) = \frac{2}{x}$

(`c) $dy/dx = 2x(\ln x) + x^2(1/x) = 2x(\ln x) + x$

(d) $\frac{dy}{dx} = \frac{1}{2x+3}(2) = \frac{2}{2x+3}$. (e) $dy/dx = 4.5x^{3.5}$

3. $$\frac{dy}{dx} = f'(x) = \frac{1}{\sigma\sqrt{2\pi}}exp\left(-\frac{(x-\mu)^2}{2\sigma^2}\right) \times \frac{d}{dx}\left[-\frac{(x-\mu)^2}{2\sigma^2}\right]$$

$$= \frac{1}{\sigma\sqrt{2\pi}}exp\left(-\frac{(x-\mu)^2}{2\sigma^2}\right) \times \left[-\frac{2(x-\mu)}{2\sigma^2}\right]$$

$$= -\frac{(x-\mu)}{\sigma^3\sqrt{2\pi}}exp\left(-\frac{(x-\mu)^2}{2\sigma^2}\right)$$

따라서 $x > \mu$ 이면 $f'(x) < 0$, $x < \mu$ 이면 $f'(x) > 0$, $x = \mu$ 이면 $f'(x) = 0$ (정상점).

$$\frac{d^2y}{dx^2} = -\frac{d}{dx}\left[\frac{(x-\mu)}{\sigma^3\sqrt{2\pi}}exp\left(-\frac{(x-\mu)^2}{2\sigma^2}\right)\right]$$

$$=-\frac{1}{\sigma^3\sqrt{2\pi}}exp\left(-\frac{(x-\mu)^2}{2\sigma^2}\right)-\frac{(x-\mu)}{\sigma^3\sqrt{2\pi}}exp\left(-\frac{(x-\mu)^2}{2\sigma^2}\right)\left[-\frac{2(x-\mu)}{2\sigma^2}\right]$$

$$=\frac{1}{\sigma^3\sqrt{2\pi}}exp\left(-\frac{(x-\mu)^2}{2\sigma^2}\right)\left[\frac{(x-\mu)^2}{\sigma^2}-1\right]$$

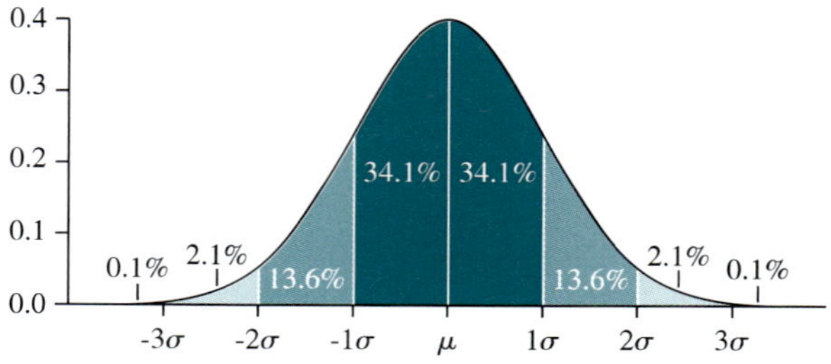

따라서 $z=\frac{x-\mu}{\sigma}>1$ 또는 $z<1$이면 $f''(x)>0$(볼록), $|z|<1$이면 $f''(x)<0$오목)

연습문제해답 | 6.3

1. 평균비용함수는 $AC(Q)=\frac{a+bQ}{Q}=b+\frac{a}{Q}$ 로서 그 그래프는 직각 쌍곡선을 비용축 방향으로 b만큼 이동시킨 것이고, 한계비용함수는 $MC(Q)=Q'(Q)=b$로서 수량축에 평행한 수평선을 이룬다(아래 그림 참조). a는 생산량이 0일 때에도 들어가는 비용부분으로서 (단기) 고정비용이라 불린다.

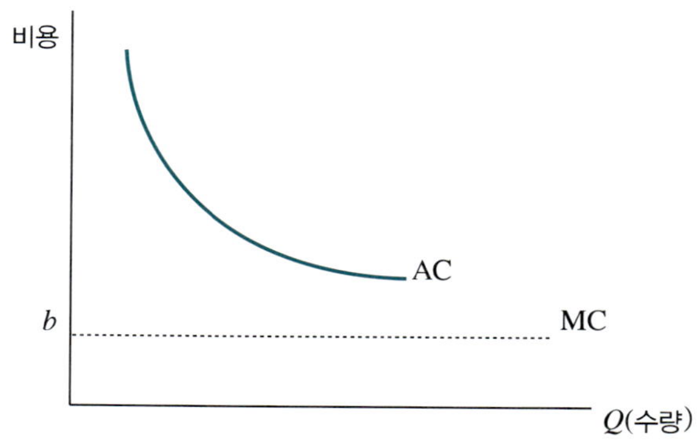

3. 평균생산 함수와 한계생산 함수는 각각 다음과 같다:

$$AQ \equiv Q/L = \sqrt{L}\,/L = 1/\sqrt{L} \quad \text{및} \quad MP \equiv f'(Q) = 1/(2\sqrt{L}\,).$$

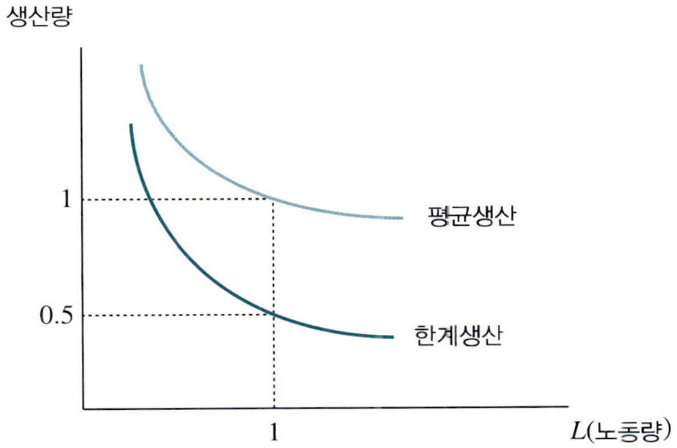

5. 병당 가격변화로 측정할 경우: $\triangle p = 2{,}000$ 및 $\triangle x^d = -1{,}600$이므로

$$\triangle x^d / \triangle p = -1{,}600/2{,}000 = -0.8$$

이고, $\bar{p} = 4{,}000$원 및 $\bar{x}^d = 1{,}700$ "병"이므로 점탄력성은

$$\epsilon_p^d = \left| -\frac{1{,}600/1{,}700}{2{,}000/4{,}000} \right| = \frac{32}{17} \cong 1.88$$

로 계산되었다. 10병들이 상자단위로 측정할 경우: 수요량을 10병들이 상자단위로 측정한다면, $\triangle x^d / \triangle p = -160/2{,}000 = -0.08$이지만, $\bar{p} = 4{,}000$원 및 $\bar{x}^d = 170$ "상자"이므로 점탄력성은 $\epsilon_p^d = \left| -\frac{160/170}{2{,}000/4{,}000} \right| = \frac{32}{17} \cong 1.88$로서 상술한 계산치와 일치한다.

7. 공급의 탄력성은

$$\epsilon_p^s = \frac{dx^s}{dp}\frac{p_0}{x_0^s} = g'(p_0)\frac{p_0}{x_0^s}$$

로 정의되는데, 공급함수의 기울기가 양이기 때문에 절대치를 취하지 않더라도 언제나(공급의 법칙이 성립하는 한) 양수로 계산된다.

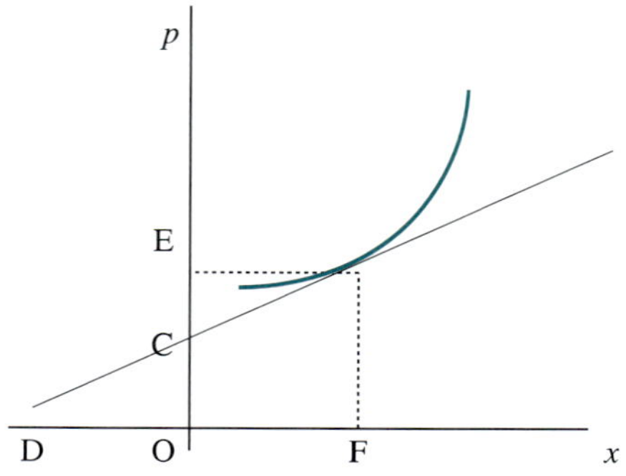

그런데, 위 그림에서 $g'(p_0)=\frac{DF}{AF}=\frac{DF}{OE}$ 및 $\frac{p_0}{x_0^s}=\frac{OE}{OF}$ 이므로, 공급의 탄력성은 기하학적으로 $\epsilon_p^s=\frac{dx^s}{dp}\frac{p_0}{x_0^s}=g'(p_0)\frac{p_0}{x_0^s}=\frac{DF}{OE}\frac{OE}{OF}=\frac{DF}{OF}$ 로 표현된다.

9. 생략

연습문제해답 7.1

1. 편도함수는 $dx^d/dp=f_p(p,Y)=-1$ 및 $dx^d/dY=f_Y(p,Y)=0.02$ 이고, 이들은 독립변수에 의존하지 않는 상수 함수이므로 $p_0=200$ 및 $Y_0=1000$ 에서 편미분계수는 이 상수값과 동일하다. 즉,

$$dx^d/dp=f_p(200,1000)=-1 \quad \text{및} \quad dx^d/dY=f_Y(200,1000)=0.02\,.$$

3. $U_1(x_1,x_2)=\frac{1}{2}\sqrt{\frac{x_2}{x_1}}=\frac{1}{2}x_1^{-1/2}x_2^{1/2}$, $U_{12}(x_1,x_2)=(\frac{1}{2})^2x_1^{-1/2}x_2^{-1/2}$

$U_2(x_1,x_2)=\frac{1}{2}\sqrt{\frac{x_1}{x_2}}=\frac{1}{2}x_1^{1/2}x_2^{-1/2}$, $U_{21}(x_1,x_2)=(\frac{1}{2})^2x_1^{-1/2}x_2^{-1/2}$

$U_{12}=U_{21}$ 이므로 영의 정리 성립

5. (a) 노동의 한계생산: $dQ/dL = f_L(L, K) = \alpha L^{\alpha-1}K^{\beta}$

(b) $d^2Q/dL^2 = f_{LL}(L, K) = -\alpha(1-\alpha)L^{\alpha-2}K^{\beta} < 0 \Leftrightarrow \alpha(1-\alpha) > 0 \Leftrightarrow 0 < \alpha < 1$

(c) $\dfrac{d}{dK}\left(\dfrac{dQ}{dL}\right) = f_{LK}(L, K) = \alpha\beta L^{\alpha-1}K^{\beta-1} > 0$ 이므로(가정에 의해

$\alpha > 0$, $\beta > 0$ 임) 자본량이 증가함에 따라 노동의 한계생산은 상승한다.

연습문제해답 | 7.2

1. 차이: 미분은 1변수 함수 $y = f(x)$ 에 대해 정의되며, 전미분은 2변수 이상의 다변수 함수 $y = f(x_1, x_2, \cdots, x_n)$ 에 대해 정의된다.

유사점: 독립변수(1변수 함수에서는 x, 다변수 함수에서는 $x_1, x_2, \cdots, x_n$)가 변화((1변수 함수에서는 Δx 만큼, 다변수 함수에서는 $\Delta x_1, \Delta x_2, \cdots, \Delta x_n$ 만큼)할 때 종속변수 y 의 실제 변화량 Δy 에 대한 1차 근사치이다.

3. $\Delta U = \ln(x_1^0 + \Delta x_1)(x_2^0 + \Delta x_2) - \ln x_1^0 x_2^0$

$= \ln(12 \times 15) - \ln(10 \times 10) = \ln 180 - \ln 100 \approx 0.5878$

$$dU = U_1(x_1^0, x_2^0)\,dx_1 + U_2(x_1^0, x_2^0)\,dx_2 = \frac{dx_1}{x_1^0} + \frac{dx_2}{x_2^0} = \frac{2}{10} + \frac{5}{10} = 0.7$$

접선의 방정식은 $U - U^0 = U_1(x_1^0, x_2^0)(x_1 - x_1^0) + U_2(x_1^0, x_2^0)(x_2 - x_2^0)$ 으로 주어지는데,

$x_1^0 = x_2^0 = 10$, $U^0 = \ln x_1^0 x_2^0 = \ln 100 \approx 4.605$,

$U_1(x_1^0, x_2^0) = 1/x_1^0 = 0.1$, $U_2(x_1^0, x_2^0) = 1/x_2^0 = 0.1$

을 대입하면 다음과 같다:

$U - \ln 100 = 0.1(x_1 - 10) + 0.1(x_2 - 10)$, 즉

$U = \ln 100 + 0.1(x_1 - 10) + 0.1(x_2 - 10) \approx 2.605 + 0.1x_1 + 0.1x_2$.

5. 함수 $y = h(x_1, x_2) = x_1^2 x_2^2$ 에서 $h_1(x_1, x_2) = 2x_1 x_2^2$, $h_2(x_1, x_2) = 2x_1^2 x_2$ 이므로

$$dy = h_1(x_1, x_2)\,dx_1 + h_2(x_1, x_2)\,dx_2 = 2x_1 x_2^2 dx_1 + 2x_1^2 x_2 dx_2$$

또한 $f(x_1, x_2) = x_1^2$, $g(x_1, x_2) = x_2^2$ 으로 두면 $h(x_1, x_2) = f(x_1, x_2)\,g(x_1, x_2)$ 이고

$$df(x_1, x_2) = 2x_1\,dx_1,\quad dg(x_1, x_2) = 2x_2 dx_2$$

이므로 $dy = d[fg] = [df]g + f[dg] = (2x_1 dx_1)x_2^2 + (2x_2 dx_2)x_1^2$ 로서 위에서 구한 것과 일치한다.

연습문제해답 7.3

1. 3변수 함수 $y = f(x_1, x_2, t)$ 가 있을 때, 각 독립변수에 관해 편도함수가 정의되는데 이들은

$$\frac{\partial y}{\partial x_1} = f_1(x_1, x_2, t),\quad \frac{\partial y}{\partial x_2} = f_2(x_1, x_2, t),\quad \frac{\partial y}{\partial t} = f_3(x_1, x_2, t)$$

이다. 전미분은 각 독립변수이 각각 dx_1, dx_2, dt 만큼 변화할 때 종속변수 y 의 변화량 $\triangle y$ 에 대한 1차 근사치로서 $dy = f_1 dx_1 + f_2 dx_2 + f_3 dt$ 로 정의된다.

3개의 독립변수를 가진 함수 $y = f(x_1, x_2, t)$ 에서 그 자체로는 전도함수가 성립하지 않는다. 이 독립변수들이 모두 어떤 한 변수의 함수라는 추가적인 관계가 도입되면, 그 변수에 관한 y 의 전도함수가 정의된다. 예컨대 x_1 과 x_2 가 1변수 t 의 함수로서

$$x_1 = x_1(t),\quad x_2 = x_2(t)$$

라는 추가적인 관계가 가정된다면 이들을 $y = f(x_1, x_2, t)$ 에 대입함으로써 1개의 합성함수

$$y = f(x_1(t), x_2(t), t) \equiv F(t)$$

가 되며

$$\frac{dy}{dt} = F'(t) = f_1 x_1{}'(t) + f_2 x_2{}'(t) + f_t = \frac{\partial y}{\partial x_1}\frac{dx_1}{dt} + \frac{\partial y}{\partial x_2}\frac{dx_2}{dt} + \frac{\partial y}{\partial t}$$

가 전도함수가 된다.

3. 우선,

$$x_2^0 \equiv h(x_1^0) = (x_1^0)^2 - \frac{4}{3}x_1^0 + \frac{7}{3} = 2 \text{ 및 } \frac{dx_2}{dx_1} = h(x_1^0) = 2x_1^0 - \frac{4}{3} = \frac{2}{3}$$

이므로 전도함수값은 다음과 같다:

$$\frac{dy}{dx_1} = f_1 + f_2 h'(x_1^0) = 2x_1^0(x_2^0)^2 + 2(x_1^0)^2\left(\frac{2}{3}\right) = 2(4) + \frac{4}{3} = \frac{32}{3}.$$

5. [예 7-10]에서

$$y = f(x_1, x_2) = \sqrt{x_1 x_2}\ ,\ \frac{\partial y}{\partial x_1} = f_1(x_1, x_2) = \frac{1}{2}\sqrt{\frac{x_2}{x_1}}\ ,\ \frac{\partial y}{\partial x_2} = f_2(x_1, x_2) = \frac{1}{2}\sqrt{\frac{x_1}{x_2}}$$

이며, 이 문제에서 $x_1(t)$와 $x_2(t)$로부터

$$x_1{}'(t) = a,\quad x_2{}'(t) = b$$

이므로, (16b)를 적용하면

$$\frac{dy}{dt} = \frac{1}{2}\sqrt{\frac{x_2}{x_1}} \cdot (a) + \frac{1}{2}\sqrt{\frac{x_1}{x_2}} \cdot (b)$$

이다. $t = 0$일 때(즉, $x_1(0) = 60$ 및 $x_2(0) = 5$일 때) 이 전도함수값은

$$F'(0) = \tfrac{1}{2}\sqrt{5/60} \cdot (a) + \tfrac{1}{2}\sqrt{60/5} \cdot (b) = \frac{1}{4\sqrt{2}}a + \sqrt{2}\,b$$

이다. 이 방정식은 ab 평면에서 기울기가 -1/8인 직선을 이룬다.

$$b = F'(0)/\sqrt{2} - \frac{1}{8}a$$

아래 그림에서 점 A가 $F'(0)$를 극대화하는 점인데, 그 좌표는 두 방정식

$$a^2+b^2=1 \;\; 및 \;\; b=8a$$

의 해로서 $(a,b)=(1/\sqrt{64}, \sqrt{64/65})$이다.

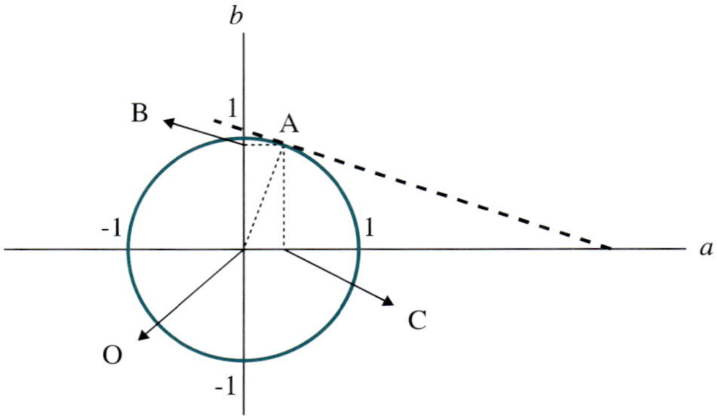

연습문제해답 7.4

1. 이 관계식을 y 및 x에 관해 풀면, 각각 y 및 x에 관한 음함수가 쉽게 구해진다:

$$y=-(2/3)x-2 \;\; 및 \;\; x=-1.5y-3$$

3. (a) 이 방정식은 x_1에 관해 풀면 $x_1=1\pm\sqrt{y-(x_2-2)^2}$이 되는데, 이것은 함수가 아니다. 그러나 $x_1>1$인 영역에서는 국지적 음함수 $x_1=1+\sqrt{y-(x_2-2)^2}$가 존재하며, $x_1<1$인 영역에서는 다음 국지적 음함수가 존재한다:

$$x_1=1-\sqrt{y-(x_2-2)^2}\,.$$

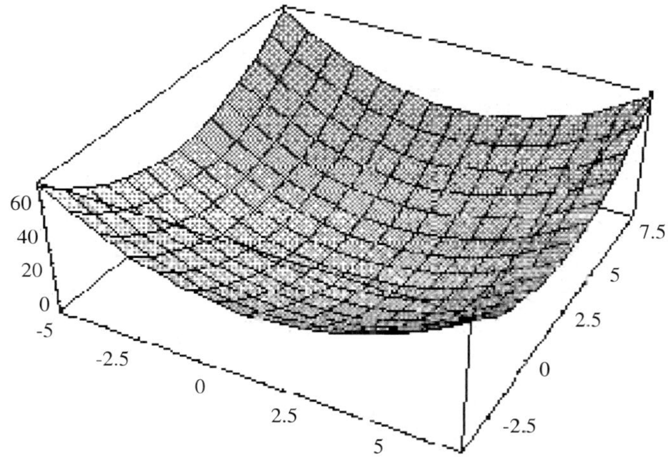

그림 1 $y=(x_1-1)^2+(x_2-2)^2$ 의 그래프

(b) 이 방정식은 $(x_1-1)^2+(x_2-2)^2=3^2$ 로 쓸 수 있는데, 이것은 위의 [그림 1]에서 "$y=9$ 인 수평면"이 방정식 $(x_1-1)^2+(x_2-2)^2-y=0$ 의 그래프와 교차하는 궤적을 나타낸다. 이 궤적은 x_1x_2 평면에서 $(x_1, x_2)=(1, 2)$ 를 중심으로 하고 반경이 3인 원을 이룬다. 따라서, 이 방정식의 전역적 음함수는 존재하지 않으며, 국지적 음함수만 존재한다. 즉, $x_2>2$ 인 영역에서는 x_2 에 관한 음함수

$$x_2=2+\sqrt{3-(x_1-1)^2}$$

이 존재하며, $x_2<2$ 인 영역에서는 x_2 에 관한 음함수

$$x_2=2-\sqrt{3-(x_1-1)^2}$$

이 존재한다. $x_1>1$ [또는 $x_1<1$]인 영역에서는 x_1 에 관한 국지적 음함수

$$x_1=1+\sqrt{3-(x_2-2)^2} \quad [\text{또는 } x_1=1-\sqrt{3-(x_2-2)^2}\,]$$

이 존재한다.

5. 방정식 $L^{1/3}K^{2/3}=1$의 양변을 3제곱하면 $LK^2=1$ 이며, 이것을 K에 관해 풀면

$$K = \pm\frac{1}{\sqrt{L}}$$

이 되지만, $K \geqq 0$이어야 하므로 경제학적으로 의미있는 국지적 음함수는 $K = 1/\sqrt{L}$ 이다. 이 음함수의 도함수는 $dK/dL = -0.5L^{-1.5}$ 이다.

7. 시장균형 조건을 방정식

$$F(p, Y) \equiv D(p, Y) - S(p) = 0 \qquad ①$$

의 형태로 고쳐 쓰자. 소득이 Y_0 일 때 시장균형 가격 p_0 가 성립한다고 가정하면 (p_0, Y_0) 에서 ①이 성립한다. 그리고, 수요의 법칙($D_p < 0$)과 공급이 법칙($S'(p) < 0$)을 전제하면

$$F_p(p_0, Y_0) \equiv D_p(p_0, Y_0) - S'(p_0) < 0 \qquad ②$$

이며, ②와 $F_y(p, Y) \equiv D_y(p, Y)$ 가 연속이므로 음함수 정리의 전제조건이 충족된다. 따라서, 점 (p_0, Y_0) 의 근방에서 ①의 음함수

$$p = h(Y) \qquad ③$$

가 존재하며 $p_0 = h(Y_0)$ 가 성립한다. ③은 균형가격함수라 불린다. ③을 ①에 대입함으로써 나오는 항등식

$$F(h(Y), Y) \equiv D(h(Y), Y) - S(h(Y)) \equiv 0 \qquad ④$$

의 양변을 Y에 관해 미분하면, ③의 기울기가 도출된다. ④를 미분하면

$$D_p h'(Y) + D_y - S'(p)h'(Y) \equiv 0$$

이 되는데, 이것을 $h'(Y)$ 에 관해 풀면 다음을 얻는다: $h'(Y) = \dfrac{D_y}{S'(p) - D_p}$.

9.

$$F(p, Y) = 16p^3 - 32p^2 - Y^2 = 0, \qquad (24')$$

$$dp^* \equiv 0.1(dY) = 0.1(3) = 0.3 \qquad (30)$$

(24′)에서 의미상 Y가 매개변수이고 p가 내생변수이므로 p에 관한 음함수를 정의하는 본문의 분석이 내용상 타당하다. 그러나 이와 반대로 Y를 종속변수로 삼는

것이 분석은 더 용이하다. (24′)을

$$Y = \sqrt{16p^3 - 32p^2} = 4p\sqrt{p-2} = h(p) \qquad (1)$$

로 변환하자. $h(3) = 12$이며 이 함수가 본문 (26a) $p^* = p(Y)$의 역함수이다. 따라서 역함수 미분법에 의해

$$\frac{dp^*}{dY} = \frac{1}{\frac{dY}{dp}} = \frac{1}{h'(p)} \qquad (2)$$

(1)을 미분하면

$$\frac{dY}{dp} = h'(p) = \frac{1}{2}(16p^3 - 32p^2)^{-1/2}(48p^2 - 64p) = 2(3p-4)(p-2)^{-1/2}$$

$p_0 = 3$에서 $h'(3) = 2(9-4)(3-2)^{-1/2} = 10$. 따라서 (2)에서 $\dfrac{dp^*}{dY} = \dfrac{1}{h'(p)} = 0.1$

연습문제해답 | 8.1

1. (a) $f(x) = x^2 + 4x - 5$

정상점은 $f'(x) = 2x + 4 = 0$으로부터 $x = -2$가 된다. $f''(x) = 2$이므로 물론 $f''(-2) = 2 > 0$이다. 따라서, $x = -2$는 극소점이며 극소치는 $f(-2) = -9$이다

(b) $f(x) = (x^2 - 1)^3$. $f'(x) = 3(x^2-1)^2(2x) = 0 \Rightarrow x = -1, x = 0, x = 1$

$$f''(x) = 6(x^2-1)^2 + 6x(2)(x^2-1)(2x)$$
$$= 6(x^2-1)(5x^2-1) = 6(5x^4 - 6x^2 + 1)$$

$f''(-1) = f''(1) = 0$, $f''(0) = 12 > 0$. 따라서 $x = 0$은 극소점이다.

2계 도함수 만으로는 $x = -1$과 $x = 1$의 극대-극소 여부를 판정할 수 없다. 그 점에서 3계 미분계수를 구해보면

$$f'''(x) = 6(20x^3 - 12x) = 24x(5x^2 - 3),$$
$$f'''(-1) = -48 < 0,\ f'''(1) = 48 > 0$$

으로서 0이 아니므로, $x=-1$과 $x=1$은 극대점 또는 극소점이 될 수 없고 변곡점이다.

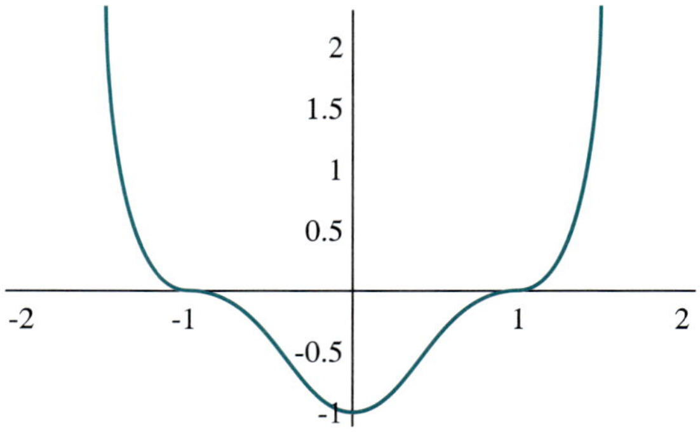

함수 $f(x)=(x^2-1)^3$의 그래프

(c) $f'(x)=-3x^3+24x^2-51x+30=-3(x-1)(x-2)(x-5)=0 \Rightarrow$ 정상점 $x=1,\ x=2, x=5$.

2계 도함수는 $f''(x)=-9x^2+48x-51$ 이므로

$$f''(1)=-12<0,\ f''(2)=9>0,\ f''(5)=-36<0.$$

따라서 $x=1$에서 상대적 극대치 $f(1)=11.75$, $x=5$에서 상대적(및 절대적) 극대치 $f(5)=43.75$, $x=2$에서 상대적 극소치 $f(2)=10$을 갖는다.

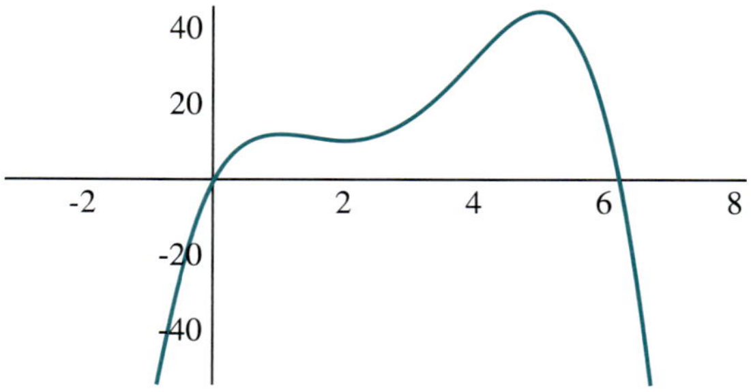

$f(x)=-\frac{3}{4}x^4+8x^3-\frac{51}{2}x^2+30x$ 의 그래프

(d) $f(x)=4x-e^x$

$f'(x)=4-e^x=0 \Rightarrow e^x=4 \Rightarrow$ 정상점 $x=\ln 4 \approx 1.386$

$f''(x) = -e^x$, $f''(\ln 4) = -e^{\ln 4} = -4 < 0$ 이므로 이 정상점은 극대점이다.

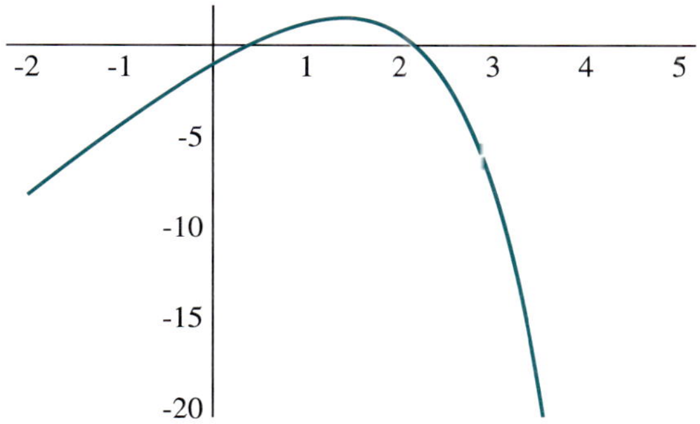

$f(x) = 4x - e^x$ 의 그래프

3. (a) 함수 $f(x) = x^{2m} = (x^2)^m$ 의 그래프는 m 이 자연수일 때 $x=0$ 을 중심으로 좌우 대칭을 이루며 x 가 양수이고 증가할수록 함수값도 증가하며, x 가 음수이고 감소할수록 함수값도 증가한다. 따라서 $x=0$ 은 극소점이다.

이제, 도함수를 이용하여 이 극소점의 조건을 살펴 보자. 우선,

$$f'(x) = (2m)x^{2m-1} = 0 \Rightarrow \text{정상점 } x = 0$$

이다. 그런데 $f''(x) = (2m)(2m-1)x^{2m-2}$, $f''(0) = 0$ 으로서 $x=0$ 에서 2계 도함수가 0이므로 극대-극소 여부를 2계 도함수로는 판정할 수 없다. 또한, 3계 미분계수도

$$f'''(x) = (2m)(2m-1)(2m-2)x^{2m-3}, f'''(0) = 0$$

이며, 이러한 결과는 $2m-1$ 계 도함수까지 마찬가지이다. 그러나 $2m$ 계 도함수는

$$f^{(2m)}(x) = (2m)!, f^{(2m)}(0) = (2m)! > 0$$

이다. 따라서 최초로 0이 아닌 미분계수가 되는 도함수의 차수가 짝수이고 그 미분계수가 양이다. 이것이 정상점이 극소점이 될 하나의 충분조건이다.

(b) $f(x) = x^{2m+1}$

m 이 자연수일 때 $2m+1$ 은 3,5,7⋯ 등의 홀수가 되므로, $f(x) = x^{2m+1}$ 의 값은 x 가 양수이고 증가할수록 함수값도 증가하며, x 가 음수이고 감소할수록 함수값은 하락한다. 따라서 $x=0$ 은 극소점도 극대점도 아니며 변곡점이다.

이 함수는 위의 (a)에서처럼 정상점은 역시 $x=0$ 이고, 그 점에서 $2m$ 계 도함수까지는 0이며 $2m+1$ (홀수)계 도함수가 비로소 0이 아니게 된다:

$$f^{(2m+1)}(x)=(2m+1)!, f^{(2m+1)}(0)=(2m+1)!>\ 0$$

이와 같이, 정상점에서 최초로 0이 아닌 고계 미분계수가 나타나는 도함수의 차수가 $2m+1$ (홀수)계 도함수인 것이 그 정상점이 변곡점이 될 하나의 충분조건이 된다.

(c) $f(x)=-x^{2m+1}$

이 함수의 그래프는 위 (b)의 그래프를 x 축에 대칭시킨 것이므로, 이 함수값은 x 가 양수이고 증가할수록 하락하며, x 가 음수이고 감소할수록 함수값은 증가한다. 따라서, $x=0$ 은 극소점도 극대점도 아니며 변곡점이다.

이 함수는 위의 (b)에서처럼 정상점은 역시 $x=0$ 이고, 그 점에서 $2m$ 계 도함수까지는 0이며 $2m+1$ (홀수)계 도함수가 비로소 0이 아니게 된다(다만, 그 부호가 반대로 바뀌어 음임):

$$f^{(2m+1)}(x)=(-1)^{2m+1}(2m+1)!, f^{(2m+1)}(0)=-(2m+1)!<\ 0$$

따라서, 정상점에서 최초로 0이 아닌 고계 미분계수가 나타나는 도함수의 차수가 $2m+1$ (홀수)계 도함수인 것이 그 정상점이 변곡점이 될 하나의 충분조건이 된다.

5. (a) 이윤은 $\pi=100Q-5L-10K=100\sqrt{L}-5L-10\equiv\pi(L)$ 이다. 1계 조건 $\pi'(L)=50/\sqrt{L}-5=0$ 으로부터 정상점은 $L=100$ 이며, 그 점에서 $\pi''(L)=-25L^{-1.5}$, $\pi''(100)=-1/40<\ 0$

으로서 극대의 2계 충분조건이 만족된다. 따라서 이윤을 극대화하는 노동투입량은 100단위이며 그 때의 생산량은 $Q=\sqrt{KL}=\sqrt{100}=10$ 단위이다.

(b) 이윤은 $\pi=110Q-5L-10K=110\sqrt{L}-5L-10\equiv\pi(L)$ 이다.

1계 조건 $\pi'(L)=55/\sqrt{L}-5=0$ 으로부터 정상점은 $L=121$ 이며, 그 점에서 2계 충분조건도 충족됨이 쉽게 증명된다. 따라서 다른 조건에 변화가 없고 오직 생산물가격이 상승하는 경우, 기업은 이윤을 극대화하기 위해 노동투입량을 21단위 증가시킨다.

연습문제해답 8.2

1. (13b)식: $\pi'(L)=8/\sqrt{L}-w=0$

이윤 $\pi=pQ-wL-c=16\sqrt{L}-L-c\equiv\pi(L)$ 에서 노동 L단위를 고용하여 만든 제품 판매의 총수입은 $pQ=p(2\sqrt{L})=16\sqrt{L}$ 이고 마지막 노동 1단위 고용으로 만든 생산물 판매액의 증가분은

$$\frac{d}{dL}pQ=\frac{d}{dL}16\sqrt{L}=16(0.5)L^{-0.5}=\frac{8}{\sqrt{L}}$$

이다. 이것은 노동의 한계가치생산(VMPL)이라 불린다. 이것이 노동 1단위의 비용인 임금율 w와 같을 때까지 노동을 고용하는 것이 1계 필요조건의 의미이다.

3. 1계 필요조건: $\pi'(L)=p/\sqrt{L}-w=0$. 이것을 풀면 $L^*=(p/w)^2$.

2계 충분조건: $\pi''(L)=-0.5pL^{-1.5}$ 이므로 $\pi''(L^*)=-0.5p(L^*)^{-1.5}<0$ 으로서 충족됨.

노동수요함수는 $L^*=(p/w)^2$. 이것을 생산함수에 대입하면 공급함수

$$Q=2\sqrt{L^*}=2(p/w).$$

연습문제해답 8.3

1.

$$Q=f(L)=aL^b,\ a>0,\ 0<b<1 \tag{16}$$

생산함수가 $Q=f(L)=aL$(선형함수)이 됨.

이윤함수는

$$\pi=pQ-wL=(pa-w)L\equiv\pi(L) \tag{17a'}$$

이 이윤을 극대화하기 위한 1계 필요조건

$$\pi'(L)=pab-w=0$$

으로서 L값을 구할 수 없다. 왜?

이윤함수 (17a')을 보면 $pa > w$이라면 노동량을 증가시킬수록 이윤이 증가하므로 노동량은 무한대로 설정되어야 할 것이다. 이 경우 이윤의 극대점은 존재하지 않는다고 한다.

3. (a) 좌변은 노동의 한계생산이며 우변은 "실질 임금률"이다. 따라서 이 방정식은 노동의 한계생산이 실질 임금률과 같아지는 노동량을 결정할 것을 요구한다. 또는, 이 방정식을 $pf'(L) = w$로 고쳐쓰면, 좌변의 노동의 한계가치생산이 우변의 임금률과 일치하는 노동량을 결정할 것을 요구한다.

(b) 이 관계식은 $F(L, w_R) = f'(L) - w_R = 0$로 쓸 수 있다. 그러면, $F_L(L, w_R) = f''(L) < 0$으로서 0이 아니므로, 음함수 정리에 의해 음함수

$$L^s = L^s(w_R) \equiv L^s(w/p) \qquad ①$$

가 존재한다. ①에서 임금률과 가격이 k배 되면 실질 임금률이 불변이므로 단기 노동수요량도 불변임을 알 수 있다. 이것은 단기 노동수요함수가 임금과 가격에 관해 0차 동차임을 의미한다.

5. 이윤식 $\pi = pQ - wL - c$에 나오는 가격변수 p는 소비자물가가 아니고 이 기업의 제품가격을 말한다. 따라서 이 기업의 입장에서 보면 임금율만 상승한 셈이다. 그 결과, 노동투입량을 줄여서 생산량을 감축할 것이다.

7. 과세전 극대화 $\underset{\{L\}}{} \quad \pi = pf(L) - wL - c = \pi(L)$ **(19)**

과세후 이윤 극대화 $\pi = p(1-t)f(L) - wL - c = \pi(L)$

1계 필요조건 $\pi'(L) = p(1-t)f'(L) - w = 0.$ 해: $L^* = L(p, w, t)$

2계 충분조건 $\pi''(L^*) = p(1-t)f''(L^*) < 0$ 충족됨.

t상승의 효과: t의 상승은 $p(1-t)$의 하락을 초래하므로 p하락의 효과와 동일하다. 위의 연습문제 [4]의 결과(제품가격 상승을 도해법으로 풀이한 것)를 이용하면 L^*는 감소하고 생산량도 감소한다.

9. (1) 독점기업의 이윤

$$\pi(L) = pQ - wL = (a - bQ)Q - wL = (a - 4b\sqrt{L})(4\sqrt{L}) - wL$$
$$= 4(a\sqrt{L} - 4bL) - wL = (16b - w)L + 4a\sqrt{L}$$

1계 필요조건 $\pi'(L) = (16b - w) + 2aL^{-0.5} = 0$ 해:

$$L^* = \left[\frac{2a}{w - 16b}\right]^2 = L(w,a,b)$$

2계 충분조건 $\pi''(L) = -a(L^*)^{-1.5} < 0$ (충족됨)

(2) $a = 24,\ b = 1$일 때, 이 기업의 최적 노동투입량

$$L^* = L(w,24,1) = \left[\frac{2(24)}{w - 16(1)}\right]^2 = \left[\frac{48}{w - 16}\right]^2$$

연습문제해답 | 8.4

1. (a) 정상점은 1계 조건

$$f_1(x_1, x_2) = 6 - 2x_1 + x_2 = 0,\ f_2(x_1, x_2) = -2 + x_1 - x_2 = 0$$

을 만족시키는 점이므로, 이것을 풀면 $x_1 = 4,\ x_2 = 2$가 도출된다. 그 점에서

$$f_{11} = -2 < 0,\ f_{22} = -1 < 0 \text{ 및 } f_{11}f_{22} - (f_{12})^2 = 2 - 1 = 1 > 0\ (f_{12} = 1 \text{ 임})$$

이므로, 이 정상점은 극대점이다.

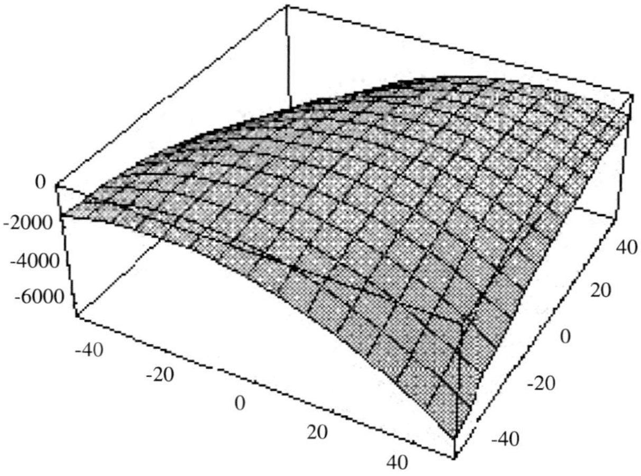

(b) 1계조건 $f_1 = 4x_2 - 4x_1^3 = 0$, $f_2 = 4x_1 - 4x_2^3 = 0$을 풀면

$$x_2(1+x_2)(1-x_2)(1+x_2^2)(1+x_2^4) = 0$$

으로부터 3개의 정상점 (-1,-1), (0,0), (1,1)이 계산된다. 2계 도함수들

$$f_{11} = -12x_1^2,\ f_{12} = 4,\ f_{22} = -12x_2^2$$

에 대입하면 정상점 (-1,-1)과 (1,1)에서는

$$f_{11} = -12 < 0,\ f_{22} = -12 < 0,\ f_{11}f_{22} - (f_{12})^2 = (-12)^2 - 4^2 > 0$$

으로서 극대점의 2계 충분조건이 만족된다. 정상점 (0,0)에서는

$$f_{11} = f_{22} = 0,\ f_{11}f_{22} - (f_{12})^2 = -4^2 < 0$$

이므로 그 점은 안상점이다.

이 함수의 그래프는 아래 [그림 1]에 도시되어 있는데, 극대점과 안상점이 잘 보이지 않으므로 [그림 2]에 그 등고선들을 그려 두었다.

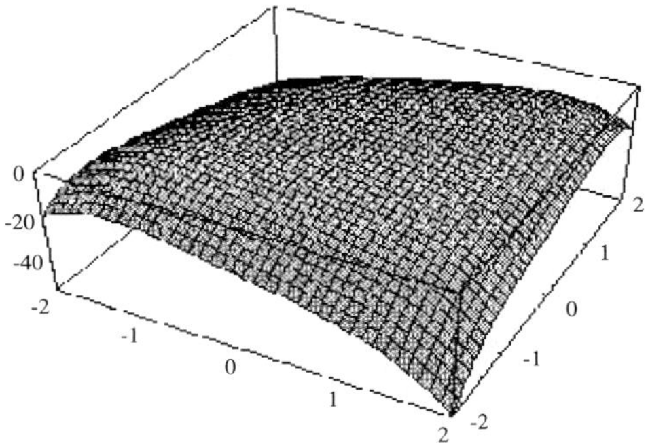

그림 1. $f(x_1, x_2) = 4x_1 x_2 - x_1^4 - x_2^4$ 의 그래프

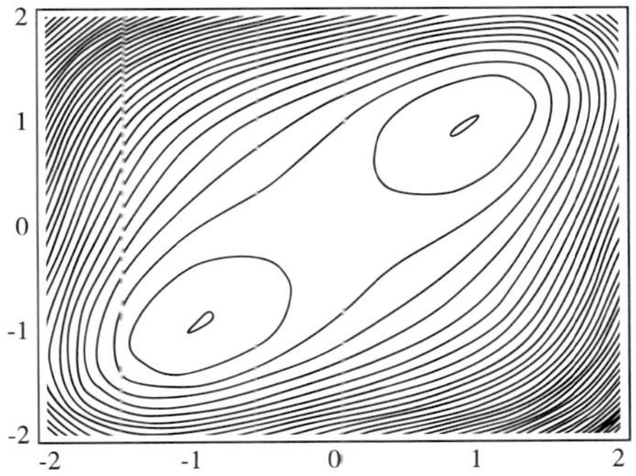

그림 2. $f(x_1, x_2) = 4x_1 x_2 - x_1^4 - x_2^4$ 의 등고선

(c) 1계 조건

$$f_1 = 6x_1 - 2x_2 = 0\ ,\ f_2 = -2x_1 + 2x_2 - 2 = 0$$

을 풀면, 정상점은 $x_1 = 0.5,\ x_2 = 1.5$ 이다. 이 점에서 2계 도함수들은

$$f_{11} = 6 > 0, f_{22} = -2,\ f_{22} = 2 > 0\ ,\ f_{11}f_{22} - (f_{12})^2 = 122 - 4 = 8 > 0$$

을 만족시키므로, 이 정상점은 극소점이다.

3. 이 문제는 계량경제학의 기본 문제이다. 자승합은 풀어 쓰면

$$S(a,b) = \sum_{i=1}^{n} (Y_i - a - bX_i)^2 = (Y_1 - a - bX_1)^2 + (Y_2 - a - bX_2)^2 + \cdots + (Y_n - a - bX_n)^2$$

과 같으며 a 와 b 에 관해 미분할 경우 제곱항 각각을 미분하면 된다. n 개의 제곱항을 각각 미분하여 다시 합기호(Σ)를 이용하여 간략하게 표현하면, 극소화의 1계 필요조건은

$$S_a(a,b) = \sum_{i=1}^{n} 2(Y_i - a - bX_i)(-1) = (-2)\sum_{i=1}^{n}(Y_i - a - bX_i) = 0 \qquad \textbf{(1a)}$$

$$S_b(a,b) = \sum_{i=1}^{n} 2(Y_i - a - bX_i)(-X_i) = (-2)\sum_{i=1}^{n}(Y_i - a - bX_i)X_i = 0 \qquad \textbf{(1b)}$$

으로 주어진다. 괄호 안의 각 항에 대해 합기호를 적용하면 이들은 다음과 같다:

$$\sum_{i=1}^{n}(Y_i - a - bX_i) = \sum_{i=1}^{n} Y_i - na - (\sum_{i=1}^{n} X_i)b = 0 \qquad \textbf{(1a}'\textbf{)}$$

$$\sum_{i=1}^{n}(Y_i - a - bX_i)X_i = \sum_{i=1}^{n} X_i Y_i - (\sum_{i=1}^{n} X_i)a - (\sum_{i=1}^{n} X_i^2)b = 0 \qquad \textbf{(1b}'\textbf{)}$$

이들은 복잡해 보이지만 a와 b에 관해 선형 연립방정식에 지나지 않는다. 여기서는 지금까지 본서에서 기호에 관해 사용한 관행과는 정반대로, X_i와 Y_i들은 일정하게 주어진 자료들(data)이고 a와 b가 미지수임에 유의하라. (1')을 행렬로 표현하면

$$\begin{pmatrix} n & \sum_{i=1}^{n} X_i \\ \sum_{i=1}^{n} X_i & \sum_{i=1}^{n} X_i^2 \end{pmatrix}\begin{pmatrix} a \\ b \end{pmatrix} = \begin{pmatrix} \sum_{i=1}^{n} Y_i \\ \sum_{i=1}^{n} X_i Y_i \end{pmatrix}.$$

가 되므로, a와 b는 아래로 계산된다:

$$\begin{bmatrix} a^* \\ b^* \end{bmatrix} = \begin{bmatrix} n & \sum_{i=1}^{n} X_i \\ \sum_{i=1}^{n} X_i & \sum_{i=1}^{n} X_i^2 \end{bmatrix}^{-1} \begin{bmatrix} \sum_{i=1}^{n} Y_i \\ \sum_{i=1}^{n} X_i Y_i \end{bmatrix}$$

$$\text{즉,}\quad a^* = \frac{\sum_{i=1}^{n} Y_i \sum_{i=1}^{n} X_i^2 - \sum_{i=1}^{n} X_i \sum_{i=1}^{n} X_i Y_i}{n\sum_{i=1}^{n} X_i^2 - (\sum_{i=1}^{n} X_i)^2} \quad \text{및}$$

$$b^* = \frac{n\sum_{i=1}^{n} X_i Y_i - \sum_{i=1}^{n} X_i \sum_{i=1}^{n} Y_i}{n\sum_{i=1}^{n} X_i^2 - (\sum_{i=1}^{n} X_i)^2}. \qquad \textbf{(2)}$$

X_i와 Y_i들의 평균은 각각 $\overline{X} \equiv (\sum_{i=1}^{n} X_i)/n$, $\overline{Y} \equiv (\sum_{i=1}^{n} Y_i)/n$이므로 그 편차를

$$x_i \equiv X_i - \overline{X}, y_i \equiv Y_i - \overline{Y} \qquad \textbf{(3)}$$

로 표기하자. 그러면 (3) 또는

$$X_i \equiv x_i + \overline{X},\ Y_i \equiv y_i + \overline{Y} \qquad \textbf{(3')}$$

를 (2)에 대입하여 정돈하면($\sum_{i=1}^{n} x_i = \sum_{i=1}^{n} y_i = 0$ 이용), (2)는 아래와 같이 보다 간결하게 된다: $a^* = \overline{Y} - b^*\overline{X}$ 및 $b^* = (\sum_{i=1}^{n} x_i y_i)/(\sum_{i=1}^{n} x_i^2)$

5. (a) 독점기업의 이윤

극대화 $\pi = p_1x_1 + p_2x_2 - 4(x_1+x_2) = (p_1-4)x_1 + (p_2-4)x_2$

$\{p_1, p_2\}$ $\quad = (p_1-4)(10-p_1) + (p_2-4)(16-2p_2) \equiv \pi(p_1, p_2)$

1계 필요조건 $\pi_1 = 14 - 2p_1 = 0,\ \pi_2 = 24 - 4p_2 = 0.$ 해 $p_1^* = 7, p_2^* = 6$

2계 충분조건

$\pi_{11} = -2, \pi_{12} = \pi_{21} = 0,\ \pi_{22} = -4$

$|H| = \begin{vmatrix} -2 & 0 \\ 0 & -4 \end{vmatrix}.$ $\quad |H_1| = \pi_{11} = -2 < 0, |H| = 8 > 0$이므로 충족됨.

(b) 두 집단에게 동일 가격을 부과해야 할 경으

극대화 $\pi = px_1 + px_2 - 4(x_1+x_2) = -(4-p)(10-p) - (4-p)(16-2p)$

$\{p\}$ $\quad = -104 + 34p - 3p^2 \equiv \pi(p)$

1계 필요조건 $\pi'(p) = 34 - 6p = 0.$ 해 $p^* = 34/6 = 17/3$

2계 충분조건 $\pi''(p) = -6 < 0$이므로 충족됨.

(`c) 도시

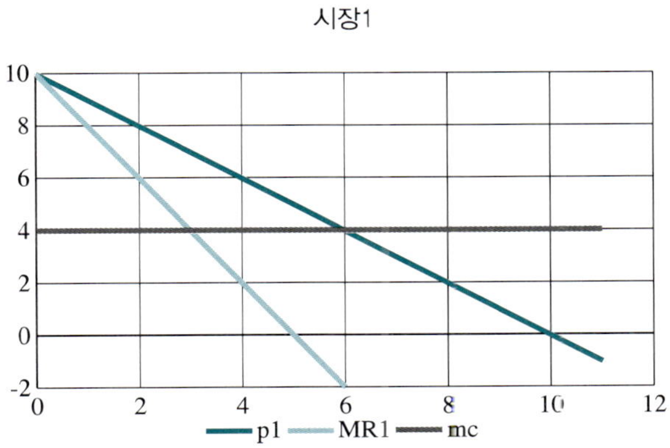

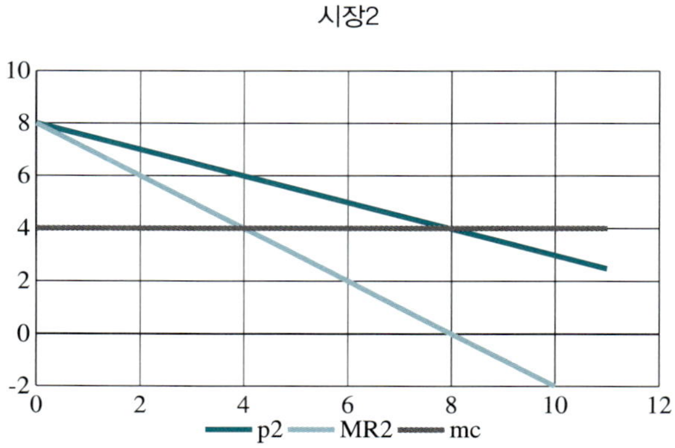

연습문제해답 9.1

1. (a) 소비자의 소득이 $M=200$ 으로 증가

새로운 소득 하의 소비자의 효용극대화 문제는 다음과 같다:

$$\underset{\{x,y\}}{\text{극대화}} \quad U=U(x,y)=\sqrt{xy} \tag{3a}$$

$$\text{제약} \quad 5x+20y=200. \tag{3b}$$

예산 제약식을 x에 관해 풀면

$$x=40-4y \equiv h(y) \quad ①$$

가 되는데, 이것을 (3a)에 대입하면, 1변수 y에 관한 무제약 극대화 문제

$$\underset{\{y\}}{\text{극대화}} \quad U=U(h(y),y)=2\sqrt{y(10-y)} \equiv F(y)$$

로 전환된다. 1계 필요조건은 (5d)에 의해

$$F'(y)=\frac{-2y+10}{\sqrt{(10-y)y}}=0$$

이며, 이로부터 $y^* = 5$ 가 결정된다. 2계 도함수

$$F''(y) = -2(10y - y^2)^{-0.5} - 0.5(10-2y)^2(10y - 2y^2)^{-1.5}$$

을 $y^* = 5$ 에서 평가하면, $F''(y^*) = -0.4 < 0$ 이므로 2계 충분조건이 충족된다. y^*를 ①에 대입하면 $x^* = 20$ 이 계산된다.

(b) 재화가격들이 $p_x = 10$ 및 $p_y = 5$ 로 변화

위 (a)의 (3b)는

$$10x + 5y = 200. \qquad \textbf{(3b')}$$

가 되므로 ①은

$$x = 20 - 0.5y \equiv h(y) \qquad ①$$

가 된다. 이것을 효용함수에 대입하면 소비자는

$$\text{극대화} \quad U = U(h(y), y) = \sqrt{y(20-0.5y)} \equiv F(y)$$

를 극대화하면 된다. 1계 필요조건은

$$F'(y) = \frac{20-y}{2\sqrt{(20-0.5y)y}} = 0$$

이며, 이로부터 $y^* = 20$ 이 결정된다. 2계 도함수

$$F''(y) = -0.5(20y - 0.5y^2)^{-0.5}[1 + 0.5(20-y)^2/(20y - 0.5y^2)]$$

을 $y^* = 20$ 에서 평가하면, $F''(y^*) = -1/(20\sqrt{2}) < 0$ 이므로 2계 충분조건이 충족된다. y^*를 ①에 대입하면 $x^* = 10$ 이 계산된다.

(c) 효용함수가 $U(x,y) = x^{1/4}y^{1/2}$ 으로 변화

새로운 효용함수 하에서 소비자의 문제는

$$\underset{\{x,y\}}{\text{극대화}} \quad U = U(x,y) = x^{1/4}y^{1/2} \qquad \textbf{(3a)}$$

$$\text{제약} \quad 5x + 20y = 100 \qquad \textbf{(3b)}$$

이 된다. 예산제약을

$$x = 20 - 4y \equiv h(y)$$

로 고쳐서 효용함수에 대입하면, 소비자는

$$\text{극대화} \quad U = U(h(y), y) = (20 - 4y)^{1/4} y^{1/2} \equiv F(y)$$

를 극대화하면 된다. 1계 필요조건은

$$F'(y) = \frac{1}{4}(20y^2 - 4y^3)^{-3/4}(40y - 12y^2) = 0$$

이며, 이로부터 $y^* = 10/3$ 이 결정된다(0도 이 방정식의 해이지만, 이 극대화 문제에서는 적절한 해가 되지 못함). 2계 도함수

$$F''(y) = -0.5(20y - 0.5y^2)^{-0.5}[1 + 0.5(20 - y)^2/(20y - 0.5y^2)]$$

을 $y^* = 20$ 에서 평가하면, $F''(y^*) = -10(2000/27)^{-3/4} < 0$ 이므로 2계 충분조건이 충족된다. y^*를 ①에 대입하면 $x^* = 20/3$ 이 계산된다.

3. (a) $A_1 = (4,1)$ 소비의 효용 계산:

$$U^1 = U^1(4,1) = \sqrt{4} = 2, \quad U^2 = U^2(4,1) = 4,$$
$$U^3 = U^3(4,1) = 4^{1/4}1^{3/4} = \sqrt{2}$$

이러한 방식으로 다른 소비묶음의 효용을 계산하면 아래 표와 같다:

〈소비자별 소비묶음의 효용값과 효용 순위〉

소비묶음		A1		A2		A3		A4	
		4	1	2	2	3	1	1	5
소비자	1	2.0		2.0		1.7		2.2	
	순위	②		②		③		①	
	2	4.0		4.0		3.0		5.0	
	순위	②		②		③		①	
	3	1.4		2.0		1.3		3.3	
	순위	③		②		④		①	

(b) 위 표에서 ①②③④로 표시함. (동일한 효용값에는 같은 순위를 부여함)

(`c) 소비자 1과 2는 완전 일치함.

연습문제해답 | 9.2

1. 소비자의 효용극대화 문제

$$\underset{\{x,y\}}{\text{극대화}} \quad U = U(x,y) = \sqrt{xy} \tag{3a}$$

$$\text{제약} \quad 5x + 20y = 100 \tag{3b}$$

을 라그랑지 승수법으로 풀어 보자. 이 문제의 라그랑지 함수는

$$\mathcal{L} = \sqrt{xy} + \lambda(100 - 5x - 20y) \equiv \mathcal{L}(\lambda, x, y)$$

이며, 1계 필요조건은

$$\mathcal{L}_\lambda = 100 - 5x - 20y = 0, \qquad ①$$

$$\mathcal{L}_x = 0.5\sqrt{y/x} - 5\lambda = 0, \quad ②; \quad \mathcal{L}_y = 0.5\sqrt{x/y} - 20\lambda = 0 \qquad ③$$

으로 주어진다. ②와 ③의 λ항을 우변으로 옮겨 두 식을 서로 나누면

$$\begin{cases} 0.5\sqrt{y/x} = 5\lambda \\ 0.5\sqrt{x/y} = 20\lambda \end{cases} \Rightarrow \frac{0.5\sqrt{y/x}}{0.5\sqrt{x/y}} = \frac{5\lambda}{20\lambda} \Rightarrow \frac{y}{x} = \frac{1}{4}$$

$$\Rightarrow y = x/4 \qquad ④$$

도출된다. ④식을 ①에 대입하면

$$100 - 5x - 20y = 100 - 5x - 20x/4 = 100 - 10x = 0, \text{ 즉 } x^* = 10$$

이 계산된다. 이것을 ④에 대입하면 $y^* = 2.5$ 이다. 이 값들은 본문에서 구한 값들과 일치한다. 이것들을 ②에 대입하면 $\lambda^* = 0.05$ 이다. 따라서, 주어진 소득과 가격들 하에서 해는

$$x^0 = 10, \ y^0 = 2.5, \ \lambda^0 = 0.05 \qquad ⑤$$

이다.

이제, 극대의 2계 충분조건이 성립하는가를 점검해 보자. 라그랑지 함수의 2계 도함수들은

$$\mathcal{L}_{\lambda\lambda}=0,\ \mathcal{L}_{\lambda x}=\mathcal{L}_{x\lambda}=-5,\ \mathcal{L}_{\lambda y}=\mathcal{L}_{y\lambda}=-20$$
$$\mathcal{L}_{xx}=-0.25x^{-1.5}y^{0.5},\ \mathcal{L}_{xy}=0.25x^{-0.5}y^{-0.5},\ \mathcal{L}_{yy}=-0.25x^{0.5}y^{-1.5} \quad ⑥$$

이며, ⑤에서 계산한 미분계수들은 다음과 같다:

$$\mathcal{L}_{\lambda\lambda}=0,\ \mathcal{L}_{\lambda x}=\mathcal{L}_{x\lambda}=-5,\ \mathcal{L}_{\lambda y}=\mathcal{L}_{y\lambda}=-20$$
$$\mathcal{L}_{xx}(\lambda^0,x^0,y^0)=-1/8,\ \mathcal{L}_{xy}(\lambda^0,x^0,y^0)=\mathcal{L}_{yx}(\lambda^0,x^0,y^0)=1/20 \quad ⑦$$
$$\mathcal{L}_{yy}(\lambda^0,x^0,y^0)=-1/5.$$

따라서 라그랑지 함수의 테헤세 행렬식은

$$|\overline{H}|=\begin{vmatrix}\mathcal{L}^0_{\lambda\lambda} & \mathcal{L}^0_{\lambda x} & \mathcal{L}^0_{\lambda y}\\ \mathcal{L}^0_{x\lambda} & \mathcal{L}^0_{xx} & \mathcal{L}^0_{xy}\\ \mathcal{L}^0_{y\lambda} & \mathcal{L}^0_{yx} & \mathcal{L}^0_{yy}\end{vmatrix}=\begin{vmatrix}0 & -5 & -20\\ -5 & -1/8 & 1/20\\ -20 & 1/20 & -1/5\end{vmatrix}=65>0$$

이므로 극대의 2계 충분조건이 충족된다.

위에서는 ⑥의 도함수들에 ⑤을 대입하여 미분계수 ⑦을 구한 다음에 테헤세 행렬식을 계산하였으나, 순서를 바꾸어 테헤세 행렬식에 ⑥을 대입하여 행렬식을 구한 다음에 그것을 ⑤에서 평가하여도 동일한 값이 계산될 것이다.

3. 이 문제의 라그랑지 함수는

$$\mathcal{L}=x+y+\lambda(100-5x-20y)\equiv\mathcal{L}(\lambda,x,y)$$

이며, 1계 필요조건은

$$\mathcal{L}_{\lambda}=100-5x-20y=0, \quad ①$$
$$\mathcal{L}_{x}=1-5\lambda=0, \quad ②$$
$$\mathcal{L}_{y}=1-20\lambda=0 \quad ③$$

으로 주어진다. ②와 ③에서

$$\lambda=1/5=1/20\ ?$$

이 도출되지만, 이것은 불가능하므로 ②와 ③을 동시에 만족시키는 λ 값은 존재하지 않는다. 따라서 통상적인 라그랑지 승수법으로 이 소비자의 문제를 풀 수는 없다.

그러나, 이 문제는 직접 대입법으로 풀 수 있다. 예산제약식을 예산 제약식을

x에 관해 풀면

$$x = 20 - 4y \equiv h(y) \qquad ④$$

가 되는데, 이것을 효용함수에 대입하면 1변수 y에 관한 무제약 극대화 문제로 된다:

$$\text{극대화} \quad U = U(h(y), y) = 20 - 4y + y = 20 - 3y \equiv F(y) \qquad ⑤$$

단, 여기서 $x \geqq 0$, $y \geqq 0$이어야 하므로 "$0 \leqq y \leqq 5$"이어야 한다. 그런데, ⑤의 효용은 y에 관해 선형이고 y가 증가함에 따라 감소하므로 y가 가능한 최저값을 가질 때 효용이 극대치를 갖게 된다. 따라서 $y^* = 0$ (그 때, $x^* = 20$ 임)에서 효용이 극대화된다. [⑤의 효용에 1계 필요조건을 적용할 수 없는 것은 효용의 극대점이 제약 "$0 \leqq y \leqq 5$"의 "경계"인 $y^* = 0$에서 성립하기 때문이다. 즉, 제약의 내부에서 달성되는 내부 극대점이 아니다.]

효용함수 $U(x,y) = x + y$를 $5x + 20y \leqq 100$의 범위내에서 그리면 아래 그림과 같다. 이 그림으로부터도 $(x^*, y^*) = (20, 0)$이 극대점임을 알 수 있다.

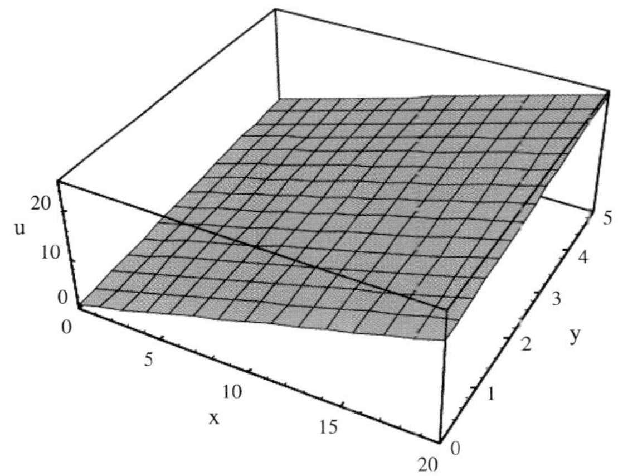

함수 $U(x,y) = x + y$, $5x + 20y \leqq 100$
의 그래프

[직관적 풀이] 효용함수가 $U(x,y) = x + y$인 개인은, 두 재화의 물리적 특성들이 어떠하든 관계없이, 단지 두 재화 소비량의 총수량(총갯수)로부터 효용을 얻는다. 따라서 주어진 소득 100으로 값이 싼 X재만 20단위 구매하는 것이 효용을 극대화한다.

5. (a) <소거법> 제약식을 x_1 에 관해 풀면

$$x_1 = 8 - x_2 \equiv h(x_2)$$

를 얻는데, 이것을 목적함수에 대입하면 1변수 x_2에 관한 극대화 문제가 된다:

$$\underset{\{x_2\}}{\text{극대화}} \quad z = -(4-x_2)^2 - (x_2-4)^2 + 4 = 4 - 2(x_2-4)^2 \equiv F(x_2).$$

1변수 극대화의 1계 조건은

$$F'(x_2) = -4(x_2-4) = 0$$

이므로, $x_2^* = 4$ 이다. $F''(x_2^*) = -4 < 0$ 이므로 2계 조건이 충족된다. 그러면

$$x_1^* = 8 - x_2^* = 4$$

이며, z의 극대치는 $z^* = 4$ 이다.
<라그랑지 승수법> 라그랑지 함수는

$$\mathcal{L} = -(x_1-4)^2 - (x_2-4)^2 + 16 + \lambda(8 - x_1 - x_2)$$

므로. 1계 필요조건은

$$\mathcal{L}_\lambda = 8 - x_1 - x_2 = 0, \qquad ①$$

$$\mathcal{L}_1 = -2(x_1-4) - \lambda = 0 \;, \; \mathcal{L}_2 = -2(x_2-4) - \lambda = 0 \qquad ②$$

이다. ②로부터 $x_1 = x_2$가 도출되며, 이것을 ①에 대입하면 $x_1^* = x_2^* = 4$가 계산된다. 이 결과를 ②에 대입하면 $\lambda^* = 0$ 이다. 라그랑지 함수의 2계 도함수는 어떤 x_i 에서나

$$\mathcal{L}_{\lambda 1} = \mathcal{L}_{\lambda 2} = -1, \; \mathcal{L}_{11} = \mathcal{L}_{22} = -2, \mathcal{L}_{12} = \mathcal{L}_{21} = 0$$

이므로, 2계 충분조건이 아래와 같이 충족된다:

$$|\overline{H}| = \begin{vmatrix} 0 & -1 & -1 \\ -1 & -2 & 0 \\ -1 & 0 & -2 \end{vmatrix} = 2 + 2 = 4 > 0 \;.$$

(b) 위의 (a)에서 "$x_1+x_2=8$"이란 제약 하에서 구한 해는 이 제약이 없을 때의 해와 동일하며, 이 제약은 부과되더라도 사실상 "제약"으로서 기능하지 않는다. 이와 같이, 제약이 유명무실할 경우에는 제약식에 부과하는 라그랑지 승수 λ 의 값이 $\lambda^*=0$ 으로 계산된다.

7. 이 라그랑지 함수로부터 1계 필요조건은

$$\mathcal{L}_\lambda = -(M - xp_x - yp_y) = 0 \tag{8a$'$}$$

$$\mathcal{L}_x = U_x(x,y) + \lambda p_x = 0.5\sqrt{y/x} + \lambda p_x = 0 \tag{8b$'$}$$

$$\mathcal{L}_y = U_y(x,y) + \lambda p_y = 0.5\sqrt{x/y} + \lambda p_y = 0 \tag{8c$'$}$$

이다. (8b')과 (8c')의 λ항을 우변으로 이항한 후, 두 식을 서로 나누면

$$\frac{U_x(x,y)}{U_y(x,y)} = \frac{0.5\sqrt{y/x}}{0.5\sqrt{x/y}} = \frac{-\lambda p_x}{-\lambda p_y} = \frac{p_x}{p_y}, \text{ 즉 } xp_x = yp_y \tag{10$'$}$$

로서 (10)과 동일하며 (8a')도 (8a)와 동일하다. 따라서 (11a)에서와 같이

$$y^* = M/(2p_y), \quad x^* = M/(2p_x) \tag{11a$'$}$$

이 도출된다. 그러나 이것들을 (13b'')에 대입하견 라그랑지 승수 값은

$$\lambda^* = -1/(2\sqrt{p_x p_y}) \tag{11b$'$}$$

로서 (11b)와는 부호만 정반대로 바뀐다.

점 $(x^0,y^0)=(x^*,y^*)$ 에서 라그랑지함수의 2계 편미분계수들을 계산하면

$$\mathcal{L}^0_{xx} = -0.25(x^0)^{-3/2}(y^0)^{1/2}, \quad \mathcal{L}^0_{xy} = 0.25(x^0)^{-1/2}(y^0)^{-1/2},$$

$$\mathcal{L}^0_{yy} = -0.25(x^0)^{1/2}(y^0)^{-3/2}$$

는 (14b)에서와 동일하고

$$\mathcal{L}^0_{\lambda x} = p_x, \quad \mathcal{L}^0_{\lambda y} = p_y$$

만 부호가 정반대로 바뀌지만, 2계 충분조건은 다음과 같이 충족된다:

$$|H| = p_x p_y (x^0 y^0)^{-1/2} = (2/M)(p_x p_y)^{3/2} > 0 .$$

따라서 라그랑지 함수를 이 예에서처럼 $\mathcal{L} = \sqrt{xy} + \lambda(xp_x + yp_y - M)$ 로 설정할 경우 $\mathcal{L} = \sqrt{xy} + \lambda(M - xp_x - yp_y)$ 로 설정하는 통상적인 경우와 비교하여 x 와 y 의 해는 동일하며 단지 라그랑지 승수값만 그 부호가 양에서 음으로 바뀌게 된다. 통상 라그랑지 승수값이 양의 값이 나오도록 (7)과 같이 라그랑지 함수를 설정한다.

9. (a) 정의상 $L \equiv 24 - \ell$ 이고, 이 소비자에게 노동 소득 이외의 다른 소득이 없으므로 그의 예산제약은 "노동소득=지출액", 즉

$$wL = w(24 - \ell) = xp_x \quad \text{또는} \quad w\ell + xp_x = 24w$$

이 된다. 따라서 이 소비자의 효용극대화 문제는

$$\underset{\{\ell, x\}}{\text{극대화}} \quad U = U(\ell, xy) = \sqrt{x\ell}$$

$$\text{제 약} \quad w\ell + xp_x = 24w$$

여가를 Y재로 보고 임금률을 그 가격(p_y)으로 본다면, 이 문제는 형식상 본문의 (5)와 유사하다. 차이는 다만 소득이 고정된 M이 아니고 $M = 24w$ 로서 임금률의 함수로 주어져 있다는 것이다. 여기서 wL은 노동소득, $M = 24w$ 는 전소득(full income)이라 부른다.

이 문제의 라그랑지함수는 $\mathcal{L} = \sqrt{x\ell} + \lambda(24w - \ell w - xp_x)$ 이며, 1계 필요조건은

$$\mathcal{L}_\lambda = 24w - \ell w - xp_x = 0 \quad ①$$

$$\mathcal{L}_\ell = \sqrt{x}/2\sqrt{\ell} - \lambda w = 0 \quad ②$$

$$\mathcal{L}_x = \sqrt{\ell}/2\sqrt{x} - \lambda p_x = 0 \quad ③$$

이다. ②와 ③으로부터

$$\frac{\sqrt{x}/2\sqrt{\ell}}{\sqrt{\ell}/2\sqrt{x}} = \frac{\lambda w}{\lambda p_x} \Rightarrow \frac{x}{\ell} = \frac{w}{p_x} \Rightarrow xp_x = w\ell$$

이므로, 이것을 ①에 대입하면

$$x^* = 24w/2p_x = 12w/p_x \quad 및 \quad \ell^* = 24w/2w = 12 \qquad ④$$

이 도출되며 노동공급량은

$$L^* = 24 - \ell^* = 12 \qquad ⑤$$

이다. 2계 충분조건은 (14b)와 마찬가지로 충족됨이 증명될 수 있으므로 생략한다.

(b) 효용함수가 $U = U(\ell, x) = \sqrt{\ell x}$ 인 위의 문제에서 ⑤로 계산된 노동공급함수는 상수로서 12로 일정하며 임금률이 변하여도 변동하지 않는다.

연습문제해답 9.3

1. (a) 여기서

$$U_{xx} = \alpha(\alpha-1)x^{\alpha-2}y^{\beta}, \quad U_{xy} = \alpha\beta x^{\alpha-1}y^{\beta-1}, \quad U_{yy} = \beta(\beta-1)x^{\alpha}y^{\beta-2}$$

이므로, (20a)와 (20b)는

$$U_x = \alpha x^{\alpha-1}y^{\beta} > 0, \quad U_y = \beta x^{\alpha}y^{\beta-1} > 0 \quad 및$$

$$\begin{aligned} &2U_xU_yU_{xy} - U_y^2U_{xx} - U_x^2U_{yy} \\ &\quad = 2(\alpha x^{\alpha-1}y^{\beta})(\beta x^{\alpha}y^{\beta-1})(\alpha\beta x^{\alpha-1}y^{\beta-1}) \\ &\qquad - (\beta x^{\alpha}y^{\beta-1})^2\alpha(\alpha-1)x^{\alpha-2}y^{\beta} - (\alpha x^{\alpha-1}y^{\beta})^2\beta(\beta-1)x^{\alpha}y^{\beta-2} \\ &\quad = x^{3\alpha-2}y^{3\beta-2}[2\alpha^2\beta^2 - \alpha(\alpha-1)\beta^2 - \alpha^2\beta(\beta-1)] \\ &\quad = x^{3\alpha-2}y^{3\beta-2}\alpha\beta[2\alpha\beta - (\alpha-1)\beta - \alpha(\beta-1)] \\ &\quad = x^{3\alpha-2}y^{3\beta-2}\alpha\beta[\alpha+\beta] > 0 \end{aligned}$$

으로 된다. 이 조건들은 $\alpha > 0$, $\beta > 0$이면 언제나 충족된다.

(b) 이 문제의 라그랑지함수는

$$\mathcal{L} = x^{\alpha}y^{\beta} + \lambda(M - xp_x - yp_y)$$

로 정의되는데, 1계 필요조건은

$$\mathcal{L}_{\lambda} = M - xp_x - yp_y = 0 \qquad ①$$

$$\mathcal{L}_x = U_x(x,y) - \lambda p_x = \alpha x^{\alpha-1}y^{\beta} - \lambda p_x = 0 \qquad ②$$

$$\pounds_y = U_y(x,y) - \lambda p_y = \beta x^{\alpha} y^{\beta-1} - \lambda p_y = 0 \qquad ③$$

이다. ②와 ③을 풀면

$$\frac{\alpha x^{\alpha-1} y^{\beta}}{\beta x^{\alpha} y^{\beta-1}} = \frac{\lambda p_x}{\lambda p_y} \Rightarrow \frac{\alpha y}{\beta x} = \frac{p_x}{p_y} \Rightarrow \alpha y p_y = \beta x p_x \qquad ④$$

가 되는데, 이것을 ①에 대입하면

$$M - xp_x - yp_y = M - xp_x - (\beta/\alpha)xp_x = M - (1+\beta/\alpha)xp_x = 0 \text{ 및}$$

$$M - xp_x - yp_y = M - (\alpha/\beta)yp_y - yp_y = M - (1+\alpha/\beta)yp_y = 0 \Rightarrow$$

$$x^* = \frac{M}{(1+\beta/\alpha)p_x} \text{ 및 } y^* = \frac{M}{(1+\alpha/\beta)p_y} \qquad ⑤$$

가 도출된다.

위 (a)에서 본 바와 같이 $\alpha > 0$, $\beta > 0$이면 2계 충분조건이 충족되므로 그롤 경우 ⑤는 효용을 극대화하는 해, 즉 재화 수요함수가 된다.

(c) ⑤의 X재 수요함수에서 X재 수요량은 그 가격(p_x)의 역함수이다. 따라서 그 가격이 상승함에 따라 수요량이 감소하며 수요의 법칙이 성립한다. 물론, p_x에 관해 미분하면

$$\frac{\partial x^*}{\partial p_x} = -\frac{M}{(1+\beta/\alpha)p_x^2} < 0$$

이므로 수요의 법칙이 성립함을 알 수 있다. Y재 수요함수에서도 Y재 수요량은 그 가격(p_y)의 역함수이므로 수요의 법칙이 성립한다.

(d) ⑤의 X재 수요함수에서 α 값이 높을수록 그 분모값이 작아져서 X재 수요량은 증가한다. 또는, x^*를 α에 관해 미분해 보면

$$\frac{\partial x^*}{\partial \alpha} = \frac{M}{p_x}\frac{\beta}{(\alpha+\beta)^2} > 0$$

이므로 동일한 결과를 확인할 수 있다.

3. (a) 기업의 비용극소화 문제는 다음과 같이 정식화된다:

$$\underset{\{L,K\}}{\text{극소화}} \quad C = wL + rK, \qquad \text{제 약} \quad f(L,K) = Q_0 .$$

이 문제의 라그랑지 함수는

$$\mathcal{L} = wL + rK + \lambda[Q_0 - f(L,K)]$$

이며, 1계 필요조건은 다음과 같다:

$$\mathcal{L}_\lambda = Q_0 - f(L,K) = 0 \qquad ①$$

$$\mathcal{L}_L = w - f_L(L,K)\lambda = 0 \qquad ②$$

$$\mathcal{L}_K = r - f_K(L,K)\lambda = 0. \qquad ③$$

아래에서 점검할 2계 충분조건이 충족되면 음함수 정리에 의해 ①-③은 다음 음함수가 정의된다:

$$L^* = L^*(w,r,Q_0)\,,\ K^* = K^*(w,r,Q_0)\,,\ \lambda^* = \lambda^*(w,r,Q_0)\,. \qquad ④$$

라그랑지 함수의 2계 도함수들은

$$\mathcal{L}_{\lambda\lambda} = 0,\ \mathcal{L}_{\lambda L} = \mathcal{L}_{L\lambda} = -f_L,\ \mathcal{L}_{\lambda K} = \mathcal{L}_{K\lambda} = -f_K$$

$$\mathcal{L}_{LL} = -f_{LL}\lambda\,,\ \mathcal{L}_{LK} = -f_{LK}\lambda\,,\ \mathcal{L}_{KK} = -f_{KK}\lambda$$

이며, ④에서 계산한 미분계수들은 "*" 기호를 붙여 표시하기로 하자. 그러면, 극소화의 2계 충분조건은 다음 라그랑지 함수의 테헤세 행렬식이 음이 되는 것이다:

$$|\overline{H}| = \begin{vmatrix} \mathcal{L}^*_{\lambda\lambda} & \mathcal{L}^*_{\lambda L} & \mathcal{L}^*_{\lambda K} \\ \mathcal{L}^*_{L\lambda} & \mathcal{L}^*_{LL} & \mathcal{L}^*_{LK} \\ \mathcal{L}^*_{K\lambda} & \mathcal{L}^*_{KL} & \mathcal{L}^*_{KK} \end{vmatrix} = \begin{vmatrix} 0 & -f^*_L & -f^*_K \\ -f^*_L & -f^*_{LL}\lambda^* & -f^*_{LK}\lambda^* \\ -f^*_K & -f^*_{KL}\lambda^* & -f^*_{KK}\lambda^* \end{vmatrix}$$

$$= \lambda^*[(f^*_L)^2 f^*_{kk} + (f^*_K)^2 f^*_{LL} - 2f^*_L f^*_K f^*_{Lk}] < 0 \qquad ⑤$$

②와 ③에서 한계생산이 양, 즉

$$f_L(L,K) > 0,\ f_K(L,K) > 0 \qquad ⑥$$

이면 $\lambda > 0$이 되므로 ⑤가 성립하기 위해서는

$$2f_L^* f_K^* f_{Lk}^* - (f_L^*)^2 f_{kk}^* - (f_K^*)^2 f_{LL}^* > 0 \qquad ⑦$$

이어야 한다. ⑦은 등량곡선이 원점에 대해 볼록할 조건을 의미한다.

따라서 2계 충분조건이 성립하기 위한 생산함수의 특성은 ⑤와 ⑦로 요약된다.

(b) 임금율 상승의 효과 도해

최초 임금율이 w_0이고 자본서비스 가격이 r_0일 때 일정한 금액의 비용 $\overline{C}$로 구매가능한 점 (L,K)들을 구하자면 방정식

$$w_0 L + r_0 K = \overline{C}, \text{ 즉 } K = \overline{C}/r_0 - (w_0/r_0)L$$

으로 주어진다. 이것은 기울기가 w_0/r_0이고 자본축 절편이 $\overline{C}/r_0$인 직선으로 표시되는데 등비용선이라 한다. 따라서 $\overline{C}$가 높을수록 이 등비용선은 위쪽으로 이동한다. 임금율이 상승(w_1으로)하면 등비용선은 가파르게 회전한다.

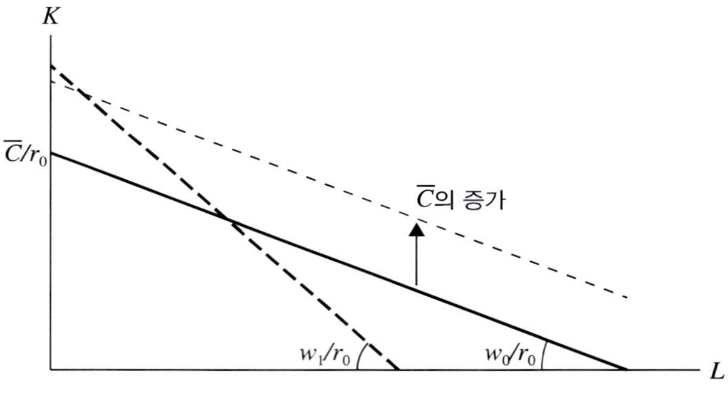

[그림 1] 등비용선과 그 이동

[그림 1]에 제약식인 $f(L,K) = Q_0$ (등량곡선)의 그래프를 그려 넣자. 이 등량곡선 상의 점들중 그 구매비용이 가장 저렴한 점은 w_0/r_0의 기울기를 가진 등비용선 들중 등량곡선 상의 한 점을 지나면서 수직 절편이 가장 낮은(가장 아래쪽에 위치한) 등비용선과 만나는 점이다. [그림 2]에서 그 점은 A로 표시되어 있다. 이제 임금율이 w_1으로 상승하면 [그림 2]에서 등비용선은 점선으로 표시된 직선 (기울기=w_1/r_0)으로 변화한다. w_1/r_0 하에서 최저비용점은 B점이다. 따라서 노동투입량은 감소한다.

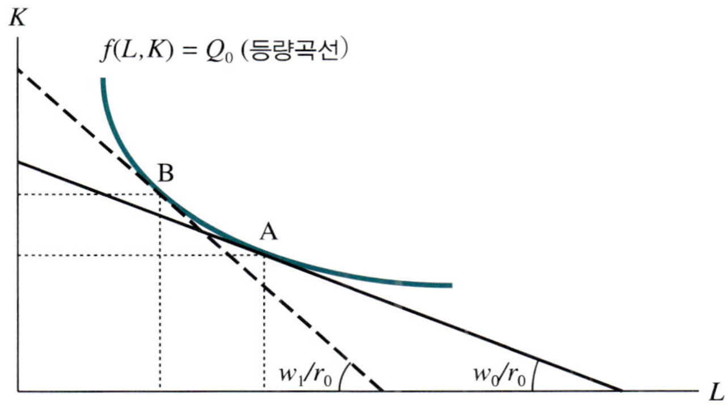

[그림 2] 최저 비용점

(c) 제8장에서 분석한 경쟁기업의 이윤극대화를 위한 노동투입량은 제품가격이 주어졌을 때 이윤을 극대화하는 생산량을 생산하기 위한 노동량인 데 반해, 본 장에서 다룬 비용 극소화 노동투입량은 제품가격을 고려하지 않고 어떤 수량이든 그것을 최저 비용으로 생산하기 위한 노동투입량을 말한다. 전자의 노동투입량은 당연히 최저비용을 실현하는 노동투입량이기도 하다.

찾아보기

ㄴ

ㄷ

ㅇ

ㅈ

ㅊ

ㅋ

ㅌ

ㅍ

ㅎ